Das Kapital der Bürger

Ludgera Vogt ist Professorin für Allgemeine Soziologie an der Bergischen Universität Wuppertal.

Ludgera Vogt

Das Kapital der Bürger

Theorie und Praxis zivilgesellschaftlichen Engagements

Campus Verlag
Frankfurt/New York

Bibliografische Information der Deutschen Bibliothek
Die Deutsche Bibliothek verzeichnet diese Publikation in der Deutschen Nationalbibliografie.
Detaillierte bibliografische Daten sind im Internet über http://dnb.ddb.de abrufbar.
ISBN 3-593-37883-3

Das Werk einschließlich aller seiner Teile ist urheberrechtlich geschützt. Jede Verwertung ist ohne Zustimmung des Verlags unzulässig. Das gilt insbesondere für Vervielfältigungen, Übersetzungen, Mikroverfilmungen und die Einspeicherung und Verarbeitung in elektronischen Systemen.
Copyright © 2005 Campus Verlag GmbH, Frankfurt/Main
Druck und Bindung: BoD, Norderstedt
Gedruckt auf säurefreiem und chlorfrei gebleichtem Papier.
Printed in Germany

Besuchen Sie uns im Internet: www.campus.de

Inhalt

1. Einleitung 11

2. Der Kontext des Engagements:
   Umbrüche in der Gegenwartsgesellschaft 18

   2.1 Gesellschaft und Politik im fortschreitenden
       Modernisierungsprozeß 18
       *Moderne 18 – Individualisierung 20 – Optionalisierung 22 –
       Transformation des Politischen 24 – Folgen des Kontextwandels 28*

   2.2 Vom Sozialstaat zum Wohlfahrtspluralismus 29
       *Der deutsche Sozialstaat 29 – Inklusionsagentur 31 – Drei Typen
       des Wohlfahrtsstaats 32 – Veränderte Umwelten im Modernisierungs-
       prozeß 34 – Interne Funktionsprobleme 37 – Wohlfahrtspluralismus 38*

   2.3 Der Dritte Sektor im Wandel –
       zwischen Korporatismus und »neuem Ehrenamt« 41
       *Zur Abgrenzung des Dritten Sektors 41 – Genese 43 – Kartellismus
       und Korporatismus: Die deutsche Verbändewohlfahrt 44 – Wandel der Mo-
       tive: Vom Dienst zum Nutzen 48 – Strukturwandel des Ehrenamtes 52*

   2.4 Fazit: Die Bürgergesellschaft als Perspektive 55
       *Die Krise als Chance? 55 – Ambivalenzen: Gemeinwohl und
       Ungleichheit 57*

3. Die Theorie der Bürgergesellschaft 59

   3.1 Zum Begriff der Bürgergesellschaft 59
       Bürgerliche Gesellschaft 60 – Terminologische Abgrenzung 61

   3.2 Die Tradition – zwischen Republikanismus und Liberalismus 62

3.2.1 Von der Antike zur Neuzeit 62
Vita Activa 62 – Die Differenzierung zwischen Staat und Gesellschaft 63 – Vom »Überbau« zur eigenständigen »Zivilgesellschaft« 64

3.2.2 Der Republikanismus: Von Machiavelli bis Barber 66
Bürgertugend und Gemeinsinn 66 – Kulturelle Voraussetzungen 68 – Rousseau und der radikale Ansatz politischer Partizipation 69

3.2.3 Der Liberalismus: Von Locke bis Dahrendorf 72
Rechtsstaatlichkeit 73 – Die Selbststeuerung und deren Probleme 74 – Die autonome Bürgergesellschaft als »dritte Säule der Freiheit« 75

3.2.4 Tocqueville und die politische Kultur der Bürgergesellschaft 77
Die Tyrannei der Mehrheit 77 – Der lokale Bezug: Sinnerfahrung durch Engagement vor Ort 79 – Freiwillige Assoziationen 80 – Die Relevanz der politischen Kultur 82 – Die Nützlichkeit der Tugend 83

3.3 Die kommunitarischen Ansätze 85
Individualismus und Gemeinschaftsdiskurs 85 – Fragen der Gerechtigkeit 87 – Inklusion, Exklusion und Partizipation 88 – Soziale Bindung und die Pflicht zur Tugend 90 – Der Staat und die Korrektur der sozialen Ungleichheit 92 – Taylors Kritik des Atomismus 93 – Etzionis Entwurf der Verantwortungsgesellschaft 95

3.4 Der Rechtsstaat und die Grenzen der Zivilgesellschaft bei Jürgen Habermas 97
Deliberative Politik 98 – Öffentlichkeit 99 – Selbstbegrenzung und die Rationalität des Staates 100

3.5 Fazit: Gegenstandsbestimmung und Analysedimensionen 102
Freiwilligkeit 102 – Autonomie und Selbststeuerung 102 – Pluralität 103 – Legalität 103 – Vita Activa 104 – Fragerichtungen 104

4. Ein anderer Blick auf die Bürgergesellschaft: Kapitaltheorien und soziologischer Utilitarismus 106

4.1 Individualisierung und der Utilitarismus des Alltags 106

Der Verlust der Tugend? 106 – Materielle und ideelle Interessen 107 – Engagement und Nutzen 109

4.2 Der ökonomische Blick und die Erweiterung des Kapitalkonzepts 110
Rationalität, Interesse, Nutzen: Die utilitaristische Tradition 110 – Kapital 112 – Die Erweiterung des Kapitalkonzepts 113

4.3 Kapital, sozialer Raum und Eliten: Die Macht- und Ungleichheitsperspektive (Bourdieu) 115
Gesellschaft als Machtgeflecht 115 – Eigennutz und Euphemisierung 116 – Kapital, Macht, Einfluß 117 – Die Kapitalsorten 119 – Kapitalumwandlung und Investitionen 121 – Symbolisches Kapital, Anerkennung und Benennungsmacht 123 – Eliten 125 – Ungleichheit, Schließungsprozesse und Eliten: Die Bürgergesellschaft als Klassengesellschaft? 128

4.4 Kapital als Ressource rationaler Wahl: Die Handlungsperspektive (Coleman, Esser) 130
Subjektive Rationalität und Kapital als Handlungsressource 130 – Sozialkapital 132 – Normen 134 – Beziehungskapital und Netzwerke 136 – Vertrauen, Korporatismus und Staat 139 – Institutionelles und politisches Kapital 142 – Kapital als Handlungsressource in der Bürgergesellschaft 143

4.5 Das soziale Kapital der Gemeinschaft: Die Integrationsperspektive (Putnam) 145
Bowling Alone: Sozialkapital und Integration 145 – Demokratie und politische Kultur 148 – Formen des Sozialkapitals: Inklusion und Exklusion 151 – Die dunkle Seite des Sozialkapitals 152 – Kritikpunkte auf methodischer und konzeptioneller Ebene 154

4.6 Fazit: Das Kapital der Bürgergesellschaft 158
Alltagsutilitarismus und Bürgertugend 158 – Ausblick auf die empirische Fallstudie 161

5. Bürgergesellschaft vor Ort: Die *Kohlener* Bürgerstiftung. Eine Fallstudie 163

   5.1 Zur Methode 163

Die Gemeinde 163 – Datenerhebung 165 – Auswertung 167 – Stichprobe 167

5.2   Der Organisationstyp Bürgerstiftung 169
Das Stiftungswesen in Deutschland 169 – Stiftungen und Zivilgesellschaft 171 – Bürgerstiftungen 173

5.3   Stifterpersönlichkeit, politische Kultur und lokale Eliten:
      Die Konstruktion der Bürgerstiftung 175

    5.3.1   Stiftung in der Organisationskultur:
            Markt- und Staatsakteure 175
            Das Setting: Kohlen im Umbruch 175 – Die Stiftung 178 – Zwei Pole der Initiative 180 – Der Unternehmer: Markt 181 – Der Bürgermeister: Staat 184 – Politische Kultur 186

    5.3.2   Sozialtechnologie, lokale Eliten und Schließungsprozeß:
            Die Bürgergesellschaft als »gute Gesellschaft« 189
            Der Planungsprozeß 189 – Eine sozialtechnologische Konstruktion 190 – Die Stifter als »gute Gesellschaft« 193 – Lokale Eliten, Vertrauen und Benennungsmacht 194 – Soziale Schließung und das Fehlen von bridging capital 196 – Bürger im »Schmollwinkel« 199 – Der Blick des »einfachen Bürgers« 200 – Fehlendes Potential in der Stadt 202

5.4   Das Kapital der Bürger I: Ungleichheit und Eigennutz 204

    5.4.1   Kapital als Voraussetzung des Engagements 204
            Zugangsschranken: Symbolisches, soziales und kulturelles Kapital 205 – Selbstselektion und die Dominanz des bonding capital 206 – Ökonomisches Kapital: Geld als Exklusionsmedium 207 – Stiften und Spenden: Ein »feiner Unterschied« 209 – »Gattinnen« und biografische Passung 210 – Kapital und unerwünschte Exklusion: Das Problem der Überalterung 211 – Finanzkapital als Kern des Stiftungswesens 213 – Republikanische Identität und Enttäuschung 214

    5.4.2   Die Erträge des Engagements für die Akteure 216
            Ökonomisches Kapital 216 – Inkorporiertes Kulturkapital: Bürgergesellschaft als Qualifikationsagentur 218 – Beziehungskapital und Geselligkeit 221 – Anerkennung und Legitimation 224 – Nicht kapitalisierbarer Nutzen: Spaß, Sinn, Selbstverwirklichung 227

5.5   Das Kapital der Bürger II: Gemeinnutz und Integration 229

5.5.1 Kapitalnutzung durch die Bürgergesellschaft 229
Geld und symbolischer Multiplikatoreffekt 229 – Inkorporiertes Kulturkapital: Transformation und Redistribution 230 – Beziehungskapital: Der Nutzen der Netzwerke 232 – Der Alltag des Kapitaleinsatzes: Kleine Gefallen und Vertrauen 235 – Institutionelles Kapital: Korporative Mitgliedschaften 237 – Kapitalverbrauch und Kapitalvermehrung 237 –.Symbolisches Kapital und Benennungsmacht 239 – Die dunkle Seite des symbolischen Kapitals: Dauerbeobachtung und Kontrolle 240

5.5.2 Bürgertugend und Gemeinsinn:
Das soziale Kapital der Gemeinschaft 241
Vita Activa und republikanische Identität: Die biografische Dimension 242 – Der lokale Bezug des Engagements 243 – Gemeinsinn versus Eigennutz 246 – Polizieren 248

5.6 Institutionelles Kapital:
Stiftung, Staat und Organisationslandschaft 250
Die Infrastruktur des Staates als Kapital der Bürgergesellschaft 251 – Staatsgelder 252 – Verflechtungen mit der Kommune 253 – Spannungen zwischen Bürgergesellschaft und etablierter Politik 255 – Ein Kampf um Machtanteile 257 – Etatismus 259 – Die Kosten: Autonomieverluste 260 – Das institutionelle Kapital der Großorganisationen 261

6. Fazit:
Bürgergesellschaft in der fortschreitenden Moderne 263

7. Anhang 269

8. Literatur 271

1. Einleitung

»Bürgergesellschaft« zählt zu jenen schillernden Begrifflichkeiten, die stets zwischen wissenschaftlichem und öffentlich-politischem Sprachgebrauch oszillieren. Die geradezu konjunkturelle Beliebtheit des Wortes verdankt sich offenbar auch seiner großen Diffusität oder, positiv formuliert, seiner inhaltlichen Offenheit, die für vieles anschließbar scheint. So fungiert »Bürgergesellschaft« – oder, in Anlehnung an den angelsächsischen Sprachraum, »Zivilgesellschaft« – als Chiffre für sozialutopische Entwürfe ebenso wie für sozialpolitische Sparmaßnahmen der öffentlichen Hand, als Hoffnungsträger radikaldemokratischer Erneuerung wie als schicke neue Worthülse für überkommene Strukturen im Dritten Sektor.

Selbst dort, wo man sich im wissenschaftlichen Diskurs auf einige deskriptive Kriterien zur Definition des Begriffs »Bürgergesellschaft« einigen kann, ist noch wenig an gesicherter Erkenntnis darüber vorhanden, wie dieses Phänomen konkret funktioniert. Zwar gibt es mittlerweile eine geradezu ausufernde Ehrenamtsforschung, die allerdings meist mit standardisierten Methoden arbeitet und hoch aggregierte Daten zugrundelegt. Weiterhin hat die in den 1990er Jahren vorangetriebene, ebenfalls quantitativ-empirische Dritte-Sektor-Forschung vieles an Erkenntnissen vor allem über die institutionelle Struktur dieses Bereichs beigetragen. Und es gibt seit einigen Jahren einen intensivierten theoretischen Diskurs über Bürger- und Zivilgesellschaft, der – häufig mit einem normativen *bias* versehen – nach den Möglichkeiten bürgerschaftlichen Engagements in der modernen Gesellschaft fragt.

Was jedoch fehlt ist ein eng mit dem theoretischen Diskurs verflochtener, interpretativ-empirischer Einblick in die alltägliche Funktionsweise von Bürgergesellschaft vor Ort. Die übergeordneten Fragestellungen der vorliegenden Arbeit lauten daher: Wie funktioniert Bürgergesellschaft in der sozialen Alltagswelt? Was treibt die beteiligten Akteure an? Wie sind sie miteinander verflochten? In welchem institutionellen Rahmen wird bürgerschaftliches Engagement (erfolgreich) betrieben? Und schließlich: Machen sich soziale Ungleichheit und eine Asymmetrie der Partizipation in der Bürgergesellschaft bemerkbar?

Diesen Fragen ist zunächst einmal auf der Ebene des theoretischen Diskurses nachzugehen. Das herkömmliche Theorieangebot, das oft der republikanischen Tradition in der Ideengeschichte verpflichtet ist, richtet den Blick in starkem Maße auf Bürgertugend und Gemeinsinn. Häufig wird dabei die tradierte und etablierte Institutionenlandschaft des Dritten Sektors fokussiert. Aus der neueren Forschung gibt es aber deutliche Hinweise auf einen tiefgreifenden Motiv- und Strukturwandel, der sich in allen Bereichen des freiwilligen Engagements vollzieht. Dieser Wandel steht in engem Zusammenhang mit dem fortschreitenden Modernisierungs- und Individualisierungsprozeß, der in allen westlichen Gesellschaften beobachtbar ist.

Die Akteure, so will es scheinen, fragen immer deutlicher danach, was sie persönlich von ihrem Engagement haben, und sie achten zunehmend mehr darauf, daß der institutionelle Kontext ihren aktuellen Bedürfnissen gerecht wird.

Eine solche Entwicklung ist zunächst einmal als Herausforderung für die *Theorie* der Bürgergesellschaft zu begreifen. Diese muß, wenn sie den gewandelten Realitäten angemessen sein soll, systematisch auch die utilitaristische Dimension bürgerschaftlichen Engagements berücksichtigen. Die traditionellen Theorieangebote, die in starkem Maße dem Diskurs über Gemeinsinn und Tugend verhaftet sind, müssen daher mit alternativen Ansätzen ergänzt werden, damit die Nutzenperspektive der Akteure, aber auch die Macht- und Ungleichheitsdimension von Bürgergesellschaft erfaßt werden kann.

Empirisch ist dann zu untersuchen, wo und in welcher spezifischen Kombination republikanische und utilitaristische, gemeinsinnige und egoistische Elemente wirksam sind, wo sie zusammenspielen oder sich gegenseitig blockieren. In dieser Arbeit wird dazu eine Fallstudie über eine Bürgerstiftung vorgelegt. Diese hat selbstverständlich keinen repräsentativen Aussagewert. Ziel ist es, in einer interpretativen Tiefenbohrung exemplarisch festzustellen, welche Faktoren und Zusammenhänge als Triebkräfte von Bürgergesellschaft wirksam sind. Zugleich ist dabei zu prüfen, ob die Aussagen der zunächst diskutierten theoretischen Ansätze tatsächlich die Funktionsweise von Bürgergesellschaft vor Ort erfassen.

Was in der *Kohlener* Bürgerstiftung der Fall ist, das *kann* auch in anderen Kontexten vorfindbar sein. Es gilt also Erkenntnisse zu gewinnen, die über den untersuchten Bereich hinaus für die Thematik von Bürgergesellschaft in Deutschland insgesamt von Bedeutung sein können. Die Resultate dieser Studie sollen dann in weiteren Forschungen überprüft werden.

Die Argumentation wird konkret in folgenden Schritten entfaltet: Kapitel 2 untersucht anhand der einschlägigen Umbrüche in der deutschen Gegenwartsgesellschaft den *Kontextwandel des bürgerschaftlichen Engagements*, ohne den die veränderte Realität von Bürgergesellschaft am Beginn des 21. Jahrhunderts gar nicht verständlich wäre. Dazu werden zunächst in Kapitel 2.1 der fortschreitende *Individualisierungsprozeß* und dessen Konsequenzen für die Handlungsrationalität der Akteure thematisiert. Dieser Wandel schlägt sich auch in einer folgenreichen Transformation des Politischen nieder. Politisches Handeln verlagert sich, so die empirischen Befunde, von den etablierten Institutionen des politischen Systems zunehmend in informelle, dezentrale und projektförmige Kontexte.

Betroffen von den Folgen der Modernisierung und Individualisierung ist damit auch die tradierte Form der Sozialpolitik. In Kapitel 2.2 wird beleuchtet, wie sich hier eine Entwicklung *vom klassischen Sozialstaat zum Wohlfahrtspluralismus* vollzieht. Neben den Staat und die von ihm gesteuerte deutsche »Verbändewohlfahrt« treten zunehmend andere Wohlfahrtsproduzenten, und damit nimmt auch die Relevanz bürgergesellschaftlicher Akteure und Institutionen zu. Am deutlichsten faßbar ist diese Verschiebung anhand des *Wandels des Dritten Sektors*, der in Kapitel 2.3 thematisiert wird. Nach einigen grundlegenden Betrachtungen zur Struktur und Funktion dieses Gesellschaftsbereichs zwischen Markt und Staat wird hier aufgezeigt, wo sich die Strukturmerkmale der deutschen Situation, die in der Literatur mit den Stichworten Kartellismus und Korporatismus bezeichnet werden, verändern zugunsten einer größeren Pluralität und Dezentralität.

Am deutlichsten zeigt sich diese Entwicklung im Wandel des Ehrenamts. Das »neue Ehrenamt« ist nicht nur durch einen Motivwandel vom »Dienst« zum »Nutzen« charakterisiert, sondern auch durch einen Strukturwandel, in dessen Verlauf neue Organisationsformen für freiwilliges Engagement zum Tragen kommen. Bürgergesellschaft, so das *Fazit* in Kapitel 2.4, erscheint angesichts dieser Entwicklungen als eine Chance gesellschaftlicher Veränderung, die jedoch auch mit spezifischen Risiken und Ambivalenzen verbunden ist.

Kapitel 3 diskutiert dann vor diesem Hintergrund gesellschaftlicher Umbrüche das Analysepotential der *herkömmlichen Theorieangebote zur Bürgergesellschaft*. In Kapitel 3.1 erfolgt zunächst eine *Begriffs- und Gegenstandsbestimmung*, die angesichts des heterogenen Sprachgebrauchs wichtig ist, damit man nicht systematisch aneinander vorbei argumentiert. Kapitel 3.2 entfaltet dann die wichtigsten Ansätze und Argumentationen der *ideengeschichtlichen Tradition*. Der Weg folgt hier zunächst der Entwicklung von der Antike zur Neuzeit (3.2.1), um dann zum *republikanischen Paradigma* zu gelangen (3.2.2). Das Spektrum reicht hier vom klassischen Republikanismus eines Machiavelli über Rousseau bis zur aktuellen Position von Samuel Barber. Im Zentrum stehen hier Bürgertugend, Gemeinsinn und partizipatorische Pflichterfüllung im Staat.

Und der Weg folgt andererseits den Bahnen der *liberalistischen Tradition* von John Locke bis zu Ralf Dahrendorf (3.2.3). Hier geht es primär um Fragen der Autonomie und der Selbststeuerung der Bürger jenseits vom Staat. Beide Traditionen sind gleichsam »aufgehoben« im Denken *Alexis de Tocquevilles*, der als erster so etwas wie eine ausformulierte Theorie der Bürgergesellschaft vorgelegt hat (3.2.4). Seine Hinweise auf die Lokalität des Engagements, auf die Bedeutung der politischen Kultur, aber auch auf die Nützlichkeit der Tugend sind für heutige Zusammenhänge noch von großer Relevanz.

Es ist daher auch kein Zufall, daß *kommunitarische Ansätze* häufig auf Tocqueville Bezug nehmen, auch wenn hier dem republikanischen gegenüber dem liberalen Moment deutlich mehr Gewicht zugebilligt wird (3.3). Die Kommunitarier haben mit ihren Reflexionen über Individuum und Gemeinschaft, Tugend und Gerechtigkeit sowie nicht zuletzt über die Rolle des Staates in der Bürgergesellschaft wichtige Argumente entwickelt. Die Diskussion in Deutschland hat neben den kommunitarischen Positionen vor allem *Jürgen Habermas* beeinflußt (3.4). Er sucht einen Mittelweg zu gehen zwischen Republikanismus und Liberalismus, wobei der Institution des Rechtsstaats eine besonders prominente Rolle eingeräumt wird und Zivilgesellschaft innerhalb des rechtsstaatlichen Rahmens eine kritische Gegenöffentlichkeit zum etablierten politischen System darstellt. Am Ende dieses Kapitels werden aus der Diskussion einige *Kernkriterien* für bürgergesellschaftliche Zusammenhänge entwickelt und schließlich *offene Fragen* formuliert, die nur mit Hilfe weiterer Theorieangebote schlüssig einer Beantwortung bzw. einer empirischen Erforschung zugeführt werden können (3.5).

Kapitel 4 bringt als Gegenpol zur traditionellen Theorie von Bürgergesellschaft das *utilitaristische Paradigma* der Soziologie ins Spiel. Diese Ansätze, die bislang in der Diskussion um Zivilgesellschaft und bürgerschaftliches Engagement kaum eine Rolle gespielt haben, ermöglichen es, systematisch die Nutzendimension freiwilliger Tätigkeiten in den Blick zu nehmen. In 4.1. wird zunächst der Zusammenhang zwischen *Individualisierung und Utilitarismus* entfaltet. Wo Akteure aus tradierten Norm- und Verpflichtungszusammenhängen freigesetzt werden, ist es plausibel, daß sie den Nutzen als Kriterium ihres Handelns stärker gewichten. Ein geeignetes konzeptuelles Instrument, um diese Nutzenperspektive des Handelns systematisch zu erfassen, stellen die erweiterten Kapitaltheorien dar. In 4.2 wird daher kurz die Tradition der *Kapitaltheorie* resümiert und die Stoßrichtung der Begrifflichkeit mit ihrer Logik von Rationalität, Interesse und Nutzen entwickelt. Kapitel 4.3 geht dann ausführlich auf den Ansatz Pierre Bourdieus ein, der die Nutzenperspektive in Form eines Strukturutilitarismus reformuliert und dabei ein besonderes Augenmerk auf Strukturen der *sozialen Ungleichheit*, auf Hierarchien, *Elitenbildung* und die *Asymmetrie von Machtverhältnissen* legt. Bürgergesellschaft erscheint hier als Klassengesellschaft.

Kapitel 4.4 bringt demgegenüber mit James Coleman, Hartmut Esser und anderen die Vertreter des Rational Choice-Paradigmas bzw. des methodologischen Individualismus ins Spiel. Hier geht es in handlungstheoretischer Perspektive um *individuellen Nutzen*, aber auch um *Netzwerke, Vertrauen* und *institutionelles Kapital,* die als Handlungsressourcen der Akteure in der Bürgergesellschaft fungieren. Soziales Kapital ist in dieser Sichtweise primär ein Instrument rationalen Handelns.

In 4.5 geht es um Kapital als eine *Ressource der Gemeinschaft* (4.5). In der Theorie Robert D. Putnams, der dem Ansatz der politischen Kulturforschung verpflichtet ist, wird nach den Integrationsmechanismen moderner Gesellschaften gefragt. Er sieht im sozialen Kapital – in den geselligen und gemeinsinnigen Dispositionen der Bürger – eine wichtige Klammer der sozialen Welt. Hier schließt sich der Kreis zur republikanischen Tradition zivilgesellschaftlichen Denkens. Putnams Arbeiten bieten, bei allen offenen Fragen, einige konzeptuelle Differenzierungen, die zur Beschreibung der inklusiven und der exklusiven Wirkungen bürgerschaftlichen Engagements herangezogen werden können. In 4.6 wird abschließend ein *Fazit* mit einer Überleitung vom theoretischen Diskurs zur empirischen Studie gegeben.

Kapitel 5 enthält eine *empirische Fallstudie* zu einer neugegründeten Bürgerstiftung in der Gemeinde *Kohlen* am nördlichen Rand des Ruhrgebiets. In 5.1 wird zunächst das *methodische Vorgehen* der interpretativen Studie erläutert, deren Daten durch teilstandardisierte Interviews erhoben wurden. Danach wird in 5.2 der *Organisationstyp Bürgerstiftung* im Kontext des deutschen Stiftungswesens vorgestellt, um dann in 5.3 mit dem Konstruktionsprozeß der *Kohlener* Bürgerstiftung in die Darstellung der Fallstudie überzugehen.

Zuerst wird in 5.3.1 analysiert, wer die *initiativen Akteure* bei der Gründung der Stiftung waren. Dabei wird auch erörtert, wie dieser Vorgang einer weitgehenden Außensteuerung durch Vertreter der Markt- und Staatssektoren erklärt werden kann. In 5.3.2 wird der konkrete Planungs- und Rekrutierungsprozeß als sozialtechnologischer Eingriff in das Leben der Stadt dargestellt, wodurch einerseits eine ausgesprochen leistungsstarke Trägerschaft gesichert werden konnte, andererseits jedoch *soziale Schließungsprozesse* in Kauf genommen werden mußten. Diese schränken die Reichweite der Stiftung in der Gemeinde deutlich ein.

Kapitel 5.4 analysiert die Triebkräfte der *Kohlener* Bürgerstiftung entlang der Aufmerksamkeitsachse des Kapitals. Untersucht wird zunächst die *Voraussetzungshaftigkeit bürgerschaftlichen Engagements,* d.h. die Frage, welche Ressourcen an ökonomischem, sozialem, kulturellem und symbolischem Kapital die Akteure in den Prozeß einbringen müssen, um erfolgreich partizipieren zu können (5.4.1). Hier geht es also primär um soziale Ungleichheiten, um Inklusion und Exklusion in der Bürgergesellschaft. Das folgende Teilkapitel beleuchtet demgegenüber die *Erträge*, die von den Akteuren im Zuge ihres freiwilligen Engagements in Form von Qualifikation und Bildung, von guten Beziehungen und Geselligkeiten, von Anerkennung und Ansehen, aber auch von Sinn- und Spaßerfahrung realisiert werden können (5.4.2).

Kapitel 5.5 nimmt einen weiteren Perspektivwechsel vor. Nach Ungleichheit und Eigennutz kommen hier die Dimensionen von *Gemeinnutz und Integration* zur Geltung. In 5.5.1 wird aufgezeigt, wie die bürgergesellschaftliche Organisation die von den Akteuren eingebrachten *Kapitalressourcen nutzt*, um ihre spezifischen Ziele zu realisieren. Es wird deutlich, wie hoch teilweise die Investitionen sind, die von den Individuen in Form von Geld, Know How, Beziehungen und gutem Namen investiert werden. Das Kapitel zeigt auf, wo Kapital *verbraucht* und wo es durch den Einsatz *vermehrt* wird. 5.5.2 untersucht dann, wo und in welcher Form Sozialkapital im Sinne Robert Putnams vorhanden ist: in *republikanischer Identität*, in Bürgertugend und Gemeinsinn. Als Engagement für die Gemeinschaft artikuliert sich die Arbeit der *Kohlener* Bürgerstiftung in einem Jugendhilfeprojekt mit »polizierenden«, d.h. ordnungsstiftenden Wirkungen in der Stadt.

Kapitel 5.6, das die empirische Fallstudie abschließt, beschreibt die *institutionelle Verflechtung* zwischen Stiftung, Staat und anderen Organisationen. Im Material wird deutlich, daß durch diese Verflechtungen erhebliche *Synergiegewinne* entstehen. Das »institutionelle Kapital« der vorhandenen Organisationslandschaft wirkt sich auf verschiedenen Ebenen positiv aus. Gleichzeitig wird aber auch sichtbar, daß diese Gewinne erkauft sind mit dem *Verlust von Autonomie*.

Das Buch schließt mit einem *Fazit*, in dem Bilanz gezogen wird im Hinblick auf das Verhältnis zwischen Theorieangeboten und empirischer Fallstudie. Es wird aufgezeigt, an welchen Stellen die theoretischen Annahmen sowohl der traditionellen Ansätze zur Bürgergesellschaft als auch der utilitaristischen Positionen durch das empirische Material bestätigt oder in Frage gestellt werden. Vor dem Hintergrund dieser Ergebnisse erscheint es plausibel anzunehmen, daß Bürgergesellschaft vor allem da floriert, wo Gemeinsinn *und* Eigennutz, Verpflichtung *und* Verführung wirksam sind.

Und es wird hier schließlich sichtbar, wo sich noch »blinde Flecken« in der Theoriediskussion befinden, wo also die empirisch vorfindbare Realität vom theoretischen Diskurs gar nicht bzw. nur inadäquat erfaßt wird. Aus dieser Bilanz lassen sich dann weitere Forschungsdesiderate zum Phänomen Bürgergesellschaft im gegenwärtigen Deutschland ableiten.

Die vorliegende Studie wurde im Jahr 2003 als Habilitationsschrift vom Fachbereich 12 der Universität Dortmund angenommen. Daß diese Arbeit trotz schwerer beruflicher Belastungen, mehrerer Schwangerschaften und zweier Kleinkinder schließlich das Licht der Welt erblickt hat, verdanke ich vielfachen Hilfestellungen. Ein herzlicher Dank geht zunächst an diejenigen, welche die mühsame Last der Begutachtung auf sich genommen haben: Ronald Hitzler an der Universität Dortmund sowie, als auswärtige Gutachter, Doris Bühler-Niederberger, Alois Hahn und Thomas Rauschenbach. Für intensive Diskussionen danke ich herzlich Andreas Dörner, Jo Reichertz und Sighard Neckel. Moni K. hat mir als genaue Kennerin der Szene an vielen Stellen den Einstieg in das Feld eröffnet und in langen Diskussionen den Eigensinn des empirischen Materials gegenüber den glatten Lösungen der Theorie zur Geltung gebracht.

Für die verbliebenen Untiefen und Schwächen der Arbeit trägt natürlich allein die Verfasserin die Verantwortung. Ein ganz besonderer Dank aber geht an meine noch sehr kleinen Kinder. Sie haben mir auch an trüben Tagen mit ihrer unverwüstlich guten Laune immer wieder Mut gemacht, die Sache zu einem guten Ende zu führen. Noah und Sinaida ist diese Arbeit gewidmet.

2. Der Kontext des Engagements: Umbrüche in der Gegenwartsgesellschaft

2.1 Gesellschaft und Politik im fortschreitenden Modernisierungsprozeß

Moderne

Die Anfänge der Soziologie als akademische Disziplin fallen nicht zufälligerweise mit dem Beginn einer systematischen Reflexion über das Spezifische moderner Gesellschaften zusammen.[1] Ende des 19. Jahrhunderts hatten sich radikale soziale Umbrüche vollzogen, die Fragen nach dem Spezifischen der Moderne geradezu aufdrängten: Was unterscheidet diese Gesellschaften von »vormodernen« Formationen, was macht ihre innere Dynamik aus? Und, so ist aus heutiger Sicht zu ergänzen: Worin genau sind die Entwicklungslinien einer fortschreitenden Modernisierung moderner Gesellschaften zu entdecken?[2] Die Beantwortung dieser Fragen kann ganz entscheidende Erkenntnisse darüber bringen, in welchem Kontext sich heute bürgerschaftliches Engagement bewegt.

Auf der Suche nach einem gemeinsamen semantischen Nenner der verschiedenen Begriffe und Vorstellungen von Modernität stößt man zunächst auf das Charakteristikum des Wandels.[3] Die Moderne ist demnach ein Zeitalter, das sich von den vorhergehenden durch das Kriterium der stetigen Veränderung unterscheidet. Diese Bestimmung wird gestützt durch die Beobachtung begriffsgeschichtlicher Analysen, daß die gesamten »okzidentalen« Begriffs- und Erfahrungswelten seit der zweiten Hälfte des 18. Jahrhunderts gekennzeichnet sind durch Verzeitlichung, Bewegung und Beschleunigung. »Alles ist

---

1 Dies zeigt immer wieder der Blick auf die Themen und Thesen der soziologischen »Klassiker«; siehe dazu auch die Beiträge in Kaesler/Vogt (2000).
2 Unter dem Motto »Die Modernisierung moderner Gesellschaften« stand nicht zuletzt auch der 25. Deutsche Soziologentag in Frankfurt/Main im Jahre 1990; zu den dortigen Debatten vgl. Zapf (1991).
3 Vgl. dazu die begriffsgeschichtliche Studie von Gumbrecht (1978: 126).

in Bewegung geraten«, lautet die Erkenntnis der Zeitgenossen, und diese Bewegung ist nicht mehr zu stoppen (vgl. Koselleck 1977: 285ff).

Wandel wird dabei keineswegs immer teleologisch verstanden, wenngleich die Idee des »Fortschritts« über lange Zeit eng mit dem Konzept der Moderne verbunden war. Das gilt noch für die emphatischen Modernisierungsprojekte zur Mitte des 20. Jahrhunderts, die durchweg eine deutliche normative Orientierung an dem Modell der angelsächsischen Demokratien aufwiesen. Sinnvoller erscheint es jedoch zunächst, Wandel und Entwicklungsoffenheit als *deskriptive* Charakteristika der Moderne aufzufassen (Münch 1986: 13 und 847ff sowie Giddens 1995: 12ff).

Das Denken der soziologischen Klassiker an der Wende vom 19. zum 20. Jahrhundert war maßgeblich durch Krisenphänomene der zeitgenössischen Gesellschaft sowie die sich dadurch aufdrängenden Fragen nach den Bedingungen, Möglichkeiten und Grenzen sozialer Modernität geprägt (vgl. dazu Dahme 1988). Sie alle haben, in unterschiedlichem Theoriedesign und mit verschiedenen Begrifflichkeiten, die Auflösung traditionaler Bindungen, zunehmende soziale Differenzierung und die Versachlichung der Beziehungen zwischen den Menschen als Kennzeichen der Moderne bestimmt.

Georg Simmel war es, der anknüpfend an ästhetische Bestimmungen der Moderne auf die besondere Dynamik und Fragmentierung moderner Erfahrungswelten aufmerksam machte.[4] Es kommen also hier, anders als beim späteren Modernisierungsoptimismus der Amerikaner,[5] die Ambivalenzen der Moderne mitsamt den sozialen und psychischen Kosten zum Tragen. Sie fielen dem genauen Beobachter schon zur Jahrhundertwende in Form von Entwurzelung, Desorientierung und Anomie einerseits,[6] in Form eines »ehernen Gehäuses« der Moderne (Weber 1976) andererseits auf.

Die Struktur der »klassischen« Moderne ist dann vor allem durch die Entwicklung evolutionärer Universalien gekennzeichnet, wie sie Talcott Parsons benannt hat: bürokratische Organisationsform, Geld- und Marktsystem, ein universalistisches Rechtssystem sowie demokratische Assoziationen mit gewählter Führung (Parsons 1971: 72). Neben diese Kennzeichen, die begleitet werden durch eine Universalisierung von Normen und Werten (Münch 1995: 18), tritt die funktionale Differenzierung. Die radikalste Beschreibung findet dieser Prozeß ohne Zweifel in den Arbeiten Niklas Luhmanns, der die moderne Gesellschaft als ein polyzentrisches Gebilde modelliert, in dem selbstreferentiell geschlossene und autopoietisch sich reproduzierende Teilsysteme

---

4 Vgl. Simmel (1989, 1992) sowie Frisby (1989) und Wehling (1992: 71ff).
5 Siehe dazu die Beiträge in Zapf (1971).
6 Hier knüpfen dann auch Berger u.a. (1975) mit ihrer bekannten Studie zum »homeless mind« an.

nach eigener Logik funktionieren und füreinander jeweils »Umwelt« sind (siehe umfassend jetzt Luhmann 1997).

Individualisierung

In den aktuellen soziologischen Gegenwartsdiagnosen wird der Schwerpunkt vor allem auf die Individualisierung und die damit verbundenen Prozesse der Enttraditionalisierung und Entbettung der sozialen Existenz des Menschen gelegt.[7] Was ist mit Individualisierung in diesem Kontext genau gemeint? Ulrich Beck benennt dazu drei zentrale Bestimmungsmomente: »Herauslösung aus historisch vorgegebenen Sozialformen und Bindungen im Sinne traditionaler Herrschafts- und Versorgungszusammenhänge (›Freisetzungsdimension‹), Verlust von traditionalen Sicherheiten im Hinblick auf Handlungswissen, Glauben und leitende Normen (›Entzauberungsdimension‹) und – womit die Bedeutung des Begriffes gleichsam in ihr Gegenteil verkehrt wird – eine neue Art der sozialen Einbindung (›Kontroll- und Reintegrationsdimension‹)« (Beck 1986: 206).

Ungeachtet der letzten Bestimmung, die bei der Freiheitseuphorie der Moderne oft übersehen wird,[8] ist also der Abbau von traditionalen Bindungen entscheidend. War man früher relativ fest zugeordnet zu Klassen, Konfessionen und Milieus, aber auch zu politischen Kulturen, Weltanschauungen und Ideologien, so ist diese Zuordnung einer immer freieren Wahlmöglichkeit gewichen.

Ralf Dahrendorf (1979) weist auf ähnliches hin, indem er die Moderne durch die ständige Zunahme von Optionen und die ständige Abnahme von sozialen Ligaturen charakterisiert. Aus stabilen Lebenslaufregimes werden »Bastelbiografien« und »Bastelexistenzen« (Ronald Hitzler), die der einzelne mit relativ wenig Orientierungsvorgaben in mühsamer Alltagsarbeit stets neu konstruieren muß.[9]

---

7 Zur theoretischen Perspektive und zu empirischen Befunden der Individualisierung vgl. die Beiträge in Beck/Beck-Gernsheim (1994), Beck (1997), Beck/Sopp (1997) und Beck/Bonß (2001). Zur kritischen Diskussion vgl. die Beiträge in Friedrichs (1998).
8 Beck spezifiziert dieses Paradox der Moderne wie folgt: »Eben die Medien, die eine Individualisierung bewirken, bewirken auch eine Standardisierung. Die gilt für Markt, Geld, Recht, Mobilität, Bildung usw. in jeweils unterschiedlicher Weise. Die entstehenden Individuallagen sind durch und durch (arbeits-) marktabhängig. Sie sind sozusagen die Perfektionierung der Marktabhängigkeit bis in alle Fasern der Existenz(sicherung) hinein, sie sind ihr spätes Ergebnis in wohlfahrtsstaatlicher Phase« (Beck 1986: 210).
9 Vgl. Hitzler (1988, 1994, 1999, 2000a, 2001), Hitzler/Honer (1994) sowie Beck/Beck-Gernsheim (1993).

Und dieser Zwang zur Selbst-Konstruktion wiederum bedingt einen zunehmenden Zwang auch zur Selbstthematisierung: Der einzelne muß gegenüber sich selbst und gegenüber den anderen Rechenschaft geben über sich und sein Tun, über Erfolge und Niederlagen, über seine Ziele und das zugrundeliegende Selbstkonzept.[10]

Die Institutionen der »klassischen« modernen Gesellschaft wie die Kleinfamilie, feste Berufs- und Geschlechterrollen zerbröseln immer stärker, so daß nur noch eine »Loseblattsammlung von Individuen« zurückbleibt (Beck 1991: 45). Die Institutionen werden demnach selbst »individualisiert«, weil sie nicht mehr unproblematisch gelten, sondern nach den Bedürfnissen und Wahlen der Individuen umgestaltet werden. Individualisierung heißt also nicht nur »Enttraditionalisierung«, d.h. Loslösung von traditionalen Einbindungen, sondern sie bedeutet als Bestandteil einer »reflexiven Moderne« auch die Auflösung derjenigen Zusammenhänge, in der die moderne (Industrie-) Gesellschaft ihrerseits »traditional« verfestigt erschien. Dies unterstützt noch einmal die eingangs gegebene Definition von Modernität durch Wandel.

Die von Beck benannte »Freisetzungsdimension« wiederum wird durch fortschreitende Globalisierung stetig zugespitzt, wie vor allem Richard Sennett in seinen Studien zum »flexiblen Menschen« (1998) deutlich gemacht hat. Freiheit bedeutet hier vor allem Zwang: Zwang zum ständigen Arbeitsplatzwechsel und damit auch zum Wechsel des räumlichen und sozialen Kontexts. Man kann kaum noch irgendwo Wurzeln schlagen, und die Heimaten werden immer stärker virtuelle Heimaten, die vor allem in den elektronischen Medien angeboten werden. »Karrieren« im Sinne von geordneten Mustern der Zeitorganisation und der biografischen Sequentialisierung sind in der Gegenwartsgesellschaft durch hochgradige Kontingenz gekennzeichnet (Luhmann 1994). Erwerbsverläufe und Berufsbiografien nehmen in immer stärkerem Maße diskontinuierliche Formen an (vgl. Mutz u.a. 1995, Beck 1999). Das bedeutet auch, daß sich die Akteure in ihren Tätigkeiten zwischen den verschiedenen Sektoren (Markt, Staat, Dritter Sektor und Familie) viel mehr hin und her bewegen, als dies früher der Fall war.[11]

Durch den Individualisierungsprozeß werden schließlich auch die tradierten Muster der Verknüpfung von kulturellen und sozialstrukturellen Formationen in Bewegung gebracht. Zu Beginn des 20. Jahrhunderts gab es noch festgefügte ständische Schranken und Schließungsprozesse sowie enge Kop-

---

10 Zur Selbstthematisierung in der modernen Gesellschaft siehe grundlegend die Untersuchungen von Alois Hahn (vgl. Hahn 1987 sowie Bohn/Hahn 1999a).
11 Dies läßt sich gut anhand der neuen Karrieremuster innerhalb der Bürgergesellschaft beobachten, die zahlreiche Momente von Diskontinuität und Kontextwandel aufweisen; zu diesen neuen Mustern vgl. jetzt Vogt (2003).

pelungen zwischen »Klassenlagen« und »ständischen Lagen«, wie sie vor allem von Max Weber (1976: 530ff) ausführlich beschrieben wurden. Und noch mit Bezug auf die 60er Jahre hat Pierre Bourdieu (1982) für die französische Gesellschaft kulturelle Praxis plausibel als Ausdruck von und Zementierungsmechanismus für rigide Klassengrenzen interpretiert. Im Zeitalter der »Erlebnisgesellschaft« jedoch sind diese klaren hierarchischen Verhältnisse immer weiter aufgeweicht worden.[12] Wir haben es heute in immer mehr westlichen Gesellschaften mit einer Vielzahl von *nebeneinander* geordneten Milieus und Lebensstilgruppen zu tun, die kaum noch im klassischen Sinne sozialstrukturell determiniert sind. Sie sind vielfach durchlässig, von den Akteuren in hohem Maße wählbar, und sie sind sequentiell geordnet. Ein Individuum kann also im Verlauf seiner Biografie mehreren unterschiedlichen Milieus angehören.

Optionalisierung

Das Signum der Wählbarkeit, das sich durch die verschiedenen Bestimmungen der fortschreitenden Moderne hindurchzieht, hat Peter Gross (1994) ins Zentrum seiner zeitdiagnostischen Analyse moderner Gegenwartsgesellschaften gestellt. Die »Multioptionsgesellschaft«, so Gross, ist dadurch gekennzeichnet, daß alle Bereiche der sozialen Welt in immer stärkerem Maße durch eine Steigerung der Optionen, d.h. der Erlebens-, Handlungs- und Lebensmöglichkeiten gekennzeichnet sind. Optionalisierung ist der grundsätzliche Modus, in dem den Akteuren die Realität entgegentritt.

Verbunden mit dieser unaufhaltsamen Optionensteigerung ist ein weitgehender Prozeß der Beschleunigung. Es gibt nicht nur ein nahezu unüberschaubares Nebeneinander von Möglichkeiten, sondern auch eine immer rasantere Abfolge der Optionen. Was heute noch neu ist und als »letzter Schrei« erscheint, wird morgen schon als »Auslaufmodell« feilgeboten und ist übermorgen bereits dem kollektiven Vergessen anheimgestellt. Der Zyklus der Moden wird immer kurzatmiger, und die Akteure müssen sich jeweils beeilen, um *up to date* zu sein. Der »konjunktivistische Existenzmodus« (Gross 1994: 20) bezieht sich dabei jedoch keineswegs nur auf die Welt der Waren, auch

---

12 Siehe dazu vor allem Schulze (1992). Da der Alltag der Menschen im Zeitalter der Massenmedien immer stärker durch Medienkonsum gekennzeichnet ist – der Durchschnittsdeutsche kommuniziert heutzutage, wie empirische Befunde zeigen, täglich im Durchschnitt ca. 6 Stunden massenmedial, während er in personaler Kommunikation face to face gerade einmal einhalb Stunden verbringt (vgl. Kiefer 1999) –, kann man mit einiger Berechtigung von einer »medialen Erlebnisgesellschaft« sprechen (Dörner 2001). Die kulturelle Pluralität der Gegenwartsgesellschaft formiert sich dabei in starkem Maße durch verschiedene Muster der Mediennutzung.

wenn dies die augenfälligste Ebene der Multioptionsgesellschaft darstellt. Optionalisierung hat längst auch die kulturelle Dimension des Lebens erfaßt. Sie betrifft Lebensführung und Lebensstile, Glaubensfragen und Weltbilder, Symbole und Traditionen (Gross 1994: 31) – und natürlich auch die früher im Reich der Selbstverständlichkeiten beheimatete Frage, ob man sich »teure Kinder« zulegen möchte oder nicht (vgl. Bühler-Niederberger 1996).

Beruht die Orientierungsleistung kultureller Muster und symbolischer Formen normalerweise gerade darauf, daß sie auf Dauer gestellt sind, daß sie unhinterfragt gelten und dem Zugriff der Willkür, des Marktes und auch der Reflexion weitgehend entzogen bleiben, so gehört diese Stabilität in der Multioptionsgesellschaft der Vergangenheit an. Wenn alles bis zur elementaren Weltanschauung wählbar und im Prinzip auch kaufbar wird (denn »Kurse« lassen sich für nahezu alles – von der Kochkunst bis zur Zen-Meditation – buchen), dann gibt es für die Akteure keinen unhinterfragten letzten Grund mehr, von dem aus sie operieren können. Lediglich die Suche nach immer mehr, immer neueren, immer exotischeren und originelleren Möglichkeiten vermag hier noch als eine Art gemeinsamer Nenner der Existenz zu fungieren.

Die Schlagworte, mit denen sich zentrale Tendenzen der Gegenwartsgesellschaft erfassen lassen, sind daher nicht zufälligerweise jeweils mit dem Präfix »Ent« versehen: Entgrenzung, Entzeitlichung (im Sinne einer Auflösung zeitlicher Strukturierungsmuster des Lebens), Enthierarchisierung, Entheiligung. Das Emanzipationsprojekt der Moderne, die Aufhebung von Zwängen, Fremdbestimmungen, Hierarchien, Tabus und Obligationen, scheint in der Multioptionsgesellschaft konsequent fortgesetzt zu sein.

Diese unbegrenzte Freiheit im Sinne unbeschränkter Wahlmöglichkeit stellt sich für den Einzelnen aber auch als große Belastung dar. Kontingenzsteigerung geht einher mit der ständigen Angst, etwas zu verpassen oder eine bessere, schönere, billigere Option nicht wahrnehmen zu können, da man trotz aller technischen Möglichkeiten eben doch nicht omnipräsent sein kann und die Erlebnismöglichkeiten aufgrund zeitlicher und sinnlicher Kapazitätsgrenzen beschränkt sind. Angst geht um, die Differenz zwischen Möglichkeiten und realisierten Möglichkeiten könnte zu groß werden.

Diese Angst ist insofern durchaus ernst zu nehmen, als die Identität der Akteure in immer stärkerem Maße von ihrer Performance im Kaufhaus der Optionen abzuhängen scheint (vgl. dazu Gross 2000). Soziale Anerkennung wird in der Gegenwartsgesellschaft in hohem Maße an diejenigen vergeben, die eine besonders »interessante«, »originelle«, vielleicht sogar trendsetzende Identität darstellen können. Die Fähigkeit zur »Selbsttheatralisierung« (Hahn/Willems 1998: 210) stellt somit eine wichtige Voraussetzung für das Gelingen von Identität dar. Dabei sollte freilich nicht in Vergessenheit geraten, daß das

Spektrum der Möglichkeiten auch und gerade in der Multioptionsgesellschaft hochgradig abhängig davon ist, ob die Akteure über entsprechende Ressourcen, sprich: über Kapitalien verfügen, um den Konjunktiv »ich könnte« in einen Indikativ »ich tue« überführen zu können. Man muß ökonomisches, kulturelles, soziales und auch symbolisches Kapital haben, wenn man die Vielfalt der Möglichkeiten nutzen will (vgl. Vogt 2000): Erst das Geld, die Bildung, das Beziehungsnetzwerk und die Wertschätzung durch die Mitmenschen machen es letztlich möglich, auch die wirklich spannenden Optionen zu nutzen und zu vermeiden, daß das Spektrum der Freiheiten sich auf die Ebene der Entscheidung zwischen vierzig verschiedenen Pizzabelägen beschränkt.

Ein ganz zentrales Problem aber ist ohne Zweifel die Bindungslosigkeit, die eine völlig optionalisierte soziale Welt produziert. Ralf Dahrendorf (1979, 1992, 1993) hat in seinen Reflexionen über Lebenschancen und Bürgerfreiheit in modernen Gesellschaften immer wieder darauf hingewiesen, daß sich die geglückte Existenz moderner Individuen immer in einer Kombination aus Optionen und Ligaturen herstellt. Die Steigerung von Optionen stellt einen relevanten Freiheitsgewinn in der Genese der Moderne dar. Erst die Loslösung aus traditionalen und ständischen Einbindungen mit ihren engen Grenzen hat die Freiräume für die Gestaltung individueller Biografien und freiheitlicher politischer Systeme geschaffen.

Auf der anderen Seite läuft jedoch eine völlig entbundene Optionenvielfalt in die Leere, weil es an orientierungsstiftenden festen Koordinaten für das Handeln fehlt. Wo alles verfügbar wird, gibt es keine Heimaten, keine Gewißheiten, keine Maßstäbe und damit letztlich auch keine stabile Identitätsbildung mehr. Es kommt also auf die gelungene Balance zwischen Optionen und Ligaturen an, um eine Totalisierung der Bindungen ebenso zu vermeiden wie eine totale Entgrenzung, die menschliches Handlungsvermögen letztlich überfordern muß.

Transformation des Politischen

Die Entwicklungen, die hier als Signum einer fortschreitenden Moderne beschrieben wurden, haben auch nachhaltige Auswirkungen auf das politische Feld produziert. In der Zeit der »klassischen Moderne«, vor allem ab der zweiten Hälfte des 19. Jahrhunderts, war eine ausgesprochen starke Kopplung von sozialstrukturellen Formationen, sozial-moralischen Milieus, politischen Lagern und Parteien zu beobachten. Diese wurden im alltäglichen Leben der Bürger über ein ausgefeiltes System milieuspezifischer Organisationen und Gesellungsformen immer wieder aufs Neue gefestigt. Man denke hier nur an die zahlreichen Vereine und Verbände, die beispielsweise das sozialdemokratische und das katholische Milieu noch weit bis ins 20. Jahrhundert hinein integrierten: von den Gewerkschaften über die Sportclubs bis hin zu Bildungs- und Lesevereinen. Am Ende des 20. Jahrhunderts hat sich jedoch eine weitgehende Erosion dieser Bindungen vollzogen.[13] Deutlich läßt sich diese Entwicklung anhand des Phänomens der Stammwählerschaft ablesen. Im 19. und frühen 20. Jahrhundert war völlig klar, daß die Herkunft aus einem bestimmten Milieu eine entsprechende Wahlentscheidung wahrscheinlich machte. Auch nach der relativen Lockerung der traditionellen Milieubindungen in der Bundesrepublik hat sich über lange Zeit hinweg eine große Treue der Wählerschaft zu ihrer Parteipräferenz, also eine jeweils stabile Koalition aus politischen Parteien und Bürgern herausgebildet.

In den letzten zwei Jahrzehnten jedoch lassen sozialwissenschaftliche Beobachter keinen Zweifel daran, daß der Typus des Stammwählers eine aussterbende Spezies darstellt.[14] Spricht Peter Gross (1999: 118) von der gesteigerten »Volatilität« als Charakteristikum der Multioptionsgesellschaft, so findet dies in der hohen Volatilität der Wählermärkte seine politisch-soziologische Entsprechung. Wähler sind keine zuverlässigen Bataillone der Parteien mehr, sondern flüchtige Wesen, die man mit viel Mühe von den Vorzügen der jeweils eigenen Position überzeugen muß.

Politische Wahlen haben sich entsprechend, so der klare Befund, zu tatsächlichen Wahlsituationen entwickelt. Viele Wähler sind in ihrer Entscheidung nicht schon kraft tradierter Bindung festgelegt, sondern die je aktuelle Präferenz wird in der Wahlkampfphase selbst erst herausgebildet.[15] Helmut Klages bringt diesen neuen Typus des Wählers auf den Begriff des »schwierigen Bürgers«, der dem Staat und den Parteien mit ähnlich anspruchsvollen Erwartungen begegnet wie einem privatwirtschaftlichen Dienstleistungsanbieter (Klages 1996: 246; vgl. dazu auch Münkler 1997: 169f).

Hinzu kommt, daß große Teile der Bevölkerung aus der tradierten Großgruppengesellschaft mit ihren bürokratisch durchgestylten Großorganisationen aussteigen. Symptomatisch dafür ist der Erosionsprozeß der großen Mitgliederparteien in Deutschland.[16] In den 70er Jahren hatten die etablierten Parteien zunächst stürmische Zuwächse erfahren und haben sich in den 80er

---

13 Vgl. zu dieser Entwicklung ausführlich Rohe (1992) sowie die Diskussion aktueller empirischer Befunde bei Gluchowski u.a. (2001) und Brettschneider u.a. (2002).
14 Siehe dazu etwa die regelmäßigen Analysen in Klingemann/Kaase (1986, 1994 und 2001) und Kaase/Klingemann (1990, 1998). Die einschlägigen Befunde werden im Rahmen der Entwicklung des deutschen Parteiensystems präzise zusammengefaßt in Alemann (2000).
15 Vgl. die Analysen in Dörner/Vogt (2002).
16 Zu dieser Entwicklung in der deutschen Parteienlandschaft siehe vor allem die Arbeiten von Wiesendahl (1990, 1997, 1998 und 2001).

Jahren auf einem vergleichsweise hohen Niveau von knapp 2 Millionen Parteimitgliedern stabilisiert. Ein leichter Abwärtstrend wird durch die Einverleibung der DDR-Blockparteien konterkariert, aber seit den frühen 90er Jahren ist die eindeutige Erosion der Mitgliederschaft unübersehbar geworden. Bis 1995 ging der Bestand um eine Viertelmillion Mitglieder zurück, was einer Verlustrate von 12,3 Prozent entspricht. In der zweiten Hälfte des Jahrzehnts und auch nach der Jahrtausendwende setzte sich dieser Trend ungemindert fort.

Diese partizipative Schwindsucht betrifft vor allem die großen Volks- und Mitgliederparteien SPD und CDU. Die SPD fiel schon Mitte der 90er Jahre mit 817.650 Mitgliedern auf ein Niveau zurück, das den Beständen vor der großen Eintrittswelle in den siebziger Jahren entsprach. Und auch die CDU sah sich 1995 mit 657.643 Parteizugehörigen auf einen Umfang gestutzt, der bereits im Jahre 1977 erreicht war. Der aktuelle Stand im Frühjahr 2005 verzeichnet nur noch etwa 605.000 Mitglieder bei der SPD und 574.500 Mitglieder bei der CDU.

Nun könnte man hinter dergleichen Entwicklungen noch bloße Schwankungen vermuten. Schaut man jedoch genauer hin, dann sieht man, daß sich hinter den Zahlen ein Verlust der Zukunft verbirgt, der in der Tat nachhaltige Folgen zeitigt. Mit Elmar Wiesendahl (1997: 357) läßt sich der Trend nämlich auf den begrifflichen Nenner von Überalterung und Austrocknung bringen. So herrscht in den Parteien kein Kommen und Gehen, sondern es mangelt generell an Neueintritten. Gelegentliche kleine Aufschwünge, wie sie die SPD etwa nach dem Amtsantritt Gerhard Schröders 1998 erlebt hat, bestätigen als Ausnahme nur die Regel. Bemerkenswert aber ist vor allem das Schrumpfen des Anteils von jungen Mitgliedern. So ist bei der SPD, die hier zunächst einen deutlichen Vorteil gegenüber den konservativen Unionsparteien hatte, die Altersgruppe der bis zu 25jährigen zwischen 1974 und 1994 von 10,8 auf 3,1 Prozent gesunken. Die CDU liegt derzeit bei 1,9 Prozent, und selbst die Grünen, die ja gleichsam als Institutionalisierung der jugendgetragenen Neuen Sozialen Bewegungen die politische Bühne betreten hatten, beklagen nun eine Überalterung ihrer Mitgliederstruktur, die sie nicht mehr als Partei der Jüngeren, sondern als Partei einer spezifischen Generation erscheinen läßt.[17]

Weitet man den Blick von den Parteien auf das weitere Institutionengefüge des politischen Systems aus, so wird deutlich, daß diese Entwicklungen auch für andere Organisationen zutreffen. Insbesondere das für den deutschen

---

17 Zur Entfernung der Jugendlichen vom etablierten politischen Institutionensystem siehe die Befunde in der aktuellen Shell-Studie (Jugendwerk der Deutschen Shell AG 2001) sowie die Daten bei Wiesendahl (2001) und Gaiser/Rijke (2001).

Korporatismus so wichtige Verbändewesen beklagt ähnliche Erosions- und Vergreisungsprozesse. Dies zeigen etwa die Daten aus dem Wohlfahrtssurvey und dem DJI-Jugendsurvey: So hat vor allem bei den Gewerkschaften die Mitgliedschaft dramatisch abgenommen. Bei der Gesamtbevölkerung sank die Quote von 17 Prozent West und 25 Prozent Ost im Jahre 1992 auf 12 Prozent West und 13 Prozent Ost im Jahre 1997. Bei den Jüngeren (16 bis 29-jährigen) sank die Mitgliedschaftsquote von 1992 bis 1997 sogar um die Hälfte des Bestands: von 15 Prozent auf 7 Prozent (West) und von 22 Prozent auf 8 Prozent (Ost) (vgl. Gaiser/de Rijke 2001). Die Mitgliedschaftsquoten der Heranwachsenden in Gewerkschaften, Kirchen und Verbänden variieren derzeit um die Fünf-Prozent-Marke, während die Quote bei den Sportvereinen demgegenüber bei etwa 50 Prozent (!) liegt, Tendenz weiter steigend (vgl. Braun 2004: 4).

»Politikverdrossenheit«, um dieses weitverbreitete Schlagwort aufzunehmen, stellt sich somit als eine *Organisationsverdrossenheit* dar. Der Erosionsprozeß des etablierten politischen Systems ist nämlich keineswegs gleichzusetzen mit einem Prozeß der Entpolitisierung. Das Engagement vor allem der Jüngeren wendet sich zunehmend überschaubaren, projektförmigen und temporär begrenzten Zusammenhängen zu. Das Politische, so die Erwartung der Akteure, muß hier vor allem in direkten Wirkungen erfahrbar sein. Organisationen wie *Greenpeace* und andere NGOs, locker geknüpfte Kontexte wie das Netzwerk der Globalisierungsgegner bei »Attac« oder spontan gebildete Aktions- und Protestgruppen bieten mit ihren Projektzellen hierfür bessere Möglichkeiten als die tradierten Polit-Bürokratien der deutschen Parteien- und Verbändelandschaft.

Die Individualisierung als eine – durchaus mit ambivalenten Folgen für die Betroffenen verbundene – Form der Loslösung von traditionalen Bindungen ist somit insgesamt auch als ein (politischer) Emanzipationsprozeß zu verstehen. Die Akteure *können* freilich dabei die sozialen Verhältnisse nicht nur in zunehmendem Maße gestalten, sondern sie *müssen* dies auch tun. Dies läßt sich im weiteren Sinne als eine »Politisierung« der Gesellschaft verstehen: Individuen betreiben – strategisch, machtbezogen und erfolgsorientiert – Interessenpolitik in eigener Sache. Sie heben dabei in vielen Bereichen die Monopolstellung des politisch-korporatistischen Systems (Staat, Parteien, Verbände) auf und nehmen die Gestaltung ihrer Lebensverhältnisse in die eigene Hand.[18]

Die sich daraus ergebende Fragestellung lautet, inwieweit nun diese Konstellation neue Potentiale für bürgerschaftliches Engagement, d.h. für eine freiwillige, mehr oder weniger gemeinwohlbezogene, auf die Gestaltung der sozi-

---

18 Siehe dazu die Analysen bei Beck (1993) und Hitzler (1994b, 1997, 2000).

alen Welt abzielende Aktivität eröffnet. Kommt es hier zu einer Expansion der Bürgergesellschaft gegenüber dem etablierten politischen System und gegenüber dem Korporatismus der deutschen Großgruppengesellschaft? Gelingt es, neue Handlungsformen und institutionelle Rahmungen zu (er)finden? Dabei sind auch jene Ambivalenzen zu beachten, die bei einem solchen machtbezogenen, von rechtsstaatlich legitimierten Verfahren abgelösten Geschehen zu erwarten sind, etwa in Form von Radikalitäten, Intoleranzen und Asymmetrien.[19]

Folgen des Kontextwandels

Aus den bis hierhin entwickelten Beschreibungen von Individualisierung und Optionalisierung deutet sich für den Bereich des bürgerschaftlichen Engagements und damit auch für die Funktionsbedingungen von Bürgergesellschaft schon zweierlei an:

1. Bürgerschaftliches Engagement ist kaum noch durch quasi-selbstverständlich gegebene, tradierte Bindungen zu motivieren. So wie die tradierte Organisationslandschaft des politischen und sozialen Engagements unter Erosionsprozessen leidet, so wird das Engagement selbst immer stärker »begründungspflichtig«. Es ist durch spezifische Interessen, Bedürfnisse, Identitätserwartungen und biografische Passungen der Akteure bedingt.
2. Die Felder des Engagements müssen dementsprechend etwas »zu bieten haben«. Es reicht hier nicht mehr aus, den pflichtbewußten Bürgern ein gutes Gewissen zu verschaffen, sondern es müssen spezifische Erfahrungs- und Erlebnisqualitäten beteiligt sein: vom Abenteuerformat einer Greenpeace-Aktion bis zum geselligen Kontext einer Feier in der Freiwilligenagentur. Im Spektrum der Multioption sind viele Menschen nicht mehr durch »Verpflichtung«, sondern nur noch durch »Verführung« zu mobilisieren (vgl. Hitzler 1999).

Auch das Engagement muß daher zunehmend die Konturen attraktiver Tätigkeitsoptionen bieten, wenn es jüngere, gut gebildete und anspruchsvolle Akteure anziehen will. Das emanzipierte Individuum möchte wissen, was es persönlich davon hat, sich zu engagieren. Ein solches Kosten-Nutzen-Kalkül kann sich dabei auf die »harte Währung« von meßbaren Vorteilen wie Bildungs- und Qualifikationsgewinnen, guten Kontakten und Prestige beziehen.

---

19 Zur Problematik dieser Entgrenzung von Bürgergesellschaft vgl. Habermas (1992: 443ff), der zu Recht bemerkt, daß zivilgesellschaftliche Initiativen nicht immer im normativen Sinne »gut« sein müssen.

Daneben kommen jedoch auch »weiche« Größen wie Spaß, Erfahrungsgewinne und Bausteine bei der Identitätsbildung zur Geltung.[20] Stellt man all diese Entwicklungen, auf die in den weiteren Kapiteln dieser Arbeit ausführlicher einzugehen sein wird, einmal in Rechnung, dann wird deutlich, daß die fortschreitende Modernisierung der Gegenwartsgesellschaft nicht so sehr einen Verfall von Engagement, Bindungskräften und »Sozialkapital« mit sich bringt, sondern vielmehr einen *Gestalt- und Formenwandel.*[21] Umbrüche in Gesellschaft und Politik bringen auch Umbrüche in der Bürgergesellschaft mit sich, und diesen Veränderungen gilt es im Folgenden nachzuspüren.

Dies geschieht zunächst einmal durch einen genauen Blick auf den Kontextwandel, der sich im sozialpolitischen Feld – vom Sozialstaat zum Wohlfahrtspluralismus – vollzogen hat, denn hier liegt ohne Zweifel der größte Relevanzbereich von Bürgerengagement und Freiwilligenarbeit. Bürgergesellschaft ist, nicht nur in den politischen Debatten, engstens mit der Entwicklung im sozialpolitischen Feld verknüpft. Danach gilt es, die Situation im Dritten Sektor zu thematisieren. Der Dritte Sektor ist der spezifische Ort, an dem sich Zivilgesellschaft entfaltet. Veränderungen in diesem Bereich sowie in der Konstellation zwischen Drittem Sektor, Markt und Staat bringen daher auch Veränderungen für die Potentiale und Grenzen bürgerschaftlichen Engagements mit sich.

2.2 Vom Sozialstaat zum Wohlfahrtspluralismus

Der deutsche Sozialstaat

Vor dem Hintergrund der aufgezeigten Umbrüche in Gesellschaft und Politik – Individualisierung, Enttraditionalisierung und Flucht aus den großen Organisationen – wird auch das Prinzip der Sozial- oder Wohlfahrtsstaatlichkeit in Frage gestellt. Die öffentliche Diskussion ist dabei freilich oft auf simple Polemiken und Dichotomien verkürzt, die der Komplexität des Wandels kaum

---

20 Siehe dazu auch die empirischen Befunde bei Meulemann (2001), der zeigt, daß Spaßorientierung, Engagementbereitschaft und Kollektivorientierung bei jüngeren Alterskohorten der deutschen Gegenwartsgesellschaft durchaus Hand in Hand gehen.
21 Dies ist auch die Hauptstoßrichtung der Kritik an Robert D. Putnams »Bowling Alone«-Thesen, mit denen er den Verfall des Sozialkapitals in der amerikanischen Gegenwartsgesellschaft beschreibt (Putnam 2000); nicht ein Verfall, sondern ein Formen- und Kontextwandel scheint sich demnach auch in den USA zu vollziehen; vgl. dazu vor allem Wuthnow (2001) und Skocpol (2001).

gerecht werden. Rolf G. Heinze (1998: 172) spricht hier mit Recht von den »Ritualen der Wohlfahrtsstaats-Debatte« in Deutschland, die sich zwischen den neoliberalen Marktbefürwortern und den (im weiteren Sinne) sozialdemokratischen Staatsbefürwortern regelmäßig und medial inszeniert entfalten.

Nun stellt die Rede von der »Krise« des Wohlfahrtsstaats alles andere als ein neues Phänomen dar, haben doch schon in den siebziger Jahren im Kontext der Diskussion um die »Grenzen des Wachstums« viele Stimmen vor allem auf finanzpolitische Probleme des wohlfahrtsstaatlichen Arrangements hingewiesen. Die heutigen Klagen über einen unverhältnismäßig angewachsenen, durch stets vermehrtes »Anspruchsdenken« und politische Wahlgeschenke gemästeten Sozialstaat in Deutschland, die insbesondere mit dem Hinweis auf den Standortwettbewerb der Volkswirtschaften in einer vernetzten Weltwirtschaft geführt werden, gehen allerdings an den Aussagen der meßbaren Daten deutlich vorbei. So bewegt sich die deutsche Sozialpolitik, wie der seriöse internationale Vergleich zeigt, keineswegs in der Spitzengruppe der Wohlfahrtsliga, sondern im Mittelfeld. Dort, wo die Bundesrepublik einen Spitzenplatz einnimmt, etwa bei der Sozialleistungsquote, ist dies zu einem großen Teil auf Belastungen durch den Prozeß der Vereinigung zurückzuführen.

Jens Alber kommt aufgrund einer Untersuchung, die erstmals die verfügbaren Daten in einem Vergleich der europäischen Wohlfahrtsstaaten auswertet, zu dem Ergebnis, daß weder das Ausgabenvolumen noch die Kosten oder das institutionelle Leistungsniveau etwa bei den Renten oder bei der Arbeitslosenunterstützung herausragend hoch sind (Alber 1998: 207). Vor allem läßt sich die Vermutung, der deutsche Sozialstaat wachse ungebremst und trage damit zu einer erheblichen Verschlechterung des »Standort-Faktors« im internationalen Wettbewerb bei, vor dem Hintergrund der Daten schnell widerlegen. War Deutschland bis zum Ende der 70er Jahre tatsächlich regelmäßig noch auf den oberen Rängen der Vergleichsliste vorzufinden, so hat es sich in den 80er und 90er Jahren auf durchschnittliche und teilweise sogar unterdurchschnittliche Plätze eingeordnet (Alber 1998: 209ff).

Diese Befunde dürfen jedoch nicht darüber hinwegtäuschen, daß sich zur Zeit tatsächlich einige gesellschaftliche Entwicklungen vollziehen, die bestimmte Voraussetzungen und Fundamente des wohlfahrtsstaatlichen Ordnungsmodells gleichsam schleichend in Frage stellen.

Inklusionsagentur

Historisch betrachtet stellt der deutsche Sozialstaat[22] ein Gebilde von erstaunlicher Kontinuität dar – vor allem, wenn man in Rechnung stellt, daß einige Grundstrukturen trotz mehrerer radikaler Systemwechsel in diesem Jahrhundert im Prinzip erhalten geblieben sind (vgl. dazu Schmidt 1998 und Wangler 1998). Diese Kontinuität wird als Ausdruck einer Erfolgsgeschichte dann verständlich, wenn man nach den spezifischen Funktionen des Wohlfahrtsstaats in der modernen Gesellschaft fragt.

Grundsätzlich besteht der soziale Sinn dieses institutionellen Arrangements darin, daß die Gesellschaft den Einzelnen nicht seinem Schicksal überläßt nach dem Motto »jeder ist seines Glückes Schmied«, sondern daß sie in einem bestimmten Ausmaß Verantwortung für das Gelingen einer menschenwürdigen Existenz übernimmt. Die Individuen werden also nicht nur vor bestimmten Zumutungen und Risiken der modernen Lebensführung geschützt, sondern positiv formuliert wird ihnen ein Anspruch auf Teilhabe an den Lebensmöglichkeiten der Gesellschaft eingeräumt, der dann – im Bedarfsfall – jeweils durch die vorhandenen Leistungssysteme eingelöst werden kann. Der Wohlfahrtsstaat eröffnet also Rechte, die in der Regel an den Staatsbürgerstatus, mitunter auch an den Status als Erwerbstätiger geknüpft sind (z.B. Sozialversicherungssysteme), und fungiert dadurch als eine große Inklusionsagentur (vgl. dazu vor allem Marshall 1992).

Warum war dieses Modell historisch so erfolgreich? Franz-Xaver Kaufmann (1997: 34ff) benennt einige Erfolgsbedingungen, vor deren Hintergrund sich dann auch verstehen läßt, warum das Modell in der Gegenwart prekär wird. *Ökonomisch* entstand ein erheblicher kollektiver Nutzen dadurch, daß der Sozialstaat beispielsweise durch Unterstützungszahlungen und Bildungsförderung das Humankapital der Gesellschaft vermehrte und somit dem Arbeitsmarkt besser qualifizierte Arbeitskräfte zugeführt hat.

Politisch sorgte die Wohlfahrtsproduktion für eine weitgehende Integration der Bevölkerung und vor allem für eine folgenreiche Entschärfung jenes »antagonistischen« Klassengegensatzes zwischen Arbeit und Kapital, der die gesamte Ordnung destabilisiert hätte. Diese Pazifizierungsleistung ist in hohem Maße dafür verantwortlich, daß die »bürgerliche Gesellschaft« nicht gemäß den

---

22 Die terminologische Differenzierung zwischen Sozial- und Wohlfahrtsstaat verdankt sich deutschen Besonderheiten, da in der internationalen Diskussion in der Regel von *welfare state* oder *welfare capitalism* gesprochen wird. Da das Grundgesetz den Sozialstaatsgedanken ausdrücklich festhält, hat sich hierzulande der Begriff des Sozialstaats etabliert, wobei jedoch vor allem in der neueren Forschungsliteratur zunehmend von Wohlfahrtsstaat oder Wohlfahrtsregimes gesprochen wird. Allerdings umfaßt der angelsächsische Begriff des *welfare state* einen weiteren Bereich, der beispielsweise auch die Bildungspolitik mit einbezieht.

Prophezeiungen der marxistischen Tradition über sich selbst hinausgetrieben wurde, sondern im modernen Wohlfahrtskapitalismus eine erstaunliche Stabilität gewann. Bürger, die den Eindruck haben, daß elementare Lebensrisiken abgepuffert sind und die rahmenden Institutionen so etwas wie soziale Gerechtigkeit und Solidarität gewährleisten, haben keinen Anlaß, revolutionäre Veränderungen anzustreben.

Kulturell vermochte der Wohlfahrtsstaat genau jenen Normen der christlichen und humanistischen Ethik zu entsprechen, die über lange Zeit hinweg den Horizont der öffentlichen Moral markiert haben. Gerechtigkeit, Solidarität, Nächstenliebe sind als Sinngehalte von sozialer Sicherung und Umverteilungspolitik wahrgenommen worden und haben dadurch die politisch-kulturelle Legitimität der sozialen und politischen Ordnung nachhaltig gestärkt.

Sozial schließlich kam es zur Stabilisierung von vergleichsweise gut abgesicherten privaten Lebensformen, die wiederum das gesamte »Humanvermögen« der Gesellschaft (verstanden als die Gesamtheit der Kompetenzen ihrer Mitglieder) und somit die Kapazität zur Reproduktion und Regeneration der verschiedenen Teilsysteme vergrößert haben. Je besser die Gesellschaft in diesen Dimensionen sozialstaatlich bedient wurde, um so größer wurde die Stabilität der gesamten Lebensverhältnisse und damit auch die Akzeptanz dieses Ordnungsmodells.

Drei Typen des Wohlfahrtsstaats

Die Grundlinien wohlfahrtsstaatlicher Funktionen und Sinngehalte sind in allen Systemen des »Wohlfahrtskapitalismus« aufzufinden, während die jeweilige Ausprägung und institutionelle Umsetzung sich durchaus sehr unterschiedlich darstellt. Gösta Esping-Andersen (1990) hat in seiner einflußreichen Untersuchung drei Typen des Wohlfahrtskapitalismus mit Hilfe von drei Kriterien unterschieden.[23]

1. die de-kommodifizierende Wirkung der Sozialpolitik, d.h. das Ausmaß, in dem sie die Lebensmöglichkeiten der Menschen (über Formen der sozialen

---

23 Zur kritischen Diskussion dieser Typologie siehe auch die Beiträge in Lessenich/Ostner (1998). Eine modifizierte Variante der Typologie, die auch neuere Versuche einer zivilgesellschaftlich ausgerichteten Sozialpolitik berücksichtigt, entwirft Claus Offe. Er unterscheidet neben den Mustern der Privatisierung (liberales Modell), der Inklusion (sozialdemokratisches Modell) und der Exklusion (z.B. in Familien und Netzwerken, konservativ-liberales Modell) auch den sogenannten »Garantismus«, der auf der Basis eines staatlich gewährten Grundeinkommens Potentiale für Eigenarbeit und Bürgerengagement freisetzen will; vgl. Offe (1990) und, programmatisch aus der Sicht der Grünen, Opielka (1997).

Sicherung) vom Warenwert ihrer Arbeitskraft abkoppelt und somit die Risiken des Arbeitsmarkts puffert;
2. der Stratifikationseffekt, d.h. die Wirkung hinsichtlich des Ausmaßes von sozialer Ungleichheit; und schließlich
3. die spezifische Gewichtung von Staat, Markt und Familienhaushalten bei der Wohlfahrtsproduktion.

Demnach lassen sich drei Typen des Wohlfahrtsstaats unterscheiden:

1. Der liberale Typ, der vor allem in der angelsächsischen Welt vorfindbar ist; hier gibt es geringe de-kommodifizierende und Umverteilungseffekte, nur eine elementare Armutsabsicherung, und die Bereiche Markt und Familie sind besonders stark gewichtet.
2. Der sozialdemokratische Typ, wie er vor allem in Skandinavien entwickelt wurde; hier ist eine große egalitäre Wirkung durch Umverteilung ebenso beobachtbar wie eine weitgehende Absicherung der Bürger vor den Folgen arbeitsmarktlicher Risiken, und dem Staat kommt bei der Wohlfahrtsproduktion eine ganz zentrale Stellung zu.
3. Der konservativ-korporatistische Typ, wie er in Kontinentaleuropa, vor allem in Deutschland vorfindbar ist; hier wird einerseits ein hoher Wert auf die Entschärfung des Warencharakters der Arbeitskraft gelegt. Die soziale Sicherung der Bürger ist relativ hoch. Andererseits gibt es jedoch kaum egalitäre Umverteilungseffekte, so daß die soziale Stratifikation weitgehend konserviert wird. Neben einem starken Staat werden Familie und Wohlfahrtsverbände subsidiär in die Wohlfahrtsproduktion einbezogen.

Auch aus dieser Typologie heraus wird, wie sich schon oben durch die ökonomischen Daten andeutete, eine Mittelstellung des deutschen Sozialstaats im internationalen Vergleich sichtbar. Der Staat spielt, was vor dem Hintergrund einer ausgesprochen etatistisch ausgerichteten politischen Kulturtradition kaum verwundert, im deutschen System durchaus eine zentrale Rolle.[24] Als der große Umverteiler und Gleichmacher, als der er in der öffentlichen Polemik oft hingestellt wird, fungiert er jedoch nicht.

Das deutsche Modell bietet bestimmte Chancen in seiner relativen Pluralität. Dies gilt insbesondere im Hinblick auf die Entwicklung eines flexibleren »Welfare Mix« als Antwort auf die Herausforderungen der Gegenwart. Dem steht freilich in Form eines etablierten verbandlichen Wohlfahrtskartells eine korporatistisch verhärtete Struktur entgegen. In Verbindung mit den für den deutschen Föderalismus typischen Politikblockaden stellt dies ein erhebliches

---

24 Zur etatistischen Tradition der deutschen politischen Kultur vgl. Rohe/Dörner (1990).

Reformhindernis dar, das eine Anpassung des Systems an veränderte Umwelten erschwert (vgl. dazu ausführlich Heinze 1998).

Veränderte Umwelten im Modernisierungsprozeß

Wie sehen nun diese veränderten Umwelten und Funktionsbedingungen des Wohlfahrtsstaats aus? Hier kann wiederum auf die Ausführungen Franz-Xaver Kaufmanns (1997: 69ff) rekurriert werden. Eines der wichtigsten Fundamente des wohlfahrtsstaatlichen Arrangements droht mit den zur Zeit beobachtbaren demografischen Entwicklungen nachhaltig zu erodieren. Die Reproduktionsrate der Bevölkerung hierzulande beträgt gerade einmal ein Drittel, Tendenz weiter sinkend. Dies stellt vor allem eine Belastung des Systems der Alterssicherung dar, wachsen doch immer weniger Beitragszahler nach, die für Rentner mit einer immer höheren Lebenserwartung aufkommen müssen. In der Folge des Adenauerschen Diktums »Kinder kriegen die Leute immer« wurden in den 50er Jahren die Weichen so gestellt, daß der familiäre Nachwuchs von staatlicher Seite kaum gefördert und die finanzielle sowie zeitliche Belastung durch Kinder nahezu vollständig den Privathaushalten überantwortet wurde.

Immer mehr Menschen haben sich, auch im Zuge von Wertwandelsprozessen, für ein kinderloses Leben entschieden. Sie partizipieren somit im Rahmen des vorhandenen Sicherungssystems als Trittbrettfahrer an jenem öffentlichen Gut, das die Kinder als zukünftige Beitragszahler der Sozialversicherung darstellt. Die Kompensation dieses demografischen Schrumpfungsprozesses durch Zuwanderung aus dem Ausland bleibt solange problematisch, wie sie nicht mit einer politische Gestaltung der Rahmenbedingungen von Integration verknüpft wird.

Neben dem demografischen Faktor ist ein ökonomischer zu beachten. Die wirtschaftliche Situation ist in der deutschen Gegenwartsgesellschaft durch eine weitgehende Abkopplung der Gewinnchancen vom Beschäftigungsniveau gekennzeichnet. Wirtschaftswachstum und Vollbeschäftigung sind daher nicht mehr, wie in früheren Jahrzehnten, berechenbar miteinander verknüpfte Phänomene. Es kommt vor allem in der Gruppe der schlechter qualifizierten Erwerbspersonen zu einer Langzeitarbeitslosigkeit, die auf absehbare Zeit auch nicht durch die vielbeschworene Senkung der Lohnnebenkosten behoben werden kann, weil Maschinen oder Löhne in Entwicklungsländern immer billiger sein werden als hierzulande.

Der Glaube an die Gerechtigkeit in der Funktionsweise der sozialstaatlichen Institutionen ist, darauf wurde bereits oben hingewiesen, eine wichtige kulturelle Voraussetzung des wohlfahrtsstaatlichen Arrangements. Die Bürger müssen den Eindruck haben, daß *alle* Beteiligten letztlich davon profitieren

(Kaufmann 1997: 142). Nun ist jedoch Gerechtigkeit alles andere als eine simples Konzept.[25] Einheitliche Vorstellungen als Fundament sozialstaatlicher Legitimität sind auf eine relativ homogene Wertetradition angewiesen. Tritt im Werthorizont der Bevölkerung jedoch eine Veränderung oder auch eine Pluralisierung ein, kann das Fundament rissig werden. Je nachdem, ob Gerechtigkeit beispielsweise eher im Sinne von Leistungsgerechtigkeit oder egalitärem Ausgleich, im Sinne von formaler Chancengleichheit oder Gleichheit der Resultate konkretisiert wird, ergeben sich ganz unterschiedliche Konsequenzen für sozialpolitisches Handeln.

So gibt es beispielsweise hierzulande Anzeichen für einen tiefgreifenden Wandel in der Perzeption von sozialen Ungleichheiten, die auf Leistungsunterschiede zurückgeführt werden. Aus Ablehnung und Neid wird zunehmend Akzeptanz, was in gewisser Hinsicht als eine Amerikanisierung der Verhältnisse interpretiert werden kann (vgl. Neckel 2001). Andererseits kann es auf Seiten der in Lohn und Brot befindlichen – und oft auch in einem zunehmend als hart empfundenen Wettbewerb stehenden – Beitragszahler zu dem Eindruck kommen, daß von den Leistungsempfängern des Sozialstaats Mißbrauch betrieben wird oder diese »unverdient« ein Einkommen erzielen, für das andere arbeiten müssen.[26] In diesem Fall drohen die Legitimitätsfundamente des Modells wegzubrechen.

Schließlich ist zu bedenken, daß die traditionellen Solidaritätspotentiale der Gesellschaft in einer Entwicklung, die durch Wertewandel und Individualisierung gekennzeichnet ist, generell von Auflösung bedroht sind. Ist der Wohlfahrtsstaat einerseits mit seinen sozialen Sicherungsleistungen ein Motor des Individualisierungsprozesses, der als »Vollkasko-Individualisierung« die Akteure von existentiellen Risiken entlastet und somit freisetzt für die Gestaltung ihrer Bastelexistenz, so zeigt sich auf der anderen Seite auch eine Ablösung von tradierten Moralnormen und Solidaritätsverpflichtungen (vgl. Hitzler 2000a: 161ff). Und in einer Gesellschaft, in der »der Ehrliche der Dumme ist« (Ulrich Wickert, 1994), macht es aus der Sicht eines nutzenkalkulierenden Individuums wenig Sinn, steuerehrlich zu sein, Schwarzarbeit zu vermeiden

---

25 Vgl. zur komplexen Diskussion um Sozialstaatlichkeit und Gerechtigkeit Müller/Wegener (1995) und Blasche/Döring (1998).
26 Eine solche Situation kann von politischen Akteuren wiederum genutzt werden, um den Abbau von Sozialleistungen, der aus haushaltstaktischen Gründen geboten scheint, voranzutreiben. So war es kein Zufall, daß im direkten Anschluß an schlechte Wirtschaftsprognosen im Frühjahr 2001 der deutsche Bundeskanzler eine Debatte darüber lostrat, daß die »Faulheit« der Arbeitslosen nicht durch überzogene Großzügigkeit des Sozialstaates unterstützt werden dürfe.

oder auf unrechtmäßige, aber leicht zu erlangende Sozialleistungen zu verzichten.

Die größte Herausforderung des Sozialstaats in der Gegenwart scheint jedoch durch Prozesse der Internationalisierung, Transnationalisierung und Globalisierung auszugehen. Die Spielräume der nationalen Wirtschafts- und Sozialpolitik werden zunehmend enger. Globale Finanzmärkte, die durch den gezielten Abbau von Regulierungen entstanden sind, haben das Kapital mobil und somit auch einer staatlichen Besteuerung entziehbar gemacht. Teilweise gehen dadurch den Nationalstaaten fiskalische Ressourcen verloren, teilweise ist auch die Verhandlungsmacht der (internationalisierten) Kapitalseite bei innenpolitischen Auseinandersetzungen deutlich größer geworden. Da zusätzlich die Währungen als Marktgrößen gehandelt werden und der Wert einer Währung sich wiederum an Stabilitätskriterien der jeweiligen Volkswirtschaft bemißt, sind Regierungen auch in einem viel stärkeren Maße auf Ausgabendisziplin angewiesen, als dies früher der Fall war (vgl. Kaufmann 1997: 126ff).

Unbestritten ist auch, daß die Globalisierung vor allem den Druck auf das Segment der gering qualifizierten Arbeitskräfte erhöht, da nicht nur Zuwanderungsprozesse von Arbeitskraft stattfinden, sondern Importe von Gütern und Dienstleistungen aus den sogenannten Billiglohnländern den Wettbewerb verschärfen (vgl. Mayer 1997). Die Nachfrage nach gering qualifizierten Tätigkeiten sinkt in gleichem Maße, wie die nach hochqualifizierter Arbeit steigt. Während man auf der einen Seite *Green Cards* verteilt, um Personal zu locken, wachsen auf der anderen Seite die Belastungen der Sicherungssysteme an. Dennoch läßt sich die einfache Aussage, daß Globalisierung automatisch Sozialabbau erzwinge, da die »schlanken« Wohlfahrtsstaaten des liberal-angelsächsischen Typs besonders marktgerecht seien, *so* nicht halten. Denn, so Rieger und Leibfried (2000: 21), »Wohlfahrtsstaatlichkeit und Weltmarktwirtschaft vertragen sich trotz theoretischer Unvereinbarkeit gut«. Der Grund liegt darin, daß ein bestimmter Sicherungslevel die Akzeptanz der internationalen Verflechtungsprozesse in der Bevölkerung erhöht und diese davon abhält, protektionistische Forderungen aufzustellen und bei ihren Regierungen durchzusetzen (vgl. dazu ausführlich Rieger/Leibfried 2001).

Die europäische Integration schließlich ist ebenfalls in Betracht zu ziehen, wenn nach der Veränderung der Rahmenbedingungen von wohlfahrtsstaatlichen Arrangements gefragt wird. Zwar ist auf den ersten Blick die Sozialpolitik in der EU weitgehend eine nationale Angelegenheit geblieben. Wenn man genauer hinschaut zeigt sich jedoch, daß realiter eine immer deutlichere Einbindung der sozialpolitischen Kompetenzen in das europäische Mehrebenen-System erfolgt. Diese wird durch zunehmende Verluste nationaler Autonomie begleitet.²⁷ Im wesentlichen hat sich eine europäische Sozialpolitik eher unbeabsichtigt, nämlich als Folgephänomen einer fortschreitenden Marktintegration, vollzogen. Ein freier Verkehr von Waren, Dienstleistungen, Kapital und Personen zieht zahlreiche sozialpolitische Regelbedarfe nach sich, etwa die Frage nach der »Portabilität«, also der Übertragbarkeit von Sozialleistungen aus dem Heimatland in ein jeweiliges Gastland. Dieser partielle Verlust von Spielräumen nationaler Regierungen auf der europäischen Ebene wird allerdings teilweise wieder aufgewogen durch den Schutzeffekt, den europäische Regelungen gegenüber dem Wettbewerbsdruck durch Globalisierungsprozesse darstellen.

Interne Funktionsprobleme

Alles in allem wird bis hierhin deutlich, daß der deutsche Sozialstaat in seiner tradierten Ausprägung vielfachen Veränderungsnotwendigkeiten gegenübersteht, da sich die Rahmenbedingungen seines Funktionierens radikal wandeln. Vor diesem Hintergrund lassen sich dann schließlich auch die internen Problempotentiale in den Blick nehmen. Diese sind vor allem in drei Bereichen zu verorten.

Erstens senden Systeme kollektiver Sicherung, deren Funktionieren auch auf ein solidarisches Verhalten der Beteiligten angewiesen ist, in Zeiten veränderter Werthaltungen durchaus »Fehlanreize« für das Verhalten des Einzelnen aus. Vom »Trittbrettfahren« im Zusammenhang mit dem öffentlichen Gut der Kinder als Beitragszahler ist oben schon gesprochen worden. Noch schärfer formuliert ergibt sich für die egoistischen Nutzenmaximierer häufig sogar eine Situation des »moral hazard«: Menschen tun »unmoralische« Dinge, um die Optionen des Systems für sich in optimaler Weise zu nutzen. Unter der Maxime »verhalte dich so, wie du es von den anderen befürchtest« werden beispielsweise die Ressourcen des Gesundheitssystems von Versicherten, Ärzten oder Pharmaindustrie über den eigentlichen Bedarf hinausgehend beansprucht, nur um gegenüber den Mitbewerbern nicht ins Hintertreffen zu geraten (vgl. Berthold/Schmid 1997: 6). Schließlich stehen Wohlfahrtsgesellschaften auch in der Gefahr, die Bürger durch die Förderung einer »Versorgungsmentalität« auf breiter Front zu deaktivieren und ihr Heil nur noch in der möglichst intelligenten Ausnutzung wohlfahrtlicher Angebote zu suchen – nicht zuletzt, um

---

27 Zu den Folgen des europäischen Integrationsprozesses für die Gestaltung der Sozialpolitik siehe vor allem den Beitrag von Leibfried (2000) sowie die Analysen bei Platzer (1997), Kowalsky (1999) und Eichhorst (2000).

dem wachsenden Druck des Wettbewerbs auf dem Arbeitsmarkt auszuweichen (vgl. Prisching 2000).

Zweitens weisen die weithin durchbürokratisierten Systeme des Wohlfahrtswesens als staatlich bzw. korporatistisch verwalteter Bereich oft erhebliche Effizienzdefizite auf. So stellt selbst Schweden – Musterbeispiel des sozialdemokratischen Wohlfahrts-Typus – seit einiger Zeit zunehmend auf gemischte Wohlfahrtsproduktion um. Marktförmig angebotenen Dienstleistungen wird somit ein sehr viel größerer Raum eröffnet, um den effizienzorientierten Steuerungsmodus des Marktes wirksam werden zu lassen.

Drittens schließlich hat man gerade in den ausgeprägten Wohlfahrtssystemen immer häufiger festgestellt, daß die Bürokratisierungs- und Professionalisierungsprozesse jenseits der Effizienzproblematik auch ein ganz eigenes Defizit aufweisen, das sich wohl am besten mit Jürgen Habermas' Begrifflichkeit einer »Kolonialisierung der Lebenswelt« (Habermas 1981, II: 521ff.) beschreiben läßt. Die Funktions- und Handlungslogiken der großen Wohlfahrtsapparate gehen oft an den sozialen und kommunikativen Bedürfnissen der »Klienten« vorbei. Alltagsweltliche Rationalitäten geraten in der Bearbeitungsmaschinerie der Systeme mitunter völlig aus dem Blick. Bürokratismen einerseits, ökonomischer Effizienzdruck andererseits steuern hier Prozesse, an deren Ende die »bearbeiteten« Objekte völlig demoralisiert und hilflos dastehen.

Wohlfahrtspluralismus

Teilweise politisch intendiert und gezielt hergestellt, teilweise jedoch auch gleichsam unter der Hand entstanden, ist auch in Deutschland ein Trend zum »Welfare Mix« oder zum »Wohlfahrtspluralismus« beobachtbar.[28] Wohlfahrtspluralismus scheint mit seiner höheren Flexibilität und Komplexität besser geeignet, den Herausforderungen des klassischen Sozialstaats zu begegnen. Das Phänomen markiert eine Abkehr von der alten Bipolarität zwischen Markt und Staat auf der Suche nach Lösungen für die Strukturprobleme des Wohlfahrtsstaats, wobei Wohlfahrtspluralismus zugleich eine faktische Entwicklung und ein normativ-politisches Konzept darstellt. Das politische Konzept verdankt sich dabei vor allem der Auseinandersetzung mit den Verrechtlichungs- und Bürokratisierungserscheinungen im Bereich staatlicher Steuerung einerseits und mit den Ungleichheitseffekten des Marktmechanismus andererseits.

Adalbert Evers und Thomas Olk, die an zentraler Stelle bei der Enquete-Kommission »Zukunft des Bürgerschaftlichen Engagements« im Deutschen Bundestag mitwirkten, haben 1996 die wichtigsten Merkmale des Wohlfahrts-

---

28 Siehe dazu vor allem Evers/Olk (1996).

pluralismus bestimmt. Auf der Angebotsseite sozialer Dienstleistungen lassen sich demnach vier Sektoren der Wohlfahrtsproduktion differenzieren, die jeweils spezifische Akteure, Zugangsregeln, Handlungslogiken, Medien, Bezugswerte und Gütekriterien, aber auch spezifische Defizite aufweisen (Evers/ Olk 1996a: 22ff.; vgl. auch Dombois 1998).

Während die Logiken der Systeme Markt und Staat schon häufig beschrieben wurden und daher als hinlänglich bekannt gelten können, ist der informelle Sektor mit Familien, Verwandtschaftskontexten, Nachbarschaften, Freundschaften und sozialen Netzwerken insgesamt noch weniger erforscht. Hier war es zunächst die Entwicklungssoziologie, die soziale Sicherungsfunktionen dieser Strukturen in vormodernen und Übergangsgesellschaften beschrieben hat (vgl. dazu etwa Elwert 1980 und Elwert/Wilkens 1983).

Dies gilt, obwohl gegenseitige Hilfestellungen in der Familie, unter Nachbarn oder Freunden auch hierzulande schon seit langem einen wichtigen Faktor der Wohlfahrtsproduktion ausmachen. Das zentrale Medium in diesem Sektor ist Sozialkapital, sind Beziehungen und Verpflichtungen, die im wesentlichen auf Reziprozitätsprinzipien basieren. Man erhält eine Leistung und verpflichtet sich mit der Annahme derselben, dem Gegenüber bei Bedarf später in etwa gleichwertige Güter oder Dienstleistungen zurückzuerstatten.[29] Die Funktionsfähigkeit solcher Sicherungsnetzwerke hängt in hohem Maße von gegenseitiger Anerkennung und Wertschätzung, vor allem aber vom Aufbau von Vertrauen ab. Die Stärke der Bindungen ist unterschiedlich ausgeprägt, je nachdem, ob ich mich im Kontext einer Familie oder einer relativ entfernten Verwandtschaft bewege.

In jedem Fall jedoch ist die Zugehörigkeit zum Netz mit seinen Dankesverpflichtungen durchaus auch mit Einschränkungen der persönlichen Freiheit verbunden. Man kann nicht nach Belieben ein- und aussteigen, wie dies für eine Marktbeziehung oder auch eine staatlich-administrative Klientenrolle typisch ist, wo Geld und Recht ebenso eindeutige wie unpersönliche Regelungen gewährleisten.

Ins Zentrum des Interesses ist aber in den letzten Jahren ein weiterer Bereich der Wohlfahrtsproduktion gerückt: der »Dritte Sektor«. In diesem Bereich zwischen Markt und Staat ist der Kern dessen angesiedelt, was in der neueren Diskussion als »Zivilgesellschaft« bezeichnet wird (Evers/Olk 1996a: 26). Grundlage dieses Sektors sind vor allem freiwillige bürgerschaftliche Assoziationen, deren Zugangsregel mit der freiwilligen Mitgliedschaft entsprechend locker, aber auch voraussetzungsvoll ist. Bürger müssen motiviert, im klassischen Sinne »tugendhaft« sein oder aber auch durch ganz bestimmte

---

29 Vgl. Dombois (1998: 11ff).

Gratifikationsversprechungen dazu gebracht werden, sich zu engagieren. Auf diese Aspekte wird im nächsten Kapitel zum Dritten Sektor noch ausführlich eingegangen. An dieser Stelle sei vorerst nur festgehalten, daß dieses freiwillige Assoziationswesen nicht nur als Faktor der Wohlfahrtsproduktion, sondern vor allem auch als Agentur sozialer Integration von großer Bedeutung ist.

Zwischen den vier Bereichen Staat, Markt, informelle Netzwerke und Zivilgesellschaft kommt es zunehmend zu Überlappungen, koordiniertem Handeln und Vernetzungen. Die Grenzen werden durchlässiger, die Interpenetration der verschiedenen Handlungslogiken nimmt zu. Dabei kann es zu positiven Synergie-Effekten kommen (Evers/Olk 1996a: 29), aber auch zu gegenseitigen Störungen und Blockaden, wie im empirischen Teil dieser Arbeit noch zu zeigen sein wird.

Die faktisch feststellbaren Entwicklungen stehen in engem Zusammenhang zu sozialpolitischen Konzepten, die in ganz unterschiedlicher Weise eine jeweils neue Kombination und Gewichtung der genannten vier Sektoren zum Ziel haben. Die Stoßrichtung kann eher in einer Modernisierung der administrativen Leistungen etwa von Kommunen liegen, die mit Blick auf marktökonomische Effizienz- und Zufriedenheitskriterien (»der Bürger als Kunde«) vorangetrieben werden. Sie kann die Privatisierung von sozialen Dienstleistungen bzw. neue vertragliche Vereinbarungen zwischen staatlichen, quasi-staatlichen und privatwirtschaftlichen Akteuren befürworten (Public Private Partnerships, Kontraktualismus etc.).[30] Sie kann aber auch in einer bewußten Stärkung des informellen und zivilgesellschaftlichen Sektors liegen, die dann jeweils mit unterschiedlichen Akzentsetzungen eher »konservativ« etwa auf die Stärkung der Familien oder eher »progressiv« auf die Stärkung zivilgesellschaftlicher Assoziationen ausgerichtet ist. Evers und Olk sprechen hier im letzten Fall von »sozialer Entwicklungspolitik«, die eine Förderung zivilgesellschaftlicher Potentiale verfolgt.

Hier liegen oft kommunitarische Argumentationsfiguren zugrunde, die dem partizipativen, aktivierenden Charakter zivilgesellschaftlicher Strukturen einen politischen Eigenwert zuschreiben. Daß es dabei durchaus ernsthafte Gerechtigkeitsdefizite geben kann und ein solcher zivilgesellschaftlicher Sektor voraussetzungsvoll im Sinne einer entsprechenden Beteiligungskultur ist, soll im weiteren dann noch genauer beleuchtet werden. Allerdings sei hier schon darauf hingewiesen, daß bürgerschaftliches Engagement keineswegs immer auf Tugendhaftigkeit oder Gemeinsinn angewiesen ist. Es kann auch im Lichte nüchterner Berechnung für die Akteure sinnvoll, weil nutzbringend erscheinen.

---

30 Siehe dazu ausführlich Zimmer (1997).

2.3 Der Dritte Sektor im Wandel – zwischen Korporatismus und »neuem Ehrenamt«

Zur Abgrenzung des Dritten Sektors

In vielen Beiträgen, die den neueren Diskurs über die Bürgergesellschaft prägen, erscheint der Dritte Sektor als genuiner Ort bürgergesellschaftlichen Engagements und somit als Hoffnungsträger für eine wie auch immer geartete bessere Zukunft der Gegenwartsgesellschaft.[31] Die Definition dieses wichtigen Bereichs erfolgt in den meisten Fällen *ex negativo*, d.h. durch eine Abgrenzung von anderen Sektoren. Denen nämlich lassen sich die Aktivitäten des Dritten Sektors aufgrund ihrer spezifischen Handlungslogik und ihres »funktionalen Dilettantismus« nicht ohne weiteres zuordnen, obwohl es durchaus eine ganze Reihe von Überschneidungszonen gibt.[32]

Bei genauerem Hinsehen wird die Szene von einer ganzen Reihe »hybrider« Formen bevölkert, in denen Zugehörigkeiten und Funktionsweisen ineinander fließen.[33] Hier agieren Organisationen mit Staatsgeldern, ja werden teilweise von öffentlichen Institutionen und Akteuren ins Leben gerufen und teilweise auch kontrolliert; zugleich bewegen sich Teile dieser Organisation als durchaus gewinnorientierte Anbieter auf Dienstleistungsmärkten. Sie beuten hierbei problemlos familiäre bzw. informelle Netzwerke aus, geben allerdings an genau diese Netzwerke auch Leistungen und Ressourcen zurück. Und dennoch lassen sich jenseits von Grauzonen und Hybridformen Konturen der einzelnen Sektoren erkennen.

Die grundlegende Abgrenzung wird zunächst einmal gegenüber den »klassischen« Sektoren Markt und Staat vorgenommen. Der Dritte Sektor besteht aus Organisationen und informellen Vereinigungen, die sich nicht als gewinnorientierte Akteure auf einem Markt bewegen. Sie treten zwar mitunter als Dienstleister auf, es werden jedoch keine privat zu verwertenden Gewinne erarbeitet. Daher spricht man, vor allem in der ökonomisch orientierten Literatur, häufig auch vom »Nonprofit-Sektor«. Gleichzeitig sind die Organisatio-

---

31 Vgl. dazu ausführlich Schmals/Heinelt (1997), Wagner (1998) und Anheier u.a. (2000), die aufgrund umfangreicher Daten die »zivilgesellschaftliche Dimension des Dritten Sektors« zu bestimmen suchen. Im wissenschaftlichen Feld hat die empirische Dritte-Sektor-Forschung vor allem durch das Johns Hopkins Comparative Nonprofit Sector Project, einen großen internationalen Projektverbund um die Johns-Hopkins-Universität, erheblichen Aufschwung erfahren; vgl. dazu Anheier/Seibel (1990), Anheier u.a. (1997, 2000), Salamon/Anheier (1999) und Anheier (1999 und 2001).
32 Siehe dazu die Überlegungen von Seibel (1992 und 1992a).
33 Siehe dazu Evers u.a. (2002), die hybride Organisationsformen im Bereich der sozialen Dienstleistungen am Beispiel Schule, Kultur und Sport sowie Altenhilfe untersucht haben.

nen keine Bestandteile des Staates bzw. des öffentlichen Sektors – wiewohl es hier oft zu engen Kooperationen und Verflechtungen kommen kann, so daß Teile des Dritten Sektors auch quasi-amtliche, in jedem Fall ausgesprochen bürokratische Züge annehmen können.

Abgrenzen läßt sich der Dritte Sektor schließlich auch gegenüber dem, was im vorangehenden Kapitel im Anschluß an Evers und Olk als »informelle Netzwerke« bezeichnet wurde. Familien und gemeinschaftliche Zusammenhänge stellen einen relevanten gesellschaftlichen Bereich dar, der in erheblichem Maße an der Wohlfahrtsproduktion beteiligt ist. Ein zentraler Unterschied des Dritten Sektors gegenüber Familien und Verwandtschaftsnetzwerken besteht nun darin, daß die Zugehörigkeit zu Organisationen und Gruppen auf Freiwilligkeit, d.h. auf individuellen Entscheidungen der einzelnen Akteure beruht (vgl. Zimmer/Priller 2001: 122). Dies ist deshalb so wichtig, weil Freiwilligkeit zugleich ein entscheidendes Merkmal bürgergesellschaftlicher Strukturen darstellt, wie später noch ausführlich zu zeigen sein wird.

Der Dritte Sektor besteht also konkret aus Vereinen und Verbänden, Stiftungen und sonstigen Gruppen (mitunter zu »sozialen Bewegungen« vernetzt), die sich aus freiwilligen Motiven gebildet haben, um jenseits des Staates und ohne eine Gewinnerzielungsabsicht bestimmte Ziele zu verfolgen. Das Spektrum dieser Ziele reicht von sozialen und gesundheitlichen Aufgaben über Kultur, Freizeit und Sport bis zu politischen Inhalten, Umwelt- und Verbraucherinteressen.

Die Finanzierung der Tätigkeiten erfolgt teilweise aus Spenden und Sponsoring, teilweise aus selbsterwirtschafteten Mitteln (Beiträge, Gebühren etc.) und teilweise aus öffentlichen Geldern. In der Zusammensetzung der Finanzierung bestehen erhebliche länderspezifische Unterschiede.[34] Vor allem aber ist zu beachten, daß trotz des Nonprofit-Charakters der Organisationen sowohl hauptamtliche als auch ehrenamtliche Kräfte beschäftigt sind. Daraus resultiert der Befund, daß Entwicklungen in diesem Bereich nicht nur im Zentrum des zivilgesellschaftlichen Interesses stehen, sondern auch hohe ökonomische Relevanz besitzen. So waren Mitte der 90er Jahre in Deutschland gut 1,4 Millionen vollzeitäquivalente Stellen im Dritten Sektor angesiedelt, das macht 4,9 Prozent der Gesamtbeschäftigung aus.[35] Umbrüche im Nonprofit-Bereich

---

34 Siehe dazu die vergleichenden Daten bei Salamon/Anheier (1997). Auf die Besonderheiten der deutschen Situation im Vergleich zu anderen modernen Gesellschaften wird weiter unten noch ausführlicher eingegangen.

35 Mit diesen Zahlen, die dem Johns Hopkins Comparative Nonprofit Sector Project entnommen sind, bewegt sich Deutschland lediglich im Mittelfeld der 22 untersuchten Länder. Führend sind die Niederlande mit einem Beschäftigungsanteil des Dritten Sektors von nicht weni-

tangieren also immer zugleich sozialpolitische, arbeitsmarktpolitische und partizipationspolitische Aspekte der gesellschaftlichen Entwicklung.

Genese

Warum ist es nun in allen modernen Gesellschaften zur Ausbildung und Ausdifferenzierung eines solchen Sektors gekommen? In der Forschungsliteratur lassen sich dazu einige Hypothesen finden, die zugleich ein theoretisches Licht auf aktuelle Entwicklungen werfen und daher für die weiteren Überlegungen nützlich sind.[36] Den wichtigsten Aspekt spricht die »Marktversagens-/Staatsversagenstheorie« an (vgl. Weisbrod 1977). Sie verweist darauf, daß Markt und Staat spezifische Probleme bei der Produktion von öffentlichen Gütern aufweisen, so daß die Entstehung eines Dritten Sektors geradezu unvermeidbar war.

Im Bereich des *Marktes* finden sich für die Produktion von Gütern, die eine Gesellschaft als Kollektivgüter definiert, nicht genug Anbieter. Kollektivgüter sind Güter, in deren Genuß man kommen kann, ohne selber in die Produktion des Gutes zu investieren. Daher fehlt es für derartige Güter auf dem Markt an zahlungswilligen Nachfragern. Denn Trittbrettfahrer kommen, da sie nicht ausgeschlossen werden können, auch ohne eigene Gegenleistung in den Genuß des Kollektivguts. Die Produktion solcher Güter auf dem Markt wäre somit mangels Nachfrage unterfinanziert.

Hinzu kommt, daß sich in bestimmten Gebieten des Marktgeschehens Informationsasymmetrien zwischen Anbietern und Nachfragern herausbilden, die es für die Nachfrager schwierig machen, Entscheidungen zu treffen. Damit sind vor allem Dienstleistungen gemeint, deren Qualität man aufgrund ihrer Komplexität oder aufgrund der Tatsache, daß der Empfänger nicht mit dem Zahlenden identisch ist (z.B. Altersheimunterbringung), nicht angemessen beurteilen kann. Der Rückgriff auf nicht gewinnorientierte Anbieter, die in besonderem Maße vertrauenswürdig erscheinen, ist in solchen Zusammenhängen als rationale Alternative zu betrachten. Es entsteht gleichsam ein eigenes Marktsegment für Nonprofit-Organisationen (vgl. Hansmann 1987).

Im Bereich des *Staates* erfordert die Produktion öffentlicher Güter wiederum einen breiten Konsens der (Wahl-) Bevölkerung – wo dieser nicht besteht, wird staatliches Handeln unterbleiben. Wenn also Staat und Markt versagen, ist Raum für die Akteure des Dritten Sektors.

---

ger als 12,4 Prozent (vgl. Zimmer/Priller 2001: 132f und, zum Projektverbund insgesamt, Anheier u.a. 1997).
36 Vgl. zum Folgenden Anheier/Seibel (1990) und Salamon/Anheier (1997a).

Deren Motive wiederum liegen oft im religiösen oder weltanschaulichen Bereich, wie James (1987) mit Verweis auf die »Sozialunternehmer« deutlich macht. Für Akteure, die sich in einer religiösen oder ideologischen Konkurrenzsituation befinden, kann es sinnvoll erscheinen, Nonprofit-Organisationen mit attraktiven Dienstleistungsangeboten zu gründen, um auf diesem Wege Anhänger für die eigene Bewegung zu rekrutieren oder bei der Stange zu halten. Ein Blick allein auf die deutschen Wohlfahrtsverbände wie Caritas, Diakonie oder Arbeiterwohlfahrt läßt diesen Entstehungszusammenhang im Kontext der Kirchen und der Sozialdemokratischen Partei Deutschlands gut sichtbar werden.

Wie, in welchem Ausmaß und in welcher Zusammensetzung Organisationen des Dritten Sektors entwickelt werden und in welcher Weise sie mit den anderen Sektoren interagieren, ist schließlich eine Frage der institutionellen Grundstruktur, die sich in verschiedenen Kulturen jeweils verfestigt hat. Insofern sind Entwicklungen im Dritten Sektor hochgradig »pfadabhängig«.[37] So kann man, ausgehend von der im vorangehenden Kapitel schon erwähnten Typologie des Wohlfahrtskapitalismus bei Esping-Andersen (1990), die verschiedenen Entwicklungsmöglichkeiten unterschiedlicher Konstellationen beschreiben: Im konservativ-korporatistischen Modell, wie wir es in Deutschland verwirklicht sehen, wird der Staat und die staatliche Finanzierung immer eine größere Rolle spielen als im liberalen Modell angelsächsischer Provenienz. Und der Markt wird in Großbritannien und den USA immer einen größeren Stellenwert haben als im »sozialdemokratischen« Modell Skandinaviens, auch wenn dieses in den letzten Jahren unter dem Druck problematischer öffentlicher Finanzen schon deutlich »abgespeckt« wurde.

Kartellismus und Korporatismus: Die deutsche Verbändewohlfahrt

In den vorangehenden Ausführungen ist verschiedentlich schon auf Besonderheiten der deutschen Situation verwiesen worden.[38] Diese Besonderheiten treten bei der Betrachtung empirischer Daten zum Dritten Sektor hierzulande noch deutlicher hervor. Die große Staatsnähe, die enge Verflechtung zwischen administrativem System und Nonprofit-Sektor zeigt sich symptomatisch in der Finanzierungsstruktur. So entstammt in Deutschland mit 64,3 Prozent der mit Abstand größte Teil der Mittel den öffentlichen Finanzen, 32,3 Prozent sind selbsterwirtschaftet, und nur 3,4 Prozent kommen aus Spenden und Sponso-

---

37 Vgl. Salamon/Anheier (1997a: 224ff).
38 Diese Sonderstellung des etatistischen deutschen Systems kommt in vergleichenden Betrachtungen immer wieder deutlich zur Geltung; siehe neben Anheier u.a. (1997) auch Wuthnow (1992), Lewis (1999) und Priller/Zimmer (2001) sowie Zimmer/Priller (2001).

ringmaßnahmen.[39] Der Durchschnitt der im Johns-Hopkins-Projekt erhobenen Länder liegt dagegen bei 42 Prozent staatlicher Finanzierung, 47 Prozent selbsterwirtschafteten Mitteln sowie immerhin 11 Prozent Spenden und Sponsoring. Der Hauptanteil der öffentlichen Finanzierung liegt hierzulande in den Bereichen Gesundheitswesen, Bildung und Forschung sowie im Bereich der Sozialen Dienste. Selbst die Bürger- und Verbraucherinteressen sind in Deutschland mit 58 Prozent überwiegend staatlich finanziert, weil viele Institutionen wie etwa Beratungs- und Informationszentren unter dem Dach der Wohlfahrtsverbände vor Ort kommunale Aufgaben wahrnehmen. Dabei ist immer zu bedenken, daß es neben den institutionalisierten Formen der Finanzierung, wie sie sich vor allem zwischen dem Staat und den großen Wohlfahrtsverbänden herausgebildet haben, ein ganzes Spektrum weiterer Kanäle von staatlicher Subventionierung gibt: Es reicht von der konkreten Projektförderung über Mittlerorganisationen (z.B. Deutsche Forschungsgemeinschaft oder Kulturstiftung der Länder) bis zu ABM-Maßnahmen und indirekte Förderungen über infrastrukturelle Vorleistungen (etwa Sportstätten und Bürgerhäuser), die im Mittelfluß so gar nicht eigens ausgewiesen werden (Anheier 1997: 52ff).

Herausragendes Merkmal der deutschen Situation ist ohne Zweifel die »Verbändewohlfahrt« (Backhaus-Maul 2000), d.h. die enge Verflechtung zwischen dem Staat und den mittlerweile zu Sozialkonzernen herangewachsenen Wohlfahrtsverbänden Caritas, Diakonie, Arbeiterwohlfahrt, Deutscher Paritätischer Wohlfahrtsverband und Deutsches Rotes Kreuz (sowie, mit quantitativ geringerem Stellenwert, die Zentralwohlfahrtsstelle der Juden). Diese Verbändelandschaft steht auch im internationalen Vergleich einzigartig da. Ursprung dieser Sonderstellung ist eine spezifische Auslegung des Subsidiaritätsprinzips. Sie besagt, daß die Bereitstellung sozialer und gesundheitlicher Dienste durch vorhandene Kräfte der Gesellschaft und nicht durch den Staat erfolgen soll (vgl. Sachße 1994 und 1998). Das hat nach dem Zweiten Weltkrieg zu einer privilegierten Stellung der großen Wohlfahrtsverbände geführt, die qua Gesetz dazu auserkoren wurden, staatlich finanzierte Wohlfahrtsmaßnahmen auszuführen.

Diese besondere Regelung hat ein großes Maß an sozialstaatlicher Stabilität produziert. Die Verbände erscheinen staatszentriert und staatstragend, und sie bieten dem politischen System ein Gutteil Legitimationssicherung (Seibel 1992: 460). Daraus folgt jedoch auch, daß die Verbände zu immobilen Großbüro-

---

39 Zu diesen Daten, die deutlich eine deutsche Sonderstellung im internationalen Vergleich dokumentieren, siehe Zimmer/Priller (2001: 136) und Anheier (1997).

kratien mutierten und die erforderliche Flexibilität angesichts veränderter Rahmenbedingungen oft vermissen ließen. So kann es nicht verwundern, daß die Monopolkommission im Jahr 1998 der Bundesregierung nachdrücklich empfohlen hat, der Kartellstruktur der Verbände und der Diskriminierung sowohl von freien Selbsthilfegruppen als auch von privaten Sozialanbietern Einhalt zu gebieten.[40] »Kartellisierung und Korporatismus«, so auch Ralf Dahrendorf (1993: 81), »sind Feinde der Bürgergesellschaft. Sie zerstören die Freiheit«.

Kartellismus und Korporatismus sind daher die kritischen Diagnosen, die der deutschen Verbändewohlfahrt immer wieder gestellt werden. So ist in der einschlägigen Verbändeforschung herausgearbeitet worden, daß die korporatistische Einbindung der freien Wohlfahrt zur Zentralisierung, Bürokratisierung und Lähmung der innerverbandlichen Demokratie geführt hat.[41]

Gleichzeitig bleiben freiwillige Organisationen mit alternativen, kritischen und entsprechend unerwünschten Ansätzen »außen vor«. Diese Strukturen, denen Rudolph Bauer »feudalgesellschaftliche Züge« attestiert (1997: 149), führen dazu, daß diesem Bereich des Dritten Sektors zivilgesellschaftliche Qualitäten kaum zukommen.

In der neueren Diskussion wird daher verstärkt nach Möglichkeiten einer besseren Passung von Sozialstaat und Bürgerengagement gesucht. Das entscheidende Stichwort lautet hier: »aktivierender Staat«.[42] Der Staat wird hier nicht einfach zurückgedrängt, sondern seine Rolle ändert sich: von der zentralen Steuerungs- und Verteilungsinstanz zum Moderator und Förderer bürgerschaftlicher Aktivitäten.

Für die Struktur des Dritten Sektors in Deutschland folgt aus dieser Eigenheit eine sonst unübliche Zweiteilung, die sich auch an der Beschäftigungsstruktur ablesen läßt: Im ersten Bereich mit Gesundheitswesen, Sozialen Diensten sowie Bildung und Forschung dominiert die hauptamtliche Beschäftigung – auf eine freiwillige Kraft kommen neun bezahlte. Im zweiten Bereich mit Kultur und Freizeit, Umweltschutz, politischen Vereinigungen und Stiftungen dagegen werden die Aktivitäten primär durch Ehrenamtliche getragen. Sechs Freiwillige stehen hier einem bezahlten Mitarbeiter gegenüber (Anheier 1997: 35). Daraus wird deutlich, daß der erste Bereich primär von ökonomi-

---

40 Siehe dazu Frankfurter Allgemeine Zeitung, 25.9.1998, S. 18. Immerhin ist mit der Einführung der Pflegeversicherung auch eine gewisse Liberalisierung des Marktes in Form einer partiellen Öffnung für kommerzielle Anbieter erfolgt.
41 Siehe dazu vor allem Bauer (1997: 136ff).
42 Vgl. zur Diskussion über den aktivierenden Staat Evers/Leggewie (1999), Evers (2000), Olk (2001a) sowie Blanke/Schridde (2001).

schem Interesse ist, während der zweite Teil den genuinen Ort bürgergesellschaftlichen Engagements darstellt.

Allerdings geht diese einfache Gleichung so natürlich nicht auf. Wenn nämlich vom Sozialstaat in der Krise oder auch vom problematisch gewordenen Ehrenamt die Rede ist, dann beziehen sich solche Aussagen häufig auf freiwilliges Engagement im sozialen und gesundheitlichen Bereich. Die Ehrenamtlichen waren hier über lange Zeit eine stille, geduldige und stets verläßliche Ressource, die etwa im Kontext der Kirchen und der großen Wohlfahrtsverbände Dienstleistungen produzierten. Genau diese unproblematisch gegebene Ressource scheint derzeit jedoch zu erodieren, und damit ist auch die wichtigste Entwicklungstendenz im Dritten Sektor angesprochen: der Wandel vom »alten« zum »neuen« Ehrenamt.[43] Dieser Wandel macht deutlich: Es findet kein genereller Verfall von »sozialem Kapital« im Sinne der Bereitschaft von Bürgern zum freiwilligen Engagement statt, sondern nur ein Umbruch der Formen und Strukturen.

Schon Mitte der 80er Jahre deutete sich an, daß im Bereich des ehrenamtlichen bzw. freiwilligen/bürgerschaftlichen Engagements[44] in Deutschland klare Zeichen für Veränderungsprozesse zu konstatieren waren.[45] War vor allem das soziale Ehrenamt in den 60er und 70er Jahren in den Hintergrund getreten zugunsten professioneller sozialer Dienstleistungen, begann man nun, die Defizite des Professionalisierungs- und Bürokratisierungsschubs zu erkennen und systematisch herauszuarbeiten (Gernert 1988). Man sprach von einer »Professionalisierungsfalle« (Bätz 1994), da empirisch nachgewiesen werden konnte, daß der Einsatz von immer mehr Hauptamtlichen eine Steigerung der Bürokratisierung, des Leistungsdrucks und auch der internen Interessenkonflikte zur Folge hatte. Darüber hinaus standen auch die Ehrenamtlichen selbst

---

43 Zum »neuen Ehrenamt« vgl. u.a. Brandenburg (1995), Evers (1988), Ferber (1988), Olk (1987, 1990), Rauschenbach (1992), Tews (1995), Heinze/Keupp (1997), Notz (1998), Dettling (1999), Heinze/Olk (1999), Zimmer/Nährlich (2000), Pankoke (2001) und die Beiträge in Enquete-Kommission (2002).

44 Die Veränderungsprozesse im Feld spiegeln sich auch in einer Pluralisierung der Begrifflichkeiten wider, wobei die Bezeichnungen des Engagements teils synonym, teils aber auch mit spezifischen Nuancen vorgenommen werden; so steht Ehrenamt/ehrenamtliches Engagement meist für Tätigkeiten im traditionellen Bereich des Dritten Sektors, freiwilliges Engagement und Freiwilligenarbeit für neuere Formen und Bürgerengagement bzw. bürgerschaftliches Engagement für Tätigkeiten, die in einem weiteren Horizont demokratischer Partizipation und sozialer Integration verortet werden; der Sprachgebrauch ist jedoch keineswegs einheitlich (siehe dazu Heinze/Olk 1999, Rauschenbach 2001 und Braun 2002). In der vorliegenden Arbeit, wo es um die Funktionsweise von Bürgergesellschaft geht, wird in der Regel von bürgerschaftlichem und freiwilligem Engagement gesprochen.

45 Siehe zu dieser Entwicklung im Ehrenamt schon den ausführlichen Literaturbericht von Thomas Olk (1987).

unter einem zunehmenden Qualifikationsdruck, der sich letztendlich auf die Qualität der Tätigkeit kontraproduktiv auswirkte, da die Motivation der freiwillig engagierten Akteure sank (Kondratowitz 1985).

Die Überprofessionalisierung und Bürokratisierung des Sozialen hat jenen »funktionalen Dilettantismus« der lebensweltlichen Vernunft kaum noch zur Geltung kommen lassen, der doch gerade eine Qualität des Ehrenamts zu sein scheint (Pankoke 1994). Die Freiwilligen sind demnach gerade deshalb, weil sie nicht in das professionelle Rollengeflecht und die entsprechenden Sichtweisen verstrickt sind, zu wichtigen Interaktions- und Kommunikationsformen fähig. Die Laien werden hier aufgrund ihrer Nicht-Professionalität zu »Experten« (Müller-Kohlenberg u.a. 1994).

Gleichzeitig formierte sich eine deutliche Kritik an bestimmten Ausbeutungsverhältnissen der ehrenamtlichen Arbeit im Kontext der großen Wohlfahrtsverbände, die vor allem von Seiten einer feministisch orientierten Forschung vorgetragen wurde.[46] Entscheidend aber für die gesamte Ehrenamtsforschung war die allmählich aufscheinende Erkenntnis, daß immer mehr potentiell oder aktuell ehrenamtlich Tätige mit der institutionellen Situation und mit den Möglichkeiten zur eigenständigen Gestaltung des Arbeitsfeldes unzufrieden wurden. Die »stille Reservearmee« derjenigen, die uneigennützig, unentgeltlich und ohne große Ansprüche an die zu verrichtenden Tätigkeiten in den traditionellen Organisationen ihren freiwilligen Dienst versieht, ist deutlich geschrumpft.[47]

Wandel der Motive: Vom Dienst zum Nutzen

In der einschlägigen Forschung wird deshalb ein Wechsel vom »alten« zum »neuen« Ehrenamt diskutiert.[48] Dieser Wandel macht deutlich: Es findet kein genereller Verfall der Bereitschaft von Bürgern zum freiwilligen Engagement statt, sondern ein Umbruch der Motivationen. Ausgangspunkt für die Diagnose eines tiefgreifenden Wandels waren zunächst Befunde aus der internen

---

46 Siehe zu dieser feministischen Kritik vor allem die Beiträge von Gisela Notz (1987, 1999) und Gertrud M. Backes (1987, 1991). Zu den geschlechtsspezifischen Ungleichheitsrelationen im freiwilligen Engagement vgl. auch Nadai (1996) und Beher/Liebig/Rauschenbach (2000: 185ff).
47 Siehe zu dieser Entwicklung Burkart (1985), Krüger (1993), Heinze/Nägele (1995) und Pöttgens (1995).
48 Zum »neuen Ehrenamt« vgl. u.a. Brandenburg (1995), Ferber (1988), Olk (1987), Hummel (1995), Heinze/Keupp (1997), Notz (1998), Dettling (1999), Heinze/Olk (1999), Beher/Liebig/Rauschenbach (2000), Pankoke (2001) und die Beiträge in Enquete-Kommission (2002).

Forschung der Wohlfahrtsverbände.⁴⁹ Hier nämlich zeichnete sich ab, daß immer mehr Mitarbeiter aus der verbandlichen Form ehrenamtlichen Engagements abwandern in selbstorganisierte, projektorientierte Kontexte.

Entscheidend aber war ein Wandel bei den Ehrenamtlichen selbst, den Thomas Olk schon Mitte der 80er Jahre wie folgt beschrieb: »An die Stelle der bedingungslosen Hingabe an die soziale Aufgabe unter Verzicht auf die Befriedigung eigener Bedürfnisse und Interessen tritt heute der Wunsch nach einem freiwillig gewählten Engagement, das sich zeitlich den eigenen sonstigen Bedürfnissen und Interessen anpassen läßt und die eigenen Kräfte und Möglichkeiten qualitativ nicht übersteigt« (Olk 1987: 90).⁵⁰ Gisela Jakob (1993) hat in einer qualitativen Untersuchung der biografischen Passung von freiwilligem Engagement die Formel »vom Dienst zum Selbstbezug« geprägt.

Das »neue Ehrenamt« in diesem Sinne, aus der Sicht der Freiwilligen definiert, ist durch ein Geben und Nehmen gekennzeichnet. Die Freiwilligen wissen, daß sie etwas investieren, und sie wünschen für diese Investition einen wie auch immer definierten Gegenwert. Die »Helferrückwirkung« (Müller-Kohlenberg u.a. 1994: 60ff) steht somit zunehmend im Zentrum der Aufmerksamkeit. Ist für die traditionell ehrenamtlich Tätigen, die vor allem in der älteren Generation zu finden sind, eine »Ethisierung« der Tätigkeit mit Vorstellungen von Dienst und Opfer typisch (Kohli u.a. 1993), so ist bei den Jüngeren der eigene Nutzen der Tätigkeit aufgewertet worden.⁵¹ Diese Tendenz bestätigt sich nahezu in allen neueren, mit standardisierten Methoden durchgeführten empirischen Studien: so im Gutachten für die Zukunftskommission der Freistaaten Bayern und Sachsen (Heinze/Keupp 1997; vgl. auch Keupp u.a. 2000), in der

---

49 Zur Herausforderung, die das bürgerschaftliche Engagement neuen Typs für die Verbände darstellt, vgl. jetzt umfassend Otto u.a. (2000).
50 Die Literatur zum Thema Ehrenamt ist mittlerweile fast unüberschaubar geworden. Soziologisch interessante Analysen zu den Chancen und Problemen traditioneller ehrenamtlicher Arbeit sowie zum Wandel finden sich vor allem bei Kondratowitz (1985), Müller/Rauschenbach (1988), Kromka (1985), Braun/Röhrig (1986); Winkler (1988), Engels (1991), Funk/Winter (1993), Jakob (1993), Pankoke (1994, 2001, 2002), Akademie für politische Bildung (1994), Wessels (1995), Andersen u.a. (1998), Wagner (2000) und Forschungsjournal (2000). Eine nützliche Übersicht zum Thema findet sich bei Roth (1997). Beher/Liebig/Rauschenbach (1998) schließlich haben im Auftrag des Bundesfamilienministeriums eine Sekundäranalyse vorliegender empirischer Studien zum Ehrenamt erstellt, was ausgesprochen sinnvoll ist, weil die Studien mit höchst unterschiedlichen Begriffen, Kriterien und Methoden arbeiten. So vermag es nicht zu wundern, wenn in den diversen Studien eine Spannbreite von 17 bis 42 Prozent ehrenamtlich tätiger Personen in der Bevölkerung aufscheint (vgl. dazu auch Neumann/Hübinger 1999). Zu den methodischen Untiefen vieler standardisierter Ehrenamts-Studien siehe die Kritik bei Kistler u.a. (2001).
51 Vgl. dazu Engels (1991), Wadsack (1992: 97ff), Funk/Winter (1993), Gaskin u.a. (1996), Müller-Kohlenberg u.a. (1994), Reihs (1995) und Jütting (1998).

Analyse von Beher/Liebig/Rauschenbach (1998, 2000),[52] im umfassenden Freiwilligensurvey im Auftrag des Bundesfamilienministeriums (Rosenbladt 2000), in den SIGMA-Studien im Auftrag des Sozialministeriums Baden-Württemberg[53] sowie in den Arbeiten der Speyerer Forschungsgruppe um Helmut Klages (Klages 1998, 1999, 2001, Klages/Gensicke 1999).

Gesellschaftstheoretisch läßt sich der Wandel vom alten zum neuen Ehrenamt, von »alter Ehre« zum »neuen Engagement« auch als eine Verschiebung von der Mitte an die Ränder begreifen (Pankoke 2001): War das alte Ehrenamt ein »Dienst, der aus der Mitte kommt, weil man sich mit der Mitte identifiziert«, so ist genau diese Mitte für viele Menschen in der Gegenwartsgesellschaft problematisch geworden. Der »flexible Mensch« (Sennett 1998) ist gar nicht mehr in der Lage, sich auf Dauer in der »Mitte« der Gesellschaft einzurichten. Der Arbeitsmarkt erfordert in zunehmendem Ausmaß räumliche Mobilität. Die Akteure müssen daher ihre sozialen Netze stets aufs Neue selbst knüpfen und ihre Kontexte selbst konstruieren. Die Chance der Autonomie und der Zwang zur Gestaltung sind in der modernen Gegenwartsgesellschaft untrennbar verflochten. Dabei suchen sich die Freiwilligen möglichst Tätigkeitsbereiche, die entsprechende Gestaltungsräume offen lassen. Sie werden, so Pankoke, zu Grenzgängern »zwischen einer einstmals repräsentativen Mitte der Arbeitsgesellschaft und ihren kulturellen Alternativen, politisch kritischen, ökonomisch jedoch oft prekären Rändern«. Waren etwa Gewerkschaften und Verbändewohlfahrt gleichsam im Zentrum der industriellen Arbeitsgesellschaft lokalisiert, so findet freiwilliges Engagement heute zunehmend in Bereichen statt, die sich jenseits der etablierten Institutionen befinden: in selbstgesteuerten Initiativen, Selbsthilfegruppen, NGOs etc.

Hinzu kommt, daß gerade im Kontext sich auflösender Milieus und einer weitgehenden Entbettung des Sozialen (Giddens 1995) Fragen der Anerkennung wieder wichtiger werden. Wo die im Modus der Selbstverständlichkeit stattfindende Positionierung des Menschen weitgehend wegfällt, muß man sich Anerkennung als identitätsstiftenden Faktor erarbeiten. Ohne hier theoretisch in die Tiefe zu gehen, haben Funk und Winter (1993) in einer Studie zur katholischen Pfadfinderschaft in dieser Dimension der Anerkennung sowohl im Bereich der direkten Interaktion als auch in dem der öffentlichen Anerkennung erhebliche Defizite festgestellt.

---

52 Eine weitere Sekundäranalyse von Rehling u.a. (1999) bestätigt die Tendenz noch einmal eigens für den Bereich der Jugendarbeit.
53 Siehe vor allem die »Geislingen-Studie« (Ueltzhöffer/Ascheberg 1995), aber auch die Landesstudie Baden-Württemberg (Ueltzhöffer/Ascheberg 1997) und die bundesweite Studie »Lebenswelt und Bürgerschaftliches Engagement« (Ueltzhöffer 2000).

Der Wandel vom alten Ehrenamt zum neuen bürgerschaftlichen Engagement scheint plausibel verstehbar nur dann, wenn man jene Prozesse berücksichtigt, die in der soziologischen Forschung seit geraumer Zeit unter dem Etikett des »Wertewandels« verhandelt werden. Weite Teile der Bevölkerung weisen heute Wertpräferenzen auf, die nicht mehr dem alten Muster der »Pflicht- und Akzeptanzwerte« zuzuordnen sind, sondern dem neuen Muster der »Selbstverwirklichungswerte«.[54] Darüber hinaus ist der »Spaßfaktor« als Handlungsmotivation stark angestiegen, während die traditionelle Leistungsideologie verblaßt ist (vgl. Meulemann 1996). Das heißt keineswegs, daß »Leistung« und »Spaß« unvereinbar wären: Statt dessen hat sich die Definition von Leistung verändert. Die empirischen Studien zeigen, daß die Menschen unter Leistung nicht mehr primär die effektive Erledigung einer vorgegebenen Aufgabe verstehen, sondern die lustvoll erfahrene Lösung selbstdefinierter Probleme, die als Selbstverwirklichungschance gesehen wird (Meulemann 2001: 197). Verkürzt formuliert läßt sich sagen, daß der »klassische« ehrenamtlich Tätige es als Pflicht ansah, sich freiwillig zu engagieren, und daß ein solches Verpflichtungsgefühl in starkem Maße mit einer Akzeptanz von zeitlichen und organisatorischen Vorgaben verknüpft war. Dieser Typus von engagiertem Menschen war in den traditionellen Organisationen wie Kirche und Wohlfahrtsverband gut aufgehoben. »Wertgewandelte« Menschen dagegen sind vor allem deshalb zum Engagement bereit, weil sie sich Möglichkeiten der kreativen Selbstverwirklichung, Spaß und die Erlebnisqualität geselliger Situationen erhoffen.

Entgegen pessimistischen Deutungen verursacht diese Entwicklung, wie die Daten von Klages und anderen zeigen, keine Schwächung des freiwilligen Potentials, sondern geradezu eine Freisetzung.[55] Allerdings scheint die traditionelle Infrastruktur des Dritten Sektors hierzulande kaum dazu geeignet, dieses wachsende Potential auch sinnvoll zu aktualisieren. Die Akteure bevorzugen

---

54 So vor allem die Befunde bei Klages (1984). Mit dem etwas anders gelagerten Konzept des »Postmaterialismus« gelangt in seinen international vergleichenden Studien der amerikanische Soziologe Ronald Inglehart (zuletzt 1997) zu vergleichbaren empirischen Befunden.

55 Siehe dazu vor allem die Arbeiten von Klages und Mitarbeitern (Klages 1998, 1999 und Klages/Gensicke 1999). Im internationalen Vergleich etwa mit den Befunden, die Ronald Inglehart und seine Forschungsgruppe seit den 70er Jahren erarbeitet und im großen World Value Survey stets aktualisiert hat, stellt sich der Wertwandel in Deutschland als eine Normalisierung dar. Das »Verschwinden« der älteren deutschen Wiederaufbaugeneration mit ihrer Betonung der traditionellen und materialistischen Wertorientierungen hat jetzt einer breiteren Kultur der Selbstentfaltungswerte Raum gegeben; allerdings gibt es hier noch erhebliche Differenzen zwischen Ost- und Westdeutschland (vgl. van Deth 2001). Entsprechend finden sich auch deutliche Unterschiede hinsichtlich des vorfindbaren freiwilligen Engagements, wobei jedoch auch der Zusammenbruch der alten Infrastruktur des Engagements in den neuen Bundesländern zu beachten ist; vgl. Gensicke (2001).

selbstgestaltete Tätigkeiten »in Verbindung mit der Erwartung einer Aufrechterhaltung zeitlicher Dispositionsfreiheit und der Vereinbarkeit des Engagements mit anderen Interessen, die man nicht aufgeben möchte« (Klages 1999: 106).

In einer immer komplexer werdenden Alltagswelt mit entsprechenden Anforderungen an den Arbeitnehmer ist zeitliche Flexibilität im Ehrenamt elementar nötig und auch für das Autonomieempfinden der Individuen wichtig (Reihs 1995). Überspitzt haben Halfar und Koydl (1994: 119) den neuen Typus des Engagierten beschrieben als »durch die Zeitgeistlandschaften vagabundierenden modernen Ehrenamtlichen«, der »nur noch begrenzte, befristete Zeitressourcen für Tätigkeiten mit positivem Image, ziemlich unverbindlich, zur Verfügung stellt«.

Entsprechend flexible Räume sind jedoch in der konventionellen Organisationslandschaft des Dritten Sektors kaum aufzufinden. Das führt dazu, daß sich das Engagementpotential in einem »Schlafzustand« befindet: Etwa 50 Prozent der nicht engagierten Personen wäre nämlich durchaus zur Aktivität bereit. Diese Diskrepanz zwischen Bereitschaft und tatsächlichem Engagement verweist somit auf einen großen Handlungsbedarf in der Schaffung von adäquaten Rahmenbedingungen. Das Spektrum reicht hier von temporärer Begrenzung und projektförmiger Ausrichtung der Tätigkeit über die Erleichterung von Ein- und Ausstiegen. Weiterhin muß es Koordinationssysteme für eine bessere Passung zwischen biografischer Situation und dem Einsatzort für das freiwillige Engagement geben.

Nicht eine Moralreform scheint demnach nötig, wie sie von vielen im öffentlichen Diskurs mit einem Verweis auf den vermeintlichen Verfall der Werte gefordert wird, sondern eine Institutionenreform, die den neuen Engagementbereitschaften angemessenen Raum gibt und die Passung zwischen Akteuren und Institutionen verbessert (Klages 2001; vgl. auch Dörner/Vogt 1999, Keupp u.a. 2000: 256ff).

Strukturwandel des Ehrenamtes

Damit rückt der »Strukturwandel« des Ehrenamts in den Mittelpunkt (vgl. vor allem Beher/Liebig/Rauschenbach 2000). War früher das traditionelle Ehrenamt mit großer Kontinuität und organisatorischer Eingebundenheit in die Infrastruktur der deutschen Verbändewohlfahrt das dominante Muster, so hat in der deutschen Gegenwartsgesellschaft offenbar eine Pluralisierung des Engagements begonnen.[56] Freiwilligenzentren, Seniorengenossenschaften,

---

56 Vgl. dazu die Beiträge zum neuen »Wohlfahrtspluralismus« in Evers/Olk (1996).

Tausch- und Kooperationsprojekte haben an Bedeutung gewonnen. Das Engagement verlagert sich immer deutlicher in dezentrale, informelle Organisationsformen.[57] Sichtbar wird dieser Trend auch anhand der Gründungsdynamik im Bereich von Initiativen und Selbsthilfegruppen: von ca. 25.000 im Jahre 1985 ist die Zahl bis 1995 auf nicht weniger als 60.000 gestiegen (Zimmer/ Priller 2001: 140).

Allerdings zeigt die empirische Analyse der neuen Organisationsformen, daß dieser Entwicklungsprozeß aus der Perspektive der sozialen Ungleichheitsforschung mit hohen Kosten verbunden ist. Je mehr nämlich sich die Kontexte informalisieren und von den tradierten Großorganisationen lösen, um so deutlicher wird eine partizipatorische Asymmetrie sichtbar: Es sind vor allem die besser gebildeten Bevölkerungsteile, die Besitzer von größeren Mengen an »kulturellem Kapital«, die ihre Beteiligungschancen wahrnehmen und somit in der Lage sind, ihre spezifischen Interessen zur Geltung zu bringen (vgl. Brömme/Strasser 2001). Die schlechter Gebildeten, die in der Organisationslandschaft der »klassischen« Moderne, in Kirchen, Gewerkschaften und Verbänden durchaus stark vertreten waren und somit kollektiv partizipiert haben,[58] geraten dabei ins Hintertreffen.

Dieses Ungleichgewicht kann sich durchaus auch aus der Interessenperspektive der bürgerschaftlich engagierten Gebildeten als ein erheblicher Nachteil darstellen: Es gelingt nämlich immer weniger, die anderen Bevölkerungsteile für Projekte der Bürgergesellschaft zu rekrutieren. Die Aktivisten stehen dann, dies wird im empirischen Teil dieser Arbeit noch genauer zu zeigen sein, relativ ratlos vor dem Problem mangelnder Reichweite ihrer Organisationen. »Modernisierungsverlierer« sind dann in diesem Fall eben nicht nur die in Passivität verharrenden, schlechter gebildeten Akteure, sondern auch die aktiven Bürger, die weitgehend unter sich bleiben und an der mangelnden Resonanz wie Unterstützung ihrer Bemühungen in der »einfachen Bevölkerung« leiden.

Ein weiteres Indiz für einen Strukturwandel im Dritten Sektor ist die große Konjunktur zweier Organisationsformen, die früher in der deutschen Nonprofit-Szene keine Rolle gespielt haben: Freiwilligenagenturen und Bürgerstiftungen. Sie sind seit einigen Jahren jedoch gleichsam Hoffnungsträger einer neuen Bürgergesellschaft geworden: Beide Institutionen, die beispielsweise in den USA schon seit vielen Jahren erfolgreiche Arbeit leisten, betonen die Momente

---

57 Vgl. Priller/Zimmer (1999), Zimmer/Priller (2001). Siehe auch Brömme/Strasser (2001), die zugleich auf problematische Aspekte dieser Verlagerung im Hinblick auf die Partizipation und politische Integration schlechter gebildeter Bevölkerungsgruppen hinweisen.
58 Zur Tradition dieser kollektiven Partizipation in der deutschen Geschichte wie Gegenwartsgesellschaft vgl. Rohe/Dörner (1990).

Flexibilität, Selbstorganisation und Dezentralität als Kernpunkte neuer Formen des bürgerschaftlichen Engagements in Deutschland (vgl. dazu Bertelsmann-Stiftung 2000 und Jakob/Janning 2001).

An die Stelle langfristiger Kontinuitäten ist eine Präferenz für das Projektorientierte, Begrenzte und stets Wechselbereite getreten. Die Organisationstreue der Dienstbereiten hat zahlreichen Ein-, Aus und Wiedereintritten der Freiwilligen in diversen Kontexten Platz gemacht (vgl. Hacket/Mutz 2002). Die Diskontinuitäten entsprechen hier weitgehend jenen Prozessen, die auch in der Erwerbsarbeit feststellbar sind.[59] Dennoch bleibt insgesamt ein Defizit der organisatorischen Landschaft angesichts von radikal gewandelten Motiv- und Erwartungslagen bei den Freiwilligen zu bilanzieren.

Der Dritte Sektor als Feld von Aktivitäten zwischen Markt und Staat durchläuft derzeit also Veränderungsprozesse, die für Überlegungen zu den Möglichkeiten und Grenzen der Bürgergesellschaft von höchster Relevanz sind. Abschließend ist die Stoßrichtung der Veränderungen in ihrer gesellschaftspolitischen Bedeutung noch einmal genauer zu benennen, wobei auf Überlegungen von Evers sowie Heinze und Olk zurückgegriffen werden kann (vgl. Heinze/Olk 1999: 82ff). Zwei Leitbilder der Veränderung lassen sich den Autoren folgend unterscheiden: *Modernisierung* und *soziale Integration*. Vereinfacht gesagt, ist die zentrale Bezugsgröße des ersten Leitbildes das Individuum, die des zweiten die Gemeinschaft. Der *Modernisierungsdiskurs* macht deutlich, daß die engagierten Bürger immer stärker bilanzieren, was sie für ihre freiwilligen Investitionen zurückbekommen. Gemeint sind damit sowohl Qualifikationsgewinne als auch Formen der Anerkennung, aber auch »ideelle« Gewinne in Form von Sinnerfahrungen. Immer geht es hier darum, ob sich der Einsatz des Akteurs aus seiner egoistischen Perspektive »lohnt«.

Diesem Modernisierungsdiskurs steht das Leitbild der *sozialen Integration* gegenüber. Die Bezugsgröße ist hierbei nicht der »Gewinn« des Einzelnen, sondern die gemeinschaftliche Dimension des sozialen Lebens. Damit aber geht es vor allem um Fragen der Identitätsbildung, die in dieser Perspektive, wie sie in den letzten Jahren von kommunitarischen Autoren wieder verstärkt zur Geltung gebracht wurde, nur als eine gemeinschaftsbezogene Identitätsbildung sinnvoll möglich scheint. Solche Fragen der Identitätsbildung schließlich eröffnen auch den Blick auf das Moment der (politischen) Partizipation. Die Diskussion über Bürgergesellschaft vermag daher einen Bogen zu spannen vom Wandel des Ehrenamts bis zu dem, was in der politischen Ideenge-

---

59 Vgl. Sennett (1998), Beck (1999) und Mutz/Kühnlein (2001); zum mitunter nicht unproblematischen Spannungsverhältnis zwischen freiwilliger Arbeit und Erwerbsarbeit siehe die Überlegungen bei Kistler/Rauschenbach (2001) und Klenner/Pfahl (2001).

schichte als Republikanismus, als Identitätsmuster eines unter Verzicht auf individuelle Vorteile aktiv an den öffentlichen Angelegenheiten teilhabenden Bürgers entwickelt wurde.

Entscheidend ist, und darauf wird in den folgenden Kapiteln ausführlich eingegangen, daß die beiden von Heinze/Olk differenzierten Diskurse: der Modernisierungsdiskurs und die soziale Integration, letztendlich gar nicht sinnvoll getrennt voneinander betrachtet werden können. Individueller Nutzen und gemeinschaftliche Identität, wohlverstandener Egoismus und kommunitarische Sinnperspektiven sind in der konkreten Praxis viel enger verwoben, als es die traditionellen Forschungsperspektiven immer wieder glauben machen wollten.

2.4 Fazit: Die Bürgergesellschaft als Perspektive

Die Krise als Chance?

Die Krisenphänomene und Entwicklungstendenzen, die in den vorangehenden Kapiteln dargestellt wurden, scheinen mit Nachdruck bürgergesellschaftliche Strukturen als Zukunftsperspektive nahezulegen. Bürgergesellschaft bietet eine institutionelle Alternative zu vorhandenen Beständen, die den veränderten Rahmenbedingungen nicht mehr optimal entsprechen. Und die gesellschaftlichen Veränderungen wiederum haben auf der sozialstrukturellen und politischkulturellen Ebene die Grundlagen dafür geschaffen, daß bürgergesellschaftliche Arrangements überhaupt in den Horizont des realistisch Machbaren gerückt sind.

Vor allem die Prozesse der Individualisierung und der Enttraditionalisierung bewirken, daß die Akteure der sozialen Welt immer deutlicher dazu verurteilt sind, ihre Lebensumstände und ihre Biografie jenseits der Vorgaben tradierter Institutionen selber zu gestalten. Und je mehr die Individuen in der Ausgestaltung ihrer Optionen Erfahrung gewinnen, um so besser werden auch die Fähigkeiten zur kreativen Nutzung der Freiräume entwickelt. Genau dies aber ist eine wichtige Voraussetzung für die Entfaltung bürgergesellschaftlicher Pluralität.

Diesem Prozeß korrespondieren Veränderungen im politischen Feld und im Dritten Sektor, die sich zusammenfassend als Erosion der klassischen deutschen Organisationsgesellschaft beschreiben lassen. Die großen Parteien und Verbände, die das infrastrukturelle Rückgrat der Großgruppengesellschaft gebildet hatten, klagen allerorts über Attraktivitätsverlust und Mitgliederschwund vor allem in den jüngeren Generationen. Korrespondierend dazu vollzieht sich in Anfängen ein Rückbau des im »Modell Deutschland« gewachsenen Sozialstaats, der aufgrund von ökonomischen und demografischen Veränderungen nicht mehr im gewohnten Maße aufrecht zu erhalten ist. Und der Dritte Sektor beginnt sich vom Korporatismus und Kartellismus der deutschen »Verbändewohlfahrt« hin zu dezentralen und flexibleren Strukturen zu bewegen.

Die gesellschaftliche Landschaft verändert sich also grundlegend. Der Weg zu Mustern dezentraler, selbstorganisierter und flexibler Steuerungsformen scheint offen zu stehen. Angesichts dieser Entwicklung vermag es kaum zu verwundern, daß Bürgergesellschaft zu einer neuen Zauberformel von Reformdiskussionen jeglicher Provenienz geworden ist. Folgerichtig beteiligen sich auch politische Akteure aus unterschiedlichen ideologischen Lagern am Diskurs, wobei hier jeweils genau zu prüfen ist, wo wirklich neue Strukturen als Problemlösungen entworfen werden oder lediglich unter dem Druck knapper Kassen ein Rückbau staatlicher Leistungen durch den Verweis auf eine Leerformel legitimiert werden soll.[60] Bürgergesellschaft scheint mitunter zu einem neuen, politisch-korrekten Konsensbegriff zu werden.[61]

Warnfried Dettling, einer der besten Kenner der Szene, hat den Aufstieg der Bürgergesellschaft zum neuen Leitbegriff der politischen Öffentlichkeit in Deutschland treffend wie folgt beschrieben:

> »Man trägt die Mode der Bürgergesellschaft, um Blößen zu verbergen. Die neuen Kleider sollen vergessen lassen, daß der Kaiser nackt ist. Die ›Bürgergesellschaft‹ wird gefeiert als Mittel zum Zweck: als Reparaturbetrieb; als Billigangebot. Sie wird, etwas freundlicher gesagt, angerufen wie manche Heilige in der katholischen Liturgie: immer dann, wenn sonst nichts mehr hilft. Solange es auch ohne sie geht, fühlt man sich eigentlich besser« (Dettling 1998: 23).

---

60 Die Analyse der politischen Konzepte zur Bürgergesellschaft würde eine eigene sorgfältige Studie erfordern, die hier nicht geleistet werden kann. Daher sei an dieser Stelle nur verwiesen auf einschlägige Publikationen von Kurt Biedenkopf (1997), Roland Koch (1998) und Alois Glück (2001) aus Sicht der Union, Heide Simonis (1997), Gerhard Schröder (2000) sowie die Beiträge in Eichel/Hofmann (1999) und Alemann/Heinze/Wehrhöfer (1999) aus Sicht der SPD. Die grüne Position ist dargestellt in Opielka (1997), und bei der FDP vermag es ohnehin nicht zu verwundern, wenn ein (liberales) Modell von Bürgergesellschaft propagiert wird. Mit Ralf Dahrendorf (1993, 1999) hat man zudem einen an angelsächsischen Verhältnissen geschulten theoretischen Vordenker für eine dezidiert staatsferne Bürgergesellschaft in den eigenen Reihen. Zur Analyse der politischen Debatten siehe Braun (2001) und Mielke (2001).

61 Ein treffender Beleg für eine solche »sonntagsredenförmige« Verwendung des Begriffs ist die gemeinsame Erklärung, welche Bundespräsident Johannes Rau zusammen mit den Altpräsidenten Herzog, Weizsäcker und Scheel am 12. September 1999 aus Anlaß der 50. Wiederkehr der Wahl des ersten Bundespräsidenten im Jahre 1949 veröffentlicht hat.

Ambivalenzen: Gemeinwohl und Ungleichheit

Nun ist es gleichwohl bemerkenswert, daß in Deutschland vor dem Hintergrund einer ausgesprochen staatslastigen Tradition über die potentiell staatsferne Bürgergesellschaft nachgedacht wird. Und zahlreiche Tagungen von Parteien und Verbänden, vor allem aber die vom Deutschen Bundestag eingesetzte Enquete-Kommission »Zukunft des Bürgerschaftlichen Engagements« deuten darauf hin, daß dieses Nachdenken über institutionelle Alternativen mittlerweile auch durchaus ernsthaft betrieben wird.[62]

Bedarf für solche Reflexionsprozesse besteht allemal, denn Bürgergesellschaft impliziert auch eine ganze Reihe von Ambivalenzen: *Einerseits* gibt der Rückzug des Staates und des klassischen Korporatismus aus der Steuerungsfunktion Raum für bürgergesellschaftliche Gestaltung. Man denke nur daran, wie beispielsweise tarifvertragliche Bindungen nach BAT die Handlungsmöglichkeiten finanziell eng gestrickter Initiativen vor Ort einschränken oder wie staatliche Vorschriften, wenn sie von engstirnigen Bürokraten angewendet werden, Engagement geradezu ersticken können.[63]

Andererseits ist unübersehbar, daß staatliche Stellen, aber auch die Beratungs- und Hilfeeinrichtungen der großen Wohlfahrtsverbände Leistungen zur Verfügung stellen, zu denen freie Initiativen so ohne weiteres nicht in der Lage wären. Zudem stellt der Staat eine mit demokratischer Legitimation gesteuerte Institution dar, die sozialstrukturell bedingte Asymmetrien in der Interessenvertretung und daraus erwachsende Probleme der Gerechtigkeit[64] ausgleichend bearbeiten kann.

Außerdem sollte die Realität der Bürgergesellschaft keinesfalls mit dem geglätteten Bild einer positiven Utopie verwechselt werden. So sind auf Anhieb zwei Dimensionen erkennbar, die das real existierende Treiben der Bürgergesellschaft auch problematisch erscheinen lassen:

1. Das Problem des Gemeinwohls: Selbstorganisierte Gruppen und Organisationen handeln zunächst einmal als Interessenvertretungen, die nicht ohne weiteres mit gemeinwohlorientierten Perspektiven zu verrechnen sind. Die klassischen Bürgerinitiativen bieten dafür reichhaltiges Anschauungsmaterial: Hier soll oft eine unmittelbare Betroffenheit von Anwohnern durch

---

62 Siehe dazu die von der Kommission herausgegebenen Sammelbände (Enquete-Kommission 2002, 2002a, 2002b) und den Abschlußbericht der Beratungen (Enquete-Bericht 2002).
63 Dazu nur ein Beispiel: Eine Elterninitiative die eine dringend benötigte Krabbelstube in Regensburg gründen wollte, scheiterte kürzlich daran, daß die Deckenhöhe der vorgesehenen Räume vier Zentimeter zu niedrig war und somit einer rechtlichen Bestimmung nicht entsprach.
64 Vgl. dazu die Analysen in Müller/Wegener (1995).

öffentliche Straßen, Müllbeseitigungsanlagen oder Flughäfen vermieden und der »schwarze Peter« an eine andere, weniger widerstandsfähige Gemeinde weitergereicht werden. Zwar wollen alle von den Segnungen der Technologien oder Infrastrukturen profitieren, aber niemand will die negativen Begleiterscheinungen vor der eigenen Haustür ertragen. Zumindest ist dabei jeweils genau darauf zu achten, in Bezug auf welchen Bevölkerungsteil hier ein ggf. postuliertes Gemeinwohl formuliert wird.

2. Das Problem der Ungleichheit: Bürgergesellschaft produziert, wie oben aufgezeigt wurde, aufgrund von sozialstrukturell gegebenen Ungleichheiten auch in der politischen Praxis entsprechende Ungleichheits- und Ungerechtigkeitseffekte. Wenn die Bürger selbst gestalten sollen, dann ist danach zu fragen, welche Bürger aufgrund ihrer Voraussetzungen überhaupt dazu in der Lage sind, sich zu organisieren, Interessen zu artikulieren und Verhandlungsmacht zu mobilisieren. Hier scheint eine genuin auf die Gemeinwohlnorm verpflichtete Institution wie der Staat auch in einer entfalteten Bürgergesellschaft noch keineswegs ausgedient zu haben.

Gleichzeitig ist festzuhalten, daß ein Abbau staatlicher Paternalismen notwendig ist, wenn man Eigeninitiative und dezentrale Selbstorganisation von Bedürfnissen und Interessen fördern will. Ein Blick etwa auf amerikanische Verhältnisse zeigt,[65] wie nicht nur die Produktion öffentlicher Güter durch Bürgerengagement getragen werden kann, sondern wie solche selbstgesteuerten Tätigkeiten auch das Demokratiebewußtsein bei den Bürgern vor Ort stärken. Nicht zuletzt gehen die Menschen mit bestimmten Einrichtungen auch sorgsamer und verantwortungsbewußter um, wenn sie diese als Produkt der eigenen Arbeit wahrnehmen und nicht als sowieso gegebenes, äußerliches »Staatseigentum«.

Bevor jedoch auf Möglichkeiten und Probleme durch eine hinreichend differenzierte Analyseperspektive angemessen eingegangen werden kann, gilt es, das schillernde und oft diffuse Phänomen der Bürgergesellschaft einer sorgfältigen theoretischen Reflexion zu unterziehen. Dies soll in den folgenden Kapiteln unternommen werden.

---

65 Zum Vergleich zwischen Deutschland und den USA vgl. Paulwitz (1988) und Streng (1997).

3. Die Theorie der Bürgergesellschaft

3.1 Zum Begriff der Bürgergesellschaft

Die Beiträge zur aktuellen Diskussion um Bürgergesellschaft sind vielfältig, und genau so schillernd stellt sich das Phänomen selbst dar. Diverse Traditionsstränge und Sprachgebräuche bedingen, daß man zunächst sorgfältig sortieren muß, um die Stoßrichtung der verschiedenen Konzepte verstehen und schließlich einen eigenen analytischen Zugang zur Problematik eröffnen zu können.

Dem Phänomen der Bürgergesellschaft, das sich mit höchst unterschiedlichen politischen Konzepten verbindet, korrespondieren auf der sprachlichen Ebene einige begriffliche Probleme. Zunächst einmal ist zu sehen, daß der im aktuellen Diskurs verwendete Begriff »Bürgergesellschaft« in der Regel eine Übersetzung der angelsächsischen »civil society« darstellt. Dementsprechend findet sich gleichsam als Konkurrenzbegriff häufig das Wort »Zivilgesellschaft«, das teilweise synonym, teilweise aber auch mit deutlichen semantischen Differenzen zu »Bürgergesellschaft« verwendet wird. »Zivilgesellschaft« dient einigen Autoren zur Bezeichnung der spezifischen Sphäre bürgerschaftlichen Engagements, meist identisch oder zumindest teilidentisch mit dem Dritten Sektor zwischen Markt und Staat.[1] Oder aber der Begriff wird zur Markierung einer inhaltlich genau umrissenen Konzeption politischer Beteiligung wie bei Jürgen Habermas (1992) eingesetzt.

Demgegenüber beharrt beispielsweise Ralf Dahrendorf (1993, 1999) im genauen Bewußtsein der sprachlichen und kulturellen Differenzen auf dem Begriff »Bürgergesellschaft«, weil »civil society« im englischen und amerikanischen Bereich doch andere Implikationen trägt als der deutsche Begriff »Zivilgesellschaft«, wie im Folgenden gezeigt wird.

---

1 Vgl. etwa die Beiträge in Evers/Olk (1996) oder Schmals/Heinelt (1997).

Bürgerliche Gesellschaft

Tatsächlich zeigt ein Blick in die Wörterbücher den primär bürgerschaftlichen Bezug des englischen »civil«: »of or related to citizens« heißt es als erste Bedeutungsvariante in Webster's New Encyclopedic Dictionary. Die im Deutschen sofort mitschwingenden Komponenten »nicht militärisch« oder »zivilisiert« erscheinen im englischen Kontext später nur als untergeordnete Verwendungsweisen. Während nun »Bürgergesellschaft« im Deutschen erst seit vergleichsweise kurzer Zeit Einzug in die alltägliche Sprache gehalten hat, gibt es eine sprach- wie ideengeschichtlich ausgesprochen prominente Variante in direkter Nachbarschaft: die »bürgerliche Gesellschaft«.[2] Dieser Begriff, der für das politische Denken spätestens mit dem ausgehenden 18. Jahrhundert enorm wichtig wurde, birgt mindestens drei Bedeutungspotentiale, die einerseits eine Abgrenzung von der heutigen »Bürgergesellschaft« ermöglichen und andererseits doch auch relevante Implikationen für die aktuelle Diskussion um bürgerschaftliches Engagement tragen:

1. Eine sozialstrukturelle Verortung im (aufsteigenden) Bürgertum; diese Verortung wird zwar in der aktuellen Diskussion vermieden, aber bei näherem Hinsehen zeigt sich, daß die Bürgergesellschaft heute tatsächlich auch primär von relativ wohlhabenden und gut gebildeten Akteuren getragen wird, die sich sozialstrukturell den »bürgerlichen« Bevölkerungsteilen zuordnen lassen.
2. Ein Bezug auf die ökonomisch definierte, kapitalistische Gesellschaft, wie er vor allem bei Karl Marx ausgearbeitet wurde. Die Relevanz dieser Bedeutungsebene für die heutige Diskussion liegt vor allem darin, daß man die ökonomische Voraussetzungshaftigkeit bürgergesellschaftlicher Aktivitäten beachtet. So ist nicht nur der Dritte Sektor, wie oben gezeigt wurde, ein relevanter Faktor moderner Volkswirtschaften, sondern Kapitalien verschiedener Art zählen auch zu den wichtigsten Bedingungen dafür, daß Bürgergesellschaft überhaupt funktioniert. Auf diesen Aspekt wird später noch ausführlich eingegangen.
3. Die »bürgerliche Gesellschaft« im Hegelschen Sinne; Hegel führt in seinen »Grundlinien der Philosophie des Rechts« (1821) aus, daß sich in der zeitgenössischen Moderne eine Sphäre herausgebildet hat, in der bürgerliche Aktivitäten entfaltet werden. Angeregt durch die Analysen von Adam Smith und anderen sieht Hegel, daß hier ein Bereich von Freiheiten und von entfesselten Egoismen einzelner Individuen entsteht, die im Resultat durchaus gesellschaftlichen Wohlstand produzieren. Daneben gibt es ein

---

2 Siehe dazu die begriffsgeschichtlichen Ausführungen bei Manfred Riedel (1972 und 1979).

Spiel der öffentlichen Meinungen, und es gibt vor allem Zusammenschlüsse, Assoziationen und Korporationen, in denen sich Interessen artikulieren und Gemeinschaften manifestieren. Hier zeigen sich also zahlreiche Bezüge zum gegenwärtigen Verständnis von Bürgergesellschaft.

Dennoch, so Hegel, bleibt die bürgerliche Gesellschaft bei all ihren Potentialen doch als »Wimmeln von Willkür« auf der Ebene vielfältiger Einzel- und Gruppenegoismen befangen (1821: §189). Die allgemeine Vernunft, eine höhere Stufe der Sittlichkeit, also das Gemeinwohl im emphatischen Sinn ist hier nicht zu finden – zumal die bürgerliche Gesellschaft bei all ihrem Reichtum nicht reich genug ist, »dem Übermaße der Armut und der Erzeugung des Pöbels zu steuern« (1821: §245). Diese Probleme sind in Hegelscher Perspektive letztlich nur durch die übergeordnete Institution des Staates als Verkörperung der allgemeinen Vernunft und als »Wirklichkeit der sittlichen Idee« (§257) zu beheben.

Ungeachtet der etatistischen Überhöhung des Staates werden hier doch wichtige Aspekte angesprochen, mit denen sich auch heutige Konzepte von Bürgergesellschaft auseinandersetzen: Wieviel Gemeinwohl produziert der Pluralismus (oder der Korporatismus) der Bürgergesellschaft, wieviel Staat ist in einer vitalen Bürgergesellschaft möglich und wieviel Staat ist nötig? Darauf wird später noch einzugehen sein. In jedem Fall eröffnet die Hegelsche Differenzierung von bürgerlicher Gesellschaft und Staat Analyseperspektiven, die den aktuellen Diskurs bereichern.[3]

Terminologische Abgrenzung

Die heutige Debatte in Deutschland ist also mit der ideengeschichtlichen Kategorie der bürgerlichen Gesellschaft auf vielfältige Weise verknüpft. Gleichwohl empfiehlt es sich, die terminologische Abgrenzung zur Bürgergesellschaft aufrecht zu erhalten. Und es ist deutlich geworden, warum es im deutschen Kontext eher Sinn machen würde, von Bürgergesellschaft und nicht von Zivilgesellschaft zu sprechen. Dennoch hat sich der Gebrauch beider Termini eingebürgert. Wenn im Folgenden die Rede von der Zivilgesellschaft ist, wird der Begriff synonym zu Bürgergesellschaft verwendet.

Abschließend soll in dieser ersten semantischen Annäherung an das Konzept noch auf eine Mehrdeutigkeit im aktuellen Sprachgebrauch hingewiesen werden, die eine Verständigung teilweise erheblich erschwert und dazu führt,

---

3 Siehe dazu auch die Ausführungen von Charles Taylor, einem der besten Hegel-Kenner in der gegenwärtigen Sozialphilosophie. Taylor verortet Hegel in einer Traditionslinie, die Elemente des Lockeschen Denkens mit der politischen Theorie Montesquieus verbindet (Taylor 1995).

daß man aneinander vorbeiredet. »Bürgergesellschaft« wird einerseits für einen bestimmten, recht präzise abgrenzbaren Bereich von Gesellschaft benutzt, in dem sich freie Assoziationen von Bürgern entfalten; meist ist damit der Dritte Sektor zwischen Staat und Markt gemeint. Andererseits aber meint »Bürgergesellschaft« auch ein Grundprinzip gesellschaftlicher Selbststeuerung mit aktiven Bürgern, das alle Bereiche durchzieht, von der Schule bis zur Politik, von der Wirtschaft bis zur gelebten Religion.[4] Bei theoretischen Entwürfen, vor allem bei solchen mit normativer Ausrichtung, muß also jeweils genau bestimmt werden, ob mit »Bürgergesellschaft« der Teil oder – als Prinzip – das Ganze gemeint ist.

3.2 Die Tradition – zwischen Republikanismus und Liberalismus

3.2.1 Von der Antike zur Neuzeit

Vita Activa

Die mittelalterlich-lateinische *societas civilis*, von der sich die moderne Begrifflichkeit der *civil society* und also auch die deutsche »Zivilgesellschaft« herleitet, ist ihrerseits eine Übersetzung der antiken *koinonia politike* als Bezeichnung für die Polis-Gemeinschaft.[5] Die Polis markierte in Unterscheidung zum Oikos, zum privaten Haushalt bzw. zur Hauswirtschaft den Raum des öffentlichen Lebens und Entscheidens.[6] Der Bürger als öffentliche Person hat in der Polis an den öffentlichen Angelegenheiten teilgenommen, wobei der Bürgerstatus hier recht eng auf den Kreis der »freien« Menschen beschränkt war. Bürger in diesem Sinne war die »exklusive« Gruppe der Vorstände jeweils eigenständiger Haushalte; Sklaven, Frauen, aber auch Handwerker blieben davon ausgeschlossen.

Die antike politische Philosophie, vor allem Aristoteles, sah in der aktiven Teilnahme der Bürger an den Angelegenheiten der Polis eine unverzichtbare Komponente des ethisch gebotenen »guten Lebens«, war doch der Mensch als Gattungswesen schon durch die Dimension des Politischen bestimmt worden

---

4 Vgl. dazu auch Dettling (1998: 24).
5 Zur Vorgeschichte der bürgergesellschaftlichen Konzepte vgl. Kneer (1997), T. Evers (1999) und Luhmann (2000: 7ff).
6 Siehe dazu ausführlich Spahn (1980), der die Polisbildung in der frühen politischen Kultur Griechenlands untersucht.

(»zoon politikon«).⁷ Entsprechend hat später Hannah Arendt (1960) die *Vita Activa*, die öffentliche Tätigkeit als Gestaltung des gemeinschaftlichen Lebens als eine unverzichtbare Komponente der erfüllten menschlichen Existenz definiert.⁸ Arendt rekurriert dabei auf die aristotelische Unterscheidung von Praxis und Poiesis. Nicht in der Arbeit und auch nicht im herstellenden Tun des *homo faber*, sondern erst im Sprechen und Handeln, in der situationsoffenen Interaktion von Menschen kann das Potential des Gattungswesens entfaltet werden. Hier wird vor allem menschliche Kreativität und Innovativität zu einer im weiteren Sinne humanen Gestaltung der Lebensverhältnisse genutzt.

Die antike Quelle des bürgergesellschaftlichen Diskurses betont also zum einen die Notwendigkeit einer politischen, und das heißt immer auch: einer öffentlichen Identität der Bürger, die über die Privatexistenz hinausgeht. Zum anderen kommt in den athenischen Demokratievorstellungen⁹ das Moment der Selbststeuerung zum tragen, das später zu einem zentralen Kriterium bürgergesellschaftlicher Arrangements wird. Eine Trennung von Staat und Gesellschaft, gar eine Autonomie der Bürgergesellschaft von staatlichen Zwängen, wie sie vor allem die liberalen Entwürfe bis hin zu Ralf Dahrendorf immer wieder betont haben, war hier freilich nicht mitgedacht: Die Polis machte ja gerade den Kern des Staates aus. Bürgergesellschaft wird in diesem Konzept gleichsam nicht neben dem, sondern *im* Staat verwirklicht. Diese Gedankenfigur hat dann vor allem die republikanische Tradition in der Theoriegeschichte aufgegriffen; dazu später mehr.

Die Differenzierung zwischen Staat und Gesellschaft

Während im Mittelalter die Identität von Staat und *societas civilis* weitgehend aufrechterhalten bleibt, beginnt sich in der Neuzeit eine Differenzierung von Staat und Gesellschaft abzuzeichnen. Im Hinblick auf den Gedanken einer Bürgergesellschaft bilden sich ein republikanischer und ein liberaler Strang heraus. Diese Dualität reicht in vielfacher Modifikation bis in die aktuellen Debatten zwischen Liberalismus und Kommunitarismus hinein. Die republikanische Tradition, die sich – wie gerade schon angedeutet – durchaus im

---

7 Siehe dazu die Ausführungen in der »Politik« und vor allem in der »Nikomachischen Ethik« (Buch 9), in der das »gute Leben« bestimmt wird; vgl. grundlegend auch Höffe (1971) und Sternberger (1978: 87ff).
8 Mit ähnlicher Stoßrichtung formierte sich dann Ende der 1970er Jahren in den USA eine neoaristotelische Bewegung, die den Wert der Polis-Gemeinschaft auch in der modernen Gesellschaft betonte; vgl. dazu Holmes (1979).
9 Wobei Aristoteles in seiner »Politik« (4. Buch), die gleichsam die erste empirisch-vergleichende Studie politischer Verfassungen darstellt, nicht die Demokratie, sondern die Politie (eine Mischform aus Demokratie und Oligarchie) als normativ beste Systemkonstruktion bestimmt.

Anschluß an aristotelische Denkfiguren formierte, läßt sich vor allem an Machiavelli, seinen Auswirkungen auf die Gründungsdiskurse der amerikanischen Republik und natürlich an Rousseaus Vorstellungen einer identitären radikalen Demokratie festmachen. In der Gegenwart zeigt sich die Fortsetzung dieser Tradition in Konzepten der Direktdemokratie und bei den Kommunitariern, die sich zumindest zum Teil explizit zum Republikanismus bekennen. Die liberale Tradition beginnt demgegenüber maßgeblich bei Locke, wird bei den schottischen Moralphilosophen, bei Ferguson und Smith in spezifischer Weise weitergeführt und reicht dann bis zur aktuellen Position eines Ralf Dahrendorf.

Eine gewisse Sonderlinie markiert die Hegelsche Bestimmung der »bürgerlichen Gesellschaft« und die in seinem Gefolge auftretenden Bestimmungen bei Karl Marx und später bei Antonio Gramsci, der mit seinem Konzept der Zivilgesellschaft nicht zuletzt auf viele Intellektuelle in der Dritten Welt und in Osteuropa nachhaltige Wirkung entfaltet hat.[10] Bei Hegel wird bürgerliche Gesellschaft und Staat, hier dem liberalen Denken folgend, deutlich getrennt. Gleichwohl macht Hegel klar, daß die gelungene Existenz letztlich nur die Existenz eines »Staats-Bürgers« sein kann. Erst die Ebene der sich als Staat institutionell verobjektivierenden Gemeinschaft und des staatlich verfaßten öffentlichen Lebens kann das »an und für sich Vernünftige« zur Geltung bringen, weshalb der Staat wiederum »das höchste Recht gegen den Einzelnen hat, deren höchste Pflicht es ist, Mitglieder des Staates zu sein« (1821, § 258).

Hegel bleibt also gegenüber der pluralistisch-interessengesteuerten bürgerlichen Gesellschaft skeptisch und vertraut gleichsam im Sinne der Polis-Tradition und des Republikanismus auf den Bürger *im* Staat, wiewohl ihm klar ist, daß die Pluralität der Interessen nicht einfach in vormoderner Manier aufgehoben werden kann.

Vom »Überbau« zur eigenständigen »Zivilgesellschaft«

Bei Marx hat der Staat die objektive Vernünftigkeit verloren. Er fungiert weitgehend als eine abhängige Variable, als »Überbau« zu einer determinierenden Basis und letztlich als Instrument der herrschenden Klassen.[11] Aber auch die bürgerliche Gesellschaft kann demgegenüber schwerlich als Hoffnungsträger fungieren, ist sie doch klassengebunden und somit ebenfalls den ehernen Gesetzen der Logik des Kapitals unterworfen. Bürger formulieren ihre Interessen

---

10 Zu diesem Diskursstrang vgl. ausführlich Klein (2001: 35ff).
11 Zur Marxschen Position siehe vor allem die »Kritik der politischen Ökonomie« (1859) und die mit Friedrich Engels verfaßte »Deutsche Ideologie« (Marx/Engels 1845/46).

und damit auch ihre Variante dessen, was als »Gemeinwohl« gilt, stets von ihrem ökonomisch definierten Standort in der Gesellschaft aus. Erst die Utopie der klassenlosen (und staatsfreien) Gesellschaft vermag in Marxscher Perspektive letztlich denjenigen Realitäten Raum zu geben, die normative Konzepte heute in der Bürgergesellschaft realisiert sehen wollen.

Anders argumentiert schließlich Antonio Gramsci. Für ihn ist »Zivilgesellschaft« ein Komplex aus privat-wirtschaftlichen und intellektuell-diskursiven Bereichen, die zusammen mit der »politischen Gesellschaft«, d.h. dem politischen System und dem Staatsapparat im engeren Sinne, den Staat ausmachen. Während Zivilgesellschaft in diesem Sinn gerade über die Diskurse der Intellektuellen und »Kulturarbeiter« friedlich einen kulturellen Konsens und somit die Integration der Bevölkerung in die bestehende Ordnung sicherstellt, arbeitet die »politische Gesellschaft« mit Zwangsmitteln.[12] Dennoch kann die »Philosophie der Praxis«, können kritische Intellektuelle den Konsens der öffentlichen Meinung mit kulturellen und sprachlichen Mitteln aufbrechen und so etwas wie eine kritische Gegenöffentlichkeit formieren, aus der dann auch gesellschaftliche Veränderung resultieren kann (Gramsci 1991ff, Heft 11, §12).

Und genau hier haben neuere Diskurse beispielsweise in Osteuropa auch die Chance zur Opposition und zur Systemreform gesehen.[13] Bürgergesellschaft gewinnt hier sehr wohl eine Eigenständigkeit gegenüber dem Staat, eine Dynamik, aus der eine Verbesserung bestehender Verhältnisse entstehen kann. Eine solche Deutung ist dann von der Linken auch auf die Neuen Sozialen Bewegungen in Westeuropa übertragen worden, und Anklänge an eine solche Bestimmung von Zivilgesellschaft finden sich schließlich noch bei Jürgen Habermas' Modell der »deliberativen Politik«, auf das später noch einzugehen sein wird.

---

12 »Staat = politische Gesellschaft + Zivilgesellschaft, das heißt, Hegemonie, gepanzert mit Zwang« heißt es im 6. Heft der »Gefängnishefte« (Gramsci 1991ff).

13 Der Transformationsprozeß in Ost- und Mitteleuropa dient auch dem britischen Sozialanthropologen Ernest Gellner (1995) als Bezugspunkt für einen normativ dimensionierten Entwurf von Zivilgesellschaft als eine im westlichen Denken verwurzelten Form demokratisch-pluralistisch organisierten Zusammenlebens. Zur Rolle der ost- und mitteleuropäischen Oppositionsbewegungen für den Diskurs über Zivilgesellschaft vgl. auch die ausführliche Analyse bei Klein (2001: 19ff) sowie Dahrendorf (1993), Wendt (1996), Kneer (1997), T. Evers (1999) und Kocka (2002).

3.2.2 Der Republikanismus: Von Machiavelli bis Barber

Die Betonung der politischen Dimension des Menschseins ist zugleich ein Eckpfeiler dessen, was Republikanismus ausmacht.[14] Das Prinzip der Republik als einer Herrschaftsform besagt ja zunächst nur – im Kontrast zur Monarchie –, daß die Herrschaft nicht durch einen einzelnen, sondern durch mehrere ausgeübt wird: durch eine kleine Minderheit in der aristokratischen Republik, durch die Mehrheit oder durch alle in der demokratischen Republik. Republikanismus als ideologische und habituelle Disposition meint jedoch mehr. Er beinhaltet die Bereitschaft der Akteure, für die Partizipation an den öffentlichen Angelegenheiten und für das gemeinschaftliche Engagement die eigenen privaten Bedürfnisse zurückzustellen. Das Ganze, die Gemeinschaft und vor allem das Gemein*wohl* rangieren hier grundsätzlich vor dem Individuum und seinen (eigennützigen) Interessen.

In einer Typologie der Herrschaftsformen hat daher Montesquieu die Tugend als das Grundprinzip der Republik bzw. der Demokratie herausgearbeitet. Tugendhaftigkeit wiederum wird inhaltlich als der Vorrang des Gemeinwohls über die Einzelinteressen definiert.[15]

Bürgertugend und Gemeinsinn

Niccolo Machiavelli als der erste neuzeitliche Theoretiker des Republikanismus setzt ebenfalls genau bei diesem Moment der Tugendhaftigkeit an, um zu erklären, was die Funktionsweise einer republikanischen Ordnung ausmacht.[16] Im Zentrum steht dabei der Begriff der *Virtu*. Er trägt charakteristischerweise zwei Komponenten, die zugleich die beiden Eckpfeiler des Machiavellischen Denkens markieren:[17]

1. *Virtu* als bürgerlich-politische Tugend; hier handelt es sich um eine Disposition des Volkes, um die politische Kultur, die eine republikanische Ordnung auf Dauer zu stellen vermag und bei deren Erosion zugleich auch

---

14 Zur Position des Republikanismus und ihrer ideengeschichtlichen Verortung siehe Sandel (1995) und Pettit (1997).
15 So Montesquieu in Buch 3, Kap. 3 sowie in Buch 5, Kap. 2 seiner zentralen Schrift über den »Geist der Gesetze« von 1748 (Montesquieu 1951: 34ff und 62f.).
16 Siehe hierzu vor allem die Arbeiten von Münkler (1991, 1992) zum klassischen Tugendideal und Münkler (1994, 1997, 2000, 2002) zu Tugend und Gemeinsinn als unerläßliche Ressource der Bürgergesellschaft; einen ideengeschichtlichen Überblick zum republikanischen Tugend-Diskurs gibt Schmitz (2001).
17 Zum Republikanismus und zum Tugendkonzept bei Machiavelli siehe grundlegend Münkler (1984, 1994) sowie Skinner (1988: 83ff).

der Verfall des Gemeinwesens droht. Die Virtu der Vielen ist somit Garant republikanischer Freiheit und die Republik ist wiederum die einzige politische Ordnung, in der sich Freiheit und Gemeinwohl dauerhaft realisieren lassen.[18]

2. *Virtu* als politische Energie und Handlungsfähigkeit politischer Führer; diese Dimension wird vor allem im »Principe« behandelt. Immer wieder, so Machiavelli, kommt es in der Politik zu Konstellationen, wo der erfolgreiche politische Akteur ohne Rücksicht auf Moral und Ehrlichkeit handeln muß, um die Stabilität der gesamten Ordnung zu bewahren oder wiederherzustellen. Allerdings ist diese Amoralität kein Grundprinzip des Herrscherhandelns. Normalerweise soll der Führer durch sein Tun auch ein Vorbild sein, das den Bürgern hinsichtlich ihrer Tugendhaftigkeit zur Orientierung dienen kann.

Entscheidend ist nun, daß für ein Gelingen der republikanischen Ordnung beides, die Handlungsfähigkeit der Führer und die Tugendhaftigkeit der Bürger, zusammenspielen müssen. Machiavelli sah dies in der römischen Republik vorbildhaft verwirklicht. Die »Arbeitsteilung« zwischen beiden Instanzen des politischen Geschehens sieht so aus, daß die starken Führerpersönlichkeiten vor allem in Gründungs- oder Neugründungsphasen wichtig sind, während die Bürgertugend gleichsam den Normalmodus der Republik absichert:

»Wenn ferner es auch ein einzelner Mann vermag, eine Verfassung zu geben, so ist doch diese nicht von langer Dauer, wenn ihre Erhaltung auf den Schultern eines einzelnen Mannes ruht; wohl aber wenn viele dafür Sorge tragen. So wie nämlich viele nicht geeignet sind, ein Staatswesen zu ordnen, weil sie bei ihrer Meinungsverschiedenheit das Beste desselben nicht erkennen, ebensowenig vereinigen sie sich dazu, es wieder zu verlieren, wenn sie es einmal erkannt haben« (Machiavelli 1990: 151f).

In heutige Begriffe übersetzt, läßt sich die Erkenntnis wie folgt formulieren: Republik (Bürgergesellschaft) kann nur dann dauerhaft funktionieren, wenn die Klugheit der politischen Eliten in eine politische Kultur eingebettet ist, die tugendhaftes Verhalten der Bürger erwartbar macht.

Was aber ist nun genauer mit Tugendhaftigkeit gemeint? Im Kern stellt dieser Tugendbegriff, wie später derjenige Montesquieus, auf die Bereitschaft ab, dem Gemeinwohl gegenüber dem privaten Eigennutz des Individuums

---

18 Diese Dimension Machiavellis als Theoretiker der Republik findet sich vor allem in den »Discorsi« (»Erörterungen über die erste Dekade des Titus Livius«) und in der Florentinischen Geschichte; siehe dazu Machiavelli (1990). Interessanterweise ist diese Dimension vor allem in der angelsächsischen Rezeption Machiavellis beachtet worden, während im kontinentaleuropäischen Kontext über lange Zeit hinweg fast ausschließlich der amoralische Theoretiker der Macht im Vordergrund stand (vgl. Münkler 1994: 97).

einen Vorrang einzuräumen. Machiavelli verweist in seinen »Discorsi« zur römischen Geschichte auf jenes berühmte Beispiel des Brutus, das noch in den Zeiten der Französischen Revolution als Ikone republikanischer Tugend propagiert wurde.[19] Junius Brutus hatte Rom von der Tyrannei des letzten seiner Könige befreit. Da aber die eigenen Söhne zu den Nutznießern der Gewaltherrschaft gehört hatten, schlossen sie sich bald einer Verschwörung gegen die republikanische Ordnung an. Brutus brachte daraufhin die eigenen Söhne vor Gericht und wohnte sogar ihrer Hinrichtung bei. Dies, so Machiavelli, sei ein zwar seltenes, aber höchst durchschlagendes Beispiel dafür, wie eine Republik auch in Zeiten größter Gefahr stabilisiert werden kann: private Interessen müssen hinter dem Gemeinwohl zurückstehen.

Nun vermag diese Härte, die an den Machiavelli des »Principe« erinnert, heutigen Überlegungen zur Bürgergesellschaft kaum zur Anregung dienen. Und dennoch ist der Grundgedanke im Sinne republikanischer Tugendhaftigkeit durchaus noch relevant: Nur wenn Eliten wie Bürger bereit sind, Opfer zu bringen und den Eigennutz hinter das Gemeinwohl zu stellen, kann in dieser Sichtweise Bürgergesellschaft funktionieren. Solche Opfer bestehen heutzutage eher aus Zeit, Energie, Arbeit oder auch Geld, aber die Logik ist im Prinzip die gleiche.

Noch genauer läßt sich der Bezug zur heutigen Bürgergesellschaft formulieren, wenn man die Opferbereitschaft als Bereitschaft zur Partizipation übersetzt. Diese Bereitschaft setzt voraus, daß man die entsprechende Zeit und den notwendigen Aufwand für eine solche Beteiligung in politischen oder sozialen Kontexten nicht nur aufbringen kann, sondern auch aufbringen *will*. Herfried Münkler (1997: 157) spricht hier von der »habituellen Kompetenz« der Bürger, um auf diese Voraussetzung einer im weiteren Sinne republikanischen Ordnung aufmerksam zu machen.

Kulturelle Voraussetzungen

Wie eine so verstandene Tugend der Bürger produziert oder zumindest gefördert werden kann, bleibt letztlich bei Machiavelli doch unklar. Zwar verweist er, wie gesagt, auf das Beispiel des politischen Führungspersonals, das Modellcharakter für das gemeine Volk haben könne. Und er macht die erzieherische Kraft der Gesetze geltend, die den Bürger notfalls mit Zwang auf den rechten Weg holen. Somit wären es letztlich doch institutionelle Regelungen, die als

---

19 Man denke hier nur an Jacques-Louis Davids monumentales Gemälde »Die Liktoren bringen Brutus die Leichen seiner Söhne« (1789), das eine wichtige Rolle in der Symbolpolitik der Revolutionäre gespielt hat.

Basis der Republik fungieren, und die politisch-kulturellen Dispositionen würden schon durch die Formkraft der rechtlich gesatzten Normen hergestellt.[20] Eine solche Argumentation vermag jedoch nicht zu überzeugen. Die historische Erfahrung lehrt doch eher, daß auch noch so ausgeklügelte institutionelle Regelungen nicht wirksam sein können, wenn es an der »kulturellen Software« zum Betreiben des Systems, wenn es also an den entsprechenden Werten, Wahrnehmungs- und Handlungsmustern fehlt.

Vor allem Tocqueville hat später die Problematik kultureller Voraussetzungen von Bürgergesellschaft plausibel behandelt. Eine Verbindung von Machiavelli zu Tocqueville besteht jedenfalls über den republikanischen Gedanken insoweit, als Machiavellis Gedanken die amerikanischen Gründerväter, vor allem die Autoren der »Federalist Papers«, Hamilton, Madison und Jay, nachhaltig beeinflußt haben.[21] Und die amerikanische Verfassungsordnung in ihrer gelebten Realität wiederum hat Tocqueville zu seinen Reflexionen über Möglichkeiten und Voraussetzungen bürgerschaftlicher Strukturen geführt. Der durch Machiavelli angeregte Republikanismus zählt zu den zentralen Traditionen der amerikanischen politischen Kultur, an der nicht zuletzt auch die kommunitarische Kritik des dominanten Individualismus in der amerikanischen Gegenwartsgesellschaft angesetzt hat.[22]

Rousseau und der radikale Ansatz politischer Partizipation

Der zweite große historische Gewährsmann des republikanischen Diskurses über Bürgergesellschaft ist Jean-Jacques Rousseau. Mit Rousseau kommt eine radikal demokratietheoretische Dimension ins Spiel. Bürgergesellschaft erscheint hier weniger als Ort karitativer oder kultureller Betätigungen im Dritten Sektor, sondern als Ort politischer Partizipation. Rousseaus Stoßrichtung, die er vor allem im »Contrat Social« von 1762 vorgetragen hat, ist die Aufrechterhaltung der demokratischen Freiheit durch eine konsequente Ausschaltung aller Institutionen der repräsentativen Demokratie. Ein Volk, so Rousseau, das seine Freiheit nur alle paar Jahre an der Wahlurne ausübe und sofort danach wieder in die Passivität der Beherrschten zurückkehre, verspiele im Grunde seine anthropologisch angelegte Fähigkeit zur Autonomie. Identitäre Demokratie bedeutet, daß Herrschende und Beherrschte tatsächlich identisch sind. Wo Abgeordnete dazwischen geschaltet sind und ihre zahlreich

---

20 Siehe dazu auch Skinner (1988: 98ff).
21 Zum transatlantischen Ideenimport vom Florentinischen Republikanismus Machiavellis zum amerikanischen Verfassungsdiskurs vgl. grundlegend Pocock (1975).
22 Siehe dazu vor allem Bellah u.a. (1987).

vorhandenen Eigeninteressen verfolgen können, da droht die Freiheit abzusterben.[23]

Auch Rousseau argumentiert sehr voraussetzungsvoll, da er Tugendhaftigkeit der Bürger im Sinne der Gemeinwohlorientierung verlangt und auch Bereitschaft zu persönlichen Opfern:

»Je besser der Staat verfaßt ist, desto mehr überwiegen im Herzen der Bürger die öffentlichen Angelegenheiten die privaten. Es gibt sogar viel weniger private Angelegenheiten; denn indem die Gesamtheit des gemeinsamen Glücks einen bedeutenderen Anteil zu dem jedes Individuums beiträgt, muß dieses sein Glück weniger in der Sorge um sein eigenes Wohl suchen« (Rousseau 1977: 102).

Diese Tugendhaftigkeit soll durch erzieherische Maßnahmen, nicht zuletzt auch durch eine Zivilreligion[24] sichergestellt werden, die den Bürgern die Sinnhaftigkeit ihres Handelns immer wieder neu als evident erscheinen läßt.

Entscheidend für unseren Zusammenhang ist jedoch etwas anderes. Für Rousseau ist Freiheit nur durch institutionell verankerte Selbststeuerung der Gesellschaft realisierbar. Der Gesellschaftsvertrag garantiert, daß keine heteronomen Elemente zwischen die Bürger und die Entscheidungsmechanismen treten dürfen. Regierungen und Verwaltungen sind diesem Modell zufolge nur ausführende Organe; Stellvertreter gibt es nicht. Die Bürger sind gleichsam identisch mit dem Staat, und das bedeutet, daß für eine eigenständige, die Bürgeraktivität einschränkende Institution Staat, die dem Volk als ein Fremdkörper entgegenträte, kein Raum bleibt.

Identitäre Demokratie heißt allerdings bei Rousseau gleichzeitig auch monistische Demokratie. Es gibt *eine* volonté générale und alle haben sich diesem Gemeinwillen unterzuordnen. Eine Pluralität der Interessen und Gruppierungen, wie sie sich in Parteien, Verbänden, Initiativen und freien Assoziationen ausdrückt, ist Rousseau ein Greuel, da diese der Realisierung des Gemeinwohls mit ihren Einzelegoismen nur im Wege stünden.[25] So läßt sich also andersherum formulieren: Für »intermediäre Gewalten«, für all jene Institutionen, die

---

23 Rousseau macht diesen Gedanken am Beispiel Englands, der ältesten parlamentarischen Demokratie der Welt, deutlich: »Das englische Volk glaubt frei zu sein; es täuscht sich gewaltig, es ist nur frei während der Wahl der Parlamentsmitglieder; sobald diese gewählt sind, ist es Sklave, ist es nichts« (3. Buch, Kap. 15; Rousseau 1977: 103).
24 Siehe dazu Rousseaus Ausführungen im achten Kapitel des vierten Buches (Rousseau 1977: 140ff). Bellah (1967) hat später am amerikanischen Beispiel analysiert, wie eine solche Zivilreligion als Orientierungssystem für die Bürger vor allem da gut funktioniert, wo sie sinnlich, in Form von Symbolen und Ritualen, Sinn vermittelt.
25 Dieser Monismus oder Unitarismus hat in Frankreich eine lange Tradition und wurde vor allem mit der Französischen Revolution gegen alle Versuche, föderale Strukturen einzuführen, mitunter brutal durchgesetzt. Die Spuren dieser Tradition sind auch heute noch im Zentralismus der französischen Politik beobachtbar.

doch nach heutiger Sichtweise gerade die Infrastruktur von Bürgergesellschaft darstellen, bleibt eben vor lauter Einheitsstaat kein Platz.

Nun kann man solcher Demokratietheorie nicht nur totalitäre Züge,[26] sondern auch Naivität unterstellen. Schon aufgrund ihrer räumlichen und demografischen Ausmaße stellen sich in modernen Gesellschaften allen direktdemokratischen Versammlungsidyllen zahlreiche Probleme entgegen. Hier ist jedoch einzuräumen, daß Rousseau von Beginn an seine Entwürfe für demokratische politische Ordnungen auf kleine, überschaubare und vor allem kulturell homogene Gemeinschaften bezogen hat.

Zudem sollte der moralische Verfall in diesen Gemeinschaften noch nicht zu weit vorangeschritten sein. Die realen Verfassungsentwürfe, die Rousseau für Polen und Korsika formuliert hat, sind überdies ausgesprochen vorsichtig gestaltet, insofern die demokratischen Elemente durch zahlreiche aristokratisch-korporative Elemente gepuffert sind.[27]

Gleichwohl läßt sich in der aktuellen Diskussion um Bürgergesellschaft und Partizipation ein rousseauistischer Strang ausmachen, der in der direkten Demokratie das bessere Modell erblickt.[28] So wird beispielsweise in Deutschland versucht, direktdemokratische Elemente auf *kommunaler Ebene* zu installieren. Auf *Länder- und Bundesebene* wird in aller Regel den repräsentativdemokratischen Verfahren im politischen System deutlicher Vorrang eingeräumt.

Bürgergesellschaft als direkte Demokratie sucht also auch in aktuellen Entwürfen stets den Bezug zur überschaubaren Gemeinschaft – und das heißt in der Regel: zur Kommune – herzustellen. Eine prominente Ausnahme hiervon bildet Benjamin Barber mit seinem Entwurf einer »Strong Democracy«. Barber (1984: 267ff) schlägt für die Vereinigten Staaten ein dauerhaftes System ständiger bundesweiter Plebiszite vor. Das Problem der Herstellung von Versammlungsöffentlichkeiten, wie sie im radikaldemokratischen Sinne als Kontext plebiszitärer Entscheidungen erforderlich sind, soll dabei durch die Potentiale moderner Medientechnik gelöst werden.

Selbst wenn jedoch diese Herstellung einer massenmedialen Agora gelingen würde, wären damit keineswegs die grundlegenden Probleme direkter Demokratie gelöst – von der Beeinflußbarkeit der Bürger durch Demagogen

---

26 Siehe dazu noch immer Talmon (1952).
27 Diese Aspekte legen in der Tat eine Lesart nahe, die Rousseau nicht als Revolutionär moderner Gesellschaften ausweisen – wie vor allem das Mißverständnis der Französischen Revolutionäre nahelegte –, sondern als Konservativen, dem es darum geht, noch vorhandene Reste sittlich authentischer Ordnungen so gut es möglich ist zu bewahren (vgl. Fetscher 1975).
28 Zur Diskussion über direkte Demokratie in Deutschland vgl. u.a. Klein/Schmalz-Bruns (1997) sowie, mit stärker praktisch-anwendungsbezogenem Akzent, Bühler (1997) und Heußner/Jung (1999).

und Massenmedien bis zur Frage der Komplexität moderner Politikfelder mit ihren Interessengeflechten, die selbst von politischen Profis heute nur noch mit Mühe überschaut werden können.[29] Im Grunde war der Radikaldemokrat Rousseau hier wesentlich realistischer als es Barbers utopische Vision ist.

So vermag es schließlich nicht zu verwundern, daß die Diskussion um Bürgerbeteiligung in Deutschland den Pfad der radikalen Direktdemokratie bald verlassen und statt dessen nach Wegen gesucht hat, wie man bürgerschaftliches Engagement und Mitgestaltungsrechte im Rahmen einer rechtsstaatlich und repräsentativdemokratisch legitimierten Ordnung verankern kann. Die entscheidenden Stichworte einer Diskussion, die sich vor allem auf die kommunale Ebene des politischen Systems bezieht, lauten hier: »Bürgerkommune« und »aktivierender Staat«.[30]

3.2.3 Der Liberalismus: Von Locke bis Dahrendorf

Die liberale Tradition der Bürgergesellschaft beginnt bei John Locke. Die entscheidenden Merkmale des Lockeschen Modells sind zum einen das Prinzip der Selbststeuerung, zum anderen das Prinzip der Rechtsstaatlichkeit. Beides läßt sich am deutlichsten im Kontrast zum staatlichen Ordnungsmodell des Thomas Hobbes darstellen, gegen dessen Lösungsperspektive einer absoluten staatlichen Souveränität sich der freiheitliche Ansatz Lockes absetzt.

Beide Autoren wählen zunächst einen fiktiven Gesellschaftsvertrag als Ausgangspunkt, weil sie das Leben der Menschen im »Naturzustand« als unattraktiv und angesichts der grundsätzlichen Entwicklungsmöglichkeiten der Menschen als unbefriedigend kennzeichnen. Bei Hobbes jedoch läßt sich der »Krieg aller gegen alle« letztlich nur beenden, wenn die Menschen per Vertragsschluß untereinander einen Teil ihrer Handlungsfreiheit aufgeben und ihre Souveränität an eine über der Gesellschaft stehende Instanz delegieren.

Es entsteht auf diese Weise ein totaler Staat, ein »Leviathan«, an dessen Spitze ein absoluter Souverän herrscht. Der kann in jeder Weise Freiheiten einschränken und in das Leben der Menschen eingreifen, wenn es dem Zweck der Befriedung und der Vermeidung eines erneuten Bürgerkriegs dient. Der

---

29 Vgl. zu dieser Diskussion ausführlich Schmidt (1997: 63ff und 170ff).
30 Zum Konzept der »Bürgerkommune« siehe aus der Sicht der Praxis den Bericht der Kommunalen Gemeinschaftsstelle (1999) zu der »Chance für Kommunen« im Rahmen eines allgemeinen Aufschwungs der Bürgergesellschaft; zum Zusammenhang von Bürgergesellschaft und Bürgerkommune vgl. Heinelt (1997), Banner (1999), Paust (2000), Bogumil/Holtkamp (2001) und Haus (2002). Das Konzept des »aktivierenden Staates« wird diskutiert bei Evers/Leggewie (1999), Evers (2000), Olk (2001a) sowie Blanke/Schridde (2001).

Souverän ist, einmal eingesetzt, auch niemals wieder absetzbar, es sei denn, er vermag seine Aufgabe der Befriedung nicht zu erfüllen.

Rechtsstaatlichkeit

Obwohl auch Locke einen Vertragsschluß an den Beginn seiner Ausführungen setzt, in dem die Bürger auf Autonomie verzichten, um über ein staatliches Gewaltmonopol einen befriedenden und rechtssichernden Rahmen zu schaffen, sieht seine Lösung doch entschieden anders aus: Der rechtsstaatliche Rahmen, der hier geschaffen wird, gilt ausnahmslos für alle. Während also bei Hobbes der absolute Souverän sich über Gesetze oder gar Grundrechtsformulierungen jederzeit hinwegsetzen kann, bleibt im Lockeschen Modell jeder, auch die Regierung oder der Staat, an diesen Rahmen gebunden. So heißt es denn auch, in impliziter Wendung gegen Hobbes:

»Das beweist, daß die absolute Monarchie, die manche Menschen für die einzige Regierung der Welt halten, in Wahrheit mit bürgerlicher Gesellschaft unverträglich ist und überhaupt keinerlei Form von bürgerlicher Regierung sein kann. Denn das Ziel der bürgerlichen Gesellschaft ist es, die Unzuträglichkeiten des Naturzustandes, die sich notwendigerweise ergeben, wenn jeder sein Richter in eigener Sache ist, zu vermeiden und ihnen abzuhelfen, indem eine allen bekannte Autorität eingesetzt wird, die jedes Mitglied der Gesellschaft anrufen kann, wenn es ein Unrecht erlitten hat oder ein Streit entstanden ist. Dieser Autorität muß jeder in der Gesellschaft gehorchen« (Locke 1992, §90).

Der rechtsstaatliche Rahmen mit seiner Garantie bürgerlicher Grundrechte und mit seinen nichthintergehbaren Verfahrensregeln bildet also einen unverzichtbaren Rahmen dafür, daß die einzelnen Bürger ihr Recht auf Leben, Freiheit und Eigentum in Entfaltung ihrer privaten, und das heißt hier nicht zuletzt ihrer ökonomischen Interessen verwirklichen können. Diese Selbstbindung des Staates auf die Rolle eines Rahmens, innerhalb dessen bürgerliche Tätigkeit sich entfaltet, entspricht späteren liberalen Autoren wie Adam Smith, Adam Ferguson und natürlich auch dem Grundgedanken der amerikanischen Unabhängigkeitserklärung, in der »Life, Liberty and the pursuit of Happiness« als unveräußerliche Grundrechte der Bürger postuliert werden.[31]

Man hat die amerikanische Gesellschaft nicht ohne Grund eine »Lockesche Massenbewegung« genannt.[32] Der Kontrast zu den oben dargestellten Hegelschen Bestimmungen ist jedenfalls deutlich: Zwar gibt es auch dort eine sich vor allem ökonomisch entfaltende bürgerliche Gesellschaft, aber deren Unzu-

---

31 Vgl. den Text der Declaration of Independence in Hofstadter (1958: 71).
32 Zur Deutungshegemonie der liberalen politischen Theorie im amerikanischen Kontext vgl. ausführlich Vorländer (1997).

länglichkeiten werden durch einen übergeordneten und intervenierenden Staat aufgefangen. Bei Locke hingegen ist der Staat nur eine Institution im Dienste der bürgerlichen Gesellschaft, die deren möglichst unbeschränkte Entwicklung durch Gewährung eines rechtlichen Rahmens sicherstellen soll.

Die Selbststeuerung und deren Probleme

Das zweite zentrale Moment der auf Locke zurückgehenden liberalen Tradition ist neben der Rechtsstaatlichkeit die Selbststeuerung. Die bürgerliche Gesellschaft bewahrt ihre Autonomie nicht nur über bestimmte Grund- und Abwehrrechte gegenüber dem Staat, sondern auch dadurch, daß Exekutive und Legislative grundsätzlich abwählbar sind, wenn sie nach Ansicht der Bürger dem Gemeinwohl nicht mehr in ausreichendem Maße dienen. Selbststeuerung ist dabei nicht als identitäre Gleichsetzung von Herrschern und Beherrschten, also als direktdemokratisches Modell nach dem Muster Rousseaus zu betrachten. Vielmehr ist sie hier eine Steuerungsstruktur, die es den Bürgern jederzeit ermöglicht, qualifizierte Personen für das Geschäft der Regierung und der Gesetzgebung abzuordnen, ohne doch die Kontrolle und damit die Souveränität aufzugeben.

Vor allem John Stuart Mill hat später in seiner Verteidigung der repräsentativen Demokratie (1861) auf das Problem der Praktikabilität direkter Demokratie und auf die Gefahr einer »Tyrannei der Inkompetenz« hingewiesen, die letztlich nur durch das Prinzip der Delegation zu meistern sei. Mill ging hier sogar so weit, daß er das Wahlrecht an bestimmte Fähigkeiten knüpfen wollte und den besser gebildeten Teilen der Bevölkerung eine höhere Gewichtung ihrer Stimmen zubilligte.

Entscheidendes Argument aber für repräsentative Strukturen ist das Prinzip des »responsible government«: Die Regierenden und die Abgeordneten sind den Bürgern gegenüber verantwortlich, d.h. sie haben sich öffentlich zu rechtfertigen und werden jederzeit durch eine kritische Öffentlichkeit kontrolliert.[33] Nur da, wo »power to decide« und »power to control« auf unterschiedliche Instanzen aufgeteilt sind, kann dieses System funktionieren. Wo hingegen, wie bei Rousseau, das souveräne Volk gleichsam sich selbst kontrollieren soll, muß der Kontrollmechanismus letztlich fehlschlagen.

Bürgergesellschaft bedeutet also vor dem Horizont dieser Tradition vor allem kritische Öffentlichkeit. Deren Aufgabe ist es nicht nur, das Handeln

---

33 Zum Prinzip des responsible government siehe schon Walter Bagehot (1867); die Funktionsweise im Kontrast zur identitären, d.h. direkten Demokratie wird überzeugend beschrieben in den Analysen von Mandt (1998).

gewählter politischer Profis zu kontrollieren, sondern auch Alternativen aufzuzeigen und die Mehrheit der Bevölkerung gegebenenfalls wachzurütteln, wenn extreme politische Fehlentwicklungen zu befürchten sind. Jürgen Habermas hat später in seinem Konzept von Zivilgesellschaft genau diese Funktionen kritischer Öffentlichkeit als Korrelat eines repräsentativen Regierungssystems herausgearbeitet.

Die autonome Bürgergesellschaft als »dritte Säule der Freiheit«

Der prominenteste Verfechter einer liberalen Variante von Bürgergesellschaft ist in der gegenwärtigen Debatte ohne Zweifel Ralf Dahrendorf. Der Soziologe, der früher für die FDP aktiv Politik gemacht hat und noch heute zu ihren kritischen intellektuellen Begleitern gehört, bezieht sich in seinen Ausführungen explizit auf Locke, Burke und Madison, um die Pointe einer liberalen Lesart von *civil society* zu verdeutlichen.[34]

Bürgergesellschaft wird hier als die »dritte Säule der Freiheit« in modernen Gesellschaften verstanden. Die erste Säule ist der demokratische Rechtsstaat. Er vermittelt seinen Mitgliedern über den Bürgerstatus bestimmte Anrechte, die es ihnen ermöglichen, ein menschenwürdiges Leben zu führen. Die zweite Säule ist der Markt. Er vermittelt den Bürgern ein Angebot, das sich in Form des marktproduzierten Wohlstands darbietet. Soziale Konflikte in der Moderne sind dann nichts anderes als die Auseinandersetzung der Menschen um Anrechte und Angebote und somit ein Kampf um die Realisierung von Lebenschancen (Dahrendorf 1992). Das Ziel der »dritten Säule« Bürgergesellschaft liegt entsprechend darin, die Lebenschancen der Bürger zu steigern, indem die allen gemeinsamen Anrechte ausgeweitet und das verfügbare Angebot gesteigert wird (Dahrendorf 1999: 91).

Wie aber ist Bürgergesellschaft vor diesem Hintergrund zu definieren? Dahrendorf macht folgenden Vorschlag: »Die Bürgergesellschaft, so will ich das in Anknüpfung an das Denken des 17. und 18. Jahrhunderts hier verstehen, ist die Gesellschaft, in der eine Vielfalt autonomer Institutionen und Organisationen aufrechterhalten wird durch den Bürgersinn ihrer mit Rechten ausgestatteten Mitglieder, die daher Bürger im weitesten und tiefsten Sinne sind« (Dahrendorf 1993: 75).

In dieser Definition finden sich zwei Elemente, die schon die Stoßrichtung des liberalen Ansatzes verdeutlichen: es handelt sich erstens um eine *Pluralität* von Größen, die Bürgergesellschaft ausmachen, und es handelt sich zweitens um autonome Gebilde. Diese Autonomie bezieht sich vor allem auf die Unab-

---

34 Zu Dahrendorfs Konzept siehe ausführlich Dahrendorf (1992: 67ff, 1993 und 1999).

hängigkeit vom Staat. Bürgergesellschaft, so Dahrendorf, kann sich nur da angemessen entfalten, wo eine hinreichende Abgrenzung gegenüber dem Staat und seinem administrativen Apparat vorhanden ist. Pluralität als Merkmal verweist auf die Notwendigkeit der Vermeidung von Konzentrationsprozessen, die das Spiel einer Vielzahl von Interessen und Bestrebungen aus dem Gleichgewicht bringen.

Im Anschluß an Mancur Olson macht Dahrendorf deutlich, daß »die Organisationen der Bürgergesellschaft eine Tendenz haben, sich erstens kartellartig zusammenzuschließen und zweitens als Kartell eine besonders enge Beziehung zum Staat zu suchen« (Dahrendorf 1993: 81). Kartellismus und Korporatismus jedoch drohen die Freiheit der Bürgergesellschaft zu zerstören. Die liberale Bürgergesellschaft muß also demzufolge auf Pluralität und Autonomie bestehen, wenn sie ihre Funktionsfähigkeit bewahren will. Gerade der in Deutschland etablierte konservativ-korporatistische Typ des Wohlfahrtsstaats (Esping-Andersen 1990) stellt somit eine gewisse Gefahr für die zivilgesellschaftliche Autonomie dar.

Das dritte Merkmal, das in Dahrendorfs Modell immer wieder betont wird, ist die *Zivilität*. Damit sind vor allem Dispositionen auf Seiten der Bürger gemeint, die sich mit den Begriffen Bürgersinn, Toleranz, Gewaltfreiheit und Teilnahme umschreiben lassen.

Bürgersinn ist vor allem deshalb nötig, weil Bürgergesellschaft im Kern auf Freiwilligkeit beruht. Auch hier zeigt sich wieder eine wichtige Differenz zu Rousseaus Demokratieentwurf. Während dort der Bürger, wenn er einmal Mitglied der Vertragsgemeinschaft geworden ist, zur Mitarbeit an der Politik und zum Dienst in der Gemeinschaft verpflichtet ist, zählt es zu den konstitutiven Bedingungen der liberalen Vorstellung von *civil society*, daß die Bürger aus freien Stücken handeln. Sie können stets auch »nein« sagen und sich gegenüber den Zumutungen des öffentlichen Engagements in ihre private Welt zurückziehen. Als genuinen Bereich solcher freiwilliger Tätigkeit bestimmt Dahrendorf schließlich den Dritten Sektor, weil hier eben jene Freiwilligkeit herrscht, die weder in der Sphäre des Staates noch in der des Marktes gelten kann: Hier wird man tätig »ohne daß es einem vom Staat befohlen wird und ohne daß man damit Geld verdienen muß« (Dahrendorf 1999: 102).

Die letzte Formulierung läßt sich, ohne daß dies von Dahrendorf weiterverfolgt wird, auch so interpretieren, daß die freiwillige Tätigkeit voraussetzungsvoll ist. Nur derjenige nämlich, der genug Zeit bzw. genug Geld hat, um von ökonomischer Tätigkeit freigestellt zu sein, nur derjenige kann zum Träger der Aktivitäten im Dritten Sektor werden. Diese bei Dahrendorf nicht explizit berücksichtigte Restriktion wird im weiteren Verlauf dieser Arbeit unter dem

Aspekt der sozialen Ungleichheit, der möglichen Schließungsprozesse und der Elitenbildung in der Bürgergesellschaft noch ausführlich beleuchtet werden.

3.2.4 Tocqueville und die politische Kultur der Bürgergesellschaft

Wenn es so etwas wie *den* Klassiker des Diskurses über Bürgergesellschaft gibt, dann ist das ohne Zweifel der französische Adelige Alexis de Tocqueville mit seiner Studie über die amerikanische Demokratie, die 1835 und 1840 in zwei Büchern veröffentlicht wurde. Tocqueville, der als französischer Regierungsbeamter 1831 zu einer Reise in die Vereinigten Staaten aufgebrochen war, um die dortige Reform des Gefängniswesens zu studieren, war sofort fasziniert von einer politischen Ordnung, in der Demokratie empirisch funktionierte.

Die französische Heimat des Juristen hatte gerade einige radikale Systemwechsel hinter sich: von der Monarchie zur Demokratie, von der Terrorherrschaft der Jakobiner zum »Konsulat« und schließlich zum Kaiserreich Napoleon I., von der konstitutionellen Monarchie der Restaurationszeit zur Julirevolution und dem »Bürgerkönigstum« des Louis Philippe. Vor allem nach dem radikalen Experiment der Französischen Revolution, in der man gleichsam versucht hatte, Rousseaus Demokratiefiktion mit Gewalt zu installieren, mußte der unaufgeregte Modus, in dem das amerikanische System nun schon seit einigen Jahrzehnten funktionierte, geradezu wie ein Wunder erscheinen.

Tocqueville zählte keineswegs zu den naiven Bewunderern demokratischer Freiheiten, und er arbeitete in seinem Amerika-Buch immer wieder die Schwachstellen und Gefahren der Volkssouveränität heraus. Aber er sah auch, daß die amerikanischen Erfahrungen mit der Umsetzung des demokratischen Gedankens in einem modernen Großflächenstaat durchaus wegweisende Bedeutung für die Zukunft auch der europäischen politischen Welt hatten. Demokratie war in den USA nicht länger eine konstruierte hypothetische Größe, sondern eine konkrete Lebensform geworden.[35]

Die Tyrannei der Mehrheit

Nicht zuletzt vor dem Hintergrund des Rousseauschen Entwurfs einer radikalen Volkssouveränität und dessen folgenreicher Umsetzung in den Jahren des jakobinischen Terrors war Tocqueville äußerst sensibel für die Gefahren, die mit dem Demokratieprinzip für die Freiheit der Bürger heraufziehen konnten.

---

35 Zu Tocquevilles Theorie vgl. auch die klassische Studie von Lerner (1969) und den Überblick bei Hereth (2001).

Das entscheidende Problem sah er in der »Tyrannei der Mehrheit« (Tocqueville 1985: 145ff). Einerseits ist das Mehrheitsprinzip als Entscheidungsmodus in einer modernen Großgesellschaft unverzichtbar. Andererseits jedoch geraten Minderheiten in Gefahr, dauerhaft unterdrückt zu werden. Es bedarf sorgfältig konstruierter institutioneller Einrichtungen, um totalitäre Auswüchse des Demokratieprinzips zu vermeiden.[36] Dazu zählen in Amerika die Dezentralisierung der Macht, der Föderalismus, die »checks und balances« eines ausgeklügelten Systems der Gewaltenteilung und nicht zuletzt die starke Justiz, die auch aufgrund ihres konservativ-aristokratischen Charakters ein bedeutendes Gegengewicht zur entfesselten Souveränität der Mehrheit darstellt (Tocqueville 1985: 90ff).

Die tyrannische Gefahr der Mehrheitsherrschaft besteht aber vor allem auf einer anderen Ebene als der von Entscheidungsverfahren. Ist die Gleichheit der Lebensverhältnisse eine wichtige Voraussetzung dafür, daß ein demokratisches System sich dauerhaft stabilisieren kann, so zeigt sich in Amerika gleichzeitig auch eine große Tendenz zur Nivellierung, zur Gleichförmigkeit der Lebensweisen, Meinungen und Ideologien, die einen gewaltigen Konformitätsdruck ausübt. Es herrscht ein »Höflingsgeist« nicht gegenüber einem Fürsten, sondern gegenüber der Mehrheit, wie sie sich in der wahrnehmbaren öffentlichen Meinung manifestiert. Die Mehrheit »lebt in andauernder Selbstbewunderung«, und wer abweicht, wird ausgegrenzt (Tocqueville 1985: 150ff). Gegen solche sozialen Nivellierungsprozesse helfen keine institutionellen Sicherungen, und so vermag es kaum zu wundern, daß Tocqueville in den Schlußkapiteln seines zweiten Buches düstere Prognosen für die Zukunft von Individualität und Freiheit in der Massengesellschaft stellt.[37]

Für den vorliegenden Zusammenhang ist aber entscheidend, daß Tocqueville in bürgergesellschaftlichen Strukturen einen ganz wichtigen Garant demokratischer Freiheit erblickt. In der konkreten Auseinandersetzung mit der

---

36 Diese sind um so ernster zu nehmen, als die »absolute Gewalt« des Machthabers in der demokratischen Gesellschaft nicht mehr durch traditionale Schranken wie Stände und entsprechende Sitten und Ehrbegriffe gepuffert werden kann.

37 Hier ist auch die berühmte Formulierung zum Schicksal der Ehre in der modernen Demokratie lokalisiert. Die Ehre, so Tocqueville, wurde durch Unähnlichkeit und Ungleichheit unter den Menschen geschaffen; »je geringer diese Verschiedenheiten werden, desto schwächer wird die Ehre, und mit ihnen würde sie ganz verschwinden« (Tocqueville 1985: 282). Dieser prognostische Bereich der Untersuchung, der eine völlige Nivellierung in allen Lebensbereichen unterstellt, gehört ohne Zweifel zu den schwächeren Teilen der Untersuchung. Nicht nur die amerikanische Kultur des expressiven Individualismus, die sich gegenwärtig bester Vitalität erfreut, spricht deutlich dagegen, sondern auch die Individualisierung bzw. Pluralisierung der Milieus und Lebensstile, wie wir sie zur Zeit in fast allen modernen Gesellschaften beobachten können.

Realität amerikanischer Politik, vor allem der Politik »vor Ort« in den Gemeinden, arbeitet der französische Beobachter einige Grundprinzipien und Voraussetzungen heraus, die auch für heutige Überlegungen zur Machbarkeit von Bürgergesellschaft von hoher Relevanz sind.

Der lokale Bezug: Sinnerfahrung durch Engagement vor Ort

Die Erfahrbarkeit sinnvollen und wirksamen Handelns wird Tocqueville zufolge vor allem durch die Autonomie der Gemeinden sichergestellt. Die gesamte Analyse der amerikanischen Politik setzt hier bei der Untersuchung der Gemeinden an. Bürgergesellschaft ist in diesem Sinne Demokratie »vor Ort«. Der entscheidende Vorteil liegt darin, daß in der Gemeinde politisches Handeln tatsächlich für jeden Bürger konkret erfahrbar wird:

> »Die Gemeindeinstitutionen sind für die Freiheit, was die Volksschulen für die Wissenschaften sind; sie machen sie dem Volke zugänglich; sie wecken in ihm den Geschmack an ihrem friedlichen Gebrauch und gewöhnen es daran. Ohne Gemeindeinstitutionen kann sich ein Volk eine freie Regierung geben, aber den Geist der Freiheit besitzt es nicht« (Tocqueville 1985: 52).

In neuerer Begrifflichkeit könnte man hier von einer politischen Habitualisierung sprechen, die der Bürger durch seine Mitarbeit in der Kommune durchläuft. Er begreift, daß es Sinn macht, sich vor Ort zu engagieren, weil man damit die eigenen Lebensverhältnisse mitgestalten kann. Man fühlt sich nicht als passives Objekt, als Verwaltungsklient, sondern als Urheber dessen, was den Rahmen der eigenen Privatexistenz darstellt.[38]

Voraussetzung einer solchen Erfahrung ist, das kehrt Tocqueville vor allem gegen den kontinentaleuropäischen Zentralismus heraus, eine weitgehende Autonomie der Gemeinden. Je mehr Kompetenzen bei den Gemeinden verbleiben, um so eher werden die Bürger bereit sein, sich zu engagieren. Und wo den Gemeinden die Unabhängigkeit beschnitten wird, »kann es immer nur Verwaltete, nie aber Bürger geben« (Tocqueville 1985: 59). Daher ist die Autonomie der Gemeinden, die schon in der englischen Kolonialzeit gewachsen war, die beste Gewähr für eine aktive Bürgerschaft. Die Rolle des Staates beschränkt sich auf den Hintergrund, er führt – ganz anders als etwa in Frankreich oder Deutschland – ein »unauffälliges und stilles Dasein«. Damit ist eine wichtige Voraussetzung bürgergesellschaftlicher Freiheit erfüllt, wie sie oben schon im Anschluß an Dahrendorfs liberale Theorie angeführt wurde.

---

38 Zum lokalen Bezug und zur lokalpatriotischen Motivation des politischen Engagements in der Gemeinde vgl. auch die Studie von Schubert (2002).

Tocqueville geht in diesem Zusammenhang noch auf einen anderen Zusammenhang dezentraler Zugänglichkeit politischen Handelns ein. Bei starken Zentralregierungen ist zwar das Ausmaß an Macht und Ruhm, das die »Amtstätigkeit« ihren Trägern verleihen kann, relativ groß; die Zahl der Bürger jedoch, die in den Genuß solcher einflußreichen und angesehenen Positionen kommen können, ist sehr klein. Wenn jedoch das bei den meisten Menschen vorhandene »Begehren nach Ansehen, der Drang realer Interessen und der Hang nach Macht und Betrieb« in vielen Gemeinden jeweils vor Ort bedient werden kann, dann wird gleichsam die Erfahrbarkeit des Politischen mit all ihren psycho-sozialen Vorteilen für die Individuen demokratisiert. Die Bürger sind aktiv, weil sie die eigene Umwelt im Sinne ihrer Interessen gestalten und sich dabei noch als »mächtig« und angesehen erfahren können.

Aus der Erfahrung kontinentaleuropäischer Verwaltungspraxis heraus weist Tocqueville mit allem Nachdruck auf eine Schwachstelle hin, die sich gerade in der gegenwärtigen deutschen Diskussion um Bürgergesellschaft und Bürgerkommune lebhaft nachvollziehen läßt. Unter dem Druck der knappen Kassen entdecken viele Kommunalverwaltungen plötzlich den aktiven Bürger, ohne doch wirklich von eigener Entscheidungskompetenz viel abgeben zu wollen. Diesen durchschaubaren Versuchen, eigene Regierungsverantwortung im Sinne des *responsible government* nicht wahrnehmen, sondern auf die Schulter der Bürger verteilen zu wollen, setzt Tocqueville eine klare Absage entgegen – es wird nicht funktionieren:

> »Es kommt dann bisweilen vor, daß die zentralisierte Verwaltung in ihrer Not die Bürger zu Hilfe ruft; doch sie erklärt ihnen: ihr handelt wie ich will, soviel ich will und genau in dem Sinne, den ich will. Ihr befaßt euch mit dem Einzelnen, ohne nach der Führung des Ganzen zu streben; ihr arbeitet im Dunkeln, und ihr werdet mein Werk später an den Früchten beurteilen. Unter solchen Bedingungen läßt sich die Mitarbeit menschlichen Wollens nicht erlangen. Es braucht für sein Streben Freiheit, für seine Taten Verantwortung. Der Mensch ist so geartet, daß er lieber keinen Finger rührt als in Abhängigkeit einem Ziel zuzuschreiten, das er nicht kennt« (Tocqueville 1985: 70).

Freiwillige Assoziationen

Neben den weitgehend autonomen Gemeinden sind die freiwilligen Zusammenschlüsse, ist das Vereins- und Verbändewesen eine ganz wichtige Stütze der Bürgergesellschaft. Die freien Assoziationen bilden den Kern der Infrastruktur, innerhalb derer sich bürgergesellschaftliches Engagement entfaltet.[39]

---

[39] Dieser Aspekt ist später vor allem in den Pluralismustheorien, etwa bei Laski und Bentley, aufgegriffen worden. In neuerer Zeit ist das Assoziationswesen zum Mittelpunkt des Ansatzes von »assoziativer Demokratie« geworden; vgl. dazu ausführlich Schuppert (1997).

Sie tragen einen Modus dezentraler Steuerung und pluraler Interessenartikulation, der für die Bearbeitung komplexer gesellschaftlicher Probleme weitaus besser geeignet erscheint als eine zentrale Regierungsinstanz.

Die amerikanische Bevölkerung ist in ihrer Bereitschaft, ja geradezu in ihrer Manie, sich für bestimmte Ziele zu Vereinigungen zusammenzuschließen, für Tocqueville durchaus vorbildlich:

»Amerikaner jeden Alters, jeden Ranges, jeder Geistesrichtung schließen sich fortwährend zusammen. (...) Überall, wo man in Frankreich die Regierung oder in England einen großen Herrn an der Spitze eines neuen Unternehmens sieht, wird man in den Vereinigten Staaten mit Bestimmtheit eine Vereinigung finden« (Tocqueville 1985: 248).

Tocqueville macht die Effizienz dieser Form gesellschaftlicher Problembearbeitung am Beispiel des Alkoholismus deutlich. Eine Gruppe von bis zu hunderttausend Menschen hatte sich in Amerika gemeinsam zum Verzicht auf Alkoholkonsum bekannt und hatte damit eine ungeheure öffentliche Wirkung erfahren. In Frankreich, so Tocqueville, hätten all diese Menschen sich als vereinzelte Privatpersonen an die Regierung gewendet, und diese hätte dann vielleicht vor Gasthäusern Wachen aufgestellt oder irgend eine andere, ebenso aufwendige wie wenig wirksame Maßnahme ergriffen. Der dezentral-selbstgesteuerte Weg des amerikanischen Gruppenpluralismus dagegen wirkt über sozialen Einfluß innerhalb der Bevölkerung selbst. In mancher Hinsicht läßt sich, um ein aktuelles Beispiel heranzuziehen, die erfolgreiche Anti-Nikotin-Politik in den gegenwärtigen USA ähnlich erklären: Nicht Regierungsverordnungen, sondern eine immer wieder von neuem vorgetragene, beharrliche Öffentlichkeitspolitik von Gruppen und Verbänden hat so weit in die Bevölkerung hineingewirkt, daß die Akzeptanz zumindest für das öffentliche Rauchen immer deutlicher abnahm.

Bürgergesellschaft ist dabei nicht nur wirksam im Sinne der Durchsetzung bestimmter politischer Inhalte, sondern sie fungiert gleichzeitig auch als eine Sozialisationsinstanz für alle Beteiligten. In den Vereinigungen wirken die Menschen gegenseitig aufeinander und dieser Interaktionsprozeß vermittelt dem einzelnen Akteur die Erfahrung, Teil eines gemeinsamen Handlungszusammenhangs zu sein und als solcher Erfolg zu verspüren. In etatistischen Gesellschaften dagegen erfährt der einzelne sich nur als Objekt eines zentral gesteuerten Regierungshandelns und ist folglich viel weniger in der Lage, eigenständig sein Leben und seinen gesellschaftlichen Kontext zu gestalten (Tocqueville 1985: 251).

Die Betätigungsfelder und Zwecke der Zusammenschlüsse sind dabei ausgesprochen vielfältig. Das Spektrum reicht von politischen Projekten im engeren Sinne über Fragen der Gesundheit, der Kultur und der Bildung bis zu reinen Freizeitvergnügen. Demokratie und freiwillige Assoziationen, so das Fazit Tocquevilles, sind so eng verknüpft, daß die Lehre von den Vereinigungen als eine »Grundwissenschaft« erscheint, von deren Weiterentwicklung der gesamte Wert der Erkenntnis über die Funktionsweise von modernen Demokratien abhängt.

Die Relevanz der politischen Kultur

Die große Frage, die Tocqueville vor allem vor dem Hintergrund der problematischen französischen Erfahrungen immer wieder umtreibt, ist die nach den Ursachen für die Überlebensfähigkeit einer demokratischen Ordnung in den Vereinigten Staaten. Warum gelingt hier in einem ganz unspektakulären Modus, was in Frankreich wahre Blutbäder produziert hat, um schließlich doch nur in Kaiserreich und wiedererrichteter Monarchie zu enden? Tocqueville diskutiert zunächst zwei in der bisherigen Diskussion häufig erörterte Variablen: die physischen Gegebenheiten (vom Klima bis zu den Bodenschätzen) und die Gesetze. Beide Variablen werden mit Hilfe vergleichender Betrachtungen als nicht ausreichende Erklärungsgründe erwiesen, so daß der Autor schließlich eine dritte, bislang zu wenig beachtete Größe ins Spiel bringt: die »Sitten« (Tocqueville 1985: 183ff). Nicht die objektiven Rahmenbedingungen und auch nicht die rechtlich institutionalisierten Normen sind demnach entscheidend für die Überlebensfähigkeit einer Demokratie, sondern die (politisch-) kulturelle Dimension.

Was versteht Tocqueville nun genau unter »Sitten«? Die Antwort enthält mehrere Komponenten: es sind die Vorstellungen und Meinungen der Menschen sowie die »Gesamtheit der Ideen, aus denen die geistigen Gewohnheiten sich bilden«. Über diese kognitive Ebene hinaus zählen aber auch die »Gewohnheiten des Herzens« dazu, d.h. die in einer Gesellschaft üblichen und als »normal« akzeptierten Weisen des Fühlens und des miteinander Umgehens. Tocqueville spricht hier also das gesamte Spektrum dessen an, was in der neueren Forschung als »politische Kultur« bezeichnet wird: habitualisierte, über lange Zeiträume tradierte Formen des Denkens, Wahrnehmens, Fühlens und Handelns.[40]

---

40 Ein solches Konzept von »politischer Kultur« geht natürlich sehr viel weiter als die in der quantitativen Umfrageforschung erhobenen »Einstellungen«, die eher auf der Oberfläche der politischen Kultur einer Gesellschaft angesiedelt sind und raschem Wandel unterliegen können. Zu dem Tocqueville entsprechenden Konzept von politischer Kultur vgl. Rohe (1987, 1990), Dörner (1996, 2003) und Neckel (1999). In vieler Hinsicht entspricht ein solcher analytischer Zugang dem, was in der Geschichtsforschung mit dem Begriff der »Mentalitäten« bezeichnet wird; vgl. dazu Sellin (1987).

Erst wenn man diese Ebene kultureller Dispositionen in die Betrachtung einbezieht, kann man verstehen, warum Bürgergesellschaft in den USA trotz aller systemischen Schwächen und trotz aller Unzulänglichkeiten, die auch hier mit konkreten menschlichen Akteuren verknüpft sind, funktioniert. Entscheidend ist eine langfristige Erfahrung der Menschen mit Strukturen der Selbstorganisation, der Interessenartikulation und des Aushandelns vor Ort, die sich im Rahmen der englischen Kolonialherrschaft mit einer weitgehenden Autonomie der Gemeinden vor Ort entfalten konnte.

So wurden bestimmte Denk-, Wahrnehmungs- und Handlungsmuster zu einer kulturellen Selbstverständlichkeit, deren Dauerhaftigkeit aber gleichwohl jeweils davon abhängt, ob der vorhandene institutionelle Erfahrungsraum auch mit den tradierten Deutungsmustern übereinstimmt. Nur wenn der konkrete Akteur seine Erwartungen in der eigenen Praxis auch stimmig bedienen kann, wird die Tradition auf Dauer gestellt. Letztlich ist es also jeweils ein Zusammenspiel aus kulturellen Dispositionen und strukturellen Handlungsoptionen, die der bürgergesellschaftlichen Ordnung ihre Stabilität verleihen.

Übertragen auf die aktuelle Diskussion bedeutet dies, daß die Erfolgsaussichten bürgergesellschaftlicher Arrangements um so höher sind, je mehr an entsprechenden Traditionen von Partizipation und Selbstorganisation in der Gesellschaft vorhanden sind.

Die Nützlichkeit der Tugend

Schon im Zusammenhang mit der Autonomie der Gemeinden als notwendiger Voraussetzung für Engagement und Partizipation hatte Tocqueville darauf hingewiesen, daß die amerikanischen Bürger keineswegs einfältige Akteure sind, die sich durch wohlfeile Appelle zur Aktivität bringen lassen. Nur dann, wenn sie tatsächlich eine Wirkung ihrer Mitarbeit in der Kommune beobachten können, sehen sie in der Teilnahme am politischen Prozeß auch einen Sinn.

Dieser letztlich durchaus kalkulierende Zugang wird von Tocqueville in einem eigenen Kapitel des zweiten Buches systematisch erörtert. Die »Lehre vom wohlverstandenen Interesse«, die in der amerikanischen Öffentlichkeit wie in den alltagsweltlichen Dispositionen der Amerikaner geradezu omnipräsent ist, definiert das tugendhafte Handeln nicht als einen Selbstzweck im Sinne der Philosophie Immanuel Kants. Statt dessen wird Tugend geschätzt, weil sie aus der Sicht der jeweiligen Akteure nützlich erscheint: »In den Vereinigten Staaten sagt man fast nie, die Tugend sei schön. Man behauptet, sie sei nützlich, und man beweist es täglich« (Tocqueville 1985: 254).

Die Amerikaner verfolgen demnach einen »aufgeklärten Egoismus«, der davon überzeugt ist, daß man immer wieder auch einen Teil der eigenen Interessen aufopfern muß, um den gesamten Rahmen, von dem man ja schließlich auch profitiert, zu erhalten. Tocqueville schließt sich dieser amerikanischen Sichtweise an. Er stellt die Annahme als weltfremd dar, in der modernen Welt sei menschliches Handeln dauerhaft auf altruistische Motive zu gründen. Und es gelte auch nicht, im Sinne klassischer Ethiken den »tugendhaften Menschen« an sich zu suchen. Das wohlverstandene Eigeninteresse führe immerhin zu »einer Menge geordneter, gemäßigter, gesetzter, vorausschauender und beherrschter Bürger« – mehr sei aber auch realistisch gar nicht zu erwarten.

Nun ist ein nutzenorientierter Blick auf den Tugenddiskurs keineswegs ein amerikanisches Privileg, und Tocqueville weist selbst auf Montaigne hin, der den »rechten Weg« als den letztlich auch nützlichen Weg gekennzeichnet hat. Und in der Tat finden sich in der Philosophiegeschichte eine ganze Reihe von Ansätzen, die den vermeintlichen Gegensatz von Tugendhaftigkeit und kalkulierten Eigeninteressen hinterfragen. Man denke hier nur an Autoren wie La Rochefoucault, der den propagierten Altruismus der Tugendwächter als geschickte Tarnung des Egoismus decouvrierte; an Mandeville, der die Tugend als Selbsttäuschung sah, die man getrost fallen lassen könne, da doch private Laster letztlich zur öffentlichen Wohlfahrt führten, wenn sie nur recht genutzt würden; und schließlich an Helvetius, der das tugendhafte Handeln als eine Folge des Strebens nach Macht, Reichtum und Ansehen sah. Die Kantische Pflichtethik, die »Sittlichkeit ohne den unechten Schmuck des Lohns und der Selbstliebe« fordert, ist hier offenbar nur eine von vielen denkbaren Varianten.[41]

Der entscheidende Unterschied ist jedoch der, daß die Lehre vom wohlverstandenen Interesse in den USA von einer akademischen Sichtweise zu einem festen Bestandteil der politischen Kultur geworden ist, an dem sich die meisten Bürger orientieren. Folglich müssen amerikanische Moralisten eben nicht an den »besseren« Menschen appellieren, sondern eigentlich nur an den klügeren, der erkennt, daß die Grundlagen seines eigenen Wohlstands und Wohlbefindens auch daran hängen, ob er sich an der Aufrechterhaltung einer gewissen Ordnung beteiligt.

Freilich muß man aus heutiger Sicht ergänzen, daß es kaum das je neu durchdachte Kalkül sein kann, das die Akteure zu den kleinen Opfern einer bürgergesellschaftlichen Kultur bringt. Dann nämlich wäre in massiver Weise auch mit Trittbrettfahrern und den damit verbundenen Problemen bei der Produktion öffentlicher Güter zu rechnen, wie sie Olson (1965) ausführlich

---

41 Zu den verschiedenen Ansätzen der Tugendphilosophie vgl. ausführlich Höffe/Rapp (1998).

beschrieben hat. Wichtiger ist, daß es einen Habitus des Engagements als Bestandteil jener »Gewohnheiten des Herzens« gibt, wie sie Tocqueville im Rahmen der »Sitten« und somit als Element der politischen Kultur analysiert hat. Nur, wenn es eine unhinterfragte Selbstverständlichkeit und ein Moment politischer Identität geworden ist, daß man sich auch jenseits unmittelbar erkennbarer Vorteile für das Gemeinwohl und die öffentlichen Angelegenheiten engagiert, nur dann kann eine solche Disposition zur verläßlichen Basis der Demokratie werden. Tocqueville hat jedenfalls hier einen Aspekt des bürgerschaftlichen Engagements angesprochen, der eine genauere Betrachtung verdient. Dies wird weiter unten im Zusammenhang mit der Kapitaltheorie und der Nutzendimension des bürgerschaftlichen Engagements noch ausführlich behandelt.

3.3 Die kommunitarischen Ansätze

Individualismus und Gemeinschaftsdiskurs

»Gewohnheiten des Herzens« hatte Tocqueville jene kulturellen Dispositionen genannt, die das bürgergesellschaftliche Geflecht tragen und dauerhaft lebendig halten. Robert N. Bellah und seine Mitarbeiter haben 150 Jahre spätere eine empirische Untersuchung zur politischen Kultur der Vereinigten Staaten mit eben jenem Zitat Tocquevilles betitelt (Bellah u.a. 1987). Schon Tocqueville hatte auch die zentrifugale Dynamik eines entfesselten Individualismus als Gefahr für das Gemeinwesen erkannt (Tocqueville 1985: 242ff), und an dieser weitsichtigen Diagnose knüpfen Bellah und sein Team mit ihrer Untersuchung an. Sie konstatieren für die amerikanische Gegenwartsgesellschaft eine Dominanz des Individualismus, die gemeinschaftliche Bindekräfte zerstört, privates und öffentliches Leben separiert und somit die institutionelle wie kulturelle Basis einer gelungenen menschlichen Existenz auflöst. Der Religionssoziologe Bellah hatte bereits 1967 mit großer öffentlicher Wirkung beschrieben, wie tradierte Muster der »Zivilreligion«, die auch heute noch die öffentliche Rhetorik prägen, den Wertkonsens der US-Bürger auf Dauer stellen. In »Habits of the Heart« sollte nun empirisch erforscht werden, worin die weißen Mittelschichtamerikaner den Sinn ihres Lebens sehen, was sie von der Gesellschaft erwarten und was heute den spezifischen sozialen »Charakter« des amerikanischen Volkes ausmacht.

Bellah u.a. führen zunächst ausführlich die kulturellen Traditionen vor, aus denen sich Wertdispositionen und Lebensweisen der amerikanischen Gegenwart speisen. Die schon häufig beschriebene Spannung zwischen Individual- und Gemeinschaftskultur wird hier ausdifferenziert in vier Traditionen, die sich jeweils einem Gemeinschafts- und einem Individualpol zuordnen lassen: Auf der einen Seite finden sich die biblische Tradition mit moralisch begründeten Gemeinschaftsmustern und die republikanische Tradition mit der Betonung von politischem Engagement sowie dem Vorrang des Öffentlichen und des Gemeinwohls vor dem Privaten und dem Eigennutz. Auf der anderen Seite finden sich der expressive Individualismus, wo die Verwirklichung und Kultivierung der eigenen Person im Mittelpunkt steht; sowie der utilitaristische Individualismus, dessen weltanschaulicher Kern in der Überzeugung liegt, daß jeder Mensch, der sich eine systematisch nutzenorientierte Lebensführung aneignet, in der Lage ist, auch ohne gemeinschaftliche Solidarität sein Glück zu machen und erfolgreich zu handeln.

Symptom für die von den Autoren diagnostizierte Dominanz des Individualismus sind die Leitfiguren des modernen Amerika: der Manager und der Therapeut. Der Manager steht für eine effizienzorientierte Optimierung des zweckrationalen Handelns nicht nur in der Wirtschaft, sondern auch im privaten Leben; der Therapeut steht für den Versuch einer Harmonisierung der Anforderungen des beruflichen Konkurrenzkampfs einerseits und der Selbstverwirklichungsbedürfnisse andererseits. Trotz dieser Dominanzverhältnisse wird jedoch, so der wichtige Befund der Studie, überall auch ein Wunsch der Menschen nach gemeinschaftlicher Bindung sichtbar. Im Abschlußkapitel entwickeln die Autoren schließlich Perspektiven für die Revitalisierung einer ausgewogenen Mischung von Individualismus und Gemeinsinn, privatem Glücksstreben und öffentlicher Verantwortung. Hier wird die Diagnose in eine normative Vision überführt, die später in dem Buch »The Good Society« (Bellah u.a. 1991) auch mit Vorschlägen für eine institutionelle Infrastruktur der guten sozialen Ordnung verbunden wird.

Mit »Habits of the Heart« wurde daher nicht nur eine empirische Überprüfung der Frage vorgelegt, wieviel von der lebendigen Bürgergesellschaft aus Tocqevilles Zeiten im heutigen Amerika noch vorzufinden ist. Es wurde auch gezeigt, daß die amerikanischen Bürger die republikanisch-gemeinschaftliche Dimension ihrer Existenz als wichtig erachten, obgleich sie im realen sozialen Leben deutlich zu kurz kommt. Damit wurde die Studie zu einer Art empirischer Grundlegung des kommunitarischen Projekts, das sich eine Stärkung der bürgergesellschaftlichen Strukturen in den Vereinigten Staaten zum Ziel gesetzt hat.

Fragen der Gerechtigkeit

Begonnen hat der kommunitarische Diskurs zunächst als eine philosophische Fachdebatte, die sich an der Auseinandersetzung mit John Rawls' »Theory of Justice« (1971) entzündet hatte. Rawls hatte hier einen rein prozeduralen, an Prinzipien der Fairneß orientierten Begriff von Gerechtigkeit entfaltet, in dessen Zentrum – ganz in der Tradition des Liberalismus – das einzelne Individuum mit seinen Rechten stand. Autoren wie Michael Sandel, Alasdair MacIntyre und Charles Taylor zogen daraufhin die individualistischen Grundlagen dieser Gerechtigkeitstheorie in Zweifel und versuchten, die gemeinschaftlichen Wurzeln und damit auch die republikanisch-partizipatorische Dimension von gerechter Gesellschaft zur Geltung zu bringen.[42]

Von dieser innerphilosophischen Debatte hat sich das Projekt Kommunitarismus bald gelöst und allgemeine Fragen über die republikanischen und bürgergesellschaftlichen Grundlagen einer guten politischen Ordnung aufgeworfen, zum Teil auch mit eigenen normativen Entwürfen beantwortet.[43] Zahlreiche Autoren haben sich hierbei auch als Teil einer kritischen Öffentlichkeit verstanden, der es darum ging, auf verschiedenen Wegen die Rahmenbedingungen für eine solidarisch verknüpfte und aktiv gestaltende Bürgerschaft herzustellen. Kommunitarisches Gedankengut hat den Weg schließlich auch in die europäischen Parteizentralen gefunden.[44]

Für die Theorie der Bürgergesellschaft sind kommunitarische Ansätze insofern zentral, als sie den Sinn der *civil society* einerseits philosophisch begründen und andererseits konkrete Blaupausen für Institutionen und Kulturen einer bürgergesellschaftlichen Ordnung entwerfen. Im Folgenden soll daher nach einer Erläuterung einiger Gemeinsamkeiten aller kommunitarischen Vorstellungen von Bürgergesellschaft zunächst auf die sozialphilosophische Begründung bei Charles Taylor eingegangen werden, um dann am Beispiel Amitai Etzionis, eines der politisch einflußreichsten Autoren, die konkreten Entwürfe des Kommunitarismus zu beleuchten.[45]

---

42 Einen guten Überblick über diese frühe Debatte zwischen Kommunitarismus und Liberalismus bietet ein von Honneth herausgegebener Sammelband (1993). Forst (1994) hat diesen philosophischen Diskurs über Gerechtigkeit systematisch aufgearbeitet.

43 Vgl. dazu u.a. Zahlmann (1992), Reese-Schäfer (1994, 1997) und Chatzimarkakis/Hinte (1997).

44 Siehe dazu etwa das »Kommunitaristische Manifest« in Deutschland, an dem federführend nicht zuletzt der SPD-Vordenker Thomas Meyer beteiligt war (Meyer u.a. 1997); auch das sogenannte »Schröder-Blair-Papier« von 1999 mit der Rede vom »Dritten Weg« zeigt deutliche Rückbezüge auf das Gedankengut der amerikanischen Kommunitarier (siehe dazu auch Jun 2000 und Vorländer 2001).

45 Zu den konkreten (sozial-)politischen Folgerungen aus einer kommunitarisch begründeten Position vgl. Roth (1995), Hilpert (1996), Keupp (1997), Budäus/Grüning (1997), Wagner

Inklusion, Exklusion und Partizipation

Der Begriff »Kommunitarismus«, in dem das lateinische *communitas* und entsprechend englisch *community* enthalten ist, fungiert gleichsam als Programm: Es geht um eine Wiederbelebung gemeinschaftlicher Werte und Lebensformen. Im Grunde handelt es sich bei diesem Gemeinschaftsdiskurs auch um eine amerikanische Revitalisierung europäischer Konzepte, vor allem der Tönniesschen Dichotomie von Gemeinschaft und Gesellschaft (1887). Ferdinand Tönnies hatte analytisch zwischen der traditionalen, gewachsenen und solidarisch integrierten *Gemeinschaft* und der modernen, konstruierten, atomistischen *Gesellschaft* unterschieden – eine Unterscheidung, die dann später von antimodernistischen Bewegungen normativ gewendet und zum politischen Programm erhoben wurde. Den negativen Höhepunkt dieser Entwicklung markiert die nationalsozialistische »Volksgemeinschaft«, was schließlich nicht unwesentlich zur heutigen Skepsis deutscher Intellektueller gegenüber dem Gemeinschaftsgedanken insgesamt geführt hat.

Der transatlantische Import von Tönnies' Dichotomie lief vor allem über den nach Israel emigrierten Martin Buber, der das Modell der Kibbuz-Gemeinschaft favorisierte, und über dessen ebenfalls aus Deutschland stammenden Schüler Amitai Etzioni (Werner Falk), der später zu einer der einflußreichsten Figuren in der Kommunitarier-Szene werden sollte.[46] Dennoch muß an dieser Stelle schon betont werden, daß im amerikanischen Kontext das Konzept der Gemeinschaft immer auch liberal-individualistisch dimensioniert ist. Eine Negierung individueller Rechte und Gestaltungsmöglichkeiten im Kontext der totalen Gemeinschaft, der der Einzelne sich bedingungslos unterzuordnen hätte (eine Vorstellung, die nicht nur im völkischen Bereich, sondern auch in der Demokratiekonzeption Rousseaus enthalten ist), wäre hier kaum konsensfähig. Es ist zu viel Lockesches Erbe in der politischen Kultur der amerikanischen Bürger enthalten, um derartige kommunitäre Radikalitäten akzeptabel erscheinen zu lassen.

Gleichwohl ist die Stoßrichtung der Kommunitarier gegen den liberalistischen Individualismus gerichtet, insofern er vor allem in den 70er und 80er Jahren eine weitgehende Hegemonie im öffentlichen Bewußtsein der USA erreichte. Das »pursuit of happiness« im Sinne der privaten Reichtumsmehrung und der persönlichen Selbstverwirklichung hatte, wie ja auch Bellah her-

---

(1998), Kersting (1998), Reese-Schäfer (1998 und 1999) und aktuell Meier (2001). Der groß angelegte Projektverbund Bürgerschaftliches Engagement / Seniorengenossenschaften beim Sozialministerium des Landes Baden-Württemberg ist ebenfalls maßgeblich durch amerikanische Kommunitarier angeregt worden; vgl. dazu Hummel (1995, 2001).

46 Vgl. hierzu Reese-Schäfer (2000).

ausarbeiten konnte, republikanische und biblisch-solidarische Werthaltungen stark an den Rand gedrängt. Bis hinein in populärphilosophische Traktate wie Hillary Clintons »It Takes a Village« (1996), wo die Relevanz einer intakten Gemeinschaft für die Kindererziehung betont wird, hat der Kommunitarismus daher den Wert integrierter Sozialzusammenhänge herausgearbeitet.

Der Gemeinschaftsbezug hat dabei immer zwei Dimensionen:

1. Die Stärkung und politische Förderung von »gewachsenen« Gemeinschaften, vor allem in der Privatsphäre der Menschen. Diese Dimension hat Kommunitariern wie etwa Alasdair MacIntyre in den Augen vieler Beobachter einen konservativen Beigeschmack verliehen, weil hier Begriffe wie Familie, Freundschaft und Nachbarschaft mit den entsprechenden Bindungen wieder groß geschrieben wurden. Diese Inklusions- und Integrationsprozesse haben, das ist in der Debatte schnell deutlich geworden, gleichzeitig auch Exklusionsprozesse zur Folge. Wenn eine Familie, ein Freundschaftsnetzwerk, ein Wohnviertel durch intensive Kontakte und solidarisches Handeln stark integriert wird, dann geht das in aller Regel mit Abgrenzungen gegenüber anderen Familien, Netzwerken und Wohnvierteln einher. In diesem Zusammenhang ist diskutiert worden, inwiefern somit auch Loyalitäten und moralische Bindungen notwendig partikular sind (vgl. Sandel 1993), was eine Abkehr vom ethischen Universalismus bedingt. Moralische Bindungskraft können demzufolge nur diejenigen Werthorizonte entfalten, in die wir hineinsozialisiert wurden. Wir lernen diejenigen Normen als sinnvoll und verpflichtend kennen, die uns konkret in der Familie oder in der Kommune vorgelebt werden. Diese konkrete Ethik hat in der Perspektivik der Kommunitarier stets Vorrang vor abstrakten Prinzipien, auch wenn die Menschen ihre partikularen Normen immer wieder auf den Prüfstand universaler Prinzipien stellen sollen. Dadurch unterscheidet sich kommunitarische Moraltheorie letztlich von einem radikalen Relativismus, daß der Sinn partikularer Normen vor dem Horizont elementarer Menschenrechte durchaus in Frage gestellt werden kann.[112]

Zwar hat man immer wieder betont, daß gewisse universalistische Kriterien wie Verallgemeinerbarkeit der Moralprinzipien und ein nichtdiskriminierender Charakter der Binnensolidarität aufrecht zu erhalten wären. Dennoch bleibt der exklusive Charakter integrierter Gemeinschaften zu

---

112 Siehe dazu etwa die Überlegungen Martha C Nussbaums (1995), die im Rückgriff auf die aristotelische Ethik des Guten Lebens konkrete Vorschläge für entwicklungspolitische Programme entwirft, in denen der Schutz des Lebens Vorrang vor den partikularen Vorschriften bestimmter religiöser Kulte genießen sollen.

konstatieren, ein Problem, das auch im Bereich hochintegrierter bürgergesellschaftlicher Zusammenhänge beobachtbar ist. Alasdair MacIntyre (1993) und Charles Taylor (1993) etwa haben das Problem unter der Fragestellung erörtert, ob und inwieweit Patriotismus eine Tugend sei, und beide haben die Frage, wenn auch mit Einschränkungen, positiv beantwortet.

2. Der Gemeinschaftsgedanke hat aber auch eine zweite, explizit politische Dimension, indem er neben der Teil*habe* an einer bestimmten Gruppe auch die aktive Teil*nahme* an den öffentlichen Angelegenheiten verpflichtend macht. Dies ist die republikanische Dimension des Kommunitarismus, der aus der Tatsache der Zugehörigkeit zu einer *community* auch die Verpflichtung zur Partizipation und letztlich zur Förderung des Gemeinwohls folgert.[113] Republikanismus bedeutet dabei, daß bürgergesellschaftliche Strukturen und Institutionen über den Bereich der Interessenartikulation und des sozial-karitativen Engagements hinaus immer auch Optionen der politischen Beteiligung und Gestaltung enthalten müssen. Hier schließt der Kommunitarismus durchaus an Tocquevilles Betrachtungen an, insofern beispielsweise auf kommunaler Ebene die Möglichkeit, mitunter sogar die Verpflichtung zur Partizipation am politischen Prozeß als integraler Bestandteil einer funktionierenden Gemeinschaft definiert wird.

Soziale Bindung und die Pflicht zur Tugend

Grundlage der Gemeinschaftsorientierung ist bei den Kommunitariern die Ablehnung einer atomistischen Anthropologie, die den Menschen als ein Einzelwesen konzeptualisiert. So haben Michael Sandel und Charles Taylor vor allem in der Auseinandersetzung mit der liberalen Gerechtigkeitstheorie von John Rawls immer wieder betont, daß eine Person, die ohne soziale und kulturelle Bindungen gedacht wird, letztlich eine charakter- und identitätslose Person bleiben muß. Diese Kritik bezog sich unmittelbar auf Rawls' Fiktion eines moralischen Urzustandes, in dem Personen unter dem »Schleier des Nichtwissens« stehen, um sich dort, gleichsam sozial und kulturell positionslos, auf Prinzipien einer gerechten Ordnung zu einigen.[114] Das liberale Ideal eines aus

---

113 Die Dimension des Republikanismus ist im kommunitarischen Diskurs vor allem von Sandel (1995) herausgearbeitet worden. Zum Republikanismus als politisch-soziologische Theorie siehe ausführlich Pettit (1997).

114 So Rawls (1971). Rawls hat freilich später klar gemacht, daß er diese Positionslosigkeit nicht im Sinne eines gänzlich abstrakten Menschen etwa im Sinne von Kants transzendentalem Subjekt verstehen will. Statt dessen wird beispielsweise der Traditionshorizont christlich-humanistisch geprägter und aufgeklärter westlicher Gesellschaften als Voraussetzung einer gerechten Ordnung immer schon mitgedacht (vgl. Rawls 1993).

zugeschriebenen Einbindungen freigesetzten Menschen hatte mit dem Aufklärungszeitalter historisch wichtige emanzipatorische Funktionen, taugt aber nicht zur sozialphilosophischen Bestimmung von Identität. Diese nämlich kann nur im Kontext der konkreten Bezugsgemeinschaft, vor dem Hintergrund einer eigenen Lebensgeschichte und eines Sozialisationsprozesses angemessen bestimmt werden.

Das Individuum hat aufgrund seiner Einbindung in die Gemeinschaft sowohl Rechte als auch Pflichten. Diese Balance zwischen Rechten und Pflichten ist wiederum für die dauerhafte Stabilität der Gemeinschaft von großer Wichtigkeit. Die Gewährleistung dafür, daß der einzelne Akteur im Bedarfsfall seine Rechte wahrnimmt oder ggf. sogar einklagt, ist aufgrund des in aller Regel vorhandenen Egoismus unproblematisch gegeben. Die Gewährleistung für die Erfüllung der Pflichten stellt sich demgegenüber schon schwieriger dar. Man kann hier, wie Tocqueville, auf das wohlverstandene Eigeninteresse der Akteure setzen. Die Kommunitarier dagegen versuchen, den in der modernen Gesellschaft randständig gewordenen Diskurs über Tugenden zu erneuern.[50]

Die Argumentation lautet im Kern, daß eine politische und soziale Ordnung mit einem noch so ausgeklügelten Institutionensystem ausgestattet sein kann – ohne ein Minimum an Bereitschaft zu »tugendhaftem« Verhalten wird die Ordnung nicht funktionieren. Dies ist durch die Diskussion über »liberale Tugenden« etwa bei Judith Shklar (1984) und Stephen Macedo (1990) bestätigt worden. Selbst der Markt, die auf Egoismus basierende Institution schlechthin, ist in ihrer Effizienz auf das Vorhandensein bestimmter tugendhafter Dispositionen angewiesen.[51]

Entscheidend ist in diesem Zusammenhang zunächst die Frage, wie der Begriff der Tugend inhaltlich gefüllt wird. Das Spektrum reicht von der republikanischen Kardinaltugend der Gemeinwohlorientierung bis zu den sogenannten Sekundärtugenden wie Fleiß, Pünktlichkeit und Sauberkeit, die heute in neueren pädagogischen Überlegungen eine gewisse Aufwertung erfahren haben. Die Frage, auf welche Tugenden in welchem Ausmaß Bürgergesellschaft konkret angewiesen ist, wird je nach ideologischer Orientierung sehr unterschiedlich beantwortet werden. Weiterhin ist darüber nachzudenken, wie denn Tugendhaftigkeit als politisch-kulturelle Disposition der Bürger hergestellt, gefördert oder zumindest unterstützt werden kann. Hier gewinnt nach Ansicht der Kommunitarier vor allem die Wertevermittlung in der Familie und

---

manistisch geprägter und aufgeklärter westlicher Gesellschaften als Voraussetzung einer gerechten Ordnung immer schon mitgedacht (vgl. Rawls 1993).
50 Siehe dazu vor allem Alasdair MacIntyres Krisendiagnose zum »Verlust der Tugend« (1995).
51 Zur Debatte über demokratische Tugenden vgl. Reese-Schäfer (1997: 309ff); zur Verbindung von Tugend und Markt vgl. aus der Sicht des Rational-Choice-Ansatzes Baurmann (1996).

in der Schule an Bedeutung. Während ersteres in privater Verantwortung liegt und liegen muß, allerdings öffentliche Diskurse diesen Prozeß durchaus unterstützend begleiten können, liegt letzteres primär in der Verantwortung des Staates. Er muß Sorge tragen dafür, daß in den Schulen nicht nur ökonomisch bzw. privat-beruflich nutzbare Qualifikationen gelernt werden, sondern auch Einstellungen und Kompetenzen, die Voraussetzung bürgerschaftlichen Engagements sind. Dies war ja nicht zuletzt auch der Kerngedanke in der Pädagogik John Deweys, der in mancher Hinsicht als ein Vorläufer kommunitarischen Denkens gelten kann.[52] Deweys Laborschule in Chicago hat das Erleben demokratischer Gemeinschaft, in der Schüler als Bürger eigenverantwortlich ihre Schule gestalten, ganz in den Mittelpunkt gestellt.[53]

Der Staat und die Korrektur der sozialen Ungleichheit

Der Aspekt einer staatlich zu verantwortenden Schulpolitik verweist schließlich auf die Rolle, die der Staat insgesamt im kommunitarischen Denken einnimmt. Anders als in der liberalen Tradition von Locke bis Dahrendorf wird der Staat in der Bürgergesellschaft des Kommunitarismus nicht auf die Rolle eines Rahmensetzers beschränkt, der sich ansonsten aus dem bürgergesellschaftlichen Treiben heraushalten soll, um die Autonomie der Bürger nicht zu gefährden. Hier ist die Skepsis der Kommunitarier zu groß, daß das Gemeinwohl hinter den Partikularinteressen starker gesellschaftlicher Gruppen zu kurz käme. Anders aber auch als im Etatismus eines Rousseau oder Hegel steht der Staat nicht als Autorität über den Bürgern, sondern er soll fördernd und ausgleichend wirken. Am deutlichsten hat dies Michael Walzer herausgestellt:

> Der Staat »ist einerseits Rahmen für die zivile Gesellschaft und nimmt andererseits einen Platz in ihr ein. Er legt die Grenzbedingungen und die grundlegenden Regeln aller Tätigkeiten in den Vereinigungen fest (einschließlich der politischen). Er nötigt die Mitglieder der Vereinigungen, sich über ein Gemeinwohl Gedanken zu machen, jenseits ihrer eigenen Vorstellungen vom guten Leben. (...) Und quer durch den ganzen Bereich von Vereinigungen müssen einzelne Männer und Frauen vor der Macht von Beamten, Angestellten, Sachverständigen, Parteibossen, Vorarbeitern, Direktoren, Priestern, Eltern und Wohltätern geschützt werden. Kleine und schwache Gruppen vor großen und mächtigen. Denn die sich selbst überlassene zivile Gesellschaft bringt tiefgreifende Ungleichheit in den Machtverhältnissen hervor, die nur staatliche Macht anfechten kann« (Walzer 1995: 63f).

So berechtigt einerseits die Vorbehalte der liberalen Ansätze gegen zu starke Übergriffe staatlicher Behörden auf individuelle Freiheiten und Handlungs-

---

52 Siehe dazu Joas (1995).
53 Vgl. Dewey (1949); zu Deweys Pädagogik im Rahmen seiner pragmatistischen Philosophie vgl. Bohnsack (1976).

spielräume der Bürger sind – Walzer trägt dem in seiner Formulierung dadurch Rechnung, daß er »Beamten« und Politiker in seine Reihung bedrohlicher Machtpotentiale aufnimmt –, so wichtig ist andererseits doch die gemeinwohlorientierte Intervention einer Institution, die durch rechtsstaatlich-demokratische Verfahren legitimiert und kontrolliert ist. Das Problem der Ungleichheit, das wiederum engstens mit Gerechtigkeitsdefiziten verknüpft sein kann, stellt sich in der gewandelten Bürgergesellschaft unserer Tage ohnehin noch schärfer. So zeigen Brömme und Strasser (2001) auf, daß eine Bürgergesellschaft, in der die klassischen deutschen Großgruppenorganisationen wie Gewerkschaften, Kirchen und Wohlfahrtsverbände eine abnehmende Relevanz haben, einen starken Mittelschichts-Bias besitzt. Waren in den alten Verbänden auch schlechter gebildete Angehörige unterer Schichten partizipatorisch vertreten, so zeigt die Mitgliederstruktur der neuen Bürgergesellschaft, daß dieser Gruppe viele Voraussetzungen zur dezentralen Selbstorganisation fehlen. Neue Soziale Bewegungen, Bürgerinitiativen, Stiftungen etc. sind vor allem getragen durch »bildungsbürgerliche« Gruppen, seien sie nun ins normale Berufsleben integriert oder seien sie in die alternative Szene abgewandert.

Im übrigen, so Walzer, ist aber die Gegenüberstellung von Staat und Bürgergesellschaft ohnehin irreführend, wenn sie als unverbundene Konstellation zweier autonomer Bereiche gedacht wird. Realiter sind beide ineinander verflochten, ja sogar aufeinander angewiesen, wenn es sich denn um demokratisch strukturierte Bereiche handeln soll: »Nur ein demokratischer Staat kann eine demokratische zivile Gesellschaft schaffen, nur eine demokratische zivile Gesellschaft kann einen demokratischen Staat aufrechterhalten« (Walzer 1995: 65).

Taylors Kritik des Atomismus

Charles Taylor, einer der besten Hegel-Kenner der Gegenwart, setzt in seiner Begründung bürgergesellschaftlicher Ordnungsmuster am Individualismus und am Freiheitsbegriff der liberalen Tradition an. Die Vorstellung, ein moralisches Subjekt als Urheber von Urteilen über Gut und Böse sei ohne konkrete Einbindungen in soziale und biografische Kontexte denkbar, sieht Taylor als absurd an.[54] Die Identität einer Person und damit auch ihre Maßstäbe dafür, was moralisch falsch oder richtig ist, entsteht in einer Einbindung in diverse Gemeinschaften: von der Familie bis zur Nation. Sie haben jeweils spezifische Sprachspiele und Werthorizonte. Auch wenn Menschen später durchaus Möglichkeiten zur Distanzierung von den eigenen Kontexten besitzen, so bleibt

---

54 Siehe zum Folgenden vor allem Taylor (1988, 1993 und 1995).

doch festzuhalten, daß zunächst das Erlernen der Maßstäbe eine konkrete Bezugsgemeinschaft erfordert, in der Werte vorgelebt, vermittelt und auch explizit propagiert werden.

Der nächste Schritt in Taylors Argumentation lautet dann, daß auch die individuellen Rechte, die eine Person für sich in Anspruch nimmt, keine gleichsam angeborene oder durch individuelle Kraftanstrengung erworbene Eigenschaft darstellen, sondern letztlich immer von der Gemeinschaft gewährt werden, in der man lebt. Selbst eine so elementare Größe wie die Menschenwürde ist ja real nur in dem Maße, wie sie durch konkrete rechtliche Institutionen geschützt ist. Wenn aber diese Abhängigkeit besteht, und gerade die Diskussion über den Staatsbürgerstatus und die damit verbundenen Anrechte führt dies immer wieder deutlich vor Augen, dann, so Taylor, ist eine direkte Verknüpfung zwischen solchen Rechten und einer Verpflichtung der Bürger gegenüber der Gesellschaft gegeben.

Diese Verpflichtung besteht darin, daß der einzelne Bürger die rechtliche und institutionelle Infrastruktur der Gesellschaft, die gleichsam Voraussetzung seines mit Rechten verbundenen Bürgerstatus ist, bewahren muß. Profitiert man also von der rechtsstaatlich-demokratischen Struktur der Gesellschaft, dann läßt sich daraus eine Verpflichtung ableiten, an der Aufrechterhaltung eben dieser Struktur aktiv mitzuarbeiten. Aus der Kritik des atomistischen Menschenbildes resultiert hier also ein republikanistisches Konzept des Bürgers, der zur aktiven Partizipation eine Verpflichtung hat.

Diese Argumentation wird dann in Taylors Kritik des negativen Freiheitsbegriffs noch deutlicher konturiert (vgl. Taylor 1988: 118ff). Ausgangspunkt ist jener berühmte Essay über den Freiheitsbegriff, mit dem Isaiah Berlin (1958) vor dem Hintergrund einer radikal liberalen Tradition gegen jede inhaltliche Spezifikation menschlicher Freiheit plädiert hatte. Der »negative« Freiheitsbegriff definiert Freiheit demnach ganz elementar durch die Abwesenheit von jeglichem Zwang, irgendetwas zu tun oder zu unterlassen. Er beinhaltet somit auch die Möglichkeit, böse, unvernünftig oder gar selbstzerstörerisch zu handeln.

Der »positive« Freiheitsbegriff dagegen versucht, inhaltliche Vorgaben zu machen, die das Spektrum der Handlungsmöglichkeiten mehr oder weniger eingrenzen. Dies können geringfügige Einschränkungen sein, etwa dergestalt, daß unvernünftiges Handeln oder Selbstdestruktion ausgeschlossen wird. Es können aber auch, und dort liegen die Bedenken Berlins, weitergehende Vorschriften sein, die Freiheit nur dort realisiert sehen, wo der Mensch etwa politisch in einer ganz bestimmten Weise handelt. Aus Freiheit wird hier sehr schnell Pflicht, wenn man beispielsweise an Konzeptionen wie die von Rousseau, Hegel oder Marx denkt. Der positive Freiheitsbegriff, so Berlin, dient letztlich als Rechtfertigungsfigur für Despotien aller Art, deren Führer jeweils zu wissen vorgeben, was gut oder schlecht für andere Menschen sei. Taylor (1988: 125ff) begegnet diesen schwerwiegenden Einwänden mit einer Differenzierung innerhalb des positiven Freiheitsbegriffs. Neben der Einführung inhaltlicher Doktrinen, die dann dem Einzelnen paternalistisch vorschreiben, worin er seine Freiheit zu erblicken habe, gibt es eine elementarere Ebene von Freiheit, die überhaupt gewährleistet, daß wir das tun können, was wir wirklich wollen. Grundlage solcher Freiheit ist die Vernünftigkeit des Menschen und eine Fähigkeit zur Selbstreflexion, um das zu klären, was man tun möchte. Wenn nun ein Mensch diese Grundlagen seiner Freiheit zerstört, indem er sich beispielsweise in eine Suchtabhängigkeit begibt oder Selbstdestruktion bis hin zum Suizid betreibt, dann ist solches Handeln als unvernünftig und letztlich als freiheitswidrig zu betrachten.

Überträgt man nun dieses Argument auf Gesellschaften, dann folgt daraus, daß der Freiheitsbegriff hier tatsächlich eine positive Verpflichtung darauf enthält, die Grundlagen freien Handelns und somit die Aufrechterhaltung einer freiheitlichen Ordnung durch aktive Partizipation sicherzustellen. Ein so gefaßter positiver Freiheitsbegriff bedeutet also für den Diskurs über Bürgergesellschaft, daß die Bürger über die Wahrnehmung unmittelbarer Eigeninteressen hinaus eine politisch-moralische Verpflichtung zum bürgerschaftlichen Engagement haben, insofern dies zur Stabilisierung einer freiheitlichen Ordnung erforderlich ist. In gewisser Hinsicht ähnelt diese Argumentationsfigur, obwohl sie zunächst woanders ansetzt, Tocquevilles Lehre vom wohlverstandenen Interesse, durch das die Bürger den Rahmen ihrer eigenen Gestaltungsmöglichkeiten durch kleine Opfer und einen temporären Verzicht auf egoistische Motive sicherstellen können.

Etzionis Entwurf der Verantwortungsgesellschaft

Während Taylor eine philosophische Begründung kommunitarischer und bürgergesellschaftlicher Perspektiven entwirft, setzt der Soziologe Amitai Etzioni auf der Ebene gesellschaftlicher Integrations- und Ordnungsmuster an, um aus der Analyse heraus einen normativen Entwurf zu entwickeln.[55] »Responsiver Kommunitarismus« bedeutet für Etzioni, einen dritten Weg zu finden zwischen dem Atomismus liberaler Gesellschaftsvorstellungen einerseits und dem Kollektivismus starker Gemeinschaftskonzepte andererseits.

---

55 Zu Etzionis Vorschlägen siehe vor allem das Buch zur »Verantwortungsgesellschaft« (1997); einen Überblick zur Theorie des »responsiven Kommunitarismus« bei Etzioni und seinen Wirkungen gibt Reese-Schäfer (2000).

Responsiver Kommunitarismus sieht die Gemeinschaft als einen zur Entfaltung geglückter menschlicher Existenz notwendigen Rahmen. Dieser muß jedoch »responsiv«, d.h. offen und empfänglich sein muß für die Bedürfnisse der Einzelnen.

Eine solche Vorstellung ist daher weder mit zwangsbasierten Modellen der Ordnungsstiftung wie etwa Hobbes' Vorstellung vom absolut souveränen Staat, noch mit utilitär-egoistischen Modellen wie etwa Adam Smith' Marktmodell vereinbar. Der angemessene Integrationsmodus, den Etzioni in einer früheren Untersuchung als »identitiven« Modus bezeichnet, liegt in der freiwilligen Definition der Gemeinschaft als Zusammenhalt durch gemeinsame Werte und Symbole. Nicht zuletzt ein solcher Modus der Freiwilligkeit macht den zivilgesellschaftlichen Charakter dieses Integrationsmodus aus. So sind die entsprechenden westlichen Gesellschaften auch durch die Merkmale individueller Freiheitsrechte und freiwilliger Assoziationen von Bürgern gegenüber zwangsgemeinschaftlichen Ordnungen abgegrenzt. Etzioni zeigt anhand von empirischen Daten aus den USA auf, daß identitive Kräfte bei der Bearbeitung sozialer Probleme etwa im Bereich von Gewalt und Kriminalität höchst wirksam sein können (Etzioni 1997: 105ff).

Wenn nun aber die Integration der Gemeinschaft primär durch Werte erfolgen soll, wie ist das angesichts der kulturellen und sozialen Heterogenität moderner Gesellschaften zu bewerkstelligen? Etzioni verweist in diesem Zusammenhang auf den Verfassungsrahmen, der vor allem die individuellen Grundrechte der Bürger garantiert, aber auch auf Werte wie Toleranz und gegenseitige Anerkennung setzt. »Megaloge« schließlich sollen als gesellschaftsübergreifende Dialoge zu moralischen Fragen einen Reflexionsprozeß zu vorliegenden Wertkonflikten und Problemen institutionalisieren. Ein Beispiel für einen solchen »Megalog« aus der deutschen Gegenwart wäre etwa die Auseinandersetzung um die Möglichkeiten und ethischen Grenzen der Gentechnologie. Der Austausch von Argumenten und moralischen Positionen ist eine notwendige Voraussetzung dafür, daß dann später trotz divergierender Werthaltungen eine ebenso legitime wie konsensfähige politische Entscheidung bezüglich des rechtlichen Rahmens getroffen werden kann.

Letztlich sind es solche öffentlichen Dialoge in Verbindung mit dem verfassungsmäßig garantierten, rechtsstaatlich-demokratischen Rahmen, die sicherstellen, daß es ungeachtet normativer Konfliktlinien in der Gesellschaft zu Einigungen, Kompromissen und einem *modus vivendi* kommen kann.

Der Kommunitarismus Etzionis bleibt aber bei solchen grundsätzlichen ethischen und politischen Fragen nicht stehen, sondern entwickelt auch konkrete Vorschläge zur Bearbeitung sozial- und arbeitsmarktpolitischer Problemlagen. Das Spektrum möglicher Maßnahmen reicht hier von der Schaffung von *community jobs* für die Produktion öffentlicher Güter wie Bildung und Kinderbetreuung, also von staatlichen Steuerungsmaßnahmen, bis zu Appellen an die Lebensführung der Bürger, die sich freiwillig auf eine gewisse Einfachheit in der Befriedigung von Grundbedürfnissen einlassen sollen, um auf diesem Weg andere am Erwerbsleben partizipieren zu lassen. In den diversen Vorschlägen Etzionis, auf die hier nicht weiter eingegangen werden kann, wird nochmals deutlich, daß der Staat als Institution in der kommunitarischen Perspektive keineswegs auf die Rolle des Rahmengebers für die Bürgergesellschaft beschränkt bleibt. Statt dessen soll er ein aktiver Bestandteil der *civil society* sein, der soziale Gerechtigkeit und eine Vermeidung allzu großer Machtasymmetrien sicherstellen kann.

3.4 Der Rechtsstaat und die Grenzen der Zivilgesellschaft bei Jürgen Habermas

In den 90er Jahren haben die Konzepte der Kommunitaristen auch in Deutschland eine breite Diskussion erfahren. Die Frontstellung zwischen Gemeinschaftskonzept und Liberalismus war hier aufgrund anderer Traditionen und politisch-kultureller Gegebenheiten weniger scharf und die Einbindung des Staates in die Gemeinwohlproduktion schien ohnehin viel selbstverständlicher. Die Frage lautete eher, wie realistisch vor dem Hintergrund des deutschen Etatismus und gewisser obrigkeitsstaatlicher Erblasten in Deutschland die Vorstellung von freiwilligen, selbstorganisierten Netzwerken sozialen Engagements ist. Und fraglich erschien auch, wie stark die republikanische Dimension des kommunitarischen Gemeinschaftsdiskurses sein kann – und sein soll.[56]

Mit dem Republikanismus werden nämlich auch direktdemokratische Elemente im politischen Prozeß angesprochen. In der deutschen Verfassungsordnung hatte man jedoch, klug geworden aus Erfahrungen der deutschen Geschichte, das plebiszitäre Element vor allem auf Bundesebene sehr klein geschrieben. Zu groß schien die Gefahr zu sein, daß rechtsstaatliche Verfahren und die Rationalitätsgewinne eines repräsentativ-parlamentarischen Systems

---

56 Einen Überblick zu der normativ inspirierten sozialphilosophischen Diskussion über die Zivilgesellschaft findet sich in den Sammelbänden von Brumlik/Brunkhorst (1995), Brink/van Rijen (1995) sowie jetzt Meyer/Weil (2002). Für die angelsächsische Diskussion vgl. Cohen/Arato (1992), Tester (1992), Hall (1995) und Keane (1998). Mit grundsätzlicher Kritik am normativen Modell aus institutionentheoretischer Sicht vgl. Schissler/Preyer (2000).

durch eine populistisch angeheizte, demagogisch instrumentalisierte »Politik der Straße« gefährdet und via Plebiszit zumindest partiell unterlaufen werden können. Allenfalls in kommunalen Kontexten finden sich hierzulande größere Freiräume direktdemokratischen Entscheidens.

Vor diesem Hintergrund ist Jürgen Habermas' Entwurf von Zivilgesellschaft zu sehen, den er vor allem in seinem Buch »Faktizität und Geltung« (1992) vorgelegt hat. Dieser Entwurf stellt derzeit das prominenteste Modell von Bürgergesellschaft in der sozialphilosophischen Debatte Deutschlands dar. Hier sind nicht nur frühere Überlegungen zur politischen Funktion von Öffentlichkeit eingegangen (Habermas 1990), sondern auch die Verortung des Rechts als einer gesellschaftlichen Sphäre, die zwischen »Systemimperativen« einerseits und »lebensweltlicher Rationalität« andererseits vermittelt (Habermas 1981). Das Szenario von 1992 wurde allerdings von vielen Beobachtern als eine konservative Wende, zumindest als eine ausgesprochen vorsichtige und defensive Perspektive beurteilt, da Habermas hier gegenüber früheren Arbeiten dem parlamentarischen politischen System und seinen Verfahren auch normativ einen viel größeren Stellenwert einräumt. Habermas selbst versteht sein Konzept »deliberativer Politik« als einen Mittelweg zwischen Republikanismus und Liberalismus, der die Schwachpunkte dieser beiden Pole weitgehend vermeiden kann.[57]

Deliberative Politik

Deliberative Politik beinhaltet vor allem eine Sichtweise, die den politischen Prozeß in dem Maße für rational hält, in dem er durch öffentliche Beratung (Deliberation) geprägt ist und folglich Verfahren der Problemlösung beinhaltet, die argumentativer Vernunft Raum geben. Hier findet sich also das schon früher bei Habermas entfaltete diskurstheoretische Moment aufgehoben, allerdings weitgehend entschlackt von den Implikationen der »Herrschaftsfreiheit«, die vor allem in den moraltheoretischen Arbeiten und ihren politischen Anwendungen sonst so stark herausgestellt worden war. Die Betonung der Verfahren in diesem prozeduralistischen Ansatz deutet sogar auf eine Annäherung an die Position Luhmanns hin, der stets auf einer »Legitimation durch Verfahren« im Sinne des Rechtsstaats gegenüber Versuchen einer außerrechtlichen, inhaltlich definierten Legitimität insistiert hatte.

Habermas argumentiert, daß es zwei wesentliche Komponenten deliberativer Politik gebe (1992: 349ff):

---

57 Siehe dazu Habermas (1992a). Zur Kritik des Ansatzes vgl. ausführlich Schmalz-Bruns (1995: 102ff).

1. Das politische System einer rechtsstaatlich institutionalisierten Meinungs- und Willensbildung im parlamentarischen Komplex mit einer Gewaltenteilung zwischen gesetzgebendem Parlament, Exekutive und Rechtsprechung. Das Institutionengefüge einer repräsentativen Demokratie in liberaler Tradition gilt hier also mit seinen spezifischen Kontroll- und Legitimationsverfahren als Garant politischer Vernunft.
2. Die Zivilgesellschaft, deren zentrale Aufgabe darin besteht, den rechtsstaatlich verfaßten politischen Prozeß durch eine institutionalisierte kritische Öffentlichkeit kontrollierend zu begleiten.

Öffentlichkeit

Was versteht Habermas in diesem Zusammenhang unter Zivilgesellschaft? Diese Klärung ist wichtig, weil der Fokus durchaus ein anderer ist als in den eher von der sozialpolitischen Ebene (z.B. Evers/Olk 1996) her argumentierenden Ansätzen:

»Die Zivilgesellschaft setzt sich aus jenen mehr oder weniger spontan entstandenen Vereinigungen, Organisationen und Bewegungen zusammen, welche die Resonanz, die die gesellschaftlichen Problemlagen in den privaten Lebensbereichen finden, aufnehmen, kondensieren und lautverstärkend an die politische Öffentlichkeit weiterleiten. Den Kern der Zivilgesellschaft bildet ein Assoziationswesen, das problemlösende Diskurse zu Fragen allgemeinen Interesses im Rahmen veranstalteter Öffentlichkeiten institutionalisiert« (Habermas 1992: 443f).

Hier wird zweierlei deutlich: Zum einen ist die Öffentlichkeitsfunktion der Bürgergesellschaft zentral; es geht nicht um karitative Dienstleistungen oder ein lebendiges Vereinsleben, das letztlich weitgehend in der Privatsphäre verbleibt, sondern um öffentliche politische Diskurse. Zum anderen fungiert Zivilgesellschaft, wenn man das Szenario aus der »Theorie des kommunikativen Handelns« zugrundelegt, als eine Art Sprachrohr der lebensweltlichen Vernunft, die sich gegen die Zumutungen der Systeme Staat und Wirtschaft behaupten muß. Im öffentlichen Diskurs begegnen sich also politisches System und Lebenswelt, professionell-parlamentarische Politik und kritische Bewegungen. Die Zivilgesellschaft bringt Themen auf die Tagesordnung, die sonst unter den Tisch fallen würden. Sie wirkt an der Definition von Problemlagen mit und macht auf Risiken und Gefahren aufmerksam, die durch die Wahrnehmungsraster des routinierten Politikbetriebs oft herausfallen oder aber interessenbedingt bewußt herausgehalten werden. Und sie präsentiert alternative Lösungen und bereichert so das Spektrum des Sagbaren im politischen Feld, durch das wiederum das Spektrum des Machbaren bestimmt wird.

Cohen und Arato (1992), die im Anschluß an Habermas' diskurstheoretisches Modell eine umfangreiche Theorie der *civil society* vorgelegt haben, weisen darüber hinaus auf eine weitere zentrale Funktion bürgergesellschaftlicher (Gegen-)Öffentlichkeit hin: Neben der Einflußnahme auf Prozesse des politischen Systems durch die Entfaltung von öffentlichem Druck geht es immer auch um die Verteidigung einer kritischen politischen Öffentlichkeit als solcher. Ziel der Zivilgesellschaft ist Cohen und Arato zufolge also auch, alternative Kommunikationsstrukturen als Korrektiv zum etablierten Politikbetrieb zu bewahren. Dabei soll durch die Konstruktion eigener kollektiver Identitäten eine autonome Sphäre des politischen Prozesses aufrechterhalten werden (vgl. Cohen/Arato 1992: 531). Als typisches Beispiel für eine so verstandene Zivilgesellschaft fungieren die Neuen Sozialen Bewegungen, die in der deutschen Gesellschaft vor allem in den 70er und 80er Jahren eine wirksame Gegenöffentlichkeit mit wichtigen Thematisierungs- und Kontrollerfolgen aufgebaut haben.[58]

Selbstbegrenzung und die Rationalität des Staates

Habermas insistiert jedoch immer wieder darauf, daß die Rationalität zivilgesellschaftlicher Diskurse in hohem Maße davon abhängt, ob sie eine »strukturell notwendige Selbstbegrenzung radikaldemokratischer Praxis« einhalten (Habermas 1992: 449). Hier äußert sich eine deutliche Zurückhaltung im Hinblick auf direktdemokratische Prozesse, die an den rechtsstaatlich legitimierten Verfahren vorbeilaufen. Daher können und sollen die zivilgesellschaftlichen Kräfte zwar Einfluß, aber keinesfalls politische Macht im Sinne einer verbindlichen Entscheidungskompetenz erwerben. Nur dann, wenn der durch öffentliche Meinung erzeugte Einfluß »die Filter der institutionalisierten Verfahren demokratischer Meinungs- und Willensbildung passiert, sich in kommunikative Macht verwandelt und in legitime Rechtsprechung eingeht, kann aus der faktisch generalisierten öffentlichen Meinung eine unter dem Gesichtspunkt der Interessenverallgemeinerung geprüfte Überzeugung hervorgehen, die politische Entscheidungen legitimiert« (Habermas 1992: 449).

Ähnlich wie in Michael Walzers Argumentation hält Habermas nicht nur an dem Wert der Verfahren in einem repräsentativ-parlamentarischen und durch unabhängige Rechtsprechung überprüften politischen System fest, sondern auch an der großen Rolle des Staates. Ihm obliegt es, das Gemeinwohl

---

58 Zu den Neuen Sozialen Bewegungen als zivilgesellschaftliche Akteure siehe ausführlich Klein (2001: 144ff) sowie die Bilanz der bisherigen Bewegungsforschung bei Klein u.a. (1999) und die fortlaufende Debatte im »Forschungsjournal Neue soziale Bewegungen«.

gegenüber der großen Zahl von Einzelinteressen im Blick zu halten und zur Geltung zu bringen. Nicht zuletzt aber sichern die Verfahren auch gegen die Gefahr, daß politische Entscheidungen durch den Druck antimodernistischer, populistischer Bewegungen gestaltet werden. Institutionalisierte rechtsstaatliche Schranken können so beispielsweise eine von geschickten Demagogen geschürte ausländerfeindliche Stimmung daran hindern, mittels plebiszitärer Durchschlagskraft in gesetzliche Regelungen einzugehen, auch wenn die Erfahrung zeigt, daß die Parteien und somit die legitimierten Gesetzgeber gegen populistische Einflüsse keineswegs völlig gefeit sind.

Zivilgesellschaft ist in ihrer Funktionsweise elementar auf einen garantierten grundrechtlichen Rahmen, etwa auf Meinungs-, Versammlungs- und Vereinigungsfreiheit angewiesen, und sie muß sich wiederum stets im rechtsstaatlich definierten Rahmen bewegen, wenn sie Einfluß entfalten will. Habermas macht allerdings eine Einschränkung, die in gewisser Hinsicht zumindest eine Brücke zu seinen früheren, doch eher radikaldemokratisch orientierten Arbeiten schlägt. Ziviler Ungehorsam nämlich, der einen Rechtsbruch per definitionem einschließt, ist Habermas zufolge unter bestimmten Bedingungen durchaus erlaubt: in Situationen einer zugespitzten gesellschaftlichen Krisenhaftigkeit, als begrenzter und unter hohem Erklärungszwang stehender Versuch, durch den Rechtsbruch Aufmerksamkeit und Betroffenheit zu generieren. An dieser Stelle, aber eben nur an dieser begrenzten Stelle, wird das Legalitätsprinzip bürgergesellschaftlicher Aktivitäten kurzzeitig außer Kraft gesetzt. Ansonsten jedoch sind die Prioritäten klar: Vorrang genießt der verfahrensrechtlich abgesicherte politische Prozeß, der durch zivilgesellschaftliche Gegenöffentlichkeiten und ihren Druck auf die öffentliche Meinung zwar beeinflußt, niemals jedoch gesteuert werden darf. Kritisch angemerkt sei an dieser Stelle allerdings doch, daß selbstverständlich auch rechtsradikale Kräfte, wenn sie in einem entsprechenden Meinungsklima agieren, zivilen Ungehorsam für sich beanspruchen könnten. Die Grenze zwischen dem, was dann argumentativ zu rechtfertigen ist und dem, was den Rahmen kommunikativer Rationalität verläßt, ist gerade in aufgeheizten Stimmungen empirisch nur sehr schwer auszumachen. Das ausserrechtliche Schlupfloch, das Habermas hier über den zivilen Ungehorsam eröffnet, erscheint somit als ausgesprochen problematisch und im Kontext einer Theorie der Bürgergesellschaft eigentlich auch unnötig. Es bedarf keiner Rechtsbrüche, um öffentliche Aufmerksamkeit zu erregen. Dazu kann man sich auch der modernen Techniken der Public Relations bedienen, wie dies die Akteure des etablierten politischen Systems ohnehin seit langem tun.

3.5 Fazit: Gegenstandsbestimmung und Analysedimensionen

Abschließend soll nun bilanziert werden, was der Durchgang durch die verschiedenen Konzepte von Bürger- und Zivilgesellschaft ergeben hat. Die Erträge lassen sich auf zwei Ebenen verbuchen: zum einen auf der Ebene der Gegenstandsbestimmung, was gerade bei einem so schillernden Phänomen wie Bürgergesellschaft höchst wichtig ist, und zum anderen auf der Ebene der Problemlagen, die entscheidende Hinweise für die kritische Analyse der Funktionsweise bürgergesellschaftlicher Arrangements in der deutschen Gegenwartsgesellschaft enthalten.

Für die Gegenstandsbestimmung lassen sich nun einige Kriterien benennen, die gegeben sein müssen, damit wir überhaupt sinnvoll von Bürgergesellschaft sprechen können: Freiwilligkeit, Autonomie und Selbststeuerung, Pluralität, Legalität und Vita Activa.

Freiwilligkeit

Bürgergesellschaft besteht im Kern aus *freiwilligen Assoziationen*, d.h. aus Zusammenschlüssen von Bürgern, die sich aus freien Stücken zusammenfinden, um bestimmte Interessen zu realisieren oder auch im Sinne einer irgendwie gearteten Gemeinwohlnorm soziale und politische Probleme zu bearbeiten. In diesem Kriterium stimmen eigentlich alle Ansätze überein. Unterschiede gibt es dann hinsichtlich des Fokus. Während einige Ansätze diesen sehr breit anlegen und beispielsweise das gesamte Spektrum des Dritten Sektors zwischen Markt und Staat als bürgergesellschaftlichen Zusammenhang fassen – dies ist vor allem in den sozialpolitischen Beiträgen häufig vorzufinden –, sieht Jürgen Habermas Zivilgesellschaft sehr viel enger auf den Bereich einer politisch aktiven, kritischen Bewegungsöffentlichkeit konzentriert.

Autonomie und Selbststeuerung

Bürgergesellschaft ist gekennzeichnet durch *Autonomie*, Selbstorganisation und Selbststeuerung. Autonomie muß dabei als Unabhängigkeit in zwei Richtungen verstanden werden: gegenüber dem Markt und seinen ökonomischen Zwängen einerseits, gegenüber dem Staat und seiner Verwaltungslogik andererseits. Die Theorietradition stellt sich zu diesen zwei Richtungen durchaus unterschiedlich: Während die liberale Tradition von Locke bis Dahrendorf immer wieder die Abgrenzung gegenüber dem Staat betont, der bürgerliche Eigeninitiative in seinen Apparaten zu ersticken droht, sieht die republikanische Tradition bis hin zu den Kommunitariern den Staat als einen wichtigen Garanten dafür, daß

Bürgergesellschaft sich überhaupt eigenständig entwickeln kann und beispielsweise nicht durch die Marktmacht bestimmter gesellschaftlicher Gruppen gesteuert wird. Diese Problematik wird vor allem an der Frage des Gemeinwohls festgemacht: Die Loslösung von durchsetzungsstarken egoistischen Gruppeninteressen, so etwa Walzer und auch Habermas, kann letztlich nur gelingen, wenn der Staat rahmengebend und fördernd in das Geschehen eingreift, ohne doch selbst ganz die Regie zu übernehmen. Teilweise trägt das Kriterium der Autonomie auch normativ-utopische Potentiale, insofern Bürgergesellschaft gleichsam den besseren Zustand von Gesellschaft insgesamt verkörpert oder aber zum Hoffnungsträger der Entwicklung von Gesellschaft in eine bessere Zukunft hinein deklariert wird.[59]

Pluralität

Bürgergesellschaft markiert einen Raum gesellschaftlicher und politischer *Pluralität*. Dieser Aspekt wird wiederum hauptsächlich von Seiten liberaler Theorieansätze betont, in Abgrenzung sowohl von etatistischen Konzepten, die den Staat als Dreh- und Angelpunkt aller Politik definieren, aber auch gegenüber Strukturen, in denen sich Macht- und Einflußkartelle herausbilden, die jegliche Pluralität der Interessenvertretung und damit letztlich auch die Gemeinwohlförderlichkeit von Bürgergesellschaft negativ beeinflussen.[60] Vor allem Dahrendorf hat immer wieder den korporatistischen Charakter und die damit verbundene kartellistische Tendenz des Dritten Sektors in Deutschland und in anderen staatsorientierten Gesellschaften kritisiert.

Legalität

Bürgergesellschaftliche Aktivitäten bewegen sich im Rahmen einer rechtsstaatlich garantierten *Legalität*. Damit wird zum einen betont, daß Bürgerengagement stets angewiesen bleibt auf eine Basis von Grundrechtsgarantien, die unabhängige Aktivität überhaupt erst ermöglichen. In Diktaturen oder totalitären Systemen, wo Meinungs-, Versammlungs- und Vereinigungsfreiheit keine Geltung haben, ist Bürgergesellschaft kaum vorstellbar. Oder aber sie wird – wie im Osteuropa der späten 80er Jahre – zum Ausgangspunkt einer letztlich systemverändernden Dynamik. Auf der anderen Seite bedeutet die Legalität der Bürgergesellschaft auch eine wichtige Selbstbindung, nicht nur gegenüber etwa mafiösen Einflußstrukturen, sondern vor allem einen Verzicht auf

---

59 Siehe dazu auch Dubiel (1994: 67).
60 Zum Zusammenhang von Pluralismus und Gemeinwohl vgl. noch immer Fraenkel (1964).

Handlungsformen, die versuchen, jenseits der rechtsstaatlichen Verfahren politisch wirksam zu werden. Jürgen Habermas' Plädoyer für den zivilen Ungehorsam stellt hier eine Grenzposition dar, die mit mancherlei Problemen behaftet ist.

Vita Activa

Bürgergesellschaft basiert auf der Bereitschaft, ja sogar auf dem Bedürfnis der Menschen zur Partizipation an den öffentlichen Angelegenheiten. Bürgergesellschaft, dies haben vor allem die Ansätze der republikanischen Tradition von Aristoteles über Tocqueville bis zu den Vertretern des Kommunitarismus herausgearbeitet, basiert im Kern auf einem Identitätsmodell, das den Menschen eine öffentliche Existenz zuschreibt. Mit Hannah Arendts Begriff der *Vita Activa* läßt sich dieses Identitätsmodell gut umschreiben, wobei es natürlich Unterschiede dahingehend gibt, wie weit etwa private Interessen hinter einem öffentlich definierten Gemeinwohl zurückstehen. Damit aber wird auch deutlich, daß Bürgergesellschaft in hohem Maße angewiesen ist auf das Vorhandensein einer politischen Kultur, die Engagement und Partizipation als Moment bürgerlicher Identität definiert. Das Bürgerliche enthält in der *civil society*, um es in den Begriffen von Karl Marx auszudrücken, neben der Dimension des *bourgeois* immer auch die Dimension des *citoyen*.

Fragerichtungen

Im Zusammenhang mit dieser Gegenstandsbestimmung lassen sich dann auch einige Fragerichtungen ableiten, die bei der Analyse der Funktionsweise von Bürgergesellschaft berücksichtigt werden sollten:

1. Wo genau liegen die Abhängigkeitsrelationen, in die bürgergesellschaftliches Engagement verstrickt ist? Wie sieht die institutionelle Einbettung aus und wie werden dadurch die Handlungsmöglichkeiten beschränkt oder auch erweitert? Bringt sich die Marktlogik oder die Funktionslogik des Staatsapparats so zur Geltung, daß Bürgergesellschaft zum Appendix der zwei anderen Sektoren degeneriert?
2. Welche Formen von Ungleichheit lassen sich in welchem Ausmaß konstatieren? Der Blick ist hierbei nicht nur darauf zu richten, in welchem Maße bestimmte Gruppen politischen Einfluß, mitunter sogar Macht erwerben und einsetzen können. Wichtig ist vor allem auch der Blick auf die Voraussetzungen dafür, daß Bürger selbstorganisiert aktiv werden können. Welche Selektivität ist durch diese Voraussetzungshaftigkeit bedingt, die

sich auf Geld, Bildung oder auch gute Kontakte beziehen kann? Auch kommunikative Fähigkeiten, Berufserfahrung oder Verfahrenswissen im Feld können hier von großer Bedeutung sein.
3. Wenn die Freiwilligkeit der Aktivität *den* gemeinsamen Nenner in allen Ansätzen zur Konzeptualisierung von Bürgergesellschaft darstellt, wie ist dann die Motivation der Bürger zu solchem freiwilligen Engagement zu fördern und wovon ist sie abhängig? Im Durchgang durch die Theoriegeschichte und die gegenwärtigen Ansätze haben sich, grob unterschieden, zumindest zwei Antwortrichtungen abgezeichnet: Entweder setzt man auf ein altruistisch definiertes Tugendkonzept; Freiwilligkeit basiert dann auf der Tugendhaftigkeit der Bürger, auf ihrer Bereitschaft, für das Gemeinwohl die eigenen Interessen zumindest partiell zurückzustellen und ggf. auch Opfer zu bringen. Solche Tugendhaftigkeit ist ihrerseits von der Existenz entsprechender Traditionen und politischer Kulturen abhängig, und sie muß durch Erziehungs- und Sozialisationsprozesse immer wieder neu vermittelt werden.

Die alternative Antwort dagegen setzt auf den Nutzenaspekt der Tugend – oder besser: auf das Kalkül der Individuen, das es ihnen nahelegen kann, sich im – wohlverstandenen – eigenen Interesse zu engagieren. Diese Richtung hatte vor allem Tocqueville angedeutet, indem er herausarbeitete, daß viele Amerikaner zur Partizipation bereit sind. Sie wissen, daß die Erhaltung einer funktionierenden Ordnung auch in ihrem eigenen privaten Interesse liegt, auch wenn hierbei jeweils das Problem der »Trittbrettfahrer« zu bedenken bleibt.

Dieser Nutzenaspekt der Bürgergesellschaft soll nun im folgenden Theoriekapitel im Anschluß an soziologische Kapitaltheorien vor dem Hintergrund modernisierungstheoretischer Argumentationen systematisch entfaltet werden. Der Ansatz einer erweiterten Kapitaltheorie, so ist dabei zu zeigen, ermöglicht nicht nur einen besseren Zugriff auf das Problem der Motivation freiwilligen Engagements, sondern sie eröffnet auch schärfere Analysemöglichkeiten für die spezifischen Weisen der Vernetzung sowie Probleme der Ungleichheit und der Abhängigkeit in der heutigen Bürgergesellschaft.

4. Ein anderer Blick auf die Bürgergesellschaft: Kapitaltheorien und soziologischer Utilitarismus

4.1 Individualisierung und der Utilitarismus des Alltags

Der Verlust der Tugend?

Die allgemeine Klage über einen Verlust der Tugend reicht vom universitären Diskurs bis hin zu den moralisierenden Veröffentlichungen deutscher Fernsehmoderatoren.[1] Der unterstellte Tugendverlust wird dabei häufig verantwortlich gemacht für eine Vielzahl von gesellschaftlichen Problemen, vor allem für Probleme der sozialen Desintegration.[2] In der öffentlichen Debatte kommt es dann zu verkürzten Adaptionen wissenschaftlicher Befunde und Termini sowie zu kurzschlüssigen Folgerungen, die ein düsteres Bild der Gegenwartsgesellschaft entwerfen: Individualisierung wird ineins gesetzt mit Vereinsamung, Bindungslosigkeit und einer Zunahme des Egoismus. Aus dieser resultiere dann ein Verfall der öffentlichen Ordnung und eine Verweigerung vor allem der jüngeren Generationen, sich für gemeinwohlorientierte Belange zu engagieren.[3]

Wendet man sich demgegenüber der seriösen Forschung zu, entsteht ein ganz anderes Bild. Zunehmende Individualisierung geht keineswegs mit einer rapiden Abnahme der Engagementbereitschaft einher. Zwar haben sich die Werteinstellungen von Pflicht- und Akzeptanzwerten zu Selbstverwirklichung und hedonistischen Motiven verschoben,[4] aber die Lust der von diesem Wertewandel betroffenen Akteure auf bürgerschaftliches Engagement ist gleichwohl ungebrochen. Helmut Klages, der sich mit dieser Entwicklung besonders intensiv auseinandergesetzt hat, konstatiert sogar, daß sich die Menschen nicht *trotz*, sondern gerade *wegen* der Individualisierungsprozesse engagie-

---

1 Vgl. etwa die bekannte Abhandlung von Alasdair MacIntyre (1995) und die Veröffentlichungen des ARD-Tagesthemen-Moderators Ulrich Wickert (1994, 1995).
2 Zur wissenschaftlichen Debatte über Desintegrationsprobleme in der Gegenwartsgesellschaft vgl. Heitmeyer (1997).
3 Zur Kritik dieser populären Deutungsmuster siehe Keupp (2000).
4 Siehe dazu vor allem Klages (1984) und Meulemann (1996, 2001).

ren. Allerdings, so die Befunde, hat sich das Engagement verschoben: von den überkommenen Großorganisationen wie etwa den etablierten Wohlfahrtsverbänden und Parteien hin zu zeitlich begrenzten, projektförmigen und dezentralisierten Kontexten.[5]

Genau diese Befunde aber bieten auch den Schlüssel zum Verständnis einer auf den ersten Blick widersprüchlichen Entwicklung. Sie machen nämlich darauf aufmerksam, daß die engagementbereiten Akteure wählerischer geworden sind. Sie lassen sich nicht mehr einreihen in die Bataillone pflichtbewußter Verbands-Soldaten, die im Rahmen von Großbürokratien genau dort ihren Dienst versehen, wo man sie von übergeordneter Stelle aus positioniert. Sie fragen nicht primär: Was haben die anderen, was hat die Gemeinschaft von meinem Einsatz, sondern: Was habe ich persönlich davon, daß ich hier arbeite?

»Verführung statt Verpflichtung« lautet die Devise (Hitzler 1999). Die Akteure suchen diejenigen Kontexte auf, die ihnen interessant, unterhaltsam oder auch erfahrungsbereichernd erscheinen. Die mit der Individualisierung einhergehende Freisetzung aus all jenen sozialstrukturellen und kulturellen Einbindungen, die früher den eigenen Lebensweg steuerten (oder doch zumindest permanente Steuerungshilfen zur Verfügung stellten), bewirkt bei den Akteuren ein waches Bewußtsein bezüglich des Nutzens, der sich jeweils realisieren läßt. Ist man schon gezwungen dazu, die Lebensumstände selbst zu gestalten, dann will man sie auch möglichst weitgehend im Sinne der eigenen Interessen gestalten.

Materielle und ideelle Interessen

Interessen sind dabei jedoch keineswegs nur als materielle Interessen zu interpretieren. Eine Entscheidung kann sich, wenn man hier einmal die Unterscheidung von Max Weber (1963: 252) aufgreift, sowohl auf materielle als auch auf ideelle Interessen beziehen. Bei den ideellen Interessen spielen, historisch sehr wichtig, religiöse und konfessionelle Aspekte eine zentrale Rolle, auch weltanschaulich-ideologische Dispositionen, die als Beweggrund des Handelns fungieren können. Darüber hinaus läßt sich das Konzept der ideellen Interessen jedoch auch auf »gelungene« Identitäten der Akteure beziehen, auf das Gefühl, zufrieden mit sich und seiner Persönlichkeit zu sein.

---

5 Vgl. Klages (1998, 1999, 2001) und Klages/Gensicke (1999). Diese Entwicklungen in der deutschen Gegenwartsgesellschaft und vor allem im Dritten Sektor wurden oben ausführlich beschrieben.

Das schließt unmittelbar auch die Anerkennung dieser Identität durch andere mit ein, wobei damit in der Multioptionsgesellschaft ein großer Druck auf die Individuen verbunden ist: Anerkannt sind vor allem diejenigen Akteure, die »erfolgreich«, »originell«, »interessant« sind, die im interaktiven Miteinander »etwas zu bieten haben«.[6]

Schließlich aber hat die neuere Forschung den gesamten Bereich von Lebensstil und Lebensführung, die *ways of life*, verstärkt in den Blick genommen. Auch auf dieser Ebene formieren und artikulieren sich Interessen, deren Verfolgung nicht weniger »rational« ist als die bestimmter materieller Vorteile (vgl. Wildavsky 1987). In der symbolischen Ordnung von Gesellschaften stellen sich In- und Exklusionen, Zugehörigkeiten und Abgrenzungen her; hier finden Menschen auch jenseits räumlicher Befindlichkeiten so etwas wie Heimat, hier wird Kultur als »zweite Haut« spürbar.

Auch Identitäten in der Gegenwartsgesellschaft sind »partizipative Identitäten« (vgl. Hahn 1997 und 1993), d.h. sie beruhen auf Zugehörigkeiten und Abgrenzungen, auf In- und Exklusionen. Aber diese partizipativen Identitäten sind mobiler geworden. Die Gemeinschaften, die dabei entstehen, sind immer häufiger »posttraditional«: Sie beruhen auf Freiwilligkeit, sind zeitlich begrenzt, mit geringerer Verbindlichkeit verknüpft, thematisch fokussiert und zusammengehalten in der Regel durch gemeinsame Akteursinteressen.[7]

Individualisierung, so läßt sich die Entwicklung kurz zusammenfassen, geht mit einer Verstärkung des *Alltagsutilitarismus* einher. Die freigesetzten Individuen legen bei ihren Handlungen, wie unbewußt auch immer, Kosten-Nutzen-Kalküle zugrunde und fragen sich, was dabei für sie herauskommt.[8] Insofern scheint die eingangs erwähnte Parallelisierung von Individualisierung, Egoismus und Tugendverlust zunächst plausibel zu sein.

Die Parallele wird jedoch problematisch, sobald man genauer hinschaut. Das, was mir konkret als Nutzen erscheint, muß keineswegs den anderen zum

---

6 Dieser Aspekt wird in der neueren Identitätsforschung immer deutlicher herausgearbeitet; vgl. dazu die Beiträge in Willems/Hahn (1999) und Hettlage/Vogt (2000).

7 Vgl. dazu Bauman (1995, 1995a) und Hitzler (1998 und 1999). Keupp (1999 und 2001) spricht in diesem Zusammenhang im Anschluß an eine Begrifflichkeit von Ralf Dahrendorf von »posttraditionalen Ligaturen«, d.h. von sozialen Vernetzungen mit Bindungskraft, die nicht mehr gegeben sind, sondern jeweils im sozialen Prozeß der reflexiven Moderne von den Akteuren erst geschaffen werden müssen. Die individualisierten Akteure sind »Baumeister« ihrer eigenen Bindungen, wie Keupp vor allem mit Bezug auf die neuere empirische Netzwerkforschung betont.

8 Dies betrifft im Grunde alle Lebensbereiche, auch solche, die über lange Zeit hinweg solchen Kosten-Nutzen-Kalkülen der Individuen entzogen waren – beispielsweise den Kinderwunsch von Ehepaaren, verknüpft mit der öffentlichen Diskussion über den »Wert« von Kindern (vgl. Bühler-Niederberger 1996).

Schaden gereichen. Genauer formuliert: Handlungen, die im traditionellen Sinne als »gemeinsinnig« oder gemeinwohlorientiert gelten, werden oft deshalb gewählt, weil sie gleichwohl den Akteuren einen – materiellen oder ideellen – Nutzen bringen.

Engagement und Nutzen

Damit wird insgesamt eine neue Perspektive auf bürgerschaftliches Engagement eröffnet. In der vorliegenden Forschungsliteratur hat man, wie oben dargelegt wurde, zunehmend den Aspekt der Eigeninteressen von freiwillig Engagierten herausgearbeitet. Nicht mehr traditionale Muster der Pflichterfüllung oder rein altruistische Motivationen, sondern (im Sinne subjektiv rationaler Kalküle)[9] der Nutzen, den das Engagement für die Handelnden selber erbringt oder zu erbringen verspricht, scheint immer deutlicher zum Beweggrund für bürgergesellschaftliche Zusammenhänge zu werden.

In diesem Sinne ist zu erforschen, in welcher Weise und in welchem Ausmaß verschiedene Aspekte des in einem weiteren Sinne definierten Eigennutzes beim bürgerschaftlichen Engagement als Handlungsmotivation wirksam sind: der Erwerb von Wissen, Fähigkeiten und Qualifikationen; der Erwerb von geselligen Kontakten und nützlichen Beziehungen; der Erwerb von sozialer Anerkennung, die wiederum das eigene Selbstwertgefühl steigert. Auch der Zugang zu relevanten Informationen über demnächst frei werdende Stellen und der spätere Einstieg in eine berufliche Tätigkeit könnte als Handlungsmotiv wirksam sein.

Neben diesen »harten« Nutzenaspekten sind aber auch diejenigen Dimensionen zu berücksichtigen, die von den Handelnden als Momente einer geglückten und erfüllten Identität erfahren werden. Dazu zählt vor allem die Erfahrung sinnhaften Handelns und die Erfahrung, daß es in einem bestimmten Zusammenhang »auf einen ankommt«; das Gefühl, die eigene Persönlichkeit zu verwirklichen; und schließlich die Erfahrung von (posttraditionalen) Gemeinschaftszusammenhängen. Gerade die Option auf Inklusion in einen sozialen Zusammenhang kann als Beweggrund des Engagements wirksam sein.

Es erscheint vor diesem Hintergrund ratsam, für die Analyse der Funktionsweise von Bürgergesellschaft einen konzeptionellen Rahmen heranzuziehen, der es erlaubt, die Phänomene des Alltagsutilitarismus systematisch zu beschreiben. Das aussichtsreichste Angebot hierfür machen die erweiterten Kapitaltheorien, die seit einiger Zeit in der soziologischen Theorie entwickelt

---

9 Vgl. dazu Esser (1991).

und stetig verfeinert wurden.[10] Die Rede ist hier zum einen vom »Strukturutilitarismus« Pierre Bourdieus, der das nutzenbezogene Handeln der Akteure stets im Zusammenhang mit strukturellen Positionen und Restriktionen im sozialen Raum betrachtet. Und es ist zum anderen der Blick auf das Rational Choice-Paradigma bzw. den »methodologischen Individualismus« zu richten, der das Handeln systematisch im Rahmen von Kosten-Nutzen-Kalkülen zu erfassen sucht (James S. Coleman, Hartmut Esser). Hier werden auch Normen, Vertrauensbeziehungen und Netzwerke in die Betrachtung einbezogen.

Als dritte Größe kommt schließlich die Theorie des Sozialkapitals ins Spiel, wie sie vor allem Robert D. Putnam im Anschluß an Coleman und an die neuere politische Kulturforschung entwickelt hat. Sozialkapital fungiert hier als eine Ressource von Gemeinschaften, die primär *kulturell* bedingt ist. Putnams Konzepte und Thesen haben sich in den letzten Jahren in der wissenschaftlichen wie in der öffentlich-politischen Diskussion über Bürgergesellschaft einer besonderen Popularität erfreut, was allerdings der Trennschärfe der Begriffe und Argumentationen nicht immer zuträglich war.[11]

4.2 Der ökonomische Blick und die Erweiterung des Kapitalkonzepts

Rationalität, Interesse, Nutzen: Die utilitaristische Tradition

Der ökonomische, am Nutzen von Handlungen orientierte Blick auf die soziale Welt ist keineswegs ein neues Phänomen. Im Grunde steht schon am Beginn des neuzeitlichen Nachdenkens über soziale und politische Ordnung das nüchterne Kalkül von Kosten und Nutzen im Vordergrund. Die Möglichkeit der Entstehung von Ordnung wird abgelöst von der Bindung an religiöse und damit verknüpfte moralische Normen. Machiavellis »Principe« ebenso wie

---

10 Erste Entwürfe in die Richtung einer Verwendung der erweiterten Kapitalkonzepte zur Beschreibung und Erklärung bürgerschaftlichen Engagements finden sich in Dörner/Vogt (1999 und 2001).

11 Es gilt hier, was Herfried Münkler generell über die Aneignung wissenschaftlicher Termini durch die interessierte politische Öffentlichkeit schreibt: »Selten wird mit einem Begriff so viel Schindluder getrieben wie ab dem Zeitpunkt, zu dem er in die Hände der Politiker gefallen bzw. präziser: zu einem Bestandteil der politischen Sprache geworden ist. Da werden dann Sinn und Bedeutung nach Belieben zurechtgebogen, es kommt zu polemischen Instrumentalisierungen oder aber der Begriff wird, wenn er sich erst einmal durchgesetzt hat und allgemein akzeptiert wird, so ausgeweitet und gedehnt, dass unter ihm am Ende alles Beliebige versammelt und zusammengefasst werden kann.« (Münkler 2002a: 115).

Thomas Hobbes' »Leviathan« entwerfen Ordnungsmodelle, die nicht mehr auf die Bindungskraft von Glaube und Tugend vertrauen, sondern auf Zweckrationalität und Interessen. Die gesamte Tradition der Vertragstheorien von Hobbes bis Rawls basiert auf der Annahme einer nüchtern-rationalen Abwägung von Akteuren, die sich im Sinne ihres eigenen Nutzens für einen bestimmten Gestaltungsrahmen des Zusammenlebens entscheiden.[12]

Zugespitzt wird diese Perspektive später bei David Hume und vor allem bei Adam Smith, der mit seiner Vision der »unsichtbaren Hand« die gesamte, in ihren Resultaten durchaus gemeinwohlgenerierende Ordnung als das Produkt interessebezogener, egoistischer Handlungen einzelner Akteure konzeptualisiert. Und die konsequenteste Gestaltung erfährt der nutzenbezogene Ansatz in der älteren Theoriegeschichte schließlich im Utilitarismus. Hier wird aus bestimmten anthropologischen Grundannahmen heraus nicht nur die ordnungsstiftende Kraft von nutzengeleitetem Handeln konstatiert, sondern direkt normativ gewendet zum ethischen Programm erhoben. Der Utilitarismus richtet den Blick konsequent auf die Handlungsfolgen; die Rationalität einer Entscheidung bemißt sich stets daran, was am Ende dabei für die Beteiligten herauskommt.[13]

In der modernen Sozialtheorie sind es zunächst vor allem die tauschtheoretischen Ansätze etwa von George Caspar Homans (1961) und Peter M. Blau (1964), die das Element der Kosten-Nutzen-Kalküle als Grundlage allen menschlichen Handelns ins Zentrum der Betrachtung stellen.[14] Später ist dieser »ökonomische Blick« dann in den diversen Spielarten der Theorie des rationalen Handelns ausgebaut und verfeinert worden, von der ökonomischen Demokratietheorie eines Anthony Downs (1968) über Mancur Olsons Theorie des kollektiven Handelns (1965) bis zu den neueren Arbeiten des Rational Choice und des methodologischen Individualismus, auf die weiter unten noch ausführlich einzugehen sein wird.[15]

In der neueren sozialwissenschaftlichen Diskussion sind vor diesem Hintergrund systematische Theorien der Kapitalformen entstanden, die den grundlegenden Mechanismus von Investition, Gewinnzielung und Akkumulation auf weite Bereiche des sozialen Lebens ausweiten. Der Vorteil dieser

---

12 Siehe dazu umfassend Kersting (1994).
13 Zur utilitaristischen Philosophie und ihren modernen Varianten siehe Höffe (1992).
14 Im Grunde müssen allerdings auch die strukturalistischen Arbeiten über den Gabentausch, vor allem die bahnbrechende Studie von Marcel Mauss (1925), zu dieser Tradition hinzugezählt werden. Zur Soziologie des Tauschs siehe grundlegend Clausen (1978); zum tauschtheoretischen Paradigma vgl. insgesamt Kappelhoff (1995).
15 Zur grundsätzlichen Reflexion der Verwendung von Modellen ökonomischer Rationalität in den Kultur- und Sozialwissenschaften vgl. die Beiträge in Sitter-Liver/Caroni (1998).

Sichtweise liegt ohne Zweifel darin, daß ganz unterschiedliche Formen des Nutzens *im Zusammenhang* sowie in ihrer gegenseitigen Bezogenheit aufeinander sichtbar und bilanzierbar gemacht werden können. Allerdings muß immer wieder berücksichtigt werden, daß nicht alle Varianten von Nutzen und Interessen in diesem Sinne kapitalisierbar, quantifizierbar und verrechenbar sind.

Kapital

Ohne Kapital bewegt sich nichts. Diese Aussage beschreibt zunächst einmal die zentrale Relevanz wirtschaftlicher Prozesse im Zeitalter des Spätkapitalismus. Sie gewinnt aber auf einer zweiten Ebene noch viel weiter reichende Bedeutung. Wenn man den Kapitalbegriff von seiner Bindung an ökonomische Realitäten im engeren Sinne löst und statt dessen alle Formen sozialen Handelns unter der Perspektive einer Logik von Investition, Ertrag und Gewinn betrachtet, dann wird deutlich, in welchem Ausmaß tatsächlich verschiedene Kapitalformen unser Leben und die Erfolgschancen unseres Handelns beeinflussen.

Seit den Anfängen einer ökonomisch bestimmten Verwendung des Kapitalbegriffs hat es immer eine besonders enge Verknüpfung zwischen »Kapital« und Geld gegeben. Sowohl im alltagssprachlichen Gebrauch der Handelspraxis seit dem 16. Jahrhundert als auch in den frühen theoretischen Bestimmungsversuchen dominiert dieser monetäre Kapitalbegriff.[16]

Bis hinein in das 19. Jahrhundert findet sich eine weitgehende Gleichsetzung von Geldvermögen und Kapital, auch wenn in diesem begrifflichen Rahmen dann vielfache Differenzierungen entfaltet wurden (für die erste Hälfte des 19. Jahrhunderts sind nicht weniger als ca. 200 divergierende Kapitalkonzepte in der einschlägigen Literatur identifiziert worden; vgl. Brylewski 1933).

Erst mit dem Denken der Physiokraten und dann vor allem in Rahmen der Beschreibung der »Commercial Society« bei Adam Smith wird der Kapitalbegriff dann ausgeweitet auf die Gesamtmenge an verfügbaren Gütern. Neben dem »circulating capital«, den umlaufenden Gütern und dem Geld, hat Smith auch das »fixed capital«, also das Sachkapital von Maschinen und Werkzeugen systematisch in das Kalkül einbezogen (vgl. Hilger/Hölscher 1982: 419).

In der Zuordnung der drei »klassischen« Produktionsfaktoren Boden, Arbeit und Kapital ergab sich dann bald eine wichtige Wendung dahingehend, daß Kapital als »accumulated labour«, also als das gespeicherte Produkt von

---

16 Siehe dazu ausführlich die begriffsgeschichtliche Studie von Hilger und Hölscher (1982: 404ff).

Arbeitsprozessen verstanden wurde. Diese zunächst vom Liberalismus gegenüber Renten- und Zinseinkünften durchaus polemisch vorgetragene Aufwertung des Faktors Arbeit[17] hat dann bei Karl Marx seine gesellschaftstheoretische Ausdeutung gefunden. Kapital ist hier »vergegenständlichte« oder »tote« Arbeit, und es handelt sich nicht länger lediglich um einen Produktionsfaktor, sondern um die Konstituente eines gesellschaftlichen Produktionsverhältnisses (Marx 1894: 838). Das Interesse der Kapitalakkumulation ist der den Kapitalismus prägende Faktor, dem alle anderen Faktoren untergeordnet sind. In der geschichtsphilosophischen Perspektive bewerkstelligt er die Auflösung aller alten (ständischen) Formen zugunsten des Neuen, aus dem dann schließlich in Überwindung der bürgerlich-kapitalistischen Produktionsverhältnisse die utopisch entworfene klassenlose Gesellschaft hervorgehen soll.

Die Dynamik des Kapitals als Motor einer unbändigen ökonomischen Entwicklung, die ihrerseits die sozialen und politischen Verhältnisse im Zuge gesellschaftlicher Modernisierung radikal verändert, ist später auch von anderen soziologischen Klassikern, von Max Weber, Georg Simmel und Werner Sombart eindringlich beschrieben worden. Die derzeitigen Debatten über Globalisierung sind in vieler Hinsicht nur eine aktualisierte Fassung jener Auseinandersetzungen. Geld und Maschinen, vor allem aber eine Mentalität der Akkumulation, die den Gewinn nicht verkonsumiert, sondern zu großen Teilen reinvestiert, haben die Welt ständig weiter verändert.

Die Erweiterung des Kapitalkonzepts

Erst relativ spät jedoch hat man neben den klassischen Formen des Kapitals auch die Faktoren Bildung, Fähigkeiten und Qualifikation in das ökonomische Kalkül einbezogen. Zwar sprach auch Adam Smith in seiner Untersuchung über den Wohlstand der Nationen schon von den nützlichen Fähigkeiten der Menschen, die beim ökonomischen Erfolg von großer Bedeutung seien, und Philosophen wie Adam Müller verwiesen auf das »Erfahrungs-Capital« und ein »geistiges Capital« das für die Stärke einer Nation weitaus wichtiger sei als das physische Kapital (vgl. Hilger/Hölscher 1982: 423). Aber dabei handelt es sich um einen unverbindlich-metaphorischen Sprachgebrauch.

Erst in den 1950er und 1960er Jahren wurde »Humankapital« systematisch als eine Größe betrachtet, die den Erfolg einer Unternehmensstrategie und, im

---

17 Renten- und Zinseinkünfte sind »unproduktiv«, weil hier keine neuen Werte geschaffen werden. Schon Locke hatte seinerzeit die Rechtfertigung von Bodenbesitz an die Koppelung mit produktiver Arbeit gebunden.

größeren Maßstab, den Erfolg einer Volkswirtschaft nachhaltig beeinflußt.[18] Obwohl man hier durchaus im engeren Bereich der ökonomischen Theorie verblieb, war damit doch der erste Schritt zur Ausweitung des Kapitalkonzepts im Bereich der Sozialtheorie gemacht.

Der Begriff »soziales Kapital« wurde dann schließlich im Jahr 1961 in den stadtsoziologischen Untersuchungen von Jane Jacobs eingeführt, um den sozialen Zusammenhalt einer funktionierenden Nachbarschaft als wertvolle und unersetzliche Ressource einer Gemeinde zu kennzeichnen.[19] Diese »forged neighbourhood networks« vergrößern die gegenseitige soziale Kontrolle, verringern das Ausmaß der Kriminalität und erhöhen die Wahrscheinlichkeit, daß die in dem jeweiligen Viertel wohnenden Akteure sich zur Artikulation und zur Durchsetzung ihrer Interessen zusammenschließen. Jacobs hat schließlich aufmerksam gemacht auf die Möglichkeiten, über stadtplanerische Tätigkeiten das Sozialkapital einer Gemeinde zu erhöhen.

Vor allem aber hat man bald eingesehen, daß das Konzept des Humankapitals so lange theoretisch inadäquat bleiben muß, wie es isoliert, d.h. auf den einzelnen Akteur bezogen betrachtet wird. In dieser Hinsicht sind vor allem die Arbeiten von Glenn Loury bedeutsam. In der Auseinandersetzung mit dem Problem der Chancengleichheit bei sozialer Ungleichheit hat Loury herausgearbeitet, daß die Entwicklung und der nutzbringende Einsatz von Humankapital hochgradig abhängig ist vom sozialen Kontext, in dem sich die jeweiligen Akteure bewegen (Loury 1977, 1987). Ob die zeitliche oder geldliche Investition in Humankapital wirklich gute Erfolge bringt, wird demnach beeinflußt von den familiären Verhältnissen oder auch von einem Freundschaftsnetzwerk, in die der jeweilige Akteur eingebettet ist.

Diese Fragestellung des Zusammenhangs von Humankapital und sozialem Kapital ist dann später auch von Coleman und Hoffer (1987) verfolgt worden.[20] Coleman hat allerdings das Konzept des Sozialkapitals aus seiner engen Bindung an Humankapital gelöst und zu einer eigenständigen Größe im Rah-

---

18 Vgl. dazu vor allem die grundlegende Studie des späteren Nobelpreisträgers Gary S. Becker (1964).
19 Putnam (2000: 19) verweist allerdings auf eine Schrift des amerikanischen Pädagogen L.J. Hanifan, die bereits 1916 erschien und für eine Wiederbelebung des Gemeinschaftslebens in den USA plädierte. Er sprach dabei von »Sozialkapital« als Ressource der Communities. Von einer Kapital-Theorie kann aber hier noch keine Rede sein.
20 Vgl. auch Coleman (1988) sowie die neueren empirischen Untersuchungen von Teachman u.a. (1997), die einen systematischen Zusammenhang zwischen Schulerfolg, ökonomischem Kapital der Eltern und Sozialkapital nachweisen können (zum einen gemessen anhand der Familienverhältnisse und der Eigenart der Schule – konfessionell oder nicht; und zum anderen gemessen an der Beziehungsdichte zwischen Eltern und Eltern, Eltern und Schülern sowie Eltern und Schule).

men der Sozialtheorie weiterentwickelt. Mittlerweile ist eine ganze Reihe von Studien zur Nützlichkeit von »Beziehungen«, Vertrauensverhältnissen und Netzwerken erarbeitet worden. Eine systematische Ausformulierung von Theorien des Sozialkapitals erfolgte dann vor allem in den 1980er und 1990er Jahren.[21]

So wurden beispielsweise empirische Untersuchungen von Sozialkapital als Faktor beim Erwerb eines Arbeitsplatzes und einer weiterführenden Karriereposition vorgelegt (vgl. etwa Lin 1982, Marsden/Hurlbert 1988 oder Meyerson 1994). In Deutschland ist vor allem das Beziehungsnetzwerk von Migranten als Sozialkapital empirisch untersucht worden (vgl. Bührer 1997 und Haug 2000).

Pierre Bourdieu schließlich hat in seinen Analysen der sozialstrukturellen und kulturellen Determinierung von Positionen und Handlungsoptionen der Akteure im sozialen Raum eine Systematik der Kapitalsorten und ihrer gegenseitigen Konvertierungsfähigkeit entwickelt, die in der Tat eine umfassende »ökonomische« Analyse der sozialen Welt ermöglicht. Den Bourdieuschen Konzepten soll daher zunächst das Augenmerk zugewendet werden, bevor dann die alternativen Konzepte zu diskutieren sind.

4.3 Kapital, sozialer Raum und Eliten: Die Macht- und Ungleichheitsperspektive (Bourdieu)

Gesellschaft als Machtgeflecht

Der französische Soziologe Pierre Bourdieu zählte zu den bekanntesten und einflußreichsten Vertretern der gegenwärtigen Soziologie. Er hat nicht nur einen eigenständigen und vielfach rezipierten Beitrag zur Weiterentwicklung der soziologischen Theorie geleistet, sondern auch der empirischen Erforschung sozialer Ungleichheit in der Gesellschaft mit der Lebensstilanalyse eine neue Richtung gegeben.[22] Ferner hat er sich vor allem in den 90er Jahren mit kapitalismuskritischen Stellungnahmen in der öffentlichen politischen Diskussion weit über die Grenzen Frankreichs hinaus eine gewichtige Position verschafft. Die soziologische Analyse der Mechanismen zur Etablierung und Reproduktion von sozialer Ungleichheit bietet Bourdieu zufolge die richtigen Ansatzpunkte zur Kritik und Veränderung bestehender gesellschaftlicher Ver-

---

21 Siehe dazu auch Esser (2000: 209ff), der die Kapitaltheorie im Rahmen seiner systematischen Grundlegung des methodologischen Individualismus entwickelt.
22 Als Überblick zu den Bourdieuschen Arbeiten vgl. Bohn/Hahn (1999).

hältnisse. In diesem Punkt ist sein Ansatz letztlich vergleichbar mit dem Anspruch der kritischen Theorie.

Zentrales Thema der Bourdieuschen Arbeiten ist die Struktur der modernen Gesellschaft als Geflecht von unterschiedlich manifestierten Machtbeziehungen. Dieses Geflecht entsteht immer wieder neu im Zusammenspiel von objektiven Gegebenheiten und subjektiven Dispositionen, Strukturen und strategisch handelnden Akteuren sowie materiellen und symbolischen Dimensionen der sozialen Welt. Bourdieu sieht das Ziel der Theoriebildung zunächst darin, die unergiebige Konstellation zweier gegeneinander stehender Paradigmen mit dem »objektivistischen« Strukturalismus/Strukturfunktionalismus einerseits und dem akteursbezogenen Interaktionismus bzw. der Handlungstheorie andererseits durch ein neues, integratives Konzept aufzubrechen.

Dem erweiterten Kapitalkonzept, das Bourdieu vor allem im Zuge von bildungssoziologischen Arbeiten entwickelte, kommt in dieser Theorie eine Schlüsselstellung zu. Es ermöglicht nicht nur, die Handlungsstrategien der Akteure mit ihren je subjektiven Kosten-Nutzen-Kalkülen zu beschreiben, sondern auch die spezifischen Restriktionen zu erfassen, denen Akteure – in starkem Maße auch aufgrund ihrer sozialen Herkunft – unterliegen. Der Bourdieusche Blick eröffnet somit auch Perspektiven auf den Zusammenhang von Identitätsoptionen und Kapitalbesitz (vgl. Vogt 2000) sowie auf elementare Prozesse der Inklusion und Exklusion im sozialen Raum.

Kapital ist dabei nicht nur ein Ermöglichungsfaktor, sondern auch ein Einflußgenerator. Kapitalbesitz und Kapitalakkumulation zählen daher zu den Grundvoraussetzungen der Elitenbildung. Kapital und (klassenspezifisch erworbener) Habitus formen gesellschaftliche Eliten und legen jeweils fest, wer dazugehört und wer außen vor bleibt.

Eigennutz und Euphemisierung

Die zunehmende funktionale Ausdifferenzierung der modernen Gesellschaft führt oft dazu, daß ökonomisches Handeln nur noch in ausdifferenzierten ökonomischen Teilsystemen vermutet wird und ein zusammenhängender Blick ausbleibt.[23] Dabei wird die Existenz von Bereichen angenommen, so z.B. der intellektuellen und künstlerischen Sphäre, die dem »kalten Hauch« des egoistischen Kalküls entzogen seien. Auch der durch die republikanische Tradition geprägte Blick auf die Bürgergesellschaft, der sich an Tugendhaftigkeit und Gemeinsinn orientiert, kann dementsprechend den zugrundeliegenden All-

---

23 Den deutlichsten Niederschlag hat diese Tendenz in den Arbeiten der Systemtheorie gefunden, deren Ziel immer darin liegt, das Spezifische eines jeden Teilsystems herauszustellen und funktionale Gemeinsamkeiten auszublenden.

tagsutilitarismus in diesem Bereich nicht erkennen. Darin liegt der große Vorteil, den eine Übertragung des Bourdieuschen Konzepts auf die Analyse von bürgerschaftlichem Engagement erbringen kann.

Bourdieus Hauptanliegen besteht darin, die verdeckte und verschleierte ökonomische Logik sozialer Praxis offenzulegen und deren scheinbar »interesselose« Ökonomieferne als funktionale Ideologie zu entlarven:

»Wie aber jedermann weiß, haben auch scheinbar unverkäufliche Dinge ihren Preis. Sie lassen sich nur deshalb so schwer in Geld umsetzen, weil sie mit der Absicht einer ausdrücklichen Verneinung des Ökonomischen hergestellt werden. Man sieht also, eine wirklich allgemeine Wissenschaft von der ökonomischen Praxis muß in der Lage sein, auch alle die Praxisformen mit einzubeziehen, die zwar objektiv ökonomischen Charakter tragen, aber als solche im gesellschaftlichen Leben nicht erkannt werden und auch nicht erkennbar sind. Sie verwirklichen sich nur aufgrund eines erheblichen Aufwands an Verschleierung oder, besser, Euphemisierung. Eine allgemeine ökonomische Praxiswissenschaft muß sich deshalb bemühen, das Kapital und den Profit in allen ihren Erscheinungsformen zu erfassen und die Gesetze zu bestimmen, nach denen die verschiedenen Arten von Kapital (oder, was auf dasselbe herauskommt, die verschiedenen Arten von Macht) gegenseitig ineinander transformiert werden« (Bourdieu 1983: 184).

Nun stellt sich die Frage, was Bourdieu eigentlich genau unter dem Adjektiv »ökonomisch« versteht. Seinen Ausführungen ist zu entnehmen, daß er als »ökonomisch« all jene Prozesse bezeichnet, die einer Logik des Eigennutzes unterliegen, so daß dem nichtökonomischen Bereich nur diejenigen Prozesse zuzuordnen sind, die sich durch die Logik der Uneigennützigkeit auszeichnen. Das Kriterium besteht also offenbar in der Nutzengeleitetheit des Handelns, was die Nähe des Bourdieuschen Ansatzes zu klassischen utilitaristischen Paradigmen erweist.

Viele Handlungen und Austauschakte erscheinen also nicht nutzenorientiert, obwohl ihnen eine ökonomische Logik innewohnt. Ohne diese Verschleierung würden die Mechanismen weit weniger wirkungsvoll, ja oftmals gar nicht funktionieren, weil ihnen der Schein der Legitimität genommen wäre.

Kapital, Macht, Einfluß

Bourdieus Ansatzpunkt zur Erweiterung einer ökonomischen Sichtweise sozialer Praxis besteht darin, die gängige Definition und Verwendung des Begriffes »Kapital« als zu eng gefaßt zu kritisieren. Er versucht, Kapital und Profit in allen Erscheinungsformen zu erfassen und der Frage nachzugehen, wie diese gegenseitig ineinander transformiert werden.

In seinem grundlegenden Aufsatz »Ökonomisches Kapital, kulturelles Kapital, soziales Kapital« geht Bourdieu zunächst auf drei allgemeine Bestimmungen des Begriffes »Kapital« ein. »Kapital ist akkumulierte Arbeit, entweder in Form von Materie oder in verinnerlichter, ›inkorporierter‹ Form« (1983: 183). Kapital ist die Kraft, die objektiven wie subjektiven Strukturen innewohnt. Das Kapital erscheint als Prinzip der inneren Regelmäßigkeiten der sozialen Welt. Daraus folgt, daß die Logik des Kapitals, deren wichtigste Mechanismen die der Akkumulation, Investition und Transformation sind, zugleich auch als elementare Logik der sozialen Welt fungiert. Die Verteilung von Kapital entspricht deshalb auch der inneren Struktur der Gesellschaft.

Im Gegensatz zum Roulette, bei dem alle Beteiligten in gleichberechtigter Weise teilnehmen und sich die Positionen innerhalb kurzer Zeit radikal verändern können, wohnt dem Kapital in der realen Welt eine »Überlebenstendenz« inne: Es wächst stetig dort an, wo es schon vorhanden ist, und es reproduziert sich selbst bzw. die Profite immer wieder von neuem (1983: 183).

Dabei setzt Bourdieu die Begriffe Kapital und Macht häufig gleich. In dem oben angeführten Zitat heißt es, die verschiedenen Arten von Kapital seien identisch mit den verschiedenen Arten von Macht. Aus den Formulierungen geht jedoch *nicht* eindeutig hervor, welcher Machtbegriff diesem Kapitalkonzept zugrunde liegt: Meint Bourdieu hier ähnliches wie Max Weber, indem er unter Macht die Chance versteht, den eigenen Willen auch gegen Widerstand anderer durchzusetzen? Ist Macht ein Besitz, der quantifizierbar ist? Es scheint so, daß Bourdieu nicht hinreichend deutlich zwischen Macht und (bloßem) Einfluß auf der einen Seite, Macht und Gewalt auf der anderen Seite unterscheidet (vgl. Bourdieu 1985: 58ff und Bourdieu / Passeron 1973).[24]

In seiner Vorlesung über den sozialen Raum (1985) macht er lediglich makrosoziologische Aussagen über die gesellschaftliche Machtverteilung, die er als Resultat der Menge und Kombination verschiedener Kapitalien bestimmt. Die konkrete Funktionsweise in der Interaktionssituation bleibt offen und es werden keine näheren Aussagen dazu gemacht, ob die verschiedenen Kapitalsorten mit unterschiedlicher Durchsetzungsfähigkeit verbunden sind.

Allerdings wird erkennbar, daß Bourdieu Kapital keineswegs isoliert denkt, sondern daß der relationale Aspekt entscheidend ist: »Die als Konstruktionsprinzipien des sozialen Raums fungierenden Eigenschaften (bzw. Merkmale) bilden die verschiedenen Sorten von Macht oder Kapital, die innerhalb der einzelnen Felder jeweils in Kurs sind: Kapital – in seiner objektivierten Form als materielles Eigentum wie in seiner inkorporierten Form zum Beispiel als kulturelles Kapital (die beide zudem noch juristisch abgesichert sein können) –

---

24 »Macht« ist letztlich ein zu komplexes Phänomen, um es so undifferenziert theoretisch zu behandeln, wie Bourdieu dies praktiziert; ein differenzierteres soziologisches Machtkonzept findet sich bei Sofsky und Paris (1994).

stellt Verfügungsmacht im Rahmen eines Feldes dar [...] Die soziale Stellung eines Akteurs ist folglich zu definieren anhand seiner Stellung innerhalb der einzelnen Felder, das heißt innerhalb der Verteilungsstruktur der in ihnen wirksamen Machtmittel« (Bourdieu 1985: 10f).

Kapitalien sind demnach Medien, über die sich in einem konkreten sozialen Raum Machtrelationen zwischen den unterschiedlichen Positionen herausbilden. Die *Menge* und die *Zusammensetzung* des Kapitals bestimmt die Stellung im sozialen Raum und damit die »Klassenzugehörigkeit«. Das Kapital entscheidet über die Chancen der Akteure in den permanenten Klassifikationskämpfen der sozialen Welt.

Die Klassenzugehörigkeit wiederum verfestigt sich jeweils durch den »Habitus«, der die Position im sozialen Raum übersetzt in die Alltagspraxis der Akteure. Klassenzugehörigkeit zeigt sich somit in Denk-, Wahrnehmungs- und Handlungsmustern, sinnlich wahrnehmbar vor allem in den Bereichen des Lebensstils: von der Kleidung über Eßgewohnheiten und die Gestaltung der Wohnung bis hin zu den ausgeübten Sportarten.[25]

Die Kapitalsorten

Nun unterscheidet Bourdieu zunächst drei Sorten von Kapital: ökonomisches, kulturelles und soziales Kapital. Jede Kapitalform weist eine je spezifische Institutionalisierungsform auf: das ökonomische Kapital (das hier, im Unterschied zu Marx, nicht nur Produktionsmittel meint, sondern alle Formen von materiellen Besitztümern) die Form des Eigentumsrechts, das kulturelle die des schulischen Titels, das soziale die des Adelstitels.

Die letzte Zuordnung wirkt dabei etwas erstaunlich, ist doch die Bedeutsamkeit des Adels in modernen Gesellschaften sehr begrenzt.[26] Das wirft die Frage auf, welches eigentlich die dominante Institutionalisierungsform des Sozialkapitals *in der Moderne* ist. Zu denken wäre vor allem an Mitgliedschaften in einflußreichen Clubs und Vereinen.

Innerhalb dieser Kapitalsorten wird weiter differenziert: *Kulturelles Kapital* ist in inkorporiertem, objektiviertem und institutionalisiertem Zustand zu fassen. Die erste Form des kulturellen Kapitals, das inkorporierte Kulturkapi-

---

25 Siehe dazu ausführlich die empirische Analysen zur Praxis der Distinktion und zu den verschiedenen Varianten der klassenspezifischen Geschmacksbildung in Bourdieu (1982). Zur Diskussion über die Bourdieusche Lebensstilanalyse siehe die Beiträge in Mörth/Fröhlich (1994).
26 Der Adel spielt allerdings im heutigen Frankreich noch eine weitaus größere Rolle als beispielsweise in der Bundesrepublik; vgl. dazu im Anschluß an Bourdieu Monique Saint Martin (1991).

tal, ist ein an Körper und Person gebundenes, verinnerlichtes Kapital in Form von Bildung. Es wird erworben durch die in Bildung investierte Zeit, die man persönlich aufbringen muß, nicht delegieren kann und die auch mit diversen Entbehrungen einhergeht. Im Gegensatz zu Geld kann inkorporiertes Kulturkapital nicht durch Schenkung, Vererbung, Kauf oder Tausch kurzfristig weitergegeben werden. Die Betonung liegt hier auf kurzfristig, denn langfristig ist – über Erziehungs- und Bildungsprozesse – natürlich Kapitaltransfer möglich. Im Unterschied dazu ist objektiviertes Kulturkapital – dazu gehören Schriften und Gemälde – besser übertragbar als inkorporiertes. Die Nutzung *als* Kulturkapital ist aber in jedem Fall angewiesen auf das entsprechende Know How, d.h. auf das inkorporierte Kulturkapital.

Mit dem Begriff institutionalisiertes Kulturkapital bezeichnet Bourdieu vor allem die durch Titel und Abschlüsse für alle Zeiten beglaubigten inkorporierten Kapitalien. Im Gegensatz zu nicht beglaubigtem Wissen sind Träger des institutionalisierten Kulturkapitals vom Zwang befreit, permanent ihre Kompetenz aufzeigen zu müssen, weil ihnen diese dauerhaft unterstellt wird. Weiterhin werden innerhalb einer Institution Nachfolgeprobleme leicht beseitigt. Bourdieu bezeichnet diesen Prozeß als kollektive Magie, da sie per Definition kulturelles Kapital dort zuschreibt, wo Titel vorhanden sind.

Das *soziale Kapital* wird definiert als »Gesamtheit der aktuellen und potentiellen Ressourcen, die mit dem Besitz eines dauerhaften Netzes von mehr oder weniger institutionalisierten Beziehungen gegenseitigen Kennens oder Anerkennens verbunden sind« und, in anderen Worten, als »Ressourcen, die auf der Zugehörigkeit zu einer Gruppe beruhen« (Bourdieu 1983: 190). Soziales Kapital bildet sich in der Praxis auf der Grundlage von materiellen oder symbolischen Tauschbeziehungen. Diese Tauschbeziehungen können auch gesellschaftliche Institutionalisierungsprozesse durchlaufen, und institutionalisiertes soziales Kapital begegnet uns in der Gesellschaft dann verknüpft mit dem Namen einer Familie, einer Partei, eines Stammes etc.

Zur Einordnung des Sozialkapitals lautet die These, daß es immer abhängig bleibt von ökonomischem und kulturellem Kapital, obgleich es nicht völlig auf diese Kapitalsorten reduzierbar ist. Sozialkapital kann demnach nur dann funktionieren, wenn die Relation der anderen Kapitalsorten »stimmt«: »Denn die in den Tauschbeziehungen institutionalisierte gegenseitige Anerkennung setzt das Anerkennen eines Minimums von ›objektiver‹ Homogenität unter den Beteiligten voraus« (1983: 191). Die Theorie bleibt hier zu undifferenziert. Es müßte hier unterschieden werden zwischen engem und lockerem Sozialkapital, zwischen *weak ties* und *strong ties*.[27] Letztere bilden sich in aller Regel tatsächlich

---

27 Vgl. dazu die empirische Netzwerkforschung, wie sie unten in Kapitel 4.4 diskutiert wird.

nur unter sozialstrukturell homogenen Akteuren heraus, während erstere durchaus breit gestreut sein können.

Wichtig erscheint Bourdieus Bestimmung, daß Sozialkapital einen »Multiplikatoreffekt« auf die anderen Kapitalsorten ausübt. Je mehr Beziehungen ich also aufweisen kann, um so mehr kann ich mit meinem ökonomischen Kapital, mit meiner Bildung, mit meiner Belesenheit machen. In gewisser Hinsicht ist jedoch das Sozialkapital auch eine unbequeme Kapitalsorte, da sein Funktionieren fortlaufende »Institutionalisierungsarbeit« erfordert, damit das Beziehungsnetz erhalten und jederzeit abrufbar bleibt. Diese Arbeit kann im konkreten Fall bestehen aus langen Telefonaten, Einladungen zu Partys und Dinners, Ausdenken und Besorgen von originellen Geschenken usw.[28]

Bei all diesen Bestimmungen fällt auf, daß eine Differenzierung von inkorporierter und institutionalisierter Form für das Sozialkapital fehlt. Das erscheint unverständlich, weil sich diese Differenzierung durchaus anbietet: Inkorporiertes Sozialkapital wäre m.E. das Wissen, die Kompetenz, Kontakte zu knüpfen und zu pflegen sowie Mitgliedschaften aller Art aufrechtzuerhalten; institutionalisiertes Sozialkapital wäre demgegenüber z.B. ein adeliger Name, eine (rechtlich) bestehende Mitgliedschaft in einem exklusiven Club etc. Und auch hier gilt: Das institutionalisiertes Kapital kann erst dann nutzbringend ein-gesetzt werden, wenn man das Know How hat, und die Profitrate wird um so höher, je besser institutionalisiertes und inkorporiertes Kapital zueinander passen.

Kapitalumwandlung und Investitionen

Ökonomisches Kapital kann zum Erwerb aller anderen Kapitalsorten verwendet werden, es ist dann jedoch »Transformationsarbeit« zu leisten. Konkret heißt das etwa: Um Bildung oder soziales Kapital zu erhöhen, muß man sowohl Zeit als auch Geld und Arbeit investieren. Stoßrichtung der Bourdieuschen Argumentation ist die, daß der Begriff der Verschwendung überflüssig werden soll. Das, was oft auf den ersten Blick als Verschwendung erscheint, ist aus der Sicht einer Ökonomie der Praxisformen immer als Investition und Transformation zu betrachten.[29]

---

28 Wie kompliziert dieses Schenken oft ist, zeigt anschaulich die Habilitationsschrift von Helmuth Berking (1994).
29 Aus dem Blickwinkel eines reinen Ökonomismus kann man leicht übersehen, daß es auch Ökonomien gibt, die über andere Medien der Regelung verfügen, und in denen trotzdem Nutzenkalküle vorliegen. Wenn also beispielsweise Georges Bataille (1985) sagt, daß es heute das Ziel ökonomischen Handelns sei, Güter zu akkumulieren, während es früher darum ging, diese zu verschwenden, so gerät er dabei in Gefahr, die trotzdem vorhandenen funktionalen Gemeinsamkeiten dieser Handlungsakte zu übersehen. Verschwendung kann als ökonomische

Die Rechnungseinheit, aufgrund derer die Transformationsprozesse zu verfolgen und die verschiedenen Kapitalien ineinander zu verrechnen sind, ist die Arbeitszeit. Arbeitszeit betrifft einmal die in objektiviertem Kapital akkumulierte Arbeit, zum anderen die Transformationsarbeit. Die Umwandlung von ökonomischem in kulturelles Kapital macht Bourdieu am Beispiel der Familie deutlich. Eine Familie investiert in den Bildungsgang des Kindes nicht nur ihr eigenes akkumuliertes Kulturkapital, das gleichsam zwanglos im normalen Alltag der Familie vermittelt wird (Bilder, Möbel, Lektüre, Musik), sondern auch die Arbeitszeit der Betreuungsperson sowie die Ermöglichung eines späten Eintritts des Kindes in das Berufsleben.

Bourdieus Sicht erscheint jedoch insgesamt zu mechanistisch. Er blendet einen Faktor weitgehend aus: den der Fehlinvestition. So wie jemand in eine nutzlose Maschine investieren kann, deren Kosten letztlich den Betrieb ruinieren; so wie jemand durch den Kauf später wertloser Aktien sein Geldkapital aufs Spiel setzen kann; genau so können auch symbolische Investitionen im Lichte eines Nutzenkalküls kontraproduktiv sein. Es wird zwar eine »Schwundquote« in Rechnung gestellt, die Möglichkeit völlig nutzloser oder gar kontraproduktiver Investitionen wird jedoch nicht weiter erörtert.

So tritt etwa bei Gabentauschakten das Kontingenzproblem der sozialen Interaktion auf: Wie reagiert mein Gegenüber? Faßt er die Gabe als Gabe auf? Interpretiert er möglicherweise eine ganz andere Bedeutung in meine Handlungen hinein, als sie von mir selbst intendiert ist? Bourdieu suggeriert insgesamt einen hohen Grad an Mathematisierbarkeit dieser Prozesse, der der realen Komplexität von Situationen nicht gerecht wird und den Faktor Kontingenz weitgehend ausblendet, auch wenn er grundsätzlich die Möglichkeit von »Undank« als Störfaktor des Sozialkapitals in Betracht zieht. Insgesamt scheint es vom Grad der Institutionalisierung abzuhängen, wie berechenbar Austauschakte in bezug auf kulturelles und soziales Kapital sind. Je größer der Institutionalisierungsgrad, um so erwartbarer ist die Reaktion meines Gegenübers.[30]

Investition für den Erwerb symbolischer Güter aufgefaßt werden, die dem Verschwender Nutzen bringt. Auf diesen Mechanismus hat bereits Veblen (1986) deutlich hingewiesen. Auch Bernhard Laum legt in seinem Werk »Schenkende Wirtschaft« (1960) ausführlich dar, daß Schenken und Verschwenden heute noch relevante Formen des Güterverkehrs sind, die wichtige gesellschaftliche Funktionen erfüllen.

30 Bourdieu geht nur am Rande auf den Unsicherheitsfaktor der Kapitaltransformation ein. Eine Schuldverpflichtung kann immer auch verweigert werden, die materiellen und symbolischen Austauschbeziehungen zum Aufbau von Sozialkapital können meist nur ohne stabile Garantien abgeschlossen werden. Die Übertragung, etwa die intergenerationelle Übertragung von kulturellem Kapital, ist weitaus schwieriger und riskanter als die von ökonomischem Kapital. Dadurch daß sich dieser Kapitalübertrag meistens heimlich vollzieht, ist zwar wenig Euphemisierungsarbeit erforderlich, aber das Schwundrisiko ist enorm hoch: »Denn die ständige diffuse

Symbolisches Kapital, Anerkennung und Benennungsmacht

An dieser Stelle ist mit Bourdieu das Spektrum der grundlegenden Kapitalsorten um die des »symbolischen Kapitals« zu erweitern.[31] Was ist genau mit dem Begriff »symbolisches Kapital« gemeint, und wie verhält sich diese Kapitalsorte zu den anderen? In seiner Vorlesung »Sozialer Raum und ›Klassen‹« wird folgende Klassifikation vorgenommen:

»Die soziale Stellung eines Akteurs ist folglich zu definieren anhand seiner Stellung innerhalb der einzelnen Felder, das heißt innerhalb der Verteilungsstruktur der in ihnen wirksamen Machtmittel: primär ökonomisches Kapital (in seinen diversen Arten), dann kulturelles und soziales Kapital, schließlich noch symbolisches Kapital als wahrgenommene und als legitim anerkannte Form der drei vorgenannten Kapitalien (gemeinhin als Prestige, Renommee, usw. bezeichnet)« (Bourdieu 1985: 10f).

Das symbolische Kapital bewegt sich demnach also in der Zeichendimension der sozialen Welt. Es ist das Resultat einer semiotischen Transformation der anderen Kapitalsorten, die jedoch keineswegs nach dem Muster einer »Widerspiegelung« diese anderen Kapitalien nur sinnlich faßbar abbildet, sondern Eigendynamiken entfaltet. Das symbolische Kapital unterliegt einer ganz eigenen und charakteristischen Logik von Akkumulation und Transformation. Es ist das Medium, über das sich gesellschaftliche Anerkennungsprozesse vollziehen. Der Kampf um symbolisches Kapital ist somit immer auch ein Kampf um Anerkennung und damit ein Kampf um (anerkannte) Identitäten.[32] Dieser Kampf um Anerkennung strukturiert mitunter auch Situationen, die auf den ersten Blick als rein ökonomisch-materielle Interessenkämpfe erscheinen können, beispielsweise Auseinandersetzungen zwischen den Tarifpartnern in der Arbeitswelt.[33] Auch hier kann man die oben erwähnte Webersche Unterscheidung zur Geltung bringen: Es sind eben nicht nur materielle, sondern auch ideelle Interessen, die solche Konfliktfelder bestimmen.

Übertragung von Kulturkapital in der Familie entzieht sich dem Bewußtsein ebenso wie aller Kontrolle« (1983: 198). Es gilt die Regel, daß der ökonomische Nutzen von kulturellem Kapital nur dann sichergestellt werden kann, wenn es über Titel institutionalisiert ist. Titel aber wiederum sind intergenerationell nicht übertragbar. Es muß also immer erneut das inkorporierte Kulturkapital in institutionalisiertes Kulturkapital transformiert werden.

31 Allerdings ist dabei zu erwähnen, daß die Liste der Kapitalsorten insgesamt – ebenso wie die der gesellschaftlichen Felder – keineswegs geschlossen ist. So spricht Bourdieu an anderer Stelle etwa von politischem Kapital, Körperkapital etc. Das ändert jedoch nichts daran, daß die vier hier genannten Kapitalsorten die grundlegenden und den sozialen Raum strukturierenden Sorten sind.

32 Siehe dazu ausführlich, im Anschluß an Hegels Identitätstheorie, Axel Honneth (1992).

33 Siehe zu dieser symbolischen Dimension von Verteilungskämpfen Nullmeier (2000) sowie Voswinkel (2001) und Holtgrewe u.a. (2000).

In der symbolischen Sphäre der Gesellschaft werden die aufgrund der ungleichen Verteilung von Kapital existierenden Unterschiede und Hierarchien so reproduziert, daß sie als völlig selbstverständlich und notwendig erscheinen. Symbolisches Kapital verwandelt die potentiell Neid, Mißgunst und Unzufriedenheit hervorrufenden Ungleichheiten in »Distinktionen«, die aufgrund von in der Gesellschaft einsozialisierten Wahrnehmungsmustern meist fraglos akzeptiert werden. Distinktionen sind »symbolische Transfigurationen faktischer Unterschiede« (1985: 22), und das symbolische Kapital – nach Bourdieu ein »anderer Name für Distinktion« – ist diejenige Kapitalsorte, die in der sozialen Welt unbestritten anerkannt ist. Symbolisches Kapital wirkt über die zeichenhafte Konstruktion von sozialer Ungleichheit als Legitimitätsgenerator, denn es läßt die Ungleichheiten in den Augen der Akteure als legitim erscheinen.

Wenn also Kulturkapital oder Sozialkapital in der Form von symbolischem Kapital wirken sollen, müssen sie immer erst in die Zeichenebene übersetzt werden: Bildung in Form von Gesprächen, Wohnungseinrichtungen und Manieren, »Beziehungen« in Form von Partys oder Clubmitgliedschaften. Es bildet sich auf diese Weise ein symbolisches System heraus, das – ausgedrückt durch die sinnlich faßbaren, zeichenhaft objektivierten Distinktionen – die wahrnehmbare Dimension der Gesellschaft darstellt. Hier wird Gesellschaft greifbar, und als solche erscheint sie gleichzeitig unveränderbar, weil sie ja »zu Recht« so ist wie sie ist.

Symbolisches Kapital ist daher eng verbunden mit gesellschaftlicher *Benennungsmacht*, d.h. mit der Macht zu bestimmen, was als was gilt und wie es wahrgenommen wird. Symbolische Macht, die auf der Grundlage eines bestimmten Quantums an symbolischem Kapital entfaltet werden kann, ist »die Macht, Dinge mit Wörtern zu schaffen« (Bourdieu 1992: 153). Sie ist »ein Vermögen des *worldmaking*«, wie Bourdieu im Anschluß an Nelson Goodman formuliert (1992: 151).[34] Benennungsmacht als symbolische Macht, die sich deshalb als durchsetzungsfähig erweist, weil ihr aufgrund des damit verbundenen symbolischen Kapitals ein »Kredit« an Anerkennung und Akzeptanz entgegengebracht wird, »schafft« also die soziale Welt als anschauliche, wahrnehmbare Welt mit.

Benennungsmacht kann dabei sowohl Individuen wie auch Institutionen zukommen. Der Staat hat Bourdieu zufolge die meiste Macht. Staatliche Benennungen sind quasi unantastbar, wie er mit der Analogie vom »Monopol über die legitime symbolische Gewalt« betont (1985: 23 f.). Es bleibt allerdings

---

34 Für diesen Prozeß der strategischen Konstruktion von Realität hat die Ethnomethodologie, in anderem theoretischen Kontext, die treffende Formulierung »politics of reality« geprägt; vgl. dazu Pollner (1975: 421).

unklar und theoretisch unbefriedigend, wie Bourdieu das Verhältnis von symbolischer Macht und symbolischer Gewalt bestimmt. Symbolische Gewinnmaximierung erfordert zunächst einmal Investitionen, und sei es in Form eines Gehaltsverzichts. Bourdieu weist immer wieder zu Recht auf diese Investitionslogik des symbolischen Kapitals hin. Symbolische Kapitalakkumulation ist nur durch das Einbringen von ökonomischem Kapital (und Zeit) möglich, »von nichts kommt nichts«. Das bedeutet aber auch, daß scheinbar unsinnige Investitionen symbolisch sinnvoll sein können (Bourdieu 1976: 352f).

Dies ist im übrigen auch die Logik, die Ehrenämtern zugrunde liegt: Der Verzicht auf Bezahlung als ökonomische Investition ex negativo ist zugleich eine symbolische Investition, die sich langfristig auch wieder ökonomisch auszahlen kann (vgl. Vogt 1993; dazu später mehr). Darüber hinaus ist auch die Rolle des Zeitfaktors bei der symbolischen Ökonomie eine andere. In der Regel muß man länger warten, bis sich eine Investition auszahlt, insbesondere dann, wenn diese Auszahlung wiederum in der nicht-symbolischen Sphäre erfolgen soll, da hier noch Konvertierungsprozesse stattfinden müssen. Symbolische Kapitalkalküle brauchen somit einen langen Atem.

Die institutionalisierte Sicht der Kapitaltheorie könnte dazu verleiten, die Kapitalverteilung als etwas ein für alle mal fest Gefügtes aufzufassen. Bourdieu betont auch oft genug den Reproduktionsmechanismus des Kapitals, der bestehende soziale Ungleichheiten weiter verstärkt. Dennoch ist zu beachten, daß in den verschiedenen Feldern stets Positions- und Verteilungskämpfe toben. Dieser agonale Charakter der sozialen Welt weist darauf hin, daß Kapitalstrukturen immer auch ein dynamisches Element haben, das zwar in den meisten Fällen sich durch große Trägheit auszeichnet, partiell jedoch auch im Hinblick auf Veränderungen freigesetzt werden kann. Entscheidende Variable ist dabei die Benennungsmacht (Bourdieu 1985: 23). Keine Benennung ist so zementiert, als daß sie nicht in Frage gestellt werden könnte, und deshalb sind die symbolischen Kämpfe einer Gesellschaft immer auch potentielle Motoren der sozialen Veränderung.

Eliten

Nachdem über Jahrzehnte hinweg in der Bundesrepublik der Begriff der Elite mit negativen Vorzeichen versehen oder zumindest mit dem Generalverdacht einer konservativen Position des Begriffsverwenders verknüpft war, hat sich die Diskussion in der letzten Zeit gewandelt. Es wird immer deutlicher die mögliche Funktionalität einer herausgehobenen Gruppe von steuernden Akteuren mit besonderen Eigenschaften betont und vor diesem Hintergrund mitunter heftige Kritik am Elitenversagen geübt.[35] In jedem Fall kommt eine Betrachtung der Macht- und Einflußverteilung in modernen Gesellschaften heute kaum um die Frage nach den vorhandenen Eliten in dem zu analysierenden Zusammenhang herum.

Wenn man nun Bourdieus Ansatz einer Kapital- und Klassentheorie ernst nimmt, müßte man eigentlich nicht von Eliten, sondern von der »herrschenden Klasse« sprechen.[36] Da in der Bourdieuschen Differenzierungstheorie wiederum dem »Machtfeld« bzw. dem politischen Feld eine besondere Dominanz zukommt,[37] wäre hier auch die Rede von der »politischen Klasse« aufzunehmen, die schon seit einiger Zeit die Debatte insbesondere in der Politikwissenschaft beschäftigt.[38]

Wenn man jedoch gegenüber Fragen nach der Herkunft[39] den *funktionalen Ort* einer bestimmten Gruppe von Akteuren betonen will, die in besonderem Maße als Macht- und Einflußträger und somit als eine gesellschaftliche Steuerungsgröße fungieren, bietet sich eher an, von Elite zu sprechen. Dem Elitenbegriff eignet gegenüber dem Klassenbegriff insgesamt die Konnotation einer größeren Pluralität und Dynamik.[40]

Wenn im Folgenden wie im empirischen Teil dieser Arbeit von Eliten gesprochen wird, ist allerdings *nicht* jener Begriff der »Leistungselite« impliziert, wie ihn Hans-Peter Dreitzel wirkungsvoll schon 1962 in die Diskussion eingeführt hat. Die Annahme, die Angehörigen der Eliten seien aufgrund einer (realen oder fiktiven) Leistung bzw. aufgrund ihres augenscheinlichen Erfolgs dieser Gruppe zuzuordnen, erweist sich als zu eng und vor allem als zu wenig auf die zentrale Macht- und Einflußdimension der sozialen Welt bezogen. In der gegenwärtigen empirischen Elitenforschung wird daher der Bezug zu Einflußpositionen als dominantes Kriterium verwendet, ohne damit Dynamik und Pluralität aus der Betrachtungsweise auszuschließen.[41]

---

35 Siehe dazu vor allem die Arbeit von Lasch (1995) und, mit besonderem Blick auf die Politiker, Leif u.a. (1992) sowie Beyme (1993).
36 Siehe dazu auch Bourdieus Analyse der über die Grandes Ecoles rekrutierten und sozialisierten Eliten in Frankreich (Bourdieu 1989).
37 Siehe dazu Bohn/Hahn (1999: 264) und Janning (1998).
38 Zur analytischen Durchdringung des Zusammenhangs von (politischer) Elite und (politischer) Klasse auf der Grundlage einer Bourdieuschen Perspektive siehe Rebenstorf (1995) und Krais (2001); zur Reflexion der Rolle politischer Eliten in der Verhandlungsdemokratie Mayntz (1999) und Herzog (2000).
39 Dies ist beispielsweise Thema der an Bourdieu anknüpfenden Studien zur Rekrutierung der Wirtschaftselite von Hartmann (2001).
40 Siehe dazu etwa Dahrendorf (1965).
41 Siehe dazu vor allem die Potsdamer Elitenstudie (Bürklin u.a. 1997).

Wie aber wäre nun im Rahmen der Bourdieuschen Theorie sinnvoll »Elite« zu definieren? Vor dem Hintergrund der bisherigen Überlegungen läßt sich unter Elite diejenige Gruppe in der Bevölkerung verstehen, die über eine bestimmte Konstellation von Kapitalbesitz verfügt. Daraus resultiert eine Position im sozialen Raum, die mit einem besonders hohen Maß an Macht- und Einflußchancen verbunden ist. Eliten sind aufgrund ihres Kapitalbesitzes in der Lage, deutlich stärker die Gestaltung der jeweiligen sozialen Welt vorzunehmen als der Rest der Bevölkerung. Welche Kapitalsorten dabei besonders zur Geltung kommen, ist eine Frage der konkreten Konstellation: Machmal ist es vor allem die finanzielle Potenz, manchmal sind es Bildungstitel und Prestige oder Ansehen, und häufig sind es primär die guten Kontakte, die zu Macht und Einfluß verhelfen (vgl. Windolf 1997).

Dabei ist es wichtig, die verschiedenen Ebenen zu beachten, auf denen sich die Akteure bewegen. Eine Person, die auf lokaler Ebene höchst einflußreich ist, kann auf regionaler oder gar nationaler Ebene völlig bedeutungslos sein. Gerade für lokale Eliten jedenfalls ist die enge Vernetzung von Personen über institutionelle Grenzen hinweg charakteristisch.[42] Es kommt tatsächlich auf die spezifischen Relationen im sozialen Raum an, die Chancen und Grenzen des Handelns bestimmen.

Eine in der Gegenwartsgesellschaft besonders wichtige Größe für die Einflußmöglichkeiten von Eliten ist die Benennungsmacht. Sie ist zugleich die Schnittstelle zwischen Elite und Prominenz. Benennungsmacht bedeutet, wie oben ausgeführt wurde, die Möglichkeit, in der Öffentlichkeit bestimmte Begriffe, Definitionen und Interpretationen so zu lancieren, daß sie Deutungs- und Wahrnehmungsmuster vieler anderer Akteure prägen (vgl. Bourdieu 1985: 23ff).

Während Eliten in früheren Zeiten ein aktives Aufmerksamkeitsprivileg dahingehend hatten, daß sie nahezu alles sehen konnten, ohne doch selbst vom Volk gesehen zu werden, stehen heutige Eliten nicht nur in der Politik, sondern auch in der Wirtschaft gleichsam unter Dauerbeobachtung (vgl. Macho 1993). Die Grenzen zwischen Prominenz und Elite werden hier sehr durchlässig, mitunter – wie die ausufernde Talk-Kultur zeigt – sogar gänzlich aufgehoben. Diesem Mechanismus kann sich vor allem in der Politik kaum ein Akteur entziehen, weil die Öffentlichkeits- und Medienpräsenz in diesem Szenario zugleich zu einer unentbehrlichen Machtressource geworden ist. Das

---

42 Zu den lokalen Eliten und ihre Verflechtung im kommunal-politischen Raum siehe schon Siewert (1977 und 1979), Lehmbruch (1979) und Gau (1983) sowie jetzt Zimmer (1996: 67ff, 1999), Naßmacher/Naßmacher (1999: 279ff), Kästner (1999), Neckel (1999) und die Beiträge in Wollmann/Roth (1998). Ein Versuch, die Position der Eliten in den Neuen Sozialen Bewegungen zu bestimmen, findet sich bei Geiling (1999).

symbolische Kapital der Prominenz und die damit verbundene Benennungsmacht läßt sich nämlich nicht nur für den Machterwerb in Wahlen einsetzen, wie Wahlkämpfe nahezu tagtäglich vor Augen führen (vgl. Dörner/Vogt 2002), sondern sie sind auch im Handgemenge des politischen Alltags zu einem wichtigen Durchsetzungsfaktor geworden. Kein Akteur, der erfolgreich sein will, kann in der komplexen Verhandlungsdemokratie moderner Gegenwartsgesellschaften auf die Möglichkeit verzichten, Öffentlichkeiten zu mobilisieren und kampagnenförmig Stimmungen zu machen.[43] Dies gilt um so mehr, als diese Öffentlichkeitsstrategien einen exakten Resonanzboden haben in den Ergebnissen der regelmäßigen Meinungsumfragen. Elite, Prominenz und mediale Benennungsmacht stellen daher ein Syndrom dar, das Entscheidungsprozesse nachhaltig beeinflußt.

Was hier für die Ebene der »großen Politik« und nationale Öffentlichkeiten skizziert wurde, findet sich mit etwas anderen Akzenten auch im lokalen Bereich wieder. Auch hier ist das Zusammenspiel von Elite und Prominenz mit spezifischen Verteilungen von lokaler Benennungsmacht gut beobachtbar. Das symbolische Kapital der Prominenz kommt hier vor allem über den Zugang zur Lokalpresse zum Tragen, das auf der örtlichen Ebene oft eng verknüpft ist mit Sozialkapital, d.h. mit guten Beziehungen zu den Redakteuren örtlichen Zeitungen. Die Lokalpresse ist ein ganz entscheidender Faktor beim Agenda Setting, d.h. bei der Bestimmung der kommunalen »Tagesordnung«, bei der Definition anstehender Probleme ebenso wie bei der Diskussion und Selektion von Lösungsmöglichkeiten. Wer in der Gemeinde »vor Ort« etwas bewegen will, der muß als lokale Elite auch medial konstituierte Benennungsmacht besitzen.

Ungleichheit, Schließungsprozesse und Eliten: Die Bürgergesellschaft als Klassengesellschaft?

Mit Bourdieus Ansatz wird es möglich, die Ungleichheitsdimension der Bürgergesellschaft in den Blick zu nehmen, ohne daß man nun direkt die Charakterisierung von Bürgergesellschaft als Klassengesellschaft vornehmen muß.

Nimmt man die These von der Strukturierungskraft der verschiedenen Kapitalsorten für den sozialen Raum ernst, dann läßt sich in dieser Perspektive die Voraussetzungshaftigkeit bürgerschaftlichen Engagements erforschen.

Welcher Kapitalien bedarf es in welcher Menge und in welcher Kombination, um am Treiben der Zivilgesellschaft zu partizipieren? In welchem Zusammenhang steht die Besetzung von Leitungs- und Spitzenpositionen mit der Kapitalausstattung der Akteure? Was müssen sie an Geld und Sachbesitz,

---

43 Zu diesem Zusammenhang vgl. Grande (2000) und Dörner (2004).

Bildung und Qualifikationen, Netzwerken und guten Beziehungen, schließlich an Ansehen und Benennungsmacht mitbringen, um hier zu den bürgergesellschaftlichen Eliten aufzurücken? Welche sozialen Schließungsprozesse sind beobachtbar, wer macht mit und wer bleibt aufgrund welcher »unsichtbaren Schranken« (Vance Packard)[44] außen vor?

Mit der Bourdieuschen Theorie läßt sich aber auch das strategisch-nutzenorientierte Handeln der Akteure in seiner Logik von Investition, Gewinn und Akkumulation erfassen. Wer bringt welche Kapitalien mit welchem Ertrag ein, was nutz ihm das Engagement, wie sehen typische Karrieren in der Bürgergesellschaft aus?[45] Hier kann der Blick auf die beteiligten Kapitalien vieles transparent und verständlich machen, was sonst unverständlich, irrational oder einfach altruistisch erscheinen würde.

Schließlich läßt sich mit Bourdieus Ansatz auch ein anderer Blick auf den Zusammenhang von Bürgergesellschaft und Öffentlichkeit werfen. In Habermas' Entwurf der *Civil Society* (1992) stellt Zivilgesellschaft eine Infrastruktur der Gegenöffentlichkeit dar, über die sich Kritik an Prozessen und Resultaten des etablierten politischen Systems artikulieren kann.[46] Gegenöffentlichkeit benötigt aber Fähigkeiten und Kapitalien der Akteure, damit sie funktionieren kann. Man braucht Geld, vor allem aber Bildung und Beziehungen, um sich verständlich, wirkungsvoll und mit einiger Reichweite zu artikulieren. Und man hat letztlich nur dann eine reale Chance auf Wirkungen, wenn die Kommunikation mit Benennungsmacht und entsprechendem symbolischem Kapital (mit Prominenz, Renommee, Ansehen etc.) verknüpft ist. Diese Kapitalien und Fähigkeiten der Akteure sind jedoch sozialstrukturell ungleich verteilt. Kritische Gegenöffentlichkeit im Sinne von Habermas unterliegt also dem Problem von Ungleichheit und Asymmetrie. Die empirische Analyse muß diese Restriktionen bürgerschaftlichen Engagements im Auge behalten, wenn sie ein angemessenes Bild der Realität entwerfen will.

---

44 Dieser Buchtitel von Packard (1959) paßt hier deshalb so gut, weil Packard in seinen Studien auf populärwissenschaftliche Weise vieles von dem vorwegnahm, was Bourdieu später systematisch empirisch erforschte. Gerade für die Bürgergesellschaft, die in aller Regel nicht mit dem kritischen Blick der Ungleichheitsforschung beleuchtet wird, macht es Sinn, auf die »unsichtbaren«, d.h. für das Auge des Alltagsmenschen oft verborgenen Grenzen für In- und Exklusion hinzuweisen.
45 Siehe dazu jetzt Vogt (2003).
46 Siehe dazu das Kapitel über Habermas' Theorie der Zivilgesellschaft (3.4).

4.4 Kapital als Ressource rationaler Wahl: Die Handlungsperspektive (Coleman, Esser)

Subjektive Rationalität und Kapital als Handlungsressource

Die Theorien rationalen Handelns, gleich ob sie als »methodologischer Individualismus« oder als »Rational Choice«-Theorie firmieren, unterstellen – ganz im Sinne der utilitaristischen Tradition – jeder menschlichen Handlung ein Kalkül der rationalen Kosten-Nutzen-Bilanzierung. Wenn man das Handeln der Akteure verstehen will, dann muß man demzufolge annehmen, daß diese in aller Regel vernünftig vorgehen. Auch Prozesse der sozialen Institutionenbildung sind Resultate dieser elementaren Handlungslogik.

Nun ist schon auf den ersten Blick schwer bestreitbar, daß viele Handlungen aus der Sicht von Außenbeobachtern alles andere als »rational« erscheinen. Um dieser Perspektivik der Handlungsrationalität gerecht zu werden, spricht man von »subjektiv rationalen« Kalkülen (vgl. grundsätzlich Esser 1991). Entscheidend nämlich ist jeweils, wie die Akteure die Situation wahrnehmen und definieren.

Hier berührt sich die Argumentation des methodologischen Individualismus mit der Handlungstheorie in der Tradition des amerikanischen Pragmatismus und Interaktionismus. So geht ja auch das bekannte »Thomas-Theorem«, erstmals formuliert in einer Studie über polnische Migranten in Amerika, davon aus, daß die von den Akteuren jeweils vorgenommenen Situations*definitionen* von zentraler Bedeutung sind. Situationen, die als real definiert werden, sind real in ihren Konsequenzen: Die Definitionen leiten das Handeln der Akteure an.[47]

Damit kommen auch Größen wie Deutungsmuster, kulturelle Traditionen, Werte und Normen ins Spiel, die gleichsam Rahmenbedingungen des Handelns darstellen. Wenn beispielsweise Normen und Werte innerhalb einer sozialen Gruppe durch symbolische Praktiken präsent und lebendig gehalten werden, haben sie für die Akteure eine erhebliche Verbindlichkeit. Will man in letzter Konsequenz Gruppendruck oder gar Exklusion vermeiden, wird man sich nach den herrschenden Normen und Werten richten – es sei denn, ein anderer rationaler Grund steht dagegen.

Ideelle Werte sind also durchaus relevant, ihnen kommt aber keineswegs per se eine Priorität gegenüber materiellen Werten zu, wie dies etwa in den oben beschriebenen republikanischen oder kommunitarischen Paradigmen unterstellt wird. Selbst die Tugenden werden in der Perspektivik des Rational

---

47 Vgl. Thomas und Znaniecki (1918: 68).

Choice zu einer Kalkülgröße, denen man nicht ihres höheren Wertes wegen folgt, sondern beispielsweise deshalb, weil man ein schlechtes Gewissen und die damit verbundenen unangenehmen Gefühlszustände vermeiden möchte.[48] Meßlatte der Logik von Investition und Nutzen ist das Kapital. Es stellt sich in dieser Perspektivik als eine *Handlungsressource* der Individuen dar. Mit James S. Coleman, der in seinem mehrbändigen Werk »Grundlagen der Sozialtheorie« (1991: 394) einen umfassenden Entwurf des Rational Choice-Ansatzes vorgelegt hat,[49] läßt sich Kapital zunächst durch seine »handlungsbegünstigende Wirkung« definieren. Mit der Hilfe dieser Ressource kann man sein Handlungsziel besser erreichen als ohne sie. Hartmut Esser entwickelt vor diesem Hintergrund folgende Definition:

»Kapital ist demnach die akkumulierte und kontrollierte Menge der – primären wie indirekten – Zwischengüter, mit denen sich soziale Wertschätzung und physisches Wohlbefinden erzeugen läßt« (Esser 2000: 212).

In dieser Bestimmung wird folgendes deutlich:

Erstens ist neben der schon dem traditionellen Kapitalbegriff eigenen Akkumulationslogik die *Kontrolle* über das Kapital, also seine tatsächliche Verfügbarkeit entscheidend. Nur diejenige Ressource, die ein Akteur auch selber kontrollieren und im Sinne seiner individuellen Ziele verwenden kann, stellt für ihn ein Kapital dar.

Zweitens wird in der Definition die generelle Größe des Handlungsnutzens präzisiert auf die beiden elementaren Erträge des physischen Wohlbefindens und der sozialen Wertschätzung. In dieser Begrifflichkeit läßt sich die oben eingeführte Webersche Zweiteilung von materiellen und ideellen Interessen wiederfinden, die dort als zentrales Movens menschlichen Handelns angeführt werden. Wertschätzung als anerkannte Identität ist also ebenso Ziel des Kapitaleinsatzes wie der erfahrbare materielle Vorteil.

Ähnlich wie bei Bourdieu werden dann auch im Rational Choice-Paradigma unterschiedliche Kapitalsorten in ihrer je eigenen Funktionslogik analy-

---

48 Michael Baurmann (1996) hat in einer umfangreichen Untersuchung versucht, den »Markt der Tugend« zu analysieren und zu erklären, warum institutionelle Gefüge wie der Rechtsstaat und die von ihm verlangte Tugendhaftigkeit der Bürger durch rationale Interessenverfolgung der Akteure zustande kommen. Allerdings ist die Argumentation hier nicht immer überzeugend. Moralische Gesinnung kann zwar, wenn sie entsprechend inszeniert und publiziert wird, Marktchancen eröffnen, dies funktioniert aber in vielen Fällen auch nicht. Dominant sind immer noch materielle Anreize für die Akteure, und die Rechtschaffenheit bleibt allzu oft auf der Strecke, wie nicht zuletzt die börsenerschütternden amerikanischen Finanzskandale im Jahre 2002 gezeigt haben.

49 Zur ausführlichen Diskussion über Colemans Ansatz siehe die Beiträge in Müller/Schmid (1998).

siert, wobei für unseren Zusammenhang zwei Sorten zentral sind: das *soziale Kapital*, das im Folgenden im Anschluß an Coleman und andere Autoren näher bestimmt werden soll – hier ist auch besonderes Augenmerk auf *Normen, Netzwerke* und *Vertrauensrelationen* zu legen; und das *institutionelle Kapital* (inklusive der Sonderform des »politischen Kapitals«), das im Anschluß an Esser zu behandeln ist. Diese Kapitalsorten erweisen sich für die Funktionsweise von Bürgergesellschaft als besonders wichtig.

Sozialkapital

Im Unterschied zu physischem Kapital oder auch zum Humankapital stellt das soziale Kapital Coleman zufolge eine Ressource dar, die streng relational zu denken ist. Man »hat« es nicht im gleichen Sinn wie man eine Maschine oder auch ein bestimmtes Wissen hat, sondern es stellt sich her als eine Beziehung zwischen Personen (Coleman 1991: 394). Das hat zur Folge, daß die Verfügbarkeit und somit auch die Tauschbarkeit im Vergleich zu den anderen Kapitalformen sehr begrenzt ist. Soziales Kapital ist sozusagen unveräußerlich und kann somit nicht als Privateigentum einer bestimmten Person betrachtet werden. Dennoch kann der einzelne Akteur diese Ressource gezielt im Sinne seiner jeweiligen Handlungsstrategien nutzen. Das Kapital, so führt auch Burt (1992: 9) aus, wird immer von beiden an der Beziehung beteiligten Akteuren besessen. Keiner kann es ohne den anderen nutzen, und das Kapital löst sich gleichsam in Luft auf, wenn sich einer der Akteure zurückzieht. Daher ist es so wichtig, Beziehungen zu »pflegen«. Man kann nämlich nicht darauf vertrauen, daß einmal geknüpfte Beziehungen ohne bewußte Pflege dauerhaft halten.

Man muß sich um das Beziehungsnetz kümmern, es stützen, d.h. Arbeit investieren, damit es funktionsfähig bleibt. Ähnlich wie im Falle des Humankapitals, wo bestimmte Fähigkeiten dann verblassen oder verlernt werden, wenn die Akteure sie nicht immer wieder nutzen, so ist auch eine regelmäßige Nutzung des Sozialkapitals zur Erhaltung erforderlich. Allerdings muß dabei ein bestimmtes Maß eingehalten werden, damit die Ressource nicht überfordert wird (vgl. Hirschman 1989: 238ff). In dieser Hinsicht ist die Logik des sozialen Kapitals der anderer Kapitalformen durchaus ähnlich (vgl. Haug 1997: 13).

Die wichtigste Form von sozialem Kapital sind Verpflichtungen und Erwartungen (Coleman 1991: 396ff). Verpflichtungen funktionieren wie eine Art Gutschrift, die man bei einem Gegenüber einlösen kann, um eine bestimmte Leistung zu erhalten. Die Vorleistung, die ein Akteur jeweils bringt, ist in der Regel mit geringeren Kosten verbunden als der im Gegenzug zu erwartende Nutzen. Wenn man beispielsweise einem Bekannten in der eigenen Wohnung eine Übernachtung anbietet, so stellt das einen relativ kleinen Aufwand an Zeit, Kosten und Mühe dar. Wenn man darüber hinaus diesem Bekannten bei der Orientierung in der Stadt behilflich ist (Verkehrsverbindungen, Sehenswürdigkeiten etc.), dann stellt das eine Gabe ohne großen Zeitaufwand dar, erspart dem Gast aber möglicherweise viele Stunden an Suchaufwand. Diese Gabe ist für den Geber mit geringerem Aufwand verbunden als der zu erwartende Nutzen aus der Gegenleistung zu einem anderen Zeitpunkt. Kommt man selber später einmal in die Situation, in der Heimatstadt des Gastes zu tun zu haben, kann man erwarten, durch eine entsprechende Gegeneinladung nicht nur Hotelkosten zu sparen, sondern auch sonst nur schwer zu beschaffende Informationen über die Stadt zu bekommen, die den Aufenthalt effektiver oder angenehmer machen.

Soziales Kapital kann durch erhöhte Nachfrage zunehmen und es ist denkbar, daß zwei Akteure sich auch über die Zweierbeziehung hinaus ihre Netzwerke zur Verfügung stellen. So kann man – um in dem Beispiel fortzufahren – dem Bekannten wiederum unproblematische Übernachtungsmöglichkeiten bei Freunden in einer anderen Stadt zur Verfügung stellen, und dieser kann sich mit einer entsprechenden Ausweitung in seinem Netz revanchieren.

Soziales Kapital stellt also eine Kreditmasse dar: Je mehr Verpflichtungen sich ein Akteur offenhält, um so größer ist der Kredit, auf den er im Bedarfsfall zurückgreifen kann. Voraussetzung für das Funktionieren dieses Systems ist allerdings, daß das Vertrauensverhältnis intakt ist und kein Vertrauensmißbrauch vorliegt. Das wäre der Fall, wenn man sich in jemandem getäuscht hat, der nun seinen Verpflichtungen nicht nachkommt. Vertrauen ist also eine wichtige Bedingung dafür, daß diese Form von sozialem Kapital sich herausbilden und stabilisieren kann.[50] Das bedeutet zum Beispiel auch, daß in einem sozialen Kontext, der stark anonymisiert und atomisiert ist, soziales Kapital nur schwerlich aufgebaut werden kann. In engen sozialen Netzwerken dagegen ist es ein üblicher Faktor, mit dem jeder Akteur rechnen darf.[51]

---

50 Zur Funktionsweise von Vertrauen in der sozialen Welt siehe grundlegend schon Luhmann (1968).
51 Henk Flap (1995) hat für die auf Verpflichtungen und Erwartungen bezogene Form von sozialem Kapital drei Bestimmungsgrößen formuliert: 1. Die Anzahl der (potentiell) helfenden Personen innerhalb des jeweiligen Netzes. 2. Die Stärke der Beziehungen, die sich konkret ausdrückt in dem Ausmaß an Hilfe, das ein Akteur bekommen kann. Hier ist also entscheidend, ob die Helfer nur punktuell und sporadisch bereit sind, Hilfe zu leisten, oder ob sie auch dauerhafte und intensive Unterstützung anbieten würden. 3. Die Ressourcen, auf die man durch die Beziehungen zurückgreifen kann. Hier ist grundsätzlich sehr Unterschiedliches als Ressource denkbar. Folgende Bandbreite ist m.E. denkbar: Von Dienstleistungen über Sach- und Geldleistungen bis hin zu Informationen. In jeder einzelnen Kategorie müßte weiterhin nach der konkreten Art der Hilfe differenziert werden. So kann die Dienstleistung in dem

In jedem Fall werden die Investitionen durch die Akteure immer im Hinblick auf die zu erwartenden Erträge vorgenommen. Dort, wo sich jemand keinerlei Erträge erhofft – nicht einmal auf der Ebene seines Identitätsentwurfs –, wird er auch in ein mögliches Beziehungsnetz oder in die Beziehung zu einem konkreten Akteur weder Zeit, Geld noch Beziehungsarbeit investieren.

Normen

Bis dahin sind die Bestimmungen des Rational Choice-Ansatzes denen Bourdieus noch sehr ähnlich. Interessant aber sind nun andere Erscheinungsformen des sozialen Kapitals. Kaum verwunderlich ist, daß Organisationen als Sozialkapital angesehen werden, stellen doch organisierte Strukturen die stabilste Form von gegenseitigen Verpflichtungen und Erwartungen dar.

Was jedoch auf den ersten Blick überraschend wirkt ist die Tatsache, daß Coleman auch *soziale Normen* unter die Kategorie des Sozialkapitals subsumiert (Coleman 1991: 403). Hier scheint der Begriff zunächst überdehnt zu sein. Wenn man allerdings bedenkt, daß Coleman die Definition des Kapitals rein funktional vornimmt, nämlich als Ressource, die zur Erreichung bestimmter Zielstellungen nutzbar gemacht werden kann, erscheint der Vorschlag schon plausibler. Coleman verweist hier auf das Beispiel einer Familie, die aus einer amerikanischen Großstadt in eine israelische Großstadt umzieht und dort die Erfahrung macht, daß die Kinder ganz allein ihren Schulweg bewältigen können, weil in Israel jeder Erwachsene mit darauf aufpaßt, daß Kindern nichts zustößt. Gegenüber der amerikanischen Situation bedeutet dies also eine enorme Einsparung von Kosten, weil die Kinder in dieser Zeit nicht professionell betreut werden müssen.

Anerkannte Normen sind – in Verbindung mit dem entsprechenden Vertrauen darauf, daß die Mitmenschen diese Normen auch einhalten – ein wichtiges Element der Steuerung von menschlichem Verhalten. Wo es also gelingt, bestimmte Normen so zu stabilisieren, daß sie ein Verhalten erwartbar machen, das bestimmten Zwecken förderlich ist, ist ein äußerst effektives Steuerungsmittel zur Hand.

An dieser Stelle zeigt sich die Verbindung zwischen rationaler Wahl und Kultur. Begreift man Normen und Werte nämlich als kulturell verankerte und

---

Streichen einer Wand oder dem Reparieren eines Haushaltsgeräts bestehen, aber auch in der Beratung durch einen Top-Anwalt oder einer Diagnose durch einen international renommierten Chefarzt. An dieser Stelle wird wiederum die sozialstrukturelle Bedingtheit des Sozialkapitals sichtbar, denn die Wahrscheinlichkeit, daß ich auf den Top-Anwalt oder den Chefarzt zugreifen kann, steigt mit der Höhe meiner Stellung im sozialen Raum.

tradierte Größen, dann wird sichtbar, daß die Rationalität des Handelns in der einen Kultur andere Wege einschlägt als in einer anderen. Wo beispielsweise republikanische Wertorientierungen gelten, kann über Tugendnormen viel mehr gesellschaftlich nützliches Handeln abgerufen werden als in einer radikal liberalen, »egoistisch« geprägten Kultur. Diese kulturelle Dimension des Sozialkapitals wird unten im Zusammenhang mit dem Ansatz Putnams noch genauer beleuchtet werden.

Eine wirksame Norm kann sogar Dinge abrufen, die man mit Hilfe anderer Ressourcen, etwa mit Geld, gar nicht abrufen kann. Das trifft beispielsweise zu für besonderes Engagement und soziale Kreativität. Coleman gibt dazu einige Beispiele:

»Eine präskriptive Norm,[52] die eine besonders wichtige Form des sozialen Kapitals innerhalb eines Kollektivs darstellt, ist die Norm, daß man Eigeninteressen zurückstellen sollte, um im Interesse des Kollektivs zu handeln. Eine Norm dieser Art, die durch soziale Unterstützung, Status, Ansehen und andere Belohnungen untermauert wird, ist das soziale Kapital, aus dem junge Nationen aufgebaut werden (und das sich im Laufe der Zeit auflöst), das Familien in Gestalt von führenden Familienmitgliedern bestärkt, selbstlos im Interesse der Familie zu handeln, das die Entwicklung neu entstehender sozialer Bewegungen aus einer kleinen Gruppe engagierter, nach innen orientierter und sich gegenseitig belohnender Personen begünstigt und im allgemeinen Personen dazu bringt, für das öffentliche Wohl zu arbeiten« (Coleman 1991: 403).

Man sieht dabei, daß auch diese Form des sozialen Kapitals verschiedener Investitionen bedarf, um aufgebaut und genutzt werden zu können. Die Akteure müssen positiv sanktioniert, d.h. konkret belohnt werden, damit sie weiter die Normen befolgen.

Soziales Kapital in Form von etablierten Normen kann auch als »Systemkapital« bezeichnet werden. Dieses wiederum fungiert als ein Kollektivgut, dessen Eigenheit darin besteht, daß jeweils *alle* Beteiligten von diesem Gut profitieren, gleich ob sie einen Beitrag zur Produktion und Erhaltung des Guts beisteuern oder nicht (vgl. Esser 2000: 256). Wenn es beispielsweise in einem bestimmten Kontext zur Herausbildung verbindlicher Normen kommt, die ein sicheres und friedliches Zusammenleben ermöglichen, oder wenn durch vorhandene Einstellungen ein stark ausgeprägtes generalisiertes Vertrauen die Stabilität eines politischen Systems erhöht, dann handelt es sich um ein Kollektivgut. Das gleiche gilt für den Fall, daß vorhandenes Sozialkapital die Funktionsfähigkeit bestimmter sozialer und politischer Institutionen verbessert – in

---

52 Unter einer präskriptiven Norm (im Unterschied zu einer deskriptiven Norm) versteht man eine Handlungsvorschrift, deren Nichtbeachtung mit sozialen Sanktionen »bestraft« wird. Eine deskriptive Norm ist demgegenüber eine reine Beschreibung dessen, was in einem sozialen Kontext als »normal« erachtet wird.

all diesen Fällen kann der Gewinn, der aus der Wirksamkeit des sozialen Kapitals entspringt, von allen genutzt werden.

Dieser Kollektivnutzen bringt allerdings in aller Regel auch das Problem der Unterinvestition mit sich. Nicht alle Akteure, die profitieren, sind auch bereit, zu investieren, und dadurch gibt es in diesen Fällen oft einen Mangel an Investitionen, d.h. die Last des Engagements ruht auf vergleichsweise wenigen Schultern.

Beziehungskapital und Netzwerke

Das »Beziehungskapital« der Akteure (Esser 2000: 247ff)[53] läßt sich empirisch besonders gut mit Hilfe des Konzepts der »Netzwerke« erfassen.[54] Der Netzwerkgedanke ist vor allem in den 70er und 80er Jahren entwickelt und unter Anwendung immer verfeinerter Methoden der quantitativen empirischen Sozialforschung zu einer Vermessung der Geometrie sozialer Beziehungen ausgebaut worden. Die Netzwerkforschung versucht, das Interaktions-, Kommunikations- und Beziehungsnetz der Akteure und den Nutzen zu analysieren, den diese jeweils daraus gewinnen können.

Schon in den 50er Jahren hatte Elizabeth Bott (1953) die engmaschigen sozialen Netzwerke eines Londoner Arbeitsbezirks untersucht und darauf hingewiesen, daß die lokal konstituierte Gemeinschaft wie eine Art privater Sozialversicherung für Krisensituationen funktioniert. Allerdings ist diese Einbindung in der Regel auch mit einem hohen Grad an sozialer Kontrolle verbunden. Daraus folgt, daß der an vielen Stellen beklagte Verlust der alten gewachsenen Gemeinschaften auf der anderen Seite auch mit einem Gewinn an persönlichen Freiheiten einhergeht. Das Individuum wird hier immer mehr zu einem Unternehmer seiner eigenen sozialen Beziehungen, in die er nach eigener Einschätzung Arbeit investiert, um sie aufzubauen und aufrecht zu erhalten (vgl. Boissevain 1974: 7).

Hier wird deutlich, daß die Perspektive der Netzwerkforschung eng verknüpft ist mit dem modernisierungstheoretischen Problem der Individualisierung. Wenn nämlich traditional gewachsene Einbindungen zunehmend verblassen und der Mensch zum »Bastler« seiner eigenen Biographie verurteilt ist,

---

53 Daß Beziehungskapital – vom »Vitamin B« bis zu »mafiösen Strukturen« – nicht nur eine nützliche Ressource für den egoistisch agierenden Nutzenmaximierer darstellt, sondern auch integrative Wirkungen mit wichtigen emotionalen Dimensionen entfaltet, zeigt die Studie von Dederichs (1999).
54 Vgl. zum Netzwerkkonzept die Beiträge in Keupp/Röhrle (1987), Scott (1991), Röhrle (1994) und Jansen (1999).

dann muß er auch sein Beziehungsnetz ohne viele Vorgaben selbst konstruieren und durch die Investition von Zeit, Arbeit und Geld verwirklichen:

»Das durch Mobilität etc. entstehende, soziale ›Beziehungsvakuum‹ setzt zu seiner Ausführung das Subjekt als entscheidenden und aktiven Initiator und Gestalter seiner eigenen Kontakt-, Bekanntschafts-, Freundschafts- und Nachbarschaftsbeziehungen voraus« (Beck 1983: 50).

Dabei wäre es freilich ein erhebliches Mißverständnis, wenn man aus diesen neuen »riskanten Freiheiten« (Beck/Beck-Gernsheim 1994) der individuellen Akteure schließen würde, daß hier keine sozialstrukturellen Restriktionen mehr bestehen würden. Aus empirischen Untersuchungen ist bekannt, daß der Umfang und die Qualität eines Netzwerks (z.B. die Verläßlichkeit von Hilfeleistungen) deutlich korreliert mit bestimmten sozialstrukturellen Variablen:

»Je höher der Bildungsstand einer Person ist, desto größer sind ihre Netzwerke, desto mehr sozialen Begleitschutz hat sie, desto vertrauter sind die Beziehungen und desto weiter ist die geographische Reichweite der Beziehungen. Mit dem Einkommen steigt die Zahl der vertrauten Personen, die nicht aus der Verwandtschaft stammen, und es wächst auch die Qualität und die Sicherheit der von diesen Personen erwartbaren praktischen und gemeinschaftlichen Unterstützung. Die Ergebnisse stellen die romantischen Vorstellungen von der Gesellschaftlichkeit in Arbeiter- und Unterschichten gründlich in Frage. Den Armen fehlten nicht nur Freunde, sie hatten außerdem weniger Verwandtschaftskontakte als Angehörige der Mittelschichten« (Keupp 1987: 39f.).

Auch die Variablen Alter und Geschlecht sind mit deutlichen Unterschieden in Umfang und Qualität der Netzwerke verbunden.

Die empirische Erforschung von Netzwerken hat sich vor allem darauf konzentriert, Kriterien zur Charakterisierung und zur Vermessung zu entwickeln.[55] Die Funktionen, die Netzwerke für das Individuum erfüllen können, lassen sich folgendermaßen systematisieren:

– affektive Unterstützung
– instrumentelle Unterstützung (praktische Hilfe und Dienstleistungen)
– kognitive Unterstützung (vor allem durch Informationen)
– Aufrechterhaltung der sozialen Identität
– Vermittlung sozialer Kontakte (Keupp 1987: 31f.).

Unterschiedlich ausgeformte Netzwerke können diese Funktionen auch in unterschiedlichem Umfang wahrnehmen, und es ist dabei nicht zu übersehen, daß bestimmte Vorteile jeweils auch mit spezifischen Nachteilen verbunden sein können. Hat beispielsweise eine Frau ihren Lebenspartner verloren, kann ein sehr kleines und dichtes Netzwerk zunächst ausgesprochen hilfreich sein,

---

55 Vgl. dazu etwa Schenk (1984).

um in der Phase der Trauer Rückhalt und emotionale Unterstützung zu bekommen. Gleichzeitig kann das Netzwerk jedoch dort auch behindernd wirken, wo die Frau versucht, sich neue Handlungsoptionen und biographische Wege aufzubauen – sei es, daß wenige entsprechende Ressourcen wie Informationen oder die Möglichkeit neuer sozialer Kontakte zur Verfügung stehen oder sei es, daß die anderen Akteure derartige Versuche aktiv zu unterbinden suchen.

Interessant sind nun die Bezüge zwischen Netzwerkkonzepten und Rational Choice. So verweist vor allem Granovetter (1973, 1985) immer wieder auf die »embeddedness«, die Einbettung sozialen Handelns in strukturierte Netzwerkbeziehungen. Das Ausmaß dieser Einbettung steht in systematischem Zusammenhang zur Herausbildung von Vertrauen und zur Geltung von Normen: Je stärker und dichter das Netzwerk ist, in das man eingebettet ist, um so eher ist man bereit, Vertrauen und (gegenseitige) Erwartungen aufzubauen und die Geltung bestimmter Normen anzuerkennen (Granovetter 1985: 491). Aus der Einbettung kann sich so schließlich soziale Ordnung aufbauen und stabilisieren.

Damit wird deutlich, daß in den Netzwerkkonzepten zwei Theorielinien zusammengeführt werden. Zum einen ist das die handlungstheoretische Linie, die im Sinne des Rational Choice-Ansatzes Fragen nach der Wahlentscheidung von Individuen unter bestimmten gegebenen Bedingungen in den Mittelpunkt stellt. Zum anderen ist es die strukturtheoretische Linie, die sich auf Fragen der strukturellen Merkmale von Netzwerken wie Größe, Dichte, Geschlossenheit etc. konzentriert.

Mit Burt (1992) können daher zwei Perspektiven in der Untersuchung von Netzwerken unterschieden werden: die akteursbezogene und die strukturbezogene Perspektive.

a) Netzwerke bieten für den einzelnen Akteur die Möglichkeit, soziales Kapital zu erlangen durch den strategischen Zugriff auf Personen mit bestimmten Ressourcen. Das Kapital sind dabei also eigentlich die Ressourcen, zu denen ich über die »Beziehungen« Zugang erhalte. Indem ich Kontakte zu bestimmten Personen aufbaue und nutze, kann ich deren Ressourcen – etwa Informationen, Fähigkeiten oder Kompetenzen - als eigenes Kapital verfügbar machen. Diese Zusammenhänge sind beispielsweise systematisch bei Prozessen der Arbeitsstellensuche analysiert worden. Hier stellten sich die sogenannten »weak ties«, also die weniger engen Kontakte als besonders nützlich heraus (vgl. Granovetter 1974). Wiesen die Kontakte ein hohes Prestige auf, dann waren auch die über die Kontakte erreichten Jobs mit hohem Einkommen und Prestige verbunden (vgl. etwa Lin 1982 und Meyerson 1994).[56]

b) Soziale Strukturen werden als das soziale Kapital betrachtet. Hier wird also eine Makro-Perspektive eingenommen, indem die Gesamtstruktur des jeweiligen Netzwerkes in den Mittelpunkt gestellt und auf dieser Grundlage spezifische kapitalgenerierende Konstellationen bestimmt werden können. So wurde etwa der besondere Nutzen von »weak ties« dadurch begründet, daß durch diese Art von Kontakten eine Art Brückenschlag zu anderen Netzen als zu denen gemacht werden kann, in die man selbst eng eingebunden ist. Brücken zu anderen Netzen können aber besonders wertvoll sein, weil dort neue und ganz andere Ressourcen zugänglich werden. Besonders ertragreich sind schließlich auch »structural holes« (Burt 1992: 18), d.h. Lücken zwischen zwei Netzen, in die sich eine bestimmte Person als »Makler« positionieren und so zwei Netzwerke nutzen kann, die keinerlei Überlappung untereinander aufweisen.

Vertrauen, Korporatismus und Staat

Oben ist schon auf die Rolle des Vertrauens im Zusammenhang mit der Wirksamkeit sozialen Kapitals hingewiesen worden. Vertrauen ist auf der Mikroebene ein Element rationalen Handelns.[57] Akteure bauen jeweils bestimmte Erwartungen in Bezug auf das künftige Handeln anderer auf (vgl. Sztompka 1995: 226). In Abhängigkeit von der Vertrauenswürdigkeit des Interaktionspartners wird investiert mit der Unterstellung, daß alter sich dann später in einer für ego gewinnbringenden Weise verhalten wird. Vor allem in kleinen, überschaubaren Gruppen wird problemlos Vertrauen aufgebaut, weil man weiß, daß Mißbrauch schnell und wirksam sanktioniert werden kann. Vertrauen in diesem Sinne ist eine wichtige Voraussetzung für die Entstehung von lebendigen Kooperationsbeziehungen. Wo das Vertrauen in das Gegenüber fehlt, wird man in der Regel kaum zur Kooperation bereit sein, da man ständig befürchtet, übervorteilt zu werden.

---

56 Hartl u.a. (1998) haben in einer kleineren empirischen Studie die Relevanz von Sozialkapital aus der Sicht der einstellenden Unternehmen beleuchtet. In einer Auswertung von Experteninterviews kommen sie zur dem Ergebnis, daß gute Beziehungen für Stellenbewerber sich vor allem bei der Vorauswahl positiv auswirken: Man erhält relevante Informationen schneller und erhält auch eher eine Einladung zum Einstellungsinterview als Bewerber ohne diese Ressource. Das Kapital hilft also bei der Überwindung erster Hürden. Bei der Einstellung selbst jedoch sind dieser Studie zufolge nahezu ausschließlich Qualifikationsaspekte ausschlaggebend (Hartl u.a. 1998: 103).

57 Zur Soziologie des Vertrauens und zu seinen möglichen Kapitaleigenschaften siehe Misztal (1996), Sztompka (1999) und die Beiträge in Hartmann/Offe (2001).

Allerdings gibt es auch jenseits dieser engen Gruppenzusammenhänge vertrauensgenerierende Mechanismen – in Form von Bürgschaften, aber vor allem in Form von symbolischen Größen der sozialen Welt wie Renommee, Reputation, guter Ruf und Ehre (vgl. Dasgupta 1988). Symbolisches Kapital im Sinne Pierre Bourdieus wäre also eine wichtige Größe beim Aufbau von Vertrauen in größeren Zusammenhängen, da es als Ausweis der Vertrauenswürdigkeit des jeweiligen Akteurs fungiert.

Vertrauen auf der Makroebene ist wiederum eine Ressource von Kollektiven, die für die Integration und Stabilität von Gesellschaften sehr wichtig ist.[58] Vertrauen ist hier einerseits als Vertrauen in bestehende soziale und politische Institutionen zu verstehen. Diese Institutionen werden als Interaktionsrahmen und Bezugsgröße akzeptiert, wenn man den Eindruck hat, daß sie zuverlässig so funktionieren, wie man es von ihnen erwartet. Bezieht sich das Vertrauen auf ein gesamtes (politisches, ökonomisches oder soziales) System, so spricht man von Systemvertrauen. Ohne eine solche Vertrauensressource kann weder eine Gesellschaft noch ein politisches System dauerhaft stabil bleiben.[59]

Unter Vertrauen auf der Makroebene ist aber auch die Bereitschaft zu freiwilliger Assoziation oder, wie Francis Fukuyama formuliert, die Bereitschaft zu verstehen, zur Erlangung allgemeiner Güter in Gruppen oder Organisationen zusammenzuarbeiten (Fukuyama 1995a: 25). Fukuyama stellt hier die Bedeutsamkeit des Vertrauens als soziales Kapital von Gemeinschaften heraus und unterscheidet zwischen »high trust societies« und »low trust societies«. Zur ersten Gruppe zählt er beispielsweise die USA, Japan und Deutschland, drei Länder, die sonst kaum zusammen gruppiert werden. In diesen Kulturen ist es üblich, über Familien- und Sippengrenzen hinaus Vertrauen aufzubauen und dieses als Grundlage einer regen Kooperationstätigkeit zu nutzen.

Historisch gesehen hat es hier immer eine starke intermediäre Ebene der freien Assoziation gegeben, die Kooperationsstrukturen jenseits von Familie und Staat aufzubauen erlaubte. Ökonomisch drückt sich dies besonders in der Fähigkeit aus, große Konzerne zu bilden, in denen Eigentümer und Management getrennt voneinander sind. Solche Konzernstrukturen erfordern eine entsprechende Soziabilität der Akteure, die über das familiale Vertrauen weit hinausreicht.

---

58 Ähnlich differenziert Lenci (1997) zwischen Mikro- und Makroebene mit seiner Unterscheidung von instrumentellem und partizipativ-konstruktivem Vertrauen. Pagden (1988) unterscheidet mit vergleichbarer Stoßrichtung zwischen »private trust« und »public trust«.
59 Siehe dazu vor allem Fukuyama (1995) und Misztal (1996) sowie die auf Vertrauensdefizite nach der Systemtransformation in den postkommunistischen Ländern bezogene Analyse von Sztompka (1995).

Natürlich muß man dann innerhalb dieser Gruppe von Ländern weiter differenzieren. So ist die korporatistische Struktur im deutschen System anders gelagert als die Konstellationen in Japan oder den USA. Vertrauensbeziehungen und Kooperationsbereitschaften zwischen verschiedenen ökonomischen und politischen Akteuren haben in Deutschland – bei allen gerade in der jüngsten Diskussion beklagten Nachteilen[60] solcher verfestigten Systeme – zu erheblichen »Standortvorteilen« des Wirtschaftens geführt (vgl. dazu Immerfall 1996 und Streeck 1992). Derartige Vorteile von korporatistisch geprägtem Systemvertrauen spielen in Deutschland auch beim Funktionieren der Bürgergesellschaft eine besondere Rolle, wie im empirischen Teil dieser Arbeit noch gezeigt wird. Hier gilt es die (Freiheits-)Kosten, auf die vor allem liberale Autoren wie Dahrendorf immer wieder hinweisen, und den systematisch produzierten Nutzen solcher Strukturen zu bilanzieren.

Demgegenüber bleibt das soziale Kapital in Ländern wie Italien, Frankreich oder Taiwan und der VR China stärker auf Sippen und Familienzusammenhänge beschränkt. Ökonomisch sind hier kleinere Familienunternehmen typisch, und auch bei gewachsenen Großunternehmen hält man eher an den familialen Leitungsstrukturen fest. Fukuyama belegt diese ökonomischen Unterschiede mit Daten aus der internationalen Wirtschaftsstatistik (Fukuyama 1995: 92).

In diesen Ländern, gut sichtbar vor allem in Frankreich oder China, hat oft der Staat diejenigen organisatorischen Funktionen übernommen, die in den high trust societies von der spontanen Soziabilität der gesellschaftlichen Kräfte erfüllt wurden. Starke zentralstaatliche Strukturen können durchaus, wie vor allem das französische Beispiel zeigt, hochgradig effektiv sein. Langfristig geschen erweist sich jedoch, so Fukuyama, daß Staatsbürokratien noch unflexibler sind als die der großen Konzerne. Vor allem die ökonomischen Zielsetzungen werden hier allzu oft durch politische Zielsetzungen und Handlungsopportunitäten dominiert.

Als besonders problematisch erweisen sich schließlich die Kulturen, in denen noch nicht einmal den verwandtschaftlich gebundenen Netzwerken freie Entfaltung gewährleistet ist. Hier nämlich wird das Vakuum an gemeinschaftlichen Strukturen durch delinquente Gemeinschaftlichkeit ausgefüllt: »the strongest community structures tend to be criminal organizations«. Dies gilt vor allem für die mafiösen Gebilde im Süden Italiens oder jetzt auch in Rußland, wo namentlich das ländliche Leben noch immer durch die Vernichtung bäuer-

---

60 Siehe dazu auch die Diskussion über Korporatismus und Kartellismus im Dritten Sektor, die zu Beginn dieser Arbeit beschrieben wurde. Die Nachteile liegen hauptsächlich in der mangelnden Flexibilität und Reaktionsschnelle solcher Konsens- und Kooperationssysteme.

licher Familienstrukturen im Gefolge der Oktoberrevolution gekennzeichnet ist (Fukuyama 1995: 94).

Institutionelles und politisches Kapital

Vertrauen als handlungs- und kooperationsfördernde Ressource wird, dies ist im Anschluß an Fukuyama deutlich geworden, in starkem Maße durch kulturelle Traditionen bestimmt. Auf diese kulturelle Dimension der Kapitalbildung wird im folgenden Kapitel zu Putnams Theorie des Sozialkapitals noch eingegangen. Eine weitere wichtige Quelle funktionierender Vertrauensrelationen sind Institutionen, vor allem solche, die rechtlich und organisatorisch abgesichert sind (vgl. dazu Esser 2000: 232ff).[61] Institutionen stellen sicher, daß die Akteure sich auf die Einhaltung einmal festgelegter Regeln verlassen können. Sie produzieren somit Vertrauen und entlasten die Akteure von dem Aufwand, stets neue Verhaltensannahmen bezüglich ihrer Gegenüber zu formulieren oder gar ein bestimmtes Verhalten mit eigenen Droh- oder Zwangsmitteln sicherzustellen.

Die wichtigste vertrauensgenerierende Institution in diesem Sinne ist ohne Zweifel der Staat, der mit einem effektiven Sanktionsapparat ausgestattet ist und somit kraft seines garantierten Gewaltmonopols in der Gesellschaft für die Einhaltung von politisch entschiedenen Regeln sorgt. Ein funktionierender Rechtsstaat stellt seinen Bürgern somit ein erhebliches institutionelles Kapital zur Verfügung, indem er verläßliche Rahmenbedingungen für die individuelle Interessenverfolgung der Akteure garantiert. Das genau war ja auch die Überlegung, die Thomas Hobbes im Zeitalter von Glaubens- und Bürgerkriegen zur Konstruktion eines übergeordneten »Leviathan« brachte, der die Bürger von der Notwendigkeit entlastet, stets selber für den Schutz von Leib und Leben zu sorgen. Er kann sich, vor dem Hintergrund des durch den Leviathan gewährleisteten institutionellen Kapitals, in aller Ruhe seinen privaten Geschäften zuwenden.

Es kann aber nicht nur eine Gesamtgesellschaft, sondern auch eine spezifische Bevölkerungsgruppe institutionelles Kapital aufbauen, indem sie sich Organisationen zur Verfolgung ihrer gemeinsamen Interessen schafft. Verbände, Gewerkschaften, Parteien sind in diesem Sinne das »politische Kapital«, das wiederum zumindest einen Teil der Bevölkerung davon entlastet, sich der öffentlichen Interessenvertretung zu widmen (Esser 2000: 234).

Beim politischen Kapital, das in hohem Grade von der Organisationsfähigkeit und der Macht der jeweiligen Gruppe abhängt, zeigt sich wiederum die

---

61 Zum Zusammenhang von Sozialkapital und Institutionenbildung siehe auch Ostrom (1994).

Ungleichheitsdimension der Kapitalbildung in aller Deutlichkeit. Bestimmte Interessen sind durchsetzungsfähig, andere weniger und wieder andere gar nicht. Eine funktionierende Staatsinstitution kann derartige Asymmetrien und Gerechtigkeitsdefizite gezielt bearbeiten. An dieser Stelle trifft sich die Rational Choice-Theorie mit der kommunitarischen Position eines Michael Walzer (1995), indem die ausgleichende Funktion des Staates betont wird.

Der Staat, so Hartmut Esser, fungiert »als Rahmen für die Konflikte um die partikularen politischen Kapitalien der vielen Interessengruppen und dafür, daß diese sich nicht über Gebühr gegenseitig in einer möglichen Kooperation blockieren. Und der Staat fungiert als Garant für das mit der Verfassung allen Staatsbürgern verliehene institutionelle Kapital als das mitunter einzige Kapital aller derjenigen, deren Interessen oft vergessen werden, die sich aus eigener Kraft kaum organisieren können, deshalb über keinerlei politisches Kapital verfügen und auch nicht viel an ökonomischem Kapital, Humankapital und kulturellem Kapital kontrollieren: Hausfrauen, Obdachlose und Scheidungswaisen zum Beispiel« (Esser 2000: 235).

Dabei wäre allerdings m.E. genauer zu schauen, in welchem Bereich des sozialen Raums sich etwa die Hausfrauen oder Scheidungswaisen bewegen; im familiären Bereich von Konzerndirektoren oder in dem von Hilfsarbeitern.

Aus Staat und Verbänden wiederum kann im Zusammenwirken dann das entstehen, was mit dem Begriff des Korporatismus bezeichnet wird: Eine stabile Kooperationsstruktur zwischen Staat und Verbänden, von der viele profitieren, die allerdings auch spezifische Defizite in Form von Exklusivität und Unbeweglichkeit aufweist, wie oben am Beispiel des Dritten Sektors gezeigt werden konnte.

Kapital als Handlungsressource in der Bürgergesellschaft

Hatte die traditionelle Theorie von Bürgerengagement und Zivilgesellschaft primär Tugend und Gemeinsinn als Grundlagen bürgerschaftlichen Engagements herausgestellt, so wird die Tugend in der Perspektive von Rational Choice und methodologischem Individualismus zu einem Kapital unter anderen, die als Ressource des nutzengeleiteten Handelns von Akteuren in der Bürgergesellschaft fungieren. Die grundsätzliche Frage danach, was eigentlich Menschen dazu bewegen kann, sich für gemeinwohlbezogene Ziele zu engagieren, wird hier primär mit den Kosten-Nutzen-Kalkülen bzw. mit der Logik von Investition und Ertrag beantwortet. Die Akteure werden tätig, weil sie sich auf unterschiedlichen Ebenen etwas davon versprechen. Hartmut Esser hatte, wie oben zitiert, soziale Wertschätzung und physisches Wohlbefinden als die beiden elementaren Erträge von Kapitaleinsatz angeführt. In der Bürgergesellschaft geht es, zumindest auf dem direkten Weg, weniger um materielle Gewinne, dagegen aber um so mehr um symbolische: um Anerkennung, Ansehen, Ehre und Prestige.

Bürgergesellschaft bietet vielfältige Möglichkeiten dazu, Beziehungskapital aufzubauen, das man dann an anderer Stelle für eigennützige Zwecke aktivieren kann. Aus der Soziologie der Parteien weiß man schon seit längerem, daß derartige Mitgliedschaften beispielsweise von Selbständigen dazu genutzt werden, Geschäftsbeziehungen zu akquirieren (vgl. Wiesendahl 1997). Auch in der Bürgergesellschaft kann man gute Kontakte machen, vor allem dann, wenn man selbst an gehobener Stelle, etwa in einer Leitungsposition oder in einem Vorstand tätig ist und so zu den (bürgergesellschaftlichen) Eliten aufsteigt.

Wichtig ist weiterhin das Beziehungskapital der »weak ties«, das den Akteuren in der Bürgergesellschaft zu nützlichen Informationen verhelfen kann. Man erfährt, wo und wann welche Projekte geplant sind, wie die Kommune zu agieren gedenkt, welche relevanten Gruppierungen sich wo zusammenfinden etc. Und auch das »klassische« Feld der weak ties, das in der empirischen Forschung mehrfach untersucht wurde, kommt in der Bürgergesellschaft zur Geltung: der Bereich des Joberwerbs. Hier ist zum einen der Informationsvorsprung bezüglich frei werdender oder noch einzurichtender Stellen wichtig, zum anderen aber auch die Transformation vom Ehren- ins Hauptamt. Die zeitliche Investition in eine freiwillige Arbeit kann sich hier durchaus in interessante berufliche Perspektiven umwandeln lassen.

Bürgerschaftliches Engagement kann ferner den Zugang zu Kreisen eröffnen, in denen gegenseitige Hilfe geleistet wird oder in denen zumindest ein funktionierendes Vertrauenskapital anzutreffen ist. Wer sich engagiert und dafür von den anderen anerkannt wird, der kann innerhalb der jeweiligen Gruppe auch auf Vertrauenskredite zurückgreifen, die in anderen Kontexten – gerade im Zeitalter des mobilen und »flexiblen« Menschen – nur schwer aufzubauen wären. Und man erhält ggf. Zugang zu Gruppen, in denen soziale Normen gelten, von denen man selbst wieder profitieren kann, beispielsweise Solidarität und Verantwortung.

In Engagementkontexten kommt so auch das wohlverstandene Eigeninteresse an der Aufrechterhaltung integrativer Normen zur Geltung. Wer beispielsweise den sozialen Verfall in der Heimatstadt oder im Stadtteil auch im Interesse der eigenen Familie aufhalten will, der ist bereit, sich in einem Verein oder in einer Nachbarschaftsinitiative zu engagieren. Solches Investment in soziales Kapital, das durchaus anschließbar ist an Tocquevilles Ausführungen zum interessegeleiteten Handeln der Bürger in Amerika, unterliegt allerdings der Kollektivgutproblematik. Man produziert einen Wert, an dem alle – unabhängig von ihrem individuellen Engagement – partizipieren, so daß einige, die sogenannten »Trittbrettfahrer«, lieber passiv bleiben und abwarten, ob andere die Investition vornehmen.

Die Kapitalperspektive erlaubt es darüber hinaus, das »institutionelle Kapital« zu bilanzieren, auf das Bürgergesellschaft zurückgreift, mitunter sogar zurückgreifen muß, um agieren zu können. Der Staat, aber auch das korporatistische Geflecht aus kooperierendem Staat und Verbänden stellt eine Infrastruktur dar, die gemeinnütziges Engagement vielfach unterstützen kann. Allerdings steht den Kooperationsgewinnen auf der anderen Seite auch ein Autonomieverlust gegenüber, wie vor allem liberale Kritiker des Kartellismus und Korporatismus in Deutschland immer wieder betont haben.

Wichtig ist, daß der Aufbau freiwilliger Assoziationen immer schon einen gegenseitigen Vertrauensvorschuß von seiten der Akteure voraussetzt, wie Fukuyama gezeigt hat. Es kommt daher nur dort zur Ausbildung bürgergesellschaftlicher Strukturen, wo das Vertrauenskapital auf der Makroebene intakt ist. Damit aber bewegt sich die Analyse schon in Richtung einer Kulturperspektive, wie sie vor allem Robert D. Putnam mit seinen Arbeiten zum Sozialkapital als Integrationsressource moderner Gesellschaften vorgelegt hat. Tugend und Gemeinsinn sind hier ein kollektives Kapital, mit dem die Gemeinschaft arbeiten kann. Das Analysepotential und die Grenzen dieser kulturalistischen Perspektive sollen nun im letzten Theoriekapitel erörtert werden, um dann die theoretischen Überlegungen mit der empirisch vorfindbaren Realität der Bürgergesellschaft zu konfrontieren.

4.5 Das soziale Kapital der Gemeinschaft: Die Integrationsperspektive (Putnam)

Bowling Alone: Sozialkapital und Integration

Seit einigen Jahren wird der Blick in der Diskussion über Bürgergesellschaft immer wieder auf die Zauberformel vom »sozialen Kapital« gerichtet. Dieses könne gleichsam als Allheilmittel gegen Entwicklungen der gesellschaftlichen Desintegration und auch gegen die allgemeine Engagement- und Partizipationsmüdigkeit der Bürger am Ende des zweiten Jahrtausends fungieren. »Aller Seiten Freund« scheint das Sozialkapital zu sein (Platthaus 1999), verspricht es doch, nicht nur Sinn- und Gemeinschaftsdefizite der Bevölkerung zu beheben, sondern auch das Problem der knappen öffentlichen Kassen zu lösen, indem freiwillige Arbeit und Gemeinsinn gestärkt werden. Der Begriff Sozialkapital steht in dieser Theorie insgesamt für eine Ressource von Gesellschaften und sozialen Gruppen, die integriert sind und in denen der Zusammenhalt der Menschen noch funktioniert.[62]

Als Urheber dieser öffentlichen Begeisterung kann ohne Zweifel der amerikanische Politikwissenschaftler Robert D. Putnam gelten, der seit Beginn der 90er Jahre empirische Untersuchungen über das Sozialkapital moderner Gesellschaften durchgeführt und den Begriff über die akademische Debatte weit hinausgetragen hat: zunächst in den Vereinigten Staaten, wo vor allem Putnams Analysen zur Erosion des Sozialkapitals in den USA unter dem schlagwortartigen Titel »Bowling Alone« für viel Aufsehen sorgten; und später auch in Deutschland, wo man das Konzept begierig aufnahm und nun selbst empirisch zu ergründen suchte, wie es um Zusammenhalt, Engagement und Gemeinsinn im Lande steht.[63] Was verbirgt sich nun genau hinter Putnams Konzept, wo liegen problematische Punkte und was bringt es wirklich für die Analyse von Bürgergesellschaft?

Putnam geht es in seinen Analysen vor allem um die öffentliche Dimension von Sozialkapital. Er knüpft zwar zunächst vor allem an Colemans Theorie an und verweist dabei auch auf den individuellen bzw. privaten Nutzen, den beispielsweise Netzwerke für die Akteure erbringen können – nicht nur im materiellen Sinne, sondern vor allem hinsichtlich Zufriedenheit und Lebensglück. Oft jedoch, so Putnam, hängen individueller und kollektiver Nutzen, der Charakter als privates und öffentliches Gut eng zusammen:

> »In vielen seiner Erscheinungsformen fällt ein Teil des Nutzens Unbeteiligten zu, während ein weiterer Teil des Nutzens die unmittelbaren Interessen der Person befriedigt, welche die Investition tätigt. Wenn beispielsweise eine Bürgergruppe die lokalen Kräfte mobilisiert, um einen Spielplatz oder ein Krankenhaus zu bauen, entstehen in der Gruppe selbst zugleich Freundschaften und Geschäftsbeziehungen, die sich als persönlicher Nutzen erweisen können« (Putnam/Gross 2001: 22).

Der Schwerpunkt von Putnams Interesse aber liegt ohne Zweifel auf dem Sozialkapital als Ressource von Gemeinschaften. Dabei liegt den Arbeiten nicht eine scharfe, exakte Definition des Begriffs zugrunde – meist spricht Putnam von Netzwerken und Zusammenhalt –, sondern es geht dem Autor

---

62 Putnam (2000: 24) weist selbst darauf hin, daß die Diskussion über das soziale Kapital sich in vielen Bereichen überschneidet mit der Diskussion über Individualismus und Gemeinschaft, die vor allem in den USA weit in die Geschichte des Landes zurückreicht. Es geht hier also nicht um einen neuen Gegenstand, sondern um eine neue Perspektive auf die alte Frage, was eigentlich moderne Gesellschaften noch zusammenhält.

63 Zu Putnams Analysen des Sozialkapitals in Italien und Amerika siehe Putnam (1993, 1995, 1996, 2000 und 2001). Zur deutschen Situation vgl. Meier (1996), Heinze/Strünck (2000), Jungsbauer-Gans (2002), ausführlich Offe/Fuchs (2001) und die Beiträge in Haus (2002) sowie, im internationalen Vergleich, die Studie von Gabriel u.a. (2002).

darum, über verschiedene Dimensionen und Variablen die Art und das Ausmaß der integrativen Kräfte in einer Gesellschaft zu messen. In der umfangreichen Studie zur Erosion des Sozialkapitals in Amerika (Putnam 2000) werden so beispielsweise Befunde dargestellt über das Ausmaß der politischen Partizipation, der Mitgliedschaft und Aktivität in Verbänden und Vereinen sowie über die Teilhabe an informellen Zusammenhängen wie Parties und Sportveranstaltungen. Weiterhin wird gemessen das soziale Vertrauen der Bürger, ihre Bereitschaft zum Altruismus und Philanthropie (etwa in Form von Blut- und Geldspenden), das freiwillige Engagement (»volunteering«), Ehrlichkeit und Reziprozität (d.h. die Erwartung, daß man für ein korrektes bzw. moralisches Verhalten von den anderen ein ebensolches Verhalten zurückbekommen wird).[64]

Die empirische Diagnose lautet, daß das Sozialkapital in der Zeit von 1974 bis 1994 in den USA an vielen Stellen geringer geworden, ja teilweise in dramatischem Ausmaß weggebrochen ist. Das »civic engagement« der Bürger, ihre Teilhabe am öffentlichen Leben, aber auch das soziale Vertrauen und sogar die Bereitschaft zu geselligem Freizeitvergnügen ist in den letzten 25 Jahren stark gesunken.

Putnam spricht hier zusammenfassend vom »Bowling-Alone-Phänomen«, das eine Passivierung und Atomisierung der Gesellschaft anzeige. Es gelingt ihm hier auch nachzuweisen, daß die Größen soziales Vertrauen, Geselligkeitsneigung (beispielsweise in Vereinen) und Bereitschaft zum Engagement systematisch miteinander zusammenhängen. Gesellige Menschen haben auch ein größeres Sozialvertrauen und sind eher bereit, sich sozial oder politisch für die Gemeinschaft zu engagieren. Hier wird deutlich, daß dieser Theorie des sozialen Kapitals wichtige Implikationen für die soziale Integration moderner Gesellschaften zukommen. Wenn das soziale Kapital erodiert, drohen Entwicklungen sozialer Desintegration.

Die Befunde Putnams zur Erosion des sozialen Kapitals stimmen in manchen Punkten auch mit anderen Studien überein, die in den USA eine zunehmende Dominanz individualistischer Einstellungen und eine abnehmende Bereitschaft zum gemeinschaftlichen und politischen Engagement diagnostizieren (vgl. etwa Bellah u.a. 1987).

Putnam hat nun als eine Hauptursache der amerikanischen Entwicklung das Fernsehen identifiziert, das nicht nur konkret Zeit raube, sondern die

---

64 Offe und Fuchs (2001) beschränken sich bei ihrer Studie über das Sozialkapital in Deutschland auf drei Größen: die Aufmerksamkeit für Dinge des öffentlichen Lebens, die gleichzeitig auch eine Anteilnahme an der Sphäre jenseits des privaten Eigenraums anzeigt; das soziale Vertrauen; und das Engagement in assoziativen Aktivitäten, d.h. die Partizipation an bürgerschaftlichen Bewegungen und Vereinigungen.

Passivität und die Isolation der Menschen besonders begünstige (Putnam 1995: 678). Allerdings muß dabei betont werden, daß diese Analyse methodisch und inhaltlich von anderen Forschern heftig kritisiert wurde.[65]

Vor allem ist problematisch, daß Putnam fast ausschließlich die raditionellen Formen von Gemeinschaftlichkeit und Engagement beachtet. Dadurch fallen neuere, unkonventionelle und flexiblere Formen, die sich vor allem jenseits der großen Organisationen abspielen, weitgehend aus dem Blick. Kurz gesagt: Was Putnam als Verfall diagnostiziert, ist in Wirklichkeit eher als ein Formenwandel einzustufen (vgl. auch Wuthnow 2001 und Skocpol 2001).

Entsprechend hat Putnam in neueren Veröffentlichungen das düstere Bild korrigiert und führt nun auch hoffnungsvolle Gegenkräfte an: Die Bereitschaft, sich in informellen Kontexten, etwa in sozialen Bewegungen zu engagieren oder aber auch neue Verknüpfungen durch das Internet einzugehen, steigt deutlich an. Diese Befunde stimmen mit denen überein, wie sie in Deutschland etwa von Klages oder Heinze/Keupp erhoben wurden (siehe Kapitel 2 dieser Arbeit).

Demokratie und politische Kultur

Begonnen hat Putnams Interesse am Sozialkapital im Kontext der politischen Kulturforschung. Die entscheidende Frage, die politische Kulturforscher schon seit den Anfängen etwa bei Almond und Verba (1963) beschäftigt, war auch hier die nach den Bedingungsfaktoren für eine stabile und funktionsfähige Demokratie. Putnam (1993) führte zur Beantwortung dieser Frage eine umfangreiche Studie über die Funktionsweise und Effektivität demokratischer Selbstverwaltungsinstitutionen in den italienischen Regionen durch.

Die schließlich bestätigte Ausgangshypothese der Untersuchung war die, daß Gemeinschaften, die über ein hohes Maß an sozialem Kapital verfügen, auch besser funktionierende Regierungsinstitutionen aufweisen. Die gelungene Konstruktion institutioneller Arrangements ist also nicht allein verantwortlich für den Erfolg. Es muß auch eine passende »kulturelle Software« bei den Bürgern vorhanden sein, damit die Ziele der Institution erreicht werden können. Das soziale Kapital der Gemeinschaft, das sich auf der Ebene des einzelnen Akteurs als »civic virtue«, als Bürgertugend niederschlägt, ist demnach die notwendige Voraussetzung für den Erfolg und die dauerhafte Stabilität eines

---

65 So hat Putnam zwar allgemeine quantitative Angaben zur Fernsehnutzung herangezogen, jedoch nicht näher danach geschaut, welche Typen von Sendungen (z.B. Unterhaltung oder Information) bzw. welche Sender bevorzugt werden und in welcher Art und Weise die Nutzer mit dem Angebot des Fernsehens konkret umgehen (vgl. Norris 1996). Wenn man dies berücksichtigt, ergibt sich ein viel differenzierteres Bild der Realität.

demokratischen Systems. Hier zeigt sich, daß Putnams Ansatz der politischen Kulturforschung durchaus bei den selben Größen ansetzt wie die republikanische Theorie der Bürgergesellschaft (vgl. Kapitel 3 dieser Arbeit). Bürgertugend beispielsweise wird jedoch im Sinne einer nutzenorientierten Theorie als »Kapital« von Kollektiven bilanziert. Und dieser Kollektivnutzen wiederum wird, wie die oben angeführte Zitatpassage deutlich macht, in Beziehung gesetzt zu den *individuellen* Nutzenkalkülen der Bürger.

Putnam versucht empirisch in seiner Italienstudie eine sehr grundsätzliche Frage zu klären, die schon bei den Klassikern der Ideengeschichte immer wieder auf unterschiedliche Weise behandelt wurde und die heute als Konflikt zwischen institutionalistischen und kulturalistischen bzw. kontextualistischen Ansätzen diskutiert wird (vgl. dazu Cusack 1997: 3ff). Die Institutionalisten gehen davon aus, daß man in Fragen der sozialen und politischen Ordnung nur durch klug konstruierte Institutionen erfolgreich sein kann, die keinerlei oder nur wenige Voraussetzungen bei den Bürgern zugrunde legen, da diese letztlich nicht zuverlässig berechenbar sind.

Demgegenüber besagt die Position der Kulturalisten, daß ohne bestimmte Dispositionen der Akteure, ohne Bürgertugend und entsprechende Identitätsmuster, keine stabile demokratische Ordnung möglich ist. Wenn die Handlungsoptionen und Rollenangebote, die durch das institutionelle Arrangement angeboten werden, nicht aktiv ausgefüllt werden, laufen sie ins Leere.

Putnam argumentiert nun, daß ein in diesem Sinne »tugendhafter« Bürger Anteil nimmt an den öffentlichen Angelegenheiten, sich aktiv beteiligt an freiwilligen Assoziationen, dabei lernt, Vertrauen gegenüber seinen Mitbürgern zu entwickeln und auch Toleranz bei divergierenden Meinungen und Interessen zeigt. Diese Dispositionen der Akteure drücken sich in dichten Netzwerken bürgerschaftlicher Aktivitäten aus und stellen in der Makroperspektive das soziale Kapital der Gesellschaft dar. Dieses Kapital wiederum erhöht die Effektivität der Institutionen, weil es kooperatives Handeln begünstigt.

In Italien hatte die Einführung neuer Institutionen quasi-experimentelle Verhältnisse für eine Untersuchung geschaffen. Putnam stellt ein erhebliches Nord-Süd-Gefälle fest: Während die demokratischen Institutionen im Norden sehr gut funktionieren, weist der Süden ein entgegengesetztes Bild auf. Der entscheidende Unterschied liegt in der Bereitschaft der Norditaliener zum bürgerschaftlichen Engagement, die mit einem grundsätzlichen Vertrauen in die demokratischen Institutionen einhergeht. Dieses Engagement zeigt sich auch in Clubs und Kulturorganisationen, während der Süden noch stärker auf hierarchisch strukturierte Organisationen wie Kirche und Mafia orientiert ist.

Putnam versucht schließlich plausibel zu machen, daß das soziale Kapital der engagementbereiten Bürger historisch langfristig gewachsen ist, da im

Norden schon im Mittelalter kommunale Republiken mit horizontalen Netzwerken und Partizipationsmöglichkeiten entstanden, während im Süden hierarchische Königreiche mit vertikalen Netzen dominierten. Wie Tocqueville weist Putnam also mit seinen Analysen auf die Relevanz politisch-kultureller Traditionen für das Gelingen oder Mißlingen bürgergesellschaftlicher Zusammenhänge hin.

Die verschiedenen Komponenten von sozialem Kapital, das zeigt Putnam in der Italienstudie ebenso wie in den Untersuchungen zur amerikanischen Bürgergesellschaft, stehen in engem Zusammenhang miteinander. Sie verstärken oder schwächen sich, so daß sich in Bezug auf die Entwicklung von sozialem Kapital zwei gegensätzliche Entwicklungen beobachten lassen:

Auf der einen Seite steht der »virtuos circle«, der zu einem stetigen Ansteigen von Sozialkapital führt, weil sich die Komponenten gegenseitig fördern. Auf der anderen Seite bewirkt aber auch ein Defizit bei einer Komponente entsprechende Schwächungen der anderen Komponenten, so daß sich ein »vicious circle« mit immer weiter sinkenden Ressourcen an sozialem Kapital entfalten kann. Diese Entwicklung wird noch dadurch verstärkt, daß regelmäßige Inanspruchnahme des Kapitals den Grundstock nicht dezimiert, sondern fördert, und mangelnde Inanspruchnahme langfristig den Verfall des Kapitals begünstigt (Putnam 1993: 170).

Wie wird nun konkret die Leistungsfähigkeit einer Regierung durch soziales Kapital gefördert? Putnam zeigt dafür zwei Wege auf: Zum einen entfalten Bürger, die untereinander in dichten Netzwerken gesellschaftlichen Engagements organisiert sind, besser Druck auf die verantwortlichen politischen Akteure, damit diese ihre Bemühungen zur Steigerung der Performance intensivieren. Zum anderen aber bildet das Sozialkapital – vor allem dann, wenn es sowohl bei den agierenden politischen Eliten als auch bei den Bürgern vorhanden ist – eine hervorragend nutzbare Infrastruktur, um kooperatives Handeln und damit eine effektive Politik zu verwirklichen.

Der theoretische Ansatz und die Italien-Studie Putnams wurden zunächst einmal als Durchbruch im Rahmen der Versuche gewertet, die kulturalistische Perspektive in den Sozialwissenschaften stark zu machen. Nach Ingleharts Arbeiten zum Wandel von sozialen und politischen Wertorientierungen, die sich explizit auch als Erneuerung der Kulturforschung verstanden und tatsächlich eine »Renaissance« dieser Forschungsperspektive veranlaßten, hat vor allem Putnams Studie für Furore und für eine breite Diskussion des kulturalistischen Zugangs gesorgt.[66] Freilich ist auch umfangreiche Kritik geäußert wor-

---

66 Die Formulierung von der »Renaissance« der politischen Kulturforschung findet sich in Inglehart (1988); zu Ingleharts wichtigsten Studien zur Wertewandelsproblematik vgl. Ingle-

den, teilweise mit Bezug auf das theoretische Konzept, teilweise gegen die historische Erklärungsstrategie, teilweise auch mit Blick auf die verwendete Methodik.[67]

Formen des Sozialkapitals: Inklusion und Exklusion

Auf der Grundlage seiner empirischen Studien hat Putnam eine Reihe von Systematisierungen vorgenommen, die als Orientierungsgrößen bei der Erforschung bürgerschaftlicher Netzwerke hilfreich erscheinen (Putnam 2000: 22ff und Putnam/Gross 2001: 25ff). Auf das eng verflochtene Ineinander von individuellem und kollektiven, privatem und öffentlichem Nutzen ist oben schon hingewiesen worden. Putnam unterscheidet dann weiter zwischen *formal organisierten* und *informellen* Arten des Sozialkapitals. Informelle Netze können gleichsam spontan überall entstehen, formale erfordern sehr viel mehr Aufwand (und Know How). Formal organisiertes Sozialkapital entspricht weitgehend dem, was Hartmut Esser als *institutionelles* bzw. *politisches Kapital* bezeichnet (s.o.).

Insgesamt kann soziales Kapital eine *hohe* oder *geringe Dichte* aufweisen, d.h. mit vielen und intensiven Kontakten oder mit wenigen, sporadischen Kontakten verbunden sein. Nicht immer, so argumentiert Putnam mit Verweis auf die Studien von Granovetter, ist das dichte Kapital nützlicher: »Weak ties« können beispielsweise bei der Jobsuche hilfreicher sein als enge Verbindungen, weil man damit über seinen unmittelbaren sozialen Nahbereich hinaus Beziehungen nutzbar machen kann.

Innenorientiertes Kapital ist zu unterscheiden von *außenorientiertem*. Hier steht die Frage des »cui bono« im Mittelpunkt: Finden sich die Akteure primär zur Steigerung des gruppenbezogenen Eigennutzes zusammen, etwa als Interessenverband oder als Konsumentenvereinigung? Oder stehen altruistische, gemeinwohlbezogene Zielgrößen im Mittelpunkt, wie das etwa bei »amnesty international« oder den »Lions Clubs« der Fall ist. Meistens, so Putnam, haben wir

---

hart (1977, 1990, 1997); vgl. im Rahmen der neu entfachten Diskussion über den kulturalistischen Zugang in den Sozialwissenschaften am Ende der 80er und Anfang der 90er Jahre in den Vereinigten Staaten auch Wilson (1992), Elkins (1993), Weil (1994), Jackman/Miller (1996), Granato u.a. (1996). Zur Bedeutung der Studie Putnams in der fachwissenschaftlichen Diskussion siehe ausführlich Laitin (1995) und Dörner (2003).

67 Es hat vor allem in Italien eine ausführliche kritische Diskussion zur historischen Argumentation Putnams gegeben, die ihm eine zu wenig differenzierte Sicht der Dinge vorwirft und die dichotomische Sicht mit zahlreichen Gegenbeispielen in Frage stellt (vgl. dazu ausführlich Lenci 1997: 25ff). Zur kritischen Diskussion um Putnams Studie und sein Konzept des sozialen Kapitals vgl. Morlino (1995), Goldberg (1996), Levi (1996) und Tarrow (1996).

es mit Mischformen zu tun, weil beide Nutzendimensionen zur Geltung kommen.

Als die wichtigste Unterscheidung aber führt Putnam (2000: 22) selber die zwischen »*bonding capital*« und »*bridging capital*« an. Hier kommt die sozialstrukturelle Dimension mit ins Spiel. Bonding capital ist die Form des Sozialkapitals, die sich innerhalb von (sozial, ethnisch, ideologisch) homogenen Akteursgruppen herstellt, während das bridging capital Verbindungen bezeichnet, die über die Grenzen homogener Gruppen hinaus reichen. Diese Unterscheidung läßt sich gut mit den Ausführungen Bourdieus über die sozialen Schließungsmechanismen der Kapitalien verbinden. Sozialkapital kann durchaus rigide Ausgrenzungen vornehmen und viele Akteure von den Vorteilen, die das Kapital erbringt, ausschließen. Sozialkapital und Exklusivität kann also durchaus Hand in Hand gehen, wobei die integrative Kraft dann auf die Gruppe selbst beschränkt bleibt. Sozialkapital ist somit *nicht* per se ein Garant gesellschaftlicher Integration, wenn es an brückenbildendem Kapital fehlt. Starke Segmentierung wirkt durchaus als zentrifugale Kraft, es sei denn, es gibt kulturelle Gemeinsamkeiten und Klammern.

Die dunkle Seite des Sozialkapitals

Mit der Exklusivität wurde schon angedeutet, daß Sozialkapital nicht nur positive Aspekte hat. So verweist Putnam schon gleich zu Beginn seiner Studien auf die Tatsache, daß dichtes Sozialkapital oft in Verbindung mit destruktiven und inhumanen Kräften steht (Putnam 2000: 21f). Der amerikanische KuKluxKlan gibt dafür ebenso ein Beispiel wie das engmaschige Netzwerk der rechtsradikalen Szene in Deutschland. Aus Sozialkapital kann jederzeit »unsocial capital« werden (Levi 1996). Die »dunklen Seiten« des Sozialkapitals haben erstmals Portes und Landolt (1996) systematisch ausgearbeitet.[68]

Das erste Negativum ergibt sich tatsächlich unmittelbar als Kehrseite der Integrationsleistung des sozialen Kapitals. Die enge Schließung des Kreises kann nämlich ihre positiven Effekte für die Mitglieder nur erfüllen, weil andere von den Segnungen ausgeschlossen bleiben. Die Inklusion setzt eine Exklusion der anderen voraus. Dieses Problem läßt sich gut an einem Beispiel veranschaulichen, das James Coleman anführt, um die Vorteile der Sozialkapitalbildung zu veranschaulichen.

---

68 Lenci (1997: 3) spricht hier auch von der Janusköpfigkeit des sozialen Kapitals und führt aus: »Associationism and migrant networks, lobbies of hidden power and ›pizza connection‹ are the two sides of the same coin«.

Unter den jüdischen Diamantenhändlern in New York City gilt die Regel, daß man bei Geschäften untereinander bedenkenlos Säckchen mit Edelsteinen aus der Hand gibt, damit der Geschäftspartner sie in Ruhe zu Hause prüfen und bewerten kann. Obwohl es hier mitunter um Summen von mehreren Hunderttausend Dollar geht, erfolgt dieser Austausch allein auf Vertrauensbasis, ohne Formalia und Versicherungen. Insgesamt wird auf die sonst üblichen Verträge und Anwälte verzichtet, wodurch in großem Ausmaß Kosten eingespart werden. Dieses System kann allerdings nur funktionieren, weil die Gemeinschaft durch ethnische Identität, Heiratsverbindungen, gemeinsame Wohnviertel und den Besuch der gleichen Synagogen hochgradig integriert ist. »It is essentially a closed community« (Coleman 1988: 98).

Mit der letzten Formulierung aber wird auch deutlich, daß Außenstehenden die Partizipation an diesem System nicht möglich ist. Dies kann mitunter ausgesprochen negative Konsequenzen haben, wenn zum Beispiel ganze Märkte und Geschäftszweige auf diese Weise abgeschlossen sind. Portes und Landolt verweisen auf die Situation des Baugewerbes in New York, das weitgehend von Weißen – Abkömmlingen italienischer, irischer und polnischer Immigranten – beherrscht wird und in dem schwarzen Unternehmern keine Möglichkeit des Einstiegs offensteht.

Ähnliche Konstellationen zeigen sich auch im Handel in Miami, der von Exilkubanern kontrolliert wird, oder im industriellen Sektor einiger Ostküstenstädte, in denen die Koreaner das Sagen haben (Portes/Landolt 1996: 19f). Die dicht integrierten, ethnisch definierten Gruppen konstituieren hier berufsständische Schließungsprozesse, durch die zahlreiche potentielle Mitbewerber ausgeschlossen werden.

Adam Smith hatte seinerzeit von »conspiracies against the public« gesprochen und es ist leicht einzusehen, daß dadurch nicht nur Individuen oder ganze Gruppen von der Teilhabe an den entsprechenden Märkten ausgeschlossen werden, sondern daß durch den so eingeschränkten Wettbewerb auch volkswirtschaftlich negative Effekte entstehen können (Portes/Landolt 1996: 20).

Den Extremfall von dicht geschlossenen Beziehungsnetzen mit hohen Aufkommen von Sozialkapital stellen ohne Zweifel mafiöse Strukturen dar (vgl. Gambetta 1988, Lenci 1997). Hier sind intensive Vertrauensverhältnisse bei rigiden Exklusionen vorhanden, und den hohen Gewinnen innerhalb des Kollektivs stehen hohe Kosten auf Seiten der restlichen Gesellschaft gegenüber.

Adalbert Evers hat allerdings auf Folgendes aufmerksam gemacht: Es gibt auch gesellschaftliche Gruppen, die hochgradig integriert sind, also eng geflochtenes Sozialkapital aufweisen, und die dennoch im sozialstrukturellen oder ethnischen Sinne nicht homogen sind. Auch solche Gruppen können eine erhebliche destruktive Kraft aufbringen (Evers 2002: 69).

Sieht man sich beispielsweise die Entwicklung populistischer, nationalistischer und rassistischer Bewegungen an, so wird deutlich, daß hier teilweise ein enormes Integrationspotential innerhalb einer Nation entfaltet werden kann, das geradezu mühelos alle sozialstrukturellen Grenzen überschreitet. Gerade die deutsche Gesellschaft bietet mit dem Nationalismus im späten Kaiserreich und mit der nationalsozialistischen Bewegung anschauliche Beispiele für derartige Entwicklungen. Vor allem die einfache, auf Evidenz angelegte ästhetische Inszenierung von integrativen symbolischen Formen vermag hier nicht nur Integrations-, sondern auch Mobilisierungsleistungen zu vollbringen.[69]

Einen weiteren negativen Aspekt aus der Sicht von Individuen stellt der hohe Konformitätsdruck dar, der in geschlossenen Gemeinschaften mit hohem Sozialkapital zu beobachten ist. Hierzu sind ebenfalls empirische Studien über ethnische Gruppen durchgeführt worden, die diesen Druck beschrieben haben. So weist etwa die Struktur von Chinatown in San Francisco rigide Regeln auf, die auch jede ökonomische Innovation zuverlässig unterbinden (Portes/Landolt 1996: 20). Ein ähnlicher Konformitätsdruck, der vor allem auch Fragen von Moral und Lebensstil betrifft, ist aus hochintegrierten dörflichen Gemeinschaften oder Nachbarschaften bekannt. Der Nachteil besteht dabei in einer weitgehenden Verkarstung, d.h. in einer mangelnden Flexibilität der sozialen Strukturen, die ausgesprochen veränderungsresistent sind und gegebenenfalls auf veränderte Außenbedingungen und Herausforderungen nicht adäquat reagieren können.

Ein hohes Maß von Sozialkapital kann also mit erheblichen Restriktionen für die Handlungsfreiheit von Individuen verbunden sein. Diese Restriktionen können Akteure sowohl innerhalb als auch außerhalb des Kollektivs betreffen. Eine Konzeptualisierung von Sozialkapital, die diese negativen Seiten zugunsten der positiven Nutzeneffekte für Individuum und Gemeinschaft ausblendet, greift offenbar zu kurz und muß entsprechend korrigiert werden.

Kritikpunkte auf methodischer und konzeptioneller Ebene

Zunächst einmal lassen sich auf der methodischen Ebene einige Kritikpunkte und offene Fragen formulieren:

1. Bei den zahlreichen Versuchen, Sozialkapital empirisch zu operationalisieren und zu messen, haben sich immer wieder Probleme ergeben, die zur

---

[69] Siehe dazu ausführlich die Analyse von Dörner (1996).

Kritik nicht nur an den konkreten Studien, sondern auch am Konzept des Sozialkapitals insgesamt geführt haben. Bei den meisten der bislang vorliegenden empirischen Studien ist insgesamt zu konstatieren, daß sehr heterogene, mitunter auch unklar definierte Konzepte von Sozialkapital zugrunde gelegt werden. Soziales Kapital »scheint als Sammelbegriff für (besonders positiv bewertete) Ursachen und Wirkungen gleichermaßen Verwendung zu finden« (Haug 1997: 31).

So zeigen neuere Untersuchungen, daß man auch im Bereich der standardisierten politischen Kulturforschung keinesfalls immer zu eindeutigen und unumstrittenen Befunden gelangt. Gabriel u.a. (2002) weisen in einer sekundäranalytischen Studie auf der Grundlage der Daten des von Ronald Inglehart organisierten *World Value Surveys* nach, daß das Sozialkapital – gemessen hier über das Engagement in Freiwilligenorganisationen, interpersonales Vertrauen sowie gemeinschaftsbezogene Werte und Normen – keineswegs generell sinkt. Selbst für die USA, Putnams primären Untersuchungsgegenstand, wird die Verfallsdiagnose weitgehend bestritten. Und hatte Putnam noch den Fernsehkonsum als einen der Hauptübeltäter für den Schwund an sozialen Bindekräften herausgestellt, kommen die deutschen Autoren in ihrer Analyse zum diametral entgegengesetzten Befund, daß nämlich Vielseher mitunter sogar sozial aktiver sind als Fernsehverächter (Gabriel u.a. 2002: 110).

2. Putnam formuliert eine These, die mit Blick auf die bisherige Forschung wirklich überraschen muß: »Sozialkapital widersteht jeder Quantifizierung« (Putnam/Gross 2001: 28). Diese bemerkenswerte Aussage, plaziert in der Einleitung zu seinem Sammelband über Sozialkapital und Gemeinsinn, fordert zumindest zwei kritische Bemerkungen heraus:

Zum einen hat der Rückgriff auf das Kapitalkonzept doch seine Pointe gerade darin, daß man die Logik von Investition, Ertrag und Akkumulation bei allen konkreten Problemen, die auch Bourdieu eingestanden hat, grundsätzlich quantifizierbar macht. Die Netzwerkforschung verfeinert stets ihre Methoden der Kapitalmessung, und im Rational Choice-Paradigma finden sich vielfach Formeln, die eine Berechnung von Investition und Ertrag ermöglichen sollen (vgl. etwa Esser 2000: 244f). Putnams Äußerung dagegen scheint zu verdeutlichen, daß der Begriff hier nur noch metaphorischen Charakter hat.

Um so erstaunlicher aber erscheint es dann *zum anderen*, daß die Absage an Quantifizierungsversuche einhergeht mit der Tatsache, daß Putnams gesamte Argumentation auf Daten beruht, die mit standardisierten, d.h. mit Quantifizierung arbeitenden Methoden erhoben und ausgewertet wurden. Erschiene nicht angesichts vorhandener Quantifizierungsprobleme ein interpretativer Zugang zur Funktionsweise sozialen Kapitals dann sinnvoller, wie er etwa von Bellah u.a. (1987) in ihren auf offenen Interviews basierenden zeitdiagnostischen Studien gegangen wurde?[70] Freilich lassen sich auf diesem Wege auch keine großflächigen Aussagen über *den* Schwund *des* Sozialkapitals in einer 250-Millionen-Gesellschaft wie den USA formulieren. Man müßte kleinere Brötchen backen, was der Seriosität der Forschung durchaus nicht abträglich wäre.

Neben diesen methodischen Fragen ergeben sich aber auch auf konzeptioneller Ebene Kritikpunkte. Diese betreffen zwei Leerstellen in Putnams Argumentation: die der sozialen Ungleichheit und die der Politik.

1. Es ist zu konstatieren, daß Putnams Ansatz die Ungleichheitsdimension von sozialem Kapital weitgehend ausblendet. Zwar werden gewisse Probleme mit der Differenzierung von »bonding capital« und »bridging capital« angesprochen; wo und wie es jedoch konkret tatsächlich zu brückenbildenden Vernetzungen über die noch immer rigiden sozialstrukturellen Grenzen moderner Gesellschaften kommt, bleibt völlig offen (vgl. dazu auch Braun 2001a: 344). Putnams Aussagen dazu tragen deutlich Züge normativ-utopischer Argumentationen, die deutlich machen, daß der Autor dem kommunitarischen Paradigma sehr viel näher steht, als der Rückgriff auf das »nüchterne« Kapitalkonzept zunächst glauben macht (vgl. etwa Putnam 2000: 411).[71]

Die ungleiche Verteilung von Bildung, Ansehen und »guten Beziehungen« in der sozialen Welt bewirkt auch eine unterschiedliche Verteilung von sozialem Kapital. So weisen die empirischen Analysen von Offe und Fuchs (2001: 442ff) nach, daß Sozialkapital (gemessen in Aufmerksamkeit für öffentliche Angelegenheiten, Vertrauen und Engagement in assoziativen Aktivitäten) mit sozialstrukturellen Variablen deutlich korreliert. So zeigen sich beispielsweise Abhängigkeiten zwischen sozialem Kapital und Einkommen bzw. Arbeitsmarktstatus (Beamte weisen hohes, Arbeitslose dagegen ausgesprochen niedriges Sozialkapital auf) und vor allem zwischen sozialem Kapital und Bildung (Offe/Fuchs 2001: 448).

---

70 Wobei hier nicht näher auf die methodischen Untiefen bei Bellah u.a. eingegangen werden soll; entscheidend ist, daß interpretative Methoden andere, neue Einblicke insbesondere in die Verflechtung von privatem und öffentlichem Nutzen in der konkreten bürgergesellschaftlichen Interaktion verschaffen können.

71 So verweist Braun zurecht auf den illusorischen Charakter von Putnams selbstgewähltem Beispiel, der Mannschaftssport biete hervorragende Möglichkeiten für die Bildung von bridging capital; gerade der Sport gehört, wie Bourdieu gezeigt hat, mit seinen distinktiven Potentialen (zumindest im europäischen Bereich) zu den am schärfsten getrennten und trennenden Bereichen der Lebensstile.

Das aber wiederum verweist auf unterschiedliche Partizipationschancen in der Bürgergesellschaft. Die verschiedenen Interessen diverser Bevölkerungsgruppen kommen daher in höchst unterschiedlichem Maße zur Geltung. Asymmetrien, die man in Bezug auf das etablierte politische System schon immer konstatiert hat, sind daher auch in zivilgesellschaftlichen Kontexten zu beobachten, und diese Ungleichheiten verstärken sich in dem Maße, in dem die Teilnahme am politischen Prozeß durch fortschreitende Dezentralisierung in diesem Bereich immer voraussetzungsvoller wird – gebunden etwa an Qualifikation und Bildung.[72]

2. Adalbert Evers macht schließlich darauf aufmerksam, daß Putnams fehlende Berücksichtigung der Faktoren Macht und Ungleichheit eng zusammenhängt mit einer weiteren Leerstelle in seinem Konzept: die fehlende politische Dimension.[73] Dies muß um so mehr verwundern, als Putnam doch aus der Position eines Politikwissenschaftlers argumentiert. Evers beschreibt die Relevanz der politischen Rahmenbedingungen wiefolgt:

»Insoweit Ungleichheit auch Möglichkeiten der Vertrauensbildung, Kooperation, Organisation und Artikulation betrifft, unterstreicht sie auch die große Bedeutung staatlicher Politiken und politischer Strategien des ›empowerment‹ für die Bildung, den Zerfall und Prozesse der impliziten Umverteilung von Sozialkapital« (Evers 2002: 66).

Es geht also um den systematischen Zusammenhang zwischen Sozialkapital und Politik. Die politischen Rahmenbedingungen, so Evers, sind ganz entscheidend dafür, ob, in welchem Ausmaß und mit welcher Verteilung es zur Ausbildung von Sozialkapital kommt:

»Die Bürgergesellschaft und das damit korrelierende soziale Kapital werden also von der Politik getragen und geformt. Sie können demzufolge nicht als deren Basis oder Vorläufer angesehen werden« (Evers 2002: 68).

Allerdings könnte Evers hier Gefahr laufen, in eine entgegengesetzte Einseitigkeit zu verfallen. Denn »die Politik« ist ja ihrerseits keine unabhängige Größe. Sie ist, selbst in ihren verfassungsförmigen Rahmenbedingungen, ihrerseits das Resultat politischer Prozesse und damit auch abhängig davon, welcher Input mit welchen Interessen von welchen Gruppen in das politische System eingespeist wird. Und das wiederum ist in hohem Maße eine Frage der politischen Kultur und der Ausformung einer aktiven Bürgerge-

---

72 Vgl. dazu Brömme/Strasser (2001) und Offe/Fuchs (2001) sowie Schlozman u.a. (1999) zu den USA.
73 Dieser bislang bei Putnam zu wenig berücksichtigte Zusammenhang von Sozialkapital und politischen Institutionen wird in neuerer Zeit von einigen, institutionalistisch ausgerichteten Arbeiten betont, vgl. u.a. Hall (1999), Newton (1999), Newton/Norris (2000) sowie Rothstein/Stolle (2002).

sellschaft.⁷⁴ Man wird den komplexen Realitäten wohl besser gerecht, wenn man von einem Prozeß gegenseitiger Einwirkung ausgeht. Richtig bleibt dabei in jedem Fall, daß Putnams Blick auf Sozialkapital und Bürgergesellschaft zu eng bleibt, wenn er die politischen Rahmenbedingungen ausblendet. Die Frage, in welchem Ausmaß, mit welcher Unterstützung und mit welchen Hindernissen von Seiten der Politik operiert werden muß, ist ganz entscheidend für das Gelingen oder Scheitern bürgergesellschaftlicher Aktivitäten.

4.6 Fazit: Das Kapital der Bürgergesellschaft

Alltagsutilitarismus und Bürgertugend

Die soziologischen Zeitdiagnosen machen deutlich, daß der Prozeß der Individualisierung im Rahmen einer fortschreitenden Modernisierung der Gegenwartsgesellschaft einhergeht mit der Erosion von tradierten Pflicht- und Akzeptanzwerten. Die Akteure fragen sich bei der Konstruktion ihres eigenen Alltags immer deutlicher, was bei einer bestimmten Tätigkeit für sie herauskommt. Dieser Alltagsutilitarismus führt jedoch, wie die empirische Forschung zeigt, offenbar *nicht* zu einem allgemeinen Rückgang der Bereitschaft, sich freiwillig in bürgergesellschaftlichen Zusammenhängen zu engagieren. Allerdings wird das Engagement an Bedingungen geknüpft. Die Freiwilligen suchen bei ihren Tätigkeiten nicht nur das Gemeinwohl, sondern auch den eigenen Nutzen im Blick zu halten. Bürgergesellschaft funktioniert daher nicht mehr primär über Verpflichtung, sondern über Verführung, um hier noch einmal Ronald Hitzlers (1999) Begriffspaar aufzugreifen.

Um dem Alltagsutilitarismus als Rahmenbedingung von bürgerschaftlichem Engagement gerecht zu werden, ist in diesem Kapitel der Blick auf sozialwissenschaftliche Theorieangebote gerichtet worden, die mit Hilfe eines erweiterten Kapitalkonzepts die Logik von Investition, Gewinn und Akkumulation als eine grundlegende Logik der sozialen Welt postulieren. In der Diskussion dieser Konzepte konnte deutlich gemacht werden, daß sie je spezifische Dimensionen herausheben und andere völlig ausblenden, so daß für eine

---

74 Diese Fragen nach dem »Input« sind das genuine Interesse von politischer Kulturforschung; dabei geht es eben nicht nur um politische Partizipation im herkömmlichen Sinne, sondern auch um unkonventionelle Beteiligungsformen, soziale Bewegungen, Einfluß auf den öffentlichen Diskurs etc.; dies macht ja gerade Habermas' Konzept der Zivilgesellschaft deutlich (Habermas 1992; vgl. auch Kapitel 3.4 dieser Arbeit).

adäquate Theorie der Bürgergesellschaft eine Verknüpfung der Ansätze sinnvoll erscheint. Nur so lassen sich zu starke Einseitigkeiten und damit auch verkürzte Sichtweisen auf das komplexe Phänomen vermeiden.

Mit Pierre Bourdieus Kapitaltheorie und ihrer Verbindung zu einer Theorie der Klassen und des sozialen Raums konnte die Ungleichheitsdimension von Bürgergesellschaft in den Blick gerückt werden. Die Menge und die je spezifische Zusammensetzung des Kapitals, über das ein Akteur verfügen kann, determiniert Bourdieu zufolge seine Position im sozialen Raum und damit auch das Spektrum der Handlungsoptionen, das ihm offensteht. Kapitalien sind in dieser Perspektive zugleich auch Machtmedien. Bürgergesellschaft, wenn man sie durch die Brille der Bourdieuschen Begrifflichkeit betrachtet, bietet sich daher – anders als in der Perspektive der herkömmlichen Theorietradition – als eine Sphäre von Ungleichheiten, Hierarchien und Machtkämpfen dar. Kapitalbesitz ist eine wichtige Zugangsvoraussetzung, während der Erwerb, die Akkumulation und die Transformation von Kapital als Motive und Zielsetzungen des Handelns fungieren. Die Analyse bürgergesellschaftlicher Zusammenhänge muß also möglichst präzise untersuchen, wo und in welcher Form ökonomisches, kulturelles, soziales und symbolisches Kapital am zivilgesellschaftlichen Prozeß beteiligt ist.

Der Aspekt der sozialen Schließung macht dann auch auf Prozesse der Elitenbildung in der Bürgergesellschaft aufmerksam. Diese Eliten verfügen nicht nur über besonders wirkungsvolle Kapitalressourcen, sondern sie verfügen auch über Benennungsmacht und können somit die Wahrnehmung der sozialen Welt in ihrem Sinne beeinflussen.

Stehen mit Bourdieus Instrumentarium die sozialstrukturelle (Bourdieu würde formulieren: die klassenspezifische) Determination des Handelns und die Machtdimension im Mittelpunkt, wird der Blick mit den Ansätzen des Rational Choice anders eingestellt. Hier steht in handlungstheoretischer Perspektive das Individuum mit seinen Strategien und Kalkülen im Mittelpunkt. Im Anschluß an Coleman, Esser und andere Autoren konnte gezeigt werden, wie Kapitalien – insbesondere Sozialkapital – als handlungsunterstützende Ressourcen genutzt werden, die entweder das physische Wohlergehen der Akteure oder aber ihre soziale Wertschätzung steigern. Individuen handeln also rational, wenn sie nach Maßgabe ihrer subjektiven Wahrnehmung und Einschätzung ihren Nutzen durch Investition und Kapitaleinsatz steigern.

Sozialkapital ist dabei zunächst kein Besitz einer Einzelperson, sondern eine relationale Größe, die sich zwischen zwei oder mehr Akteuren herstellt. Die Rede ist hier von Verpflichtungen und Erwartungen, von Kreditverhältnissen, aber auch von Normen, die innerhalb einer Gemeinschaft gelten und den Nutzen des einzelnen mehren, indem die Transaktionskosten des Handelns gesenkt werden. Normen stellen ein Systemkapital dar, von dem der einzelne profitieren kann.

Eine zentrale Größe ist das Beziehungskapital der Akteure, das soziale Netzwerk, das man für eigene Zwecke nutzen kann. Hier liegt nicht zuletzt auch ein großer Anreiz für bürgerschaftliches Engagement, weil die Engagierten sich bei ihrer Tätigkeit Zugang zu Netzwerken eröffnen können: Man kann Freunde und Bekannte gewinnen, die etwa im Notfall Unterstützungsleistungen bereitstellen; man kann aber auch Zugang zu »weak ties« erhalten, über die sich wichtige Informationen oder Chancen bei der Vermittlung von Jobs eröffnen.

Freilich sind Netzwerke auch mit Kontrollmechanismen und daher auch mit Restriktionen des Handelns verknüpft, und sie sind sozialstrukturell keineswegs gleich verteilt. Je höher die Position, so zeigt die empirische Forschung, um so größer und nützlicher sind auch die verfügbaren Netzwerke. Hier also berührt sich die Rational Choice-Perspektive durchaus mit Bourdieus Ungleichheitsdimension.

Mit Vertrauen als Sozialkapital läßt sich der Blick dann auch auf die Makroebene der Gesellschaft lenken. Vertrauen fungiert hier als ein Kollektivgut, das Kooperation erleichtert und auch den Aufbau effektiver Institutionen unterstützt, wie Fukuyama zeigen konnte. Und diese Institutionen wiederum, etwa korporatistische Kooperationsbeziehungen zwischen Verbänden und Staat, können die politische wie die ökonomische Performance von Gesellschaften erheblich verbessern. Mit Hartmut Esser können dann Institutionen, vor allem formal verfaßte und organisierte Institutionen, als ein nützliches Kapital beschrieben werden. Insbesondere der Staat stellt eine solche Institution dar, die beispielsweise in der Lage ist, Ungerechtigkeiten in der Verteilung von Gütern abzubauen. Bürgergesellschaft kann insgesamt von der handlungsbegünstigenden Wirkung dieses institutionellen Kapitals profitieren, indem beispielsweise Fördergelder oder Infrastrukturen genutzt werden. Andererseits können institutionelle Strukturen die Autonomie der Bürgergesellschaft begrenzen und somit Handlungsrestriktionen aufbauen.

Mit der Eigenschaft von Sozialkapital als Kollektivgut rückt der Nutzen für die Gemeinschaft in den Mittelpunkt. Putnam hat in seinen von der politischen Kulturforschung her kommenden Analysen untersucht, wie Sozialkapital als ein Begriff für die verschiedenen Bindungskräfte in der sozialen Welt analysiert werden kann. Sozialkapital wird (standardisiert) gemessen über soziales Vertrauen, politische Partizipation, Mitgliedschaft in Verbänden und Vereinen, die Teilnahme an Geselligkeiten, aber auch über Altruismus, Philanthropie und die Bereitschaft zu freiwilligem Engagement. Im Grunde ist Sozialkapital hier gleichsam auch eine Meßgröße für das Ausmaß und die Qualität von Bürgergesellschaft insgesamt, weshalb auch Putnams Verfallsdiagnosen, die er für die Vereinigten Staaten gestellt hat, so große Aufmerksamkeit erfuhren.

Putnam versucht mit den Methoden der Umfrageforschung die »klassischen« Größen der Bürgertugend und des Gemeinsinns zu kapitalisieren und so als eine Ressource moderner Gemeinschaften erfaßbar zu machen. Obgleich er, etwa mit der Unterscheidung von bridging und bonding capital, wichtige Differenzierungen vornimmt, die für die Beschreibung bürgergesellschaftlicher Realitäten gut verwendbar sind, kommt die Dimension sozialer Ungleichheit in seinem Konzept insgesamt zu kurz.

Ausblick auf die empirische Fallstudie

Der »andere Blick auf die Bürgergesellschaft« in diesem Kapitel hat insgesamt gezeigt, daß die traditionellen Theorien zwei Dimensionen nur am Rande berücksichtigen: die Nutzendimension und die Ungleichheitsdimension. Diese beiden Dimensionen werden in der folgenden Fallstudie besonders in den Blick genommen.

Am Beispiel der Bürgerstiftung *Kohlens* soll ein exemplarischer Einblick in den Alltag bürgerschaftlichen Engagements erfolgen. Diese empirische Fallstudie soll zweierlei leisten:

Erstens gilt es zu überprüfen, inwiefern die zentralen Aussagen, die in den traditionellen Theorien über Bürgergesellschaft sowie in den utilitaristischen Theorien der sozialen Welt enthalten sind, bestätigt werden können. Die Studie soll also – im Bewußtsein ihrer begrenzten Reichweite – deutlich machen, wo die diskutierten Theorien empirisch gehaltvoll sind und wo sie einer Korrektur bedürfen.

Zweitens gilt es die »blinden Flecke« zu benennen, d.h. Dimensionen, die in der bisherigen theoretischen Diskussion gar nicht oder nur peripher berücksichtigt worden sind. Hier soll die Tiefenbohrung also Hinweise darauf ergeben, wo die Perspektive der Theorie erweitert werden muß, um der komplexen Realität gerecht zu werden. Aspekte von Ungleichheit und sozialer Schließung kommen dabei ebenso zur Sprache wie die Verflechtung der Institutionen, der Nutzen der individuellen Akteure ebenso wie der Nutzen der Gemeinschaft.

Nach einer kurzen Beschreibung der verwendeten Methode wird die Analyse in folgenden Schritten vorgenommen:

Der erste Schritt (5.2) erläutert kurz den *Organisationstyp* der Bürgerstiftung, der in Deutschland relativ neu ist. Zunächst wird ein Blick auf Struktur und Funktion des Stiftungswesens insgesamt geworfen, das über eine lange Tradition verfügt. Danach werden die Spezifika von Bürgerstiftungen im Kontrast zum herkömmlichen Stiftungswesen herausgearbeitet und einige Daten zur bisherigen Entwicklung in Deutschland angeführt.

Kapitel 5.3 stellt die *Genese* und die geradezu mit sozialtechnologischer Präzision vorgenommene *Konstruktion* der Stiftung im Entstehungsprozeß in den Vordergrund. Hier ist zum einen zu klären, woher die Initiative zur Stiftungsgründung kam. Zum anderen wird die von außen vorgenommene »Auslese« der Gründungsmitglieder untersucht, an deren Ende die Konstruktion einer geschlossenen Elitegruppe als aktive Trägerschaft der Stiftung steht – mit positiven, aber auch mit kontraproduktiven Effekten.

Danach (5.4) rückt die *Funktionsweise von unterschiedlichen Kapitalien* in den Mittelpunkt der Analyse. Dabei wird zunächst im Anschluß an Bourdieu beleuchtet, welche Kapitalien als Exklusionsmedien fungieren. Hier rückt die Voraussetzungshaftigkeit der Partizipation in der Bürgergesellschaft ins Zentrum der Aufmerksamkeit. Im nächsten Schritt wird, im Anschluß an Coleman und die Rational Choice-Theoretiker, analysiert, *wo* von den individuellen Akteuren *welcher* Nutzen als Ertrag ihrer Investition in die bürgergesellschaftlichen Zusammenhänge realisiert werden kann.

In Kapitel 5.5 wird ebenfalls die Funktion von Kapital thematisiert, aber die Perspektive wechselt: Anstelle des Nutzens der individuellen Akteure steht nun der Nutzen der Bürgergesellschaft und schließlich das Engagement als Kapital der Gemeinschaft insgesamt im Zentrum. Zunächst wird aufgezeigt, wie Bürgergesellschaft all jene Kapitalien ausnutzt, die von den Akteuren im Zuge ihres Engagements eingebracht werden. Mitunter läßt sich hier geradezu von selbstgewählten Ausbeutungsverhältnissen sprechen, weil beispielsweise das soziale Kapital der Akteure verbraucht wird.

Zum anderen wird dann Putnams Perspektive aufgenommen, die in der Engagementbereitschaft, in Gemeinsinn und Bürgertugend der Individuen das spezifische Kapital einer Gemeinschaft erblickt. Hier geht es also nicht um Ungleichheit, Schließung und Eigennutz, sondern um die integrative Dimension von zivilgesellschaftlichen Organisationen.

Das letzte Kapitel (5.6) schließlich beschäftigt sich mit der institutionellen Verflechtung zwischen Bürgergesellschaft, Staat und korporatistisch ausgeprägter Organisationslandschaft. Dabei geht es um die Kooperationsgewinne, die Bürgergesellschaft durch den Zugriff auf dieses institutionelle Kapital erreichen kann, aber auch um die Autonomieverluste, die eine solche Verflechtung mit sich bringt.

5. Bürgergesellschaft vor Ort: Die *Kohlener* Bürgerstiftung. Eine Fallstudie

5.1 Zur Methode

Nach der ausführlichen Theoriediskussion in den vorangegangenen Kapiteln soll nun also im Rahmen einer Fallstudie exemplarisch untersucht werden, ob und inwieweit die theoretischen Aussagen der oben diskutierten Ansätze tatsächlich die Funktionsweise von Bürgergesellschaft vor Ort erfassen. Eine Fallstudie kann hier selbstverständlich keine repräsentativen Ergebnisse aufzeigen. Aber sie bietet eine interpretative »Tiefenbohrung«, mit der am Beispiel der zu untersuchenden Bürgerstiftung die zentralen Voraussetzungen, Triebkräfte und Vernetzungen von Bürgergesellschaft erfaßt werden können. Die Forschung kann somit auf Relevantes und Typisches aufmerksam machen. Was in der *Kohlener* Bürgerstiftung der Fall ist, so die Annahme, das ist auch in anderen bürgergesellschaftlichen Kontexten wirksam.

Die Gemeinde

Die ausgewählte Stadt weist einige wichtige Charakteristika auf, die in der deutschen Gegenwartsgesellschaft bereits jetzt für viele Kommunen zutreffen und in absehbarer Zukunft für noch viel mehr zutreffen werden. Aufgrund des weitgehenden Wegbrechens desjenigen Wirtschaftszweigs, der über viele Jahrzehnte hinweg dominant war, befindet sich die Gemeinde im Erhebungszeitraum mit etwa 66.700 Einwohnern in einer finanziellen Notlage. Der Haushalt weist einen Konsolidierungsbedarf von über 7 Millionen EUR auf, wobei die Stadtverwaltung einen rigiden Sparkurs verfolgt, was angesichts eines Gesamtkonsolidierungsbedarfs bis zum Jahre 2006 von nicht weniger als 50 Mio. EUR auch nicht verwunder. Das Hauptproblem besteht darin, daß die Einnahmen aus der Gewerbesteuer immer geringer werden, während die Ausgaben durch wachsende Arbeitslosigkeit (ca. 12 Prozent) und eine hohe Zahl von Sozialhilfeempfängern immer stärker ansteigen. Der Ausländeranteil ist mit über 11 Prozent relativ hoch. Die demografische Situation ist durch Abwanderung gekennzeichnet, weil viele Familien auf der Suche nach Arbeit in andere Regionen ziehen.[1]

Die prekäre ökonomische Situation betrifft jedoch keineswegs nur Städte wie *Kohlen* im Ruhrgebiet, wo die ehemals beherrschende Montanindustrie nun weitgehend abgebaut ist. Im Jahr 2002 mußte sogar die Stadt München, die im Zentrum einer für deutsche Verhältnisse wirtschaftlich ausgesprochen prosperierenden Region liegt, die haushaltliche Notbremse ziehen und eine Ausgabensperre verhängen. Dies zeigt an, daß Verhältnisse wie in *Kohlen* in naher Zukunft auch in vielen anderen Teilen Deutschlands vor-findbar sein könnten.

Gleichzeitig ist die Situation durch ein weitgehendes Fehlen längerer Traditionen bürgerschaftlichen Engagements im Sinne dezentral-selbstgesteuerter Aktivitäten gekennzeichnet. Engagement und Partizipation sind in weiten Teilen Nordrhein-Westfalens[2] und insbesondere im Ruhrgebiet seit dem 19. Jahrhundert schwerpunktmäßig in den Großorganisationen der industriellen Moderne beheimatet gewesen, in Parteien, Verbänden, Kirchen und großen Unternehmen (vgl. Rohe 1984, Dörner 2001a). Bürgerschaftliche Traditionen, wie sie sich etwa in Baden-Württemberg oder Hamburg über lange Zeiträume hinweg entwickelt haben, sind hier nicht vorzufinden.

Um so erstaunlicher und interessanter ist es vor diesem Hintergrund, daß nun gleichwohl in einer Stadt wie *Kohlen* in den letzten Jahren mehrere Kontexte bürgerschaftlichen Engagements entstanden sind, die sich deutlich unterscheiden von der traditionellen »Verbändewohlfahrt« der Vergangenheit und vom Kartellismus und Korporatismus, wie er den Dritten Sektor in Deutschland und insbesondere im Ruhrgebiet über lange Zeit hinweg dominiert hat.[3] Die seit einigen Jahren erfolgreich agierende *Kohlener* Bürgerstiftung stellt in diesem Kontext das herausragende Beispiel für eine neue Kultur dezentralselbstgesteuerter Engagementformen dar.

Da die Stadt also einige für die derzeitige und vor allem für die zukünftige Situation in weiten Teilen Deutschlands typische Züge aufweist, kann man schlußfolgern, daß auch anderswo ähnliche Mechanismen zu beobachten sind. Dies wäre dann in weiteren Untersuchungen zu überprüfen.

---

1 So nahm die Bevölkerung im Zeitraum von 5 Jahren nicht dramatisch, aber doch merkbar ab: von 68.205 im Jahre 1997 auf 66.700 Einwohner im Sommer des Jahres 2002 (Erhebungszeitraum). Damit beträgt die Abwanderung deutlich mehr als 2 Prozent.
2 Hier wird abgesehen von einigen »Inseln« urbaner Bürgerkultur wie etwa in der Stadt Köln, wo sich bürgerschaftliche Selbstorganisation mit längerer Tradition vorfinden läßt.
3 Neben der hier zu untersuchenden Bürgerstiftung handelt es sich vor allem um eine große Bürgerinitiative und um eine Freiwilligenagentur nach niederländischem Vorbild.

Datenerhebung

Die Studie ist so angelegt, daß sie die explorative Offenheit der interpretativen Methodologie verbindet mit einer Informiertheit des analytischen Blicks durch theoretisch begründete Annahmen. Wie Anselm Strauss in seiner Methodenlehre der interpretativen Sozialforschung ausführt, setzt auch die explorative Forschung im Ansatz einer »Grounded Theory« zunächst bei vorhandenen Theorien an, um den Blick des Forschers zu orientieren.

Demzufolge »gibt es keinen Grund, weshalb man die eigene Forschung nicht mit einer schon bestehenden Theorie anfangen sollte – vorausgesetzt, daß auch diese sorgfältig in Daten gegründet ist –, an der dann die Erhebung neuer Daten ausgerichtet wird, um schließlich eine neue (und wahrscheinlich umfassendere) Theorie zu entwickeln. [...] Es ist also völlig legal, von der Theorie eines anderen Wissenschaftlers auszugehen, wenn der Schritt ins Forschungsfeld unmittelbar darauf folgt« (Strauss 1991: 359).

In unserer Fallstudie sind es gleich mehrere Theorieansätze, die herangezogen werden, weil sie jeweils spezifische Leerstellen aufweisen, die mit Konzepten des konkurrierenden Paradigmas ausgefüllt werden können. Entscheidend ist aber auch hier, daß die kritische Diskussion nicht auf der Theorieebene verbleibt, sondern auf der Grundlage von eigenen empirischen Daten fortgeführt wird. Das Ziel ist dabei keine geschlossene neue Theorie von Bürgergesellschaft, wohl aber die Erarbeitung einiger wichtiger Dimensionen, die bei der bisherigen Diskussion um die *civil society* zuwenig beachtet wurden.

Zur Datenerhebung wurde ein teilstandardisiertes Erhebungsinstrument verwendet, das bei sensiblem Einsatz einen Zugang zur Perspektive der Akteure im Feld eröffnet und somit die erforderliche Offenheit für den Eigensinn der empirisch vorfindbaren sozialen Welt in der Kommune bewahrt: das leitfadengestützte Interview. Die Teilstandardisierung durch einen Leitfaden, der keine Antwortoptionen vorgibt und hinsichtlich Reihenfolge und Ausführlichkeit der anzusprechenden Themen sehr flexibel gehandhabt werden kann, gewährleistet bei aller erforderlichen Offenheit eine hinreichende Effizienz, um im Rahmen einer begrenzten Fallstudie die entwickelte Fragestellung tatsächlich bearbeiten zu können.

Die Interviews mit Akteuren und Beobachtern der Bürgergesellschaft vor Ort dienen dazu, die Handlungsmotive, Wert- und Wahrnehmungsmuster der Befragten zu erfassen. Darüber hinaus können Interaktionsprozesse im Feld aus der Sicht der Befragten rekonstruiert werden. Das Erhebungsverfahren orientiert sich an der Methode des »problemzentrierten Interviews« (vgl. Witzel 1982, 1985). Hierbei wird einerseits Wert gelegt auf eine weitgehende Offenheit für die Sprache, Themensetzungen und auch für biografisch dimensionierte Erzählsequenzen der Befragten. Die explorative Relevanz dieser erzählerischen Elemente ist im Zusammenhang mit dem Konzept des »narrativen Interviews« schon zahlreich belegt worden (vgl. Schütze 1976 und 1983, Hermanns 2000, Bohnsack 1999: 106ff sowie Glinka 2001). Da freiwilliges Engagement in hohem Maße abhängig scheint von der jeweiligen biografischen »Passung« (vgl. Jakob 1993, Kohli u.a. 1993), ist diese Offenheit des Erhebungsinstruments für narrativ-biografische Sequenzen gerade bei der hier behandelten Thematik besonders wichtig.

Das teilstandardisierte Interview hält die notwendigen »Spielräume für die Artikulation komplexer Argumentationen und Empfindungen« von Seiten der Befragten offen (Hopf u.a. 1995: 22). Die relative Nähe zum normalen Alltagsgespräch gewährleistet, daß die Analyse sich durch die Relevanzsetzungen der Akteure im Feld tatsächlich informieren lassen kann, was wiederum zu einer angemesseneren Theoriebildung führt.

Andererseits wird das Interview jedoch thematisch fokussiert durch einen Leitfaden, der auf der Grundlage theoretisch begründeter Vorannahmen erstellt wird. Der Leitfaden stellt die notwendige Rückbindung an die forschungsleitenden Fragestellungen sicher, ermöglicht eine gezielte Sensibilität für relevante Dimensionen bürgergesellschaftlicher Zusammenhänge und bleibt doch offen für Neues, Unerwartetes und Widersprüchliches.[4] Es wurde dabei jeglicher »Leitfadenbürokratismus« (Hopf 1978), d.h. jede zu starre Festlegung etwa auf bestimmte Abfolgen und Gewichtungen der Fragen sowie auf standardisierte sprachliche Formulierungen vermieden. Der verwendete Leitfaden ist im Anhang dieser Arbeit dokumentiert.

Die Interviews wurden vollständig auf Tonband aufgezeichnet und anschließend sorgfältig transkribiert. Weiterhin wurden relevante demografische Daten der Befragten in einem begleitenden Kurzfragebogen erfaßt. Jeder Datensatz wurde abschließend ergänzt um ein Postscript des Interviewers (vgl. Witzel 1982: 91), das die Umstände und etwaige Besonderheiten der Befragungssituation protokollförmig festhielt. Um das Bild zu vervollständigen, wurde an mehreren Veranstaltungen der Bürgerstiftung sowie an Stiftungsaktivitäten im Rahmen der operativen Projekte (z.B. auf einem von der Stiftung betriebenen Bauernhof) teilgenommen. Darüber hinaus sind die einschlägigen Veröffentlichungen der Stiftung und die Presseberichterstattung eingesehen worden.

---

4 Zur Methode des leitfadengestützten, teilstandardisierten Interviews siehe die Beiträge von Witzel (1982: 69ff), Hopf u.a. (1995: 22ff), Hopf (2000), Lamnek (1993: 65ff), Flick (1995: 112ff) sowie Kaufmann (1999: 65ff).

Auswertung

Bei der Auswertung der in den Interviews erhobenen, vergleichsweise großen Datenmenge war eine umfassende hermeneutische Feininterpretation nicht zu leisten. Um die notwendige Datenreduktion mit der methodologischen Ausgangsposition einer theoretisch informierten Forschung zu verbinden, wurde die Auswertung in Anlehnung an das von Anselm Strauss entwickelte Verfahren des »axialen Kodierens« gewählt.[5]

Anders als beim offenen Kodieren werden die Interviewdaten dabei intensiver und konzentrierter auf jeweils eine Kategorie bezogen und entlang einer bestimmten Aufmerksamkeitsachse interpretiert, die vorher auf der Grundlage der zu überprüfenden theoretischen Aussagen als relevant bestimmt wurde. Das Material wird somit nicht in seiner gesamten Komplexität erfaßt, sondern gezielt hinsichtlich derjenigen Dimensionen untersucht, die in der Theoriediskussion in den Kapiteln 3 und 4 herausgearbeitet werden konnten.

Die Aufmerksamkeit der Interpretation wird also jeweils fokussiert auf eine bestimmte Dimension, die im Material neben anderen enthalten ist. Die anderen Dimensionen werden dabei weitgehend ausgeblendet, um bei diesem »spezifischen und äußerst zielgerichteten Kodieren« (Strauss 1991: 102) nicht abgelenkt zu werden. Ziel ist es, das zu untersuchende Phänomen differenziert in den Blick zu bekommen, die beeinflussenden Bedingungen zu klären sowie die Interaktionen und Strategien der beteiligten Akteure genauer zu fassen. Die Darstellung des Materials und der Interpretationen in den einzelnen Teilkapiteln ist dann ebenfalls entlang der theoretisch relevanten Achsen organisiert worden. So kann in konzentrierter Weise gezeigt werden, wo, wie und mit welchen Konsequenzen in der Bürgergesellschaft individueller und kollektiver Nutzen entsteht, wo Gemeinsinn und republikanische Identitäten wirksam sind, wo es zu Ungleichheiten, Exklusion und Elitenbildung kommt und wie genau die Verflechtungen der untersuchten Bürgerstiftung im Kontext der gegebenen Organisationslandschaft beschaffen sind.

Stichprobe

Die Auswahl der im Interview zu befragenden Personen konnte dem Charakter der Studie gemäß nicht an den Kriterien statistischer Repräsentativität orientiert sein. Statt dessen ging es darum, in einem hinreichend sensiblen und flexiblen Auswahlverfahren sicherzustellen, daß Daten erhoben werden, die den Zugang auf die im Feld relevanten Dimensionen eröffnen und somit im

---

5 Siehe dazu Strauss (1991: 101ff), Strauss/Corbin (1996: 75ff) und den kurzen Überblick bei Wiedemann (1991).

Kern das erfassen, was bürgergesellschaftliche Zusammenhänge in der Gegenwartsgesellschaft funktionsfähig macht.

Im Sinne eines für den Eigensinn der alltäglichen Lebenswelt offenen Vorgehens trägt die Auswahl der befragten Personen deutlich prozessualen Charakter. Gemäß den Prinzipien des in verschiedenen Projekten von Glaser und Strauss entwickelten und erprobten »*theoretical sampling*« wurde die Auswahl jeweils vorgenommen durch eine ständige Rückkoppelung zwischen Empirie und Theorie, Dateninterpretation und theoretischer Reflexion.[6] Die Auswahl konnte also nicht vollständig vor dem Beginn des Forschungsprozesses festgelegt werden, sondern hat sich flexibel nach den jeweils erzielten Resultaten des bisherigen Forschens neu justiert.

Wichtiges Kriterium bei der Auswahl war die minimale und maximale Kontrastierung.[7] Ausgehend von einem Fall wurden jeweils nach dem Prinzip minimaler bzw. maximaler Distanz zu diesem Fall weitere Fälle ausgewählt, um ein möglichst genaues Bild vom bürgerschaftlichen Engagement in der Stiftung zu erhalten. Gesichtspunkte, die dabei vor dem Hintergrund der theoretisch begründeten Vorannahmen eine Rolle gespielt haben, sind u.a. die Unterscheidung von Entscheidungsträgern, die Leitungspositionen ausfüllen und solchen Personen, die an untergeordneter Stelle tätig sind; der berufliche Status (erwerbstätig-erwerbslos, vorübergehend oder dauerhaft erwerbslos etc.); die biografische Position, die sich teilweise wiederum durch den Bezug zur Erwerbsarbeit bzw. durch den »Karriereverlauf« im Berufsleben bestimmt (am Beginn oder am Ende der Berufskarriere, auszubildend oder im Ruhestand etc.); die Geschlechtszugehörigkeit und der Familienstatus (ledig oder verheiratet, innerhalb oder nach der Kinderphase etc.); Mitgliedschaft in der Stiftung oder der Status des Außenbeobachters.

Insgesamt wurden 15 ausführliche Interviews von jeweils ca. 2 Stunden Länge sowie 15 weitere kürzere Interviews geführt. Die Befragten sind Aktivisten der Bürgerstiftung und »normale« Stifter, Politiker und Experten sowie schließlich an der Stiftung nicht beteiligte Bürger in der Kommune.

Der Zugang zu den Interviewpartnern konnte durch die Hilfe von bekannten Drittpersonen vorbereitet werden, so daß die für teilstandardisierte Interviewverfahren zentral wichtige Vertrauensbasis (vgl. Lamnek 1993: 68) gewährleistet war.

---

6 Zum Auswahlverfahren des theoretical sampling, das in den Forschungsprozeß der von Glaser und Strauss (1967) entwickelten Grounded Theory eingebettet ist, vgl. grundlegend Glaser (1978) sowie Bulmer (1979), Strauss (1991) und Strauss/Corbin (1996).
7 Siehe dazu auch Schütze (1983), Hildenbrandt (1984: 43ff), Flick (1995: 255f).

5.2 Der Organisationstyp Bürgerstiftung

Das Stiftungswesen in Deutschland

Das Stiftungswesen hat in den letzten Jahren in Deutschland eine atemberaubende Karriere durchlaufen. Vom randständigen Phänomen, das als ein Anachronismus in der modernen Marktgesellschaft erschien, avancierten Stiftungen plötzlich zum Hoffnungsträger des Dritten Sektors. Früher sahen viele Beobachter diese Organisationsform als Spielzeug der Reichen, mit dem diese ihren Ruhm über das Ende der irdischen Existenz hinaus mehren konnten. Vor allem in den USA geriet sie zeitweise auch unter heftigen Ideologieverdacht, da die großen Stiftungen hier eine der Kontrolle durch Öffentlichkeit entzogene Gegenmacht aufzubauen schienen.[8] In der neueren Diskussion dagegen avancieren Stiftungen, häufig gerade mit Verweis auf den Modellcharakter der amerikanischen Situation, zum zivilgesellschaftlichen Akteur, der angesichts eines starken Rückzugs des Staates aus sozial- und kulturpolitischer Verantwortung wichtige gemeinwohlbezogene Aufgaben wahrnehmen könne.

Konnte Rupert Graf Strachwitz, ein ausgewiesener Kenner der Materie, noch 1994 mit Recht davon sprechen, daß das Stiftungswesen in der sozialwissenschaftlichen Debatte als »Luxusgegenstand« und »vernachlässigbare Arabeske« erscheine (Strachwitz 1994: 14), so häufen sich im aktuellen Diskurs die Stimmen, die in den Stiftungen eine tragende Säule der Bürgergesellschaft erblicken.[9] Nicht nur Privatpersonen, sondern auch Unternehmen und der Staat haben europaweit die Stiftungen entdeckt als »unternehmerisch-gemeinnützige und zivilgesellschaftliche Elemente einer flexibel gestalteten, modernisierten Gesellschaft, in der Zuständigkeiten und Verantwortlichkeiten zum Teil neu verteilt werden und die generell eine Reduktion staatlichen Wirkens bei gleichzeitiger Ausweitung individuellen Engagements befürworten« (Anheier 2000: 10).

In dieser Kennzeichnung wird zugleich deutlich, wo die spezifische Pointe des Organisationstyps Stiftung im Hinblick auf bürgergesellschaftliche Potentiale liegt: Es ist die Staatsferne, die Verwurzelung im individuellen bürgerschaftlichen Handeln, das sich hier unabhängig von staatlichen oder marktlichen, korporatistischen oder mehrheitsdemokratischen Einbindungen und Kontrollen bewegen kann. Stiftungen scheinen demnach geradezu ein Hort jener Freiheit zu sein, wie sie Bürgergesellschaft im liberalen Sinne etwa bei

---

8 Siehe dazu die Ausführungen in der vergleichenden Untersuchung von Toepler (1996: 45ff).
9 Vgl. etwa Bertelsmann-Stiftung (1998), Vollmer (1998), Anheier/Toepler (1999), Sprengel (2000) und Strachwitz (2001).

Dahrendorf kennzeichnet.[10] Als Moment *individueller* Freiheit kommt diese Dimension nicht zuletzt im Phänomen der Stifter*persönlichkeit* zum Ausdruck, die mit ihrem wertrationalen Handeln in besonderem Maße Verantwortung übernimmt und, wie Pankoke (1998: 665f) im Anschluß an Gehlen formuliert, als »Institution in einem Fall« ein besonderes Kapital für das Gemeinwesen darstellt.[11]

Bemerkenswert ist die neue Konjunktur des Stiftungswesens vor allem angesichts der Tatsache, daß Stiftungen eine der ältesten sozialen Institutionen überhaupt sind.[12] Die Geschichte reicht von Platos Akademie und die Bibliothek von Alexandria über die zahlreichen religiösen Anstaltsstiftungen des Mittelalters bis zu den fürsorgenden Unternehmensstiftungen des Industriezeitalters. In Deutschland läßt sich, nach den kriegs- und umbruchbedingt schwierigen Zeiten in der ersten Hälfte des 20. Jahrhunderts, ein kontinuierliches Wachstum des Stiftungsbereichs konstatieren. In den 80er Jahren kam es zu einem erheblichen Aufschwung der Stiftungsgründungen, der in den 90er Jahren in einen regelrechten Gründungsboom mündete – offenbar kein Übergangsphänomen, sondern eine nachhaltige Entwicklung mit über 200 Neugründungen jährlich. Erklärbar scheint das Faktum der Stiftungsfreudigkeit auch aus der ökonomischen Situation heraus, daß der immer stärker zutage tretenden Armut in den öffentlichen Kassen eine gigantische Zunahme der privaten Vermögen gegenübersteht. Daten der Deutschen Bundesbank zufolge betrug das private Geldvermögen in Deutschland zum Ende des Jahres 1998 nicht weniger als 5.683 Milliarden DM. Das jährliche Erbevolumen liegt derzeit bei ca. 250 Milliarden DM (vgl. Kappe 2000: 280). Damit sind die ökonomischen Voraussetzungen einer verstärkten Stiftertätigkeit ohne Frage gegeben.

Sieht man sich die Zahlen zum Stiftungswesen insgesamt an, dann wird deutlich, daß dieser Bereich innerhalb des Dritten Sektors eine eher geringe Größe darstellt. Hier stehen zum Ende des 20. Jahrhunderts den geschätzten 9.000 aktiven Stiftungen in Deutschland ca. 280.000 Vereine gegenüber.[13] Hinzu kommt, daß der Begriff »Stiftung« für ein heterogenes Spektrum von Organisationen verwendet wird. So finden sich neben öffentlich-rechtlichen Anstaltsstiftungen (z.B. »Stiftung Preußischer Kulturbesitz«) auch privatrechtliche Stiftungen, die aber großenteils durch staatliche Gelder finanziert wurden, neben den eigentlich vereinsrechtlich verfaßten großen Parteistiftungen auch GmbHs, und neben den großen Unternehmensstiftungen kleine Förderinsti-

---

10 Vgl. die entsprechenden Ausführungen in Kap. 3.2.
11 Zum Phänomen der Stifterpersönlichkeit siehe auch Sigmund (2001).
12 Zur Geschichte des Stiftungswesens vgl. Campenhausen (1998).
13 Zu den Daten vgl. Anheier (1998) und Sprengel (2000).

tutionen von Privatleuten, die mit einem Stammkapital von etwas über 30.000 DM haushalten müssen.[14]

Die deutsche Situation ist insgesamt nicht nur, wie vor dem Hintergrund der etatistischen Tradition erwartbar, durch eine relativ große Staatsbeteiligung gekennzeichnet, sondern auch durch einen hohen Konzentrationsgrad. Die zehn größten Stiftungen verfügen über ein Drittel des Gesamtvermögens, die Relationen bei den Fördermitteln sind ähnlich. So zeigt sich beispielsweise im Jahr 1996, daß von insgesamt fast 29 Milliarden DM Vermögen allein 8,5 Milliarden auf die (in hohem Maße staatlich grundfinanzierte) VW-Stiftung entfallen (Anheier 1998: 61). Korporatismus und Kartellismus scheinen auch im Stiftungswesen die Kennzeichen zu sein, wobei die neuere Entwicklung in den 80er und 90er Jahren jedoch einem Trend zur Dezentralisierung und auch zur weitgehenden Ablösung von Staat und Kirche folgt.

Stiftungen und Zivilgesellschaft

Besonders interessant ist nun, daß in der aktuellen Diskussion tatsächlich zivilgesellschaftliche Potentiale mit dem Stiftungswesen verknüpft werden. Zwar hat schon Theo Schiller (1969: 217) in seiner grundlegenden Untersuchung Ende der 60er Jahre die Stiftungen als Moment einer »demokratischer Öffentlichkeit« beschworen, aber in der Regel wurde hier allenfalls eine den Staat ergänzende Wohltätigkeit im sozialen oder kulturellen Bereich erblickt. Ganz anders die Stimmen in den 90er Jahren. Symptomatisch erscheint, daß sich die Partei Bündnis 90 / Die Grünen an die Spitze einer Reforminitiative für das deutsche Stiftungsrecht gestellt hat, die dann im Laufe der rot-grünen Regierungsarbeit nach 1998 zumindest teilweise auch umgesetzt wurde.[15] Die Partei, die aus den Neuen Sozialen Bewegungen hervorgegangen ist und sich auch später noch als institutionelles Sprachrohr der links-alternativen Zivilgesellschaft verstand, entdeckte nun plötzlich eine »strategische Schlüsselrolle« der Stiftungen im Dritten Sektor.[16]

In dieser Reformdiskussion haben jedoch nicht nur die Grünen eine bürgergesellschaftliche Verortung des Stiftungswesens vollzogen. Wie Kalupner (2001) in einer empirischen Deutungsmusteranalyse zeigen kann, hat sich

---

14 Zur Typologie der Stiftungsorganisationen siehe die wirtschaftswissenschaftliche Analyse von Toepler (1996: 28ff).
15 Die Änderungen, die seit Anfang 2000 gelten, betreffen vor allem steuerrechtliche Fördermaßnahmen. So sind derzeit Zahlungen von bis zu 307.000 Euro an neu gegründete Stiftungen und Zahlungen von bis zu 20.000 Euro zur Aufstockung vorhandenen Stiftungskapitals absetzbar.
16 So etwa die Formulierung der grünen Bundestags-Vizepräsidentin Antje Vollmer (1998: 62).

Ende der 90er Jahre eine tiefgreifende Veränderung des politischen Diskurses über Stiftungen vollzogen. Hier wurde nicht mehr nur über Ergänzungen des Sozialstaats und steuerrechtliche Fragen debattiert, sondern über demokratische Werte, einen Gewinn der politischen Freiheit des Bürgers, über gesellschaftlichen Fortschritt und soziale Gerechtigkeit. Ein Zeichen dafür, daß das Stiften nicht nur im Diskurs, sondern auch im politischen Handeln zivilgesellschaftliche Dimensionen gewonnen hat, kann schließlich auch in interessanten Neugründungen gesehen werden. So hat sich im Frühjahr 2002 in Berlin auf Initiative des deutschen Sprechers der Globalisierungsgegner-Organisation »Attac« eine »Bewegungsstiftung« gegründet, deren Grundstock von 250.000 Euro durch elf Erben aus reichem Hause zusammengetragen wurde (vgl. Dilloo 2002). Man unterstützt auf Nachhaltigkeit angelegte alternative Projekte und demonstriert gleichzeitig, wie der Organisationstyp Stiftung in Zeiten angehäuften privaten Reichtums von der Erbengeneration zum politischen Handeln im Bewegungsmilieu genutzt werden kann.

Stiftungen verfügen in ihrer spezifischen Organisationsform über ein Funktionspotential, das sie aus dem Blickwinkel der Bürgergesellschaft besonders attraktiv erscheinen läßt. Als Initiative von Privatpersonen sind sie von staatlichen wie marktlichen Zwängen weitgehend frei.[17] Sie müssen weder auf administrative Logiken noch auf Konsum- oder Wählermärkte Rücksicht nehmen, und sie sind weder gegenüber Mitgliedern noch gegenüber Aktionären formal rechenschaftspflichtig (vgl. Anheier 2000: 13). Dieser besondere Freiraum eröffnet Potentiale an Innovativität, gerade auch im Vergleich mit anderen Organisationen des Dritten Sektors, wie Eckart Pankoke betont:

»Geht es bei der auf innere Umwelt zentrierten Repräsentationskultur des Vereinslebens primär um die Solidarwerte geschlossener Gemeinschaften, so können sich freie Initiativen, gerade wenn sie sich die Form einer Stiftung geben, über ihre Freiheit zu innovativer Offenheit definieren. Sie können dort aktiv werden, wo im traditionellen Institutionengefüge zwischen Staat und Gesellschaft sowie dem verbands- und vereinspolitisch formierten Korporatismus sonst kaum Handlungs-, Steuerungs- und Lernfähigkeit zu erwarten sind« (Pankoke 1998: 651).

Nicht so sehr die Kompensation von ausfallenden staatlichen Leistungen also verleiht den Stiftungen ihre bürgergesellschaftliche Relevanz, sondern die weitgehende Handlungsfreiheit, die als Innovativität jenseits von Markt und Staat dynamisierende Effekte entfalten kann.

---

17 Sieht man einmal von den finanziellen Problemen ab, die zahlreiche Stiftungen derzeit in der Niedrigzinsphase haben, da Fördermaßnahmen nur aus den Erträgen des Kapitals bezahlt werden dürfen, nicht jedoch aus dem Kapitalstock selbst (vgl. Hus 2002).

Bürgerstiftungen

Vor diesem Hintergrund ist das in Deutschland vergleichsweise neue und für viele Beobachter faszinierende Phänomen der *Bürgerstiftungen* zu betrachten. Waren es zuvor finanziell mehr oder weniger potente Einzelpersonen – häufig Unternehmerpersönlichkeiten –, die stifterisch tätig wurden, so treten mit den Bürgerstiftungen nun Gruppen von »normalen« Bürgern auf, um das Instrument der Stiftung im Sinne bürgerschaftlichen Engagements zu nutzen. Das Stiftungswesen in Deutschland bewegt sich damit in die Richtung einer Dezentralisierung und Demokratisierung. Bürgerstiftungen wirken der oben beschriebenen Konzentration und dem potentiell kartellistischen Charakter des Stiftungssektors hierzulande entgegen. Neben das Moment der stifterischen Freiheit tritt hier das Moment einer breiteren Partizipation engagierter Bürger.[18]

Vorbild der mittlerweile in ganz Europa aufstrebenden Bürgerstiftungsbewegung[19] sind die amerikanischen *Community Foundations*, die seit 1914 in den Vereinigten Staaten aktiv sind und derzeit etwa 600 Organisationen mit einem Stiftungsvermögen von 25 Milliarden Dollar umfassen. In Deutschland wurde die erste »Bürgerstiftung« 1996 in Gütersloh ins Leben gerufen, wobei hier mit Reinhard Mohn eine traditionelle Stifterpersönlichkeit mit einem Startkapital von 2 Millionen DM eine Art »Top-down«-Initiative, d.h. eine Initiative »von oben nach unten« ergriffen hat. Schon ein Jahr später entstand in Hannover dann tatsächlich eine Bürgerstiftung nach dem amerikanischen »Bottom-up«-Vorbild: »von unten nach oben«. 30 Personen haben hier die Stiftung gemeinsam gegründet.[20] Häufig sind Mischformen der Genese zu beobachten, wie überhaupt unter dem Etikett »Bürgerstiftung« eine große Bandbreite von unterschiedlichen Konstellationen firmiert (vgl. Strachwitz 1999).

Im Jahr 2002 agieren in Deutschland bereits 46 Bürgerstiftungen unterschiedlichster Art, zahlreiche Gründungsinitiativen sind tätig, und erste repräsentative Umfragen zeigen eine durchaus erhebliche Zustimmung in der Bevölkerung: Etwa ein Drittel der Befragten haben die Bereitschaft geäußert, eine bestehende Bürgerstiftung vor Ort zu unterstützen, und immerhin 10 Prozent können sich sogar vorstellen, eine solche (mit) zu gründen (vgl. Walkenhorst 2000: 82). Auch wenn hier üblicherweise vom Bekenntnis bis zur Tat noch ein weiter Weg ist, zeigen diese Zahlen doch eine hohe Akzeptanz der neuen Stiftungsbewegung in der Bevölkerung an.

---

18 Siehe dazu Bertelsmann-Stiftung (1999) und Kappe (2000).
19 In Deutschland wird diese organisatorisch und konzeptionell durch die Bertelsmann-Stiftung massiv unterstützt; vgl. Bertelsmann-Stiftung (1999), (2000) und Walkenhorst (2001).
20 Siehe dazu die Beträge von Pfeiffer (1998, 1999).

Was kennzeichnet den Organisationstyp Bürgerstiftung? Mit Suzanne L. Feurt lassen sich – vor dem Hintergrund der angelsächsischen Tradition – die Charakteristika wie folgt bestimmen:

> Es handelt sich um »eine autonome philanthropische Organisation, die in einem bestimmten geographischen Gebiet arbeitet, im Laufe der Zeit zu einem Sammelbecken für finanzielle Zuwendungen von vielen Spendern wird, Förder- und Projektmittel vergibt, gemeinnützige Aktivitäten in der jeweiligen Gemeinde bzw. Region organisiert und sich auf diese Weise mit einer Vielzahl von lokalen Problemen befaßt« (Feurt 1998: 243).

Man kann also Bürgerstiftungen als eine besondere Form des Dienstleisters im Dritten Sektor beschreiben, der eine Infrastruktur für bürgerschaftliches Engagement zur Verfügung stellt. Bürger können ohne den rechtlichen und organisatorischen Aufwand einer eigenen Gründung stifterisch tätig werden und in einem überschaubaren Nahraum beteiligt sein an der Steuerung von Förderprogrammen. Die Stifter werden über Aktivitäten laufend informiert, erhalten nach Möglichkeit einen geselligen Zusammenhang der Begegnung und der gegenseitigen Anerkennung, und die Bürgerstiftung sorgt in der Regel dafür, daß die gemeinwohlfördernden Wirkungen in der lokalen Öffentlichkeit gewürdigt werden.

Für Gruppen und Initiativen in der Gemeinde sind die Stiftungen Förderer und Ansprechpartner. Teilweise übernehmen sie sogar Vermittlungsaufgaben nach dem Muster der Freiwilligenagenturen, indem sie engagierte Bürger an entsprechende Kontexte mit Beteiligungsbedarf weiterreichen. Die entscheidende Differenzqualität der Bürgerstiftung gegenüber den traditionellen Organisationen des Stiftungssektors ist in drei Eigenschaften begründet:

1. *Inklusivität*: Zwar ist das Stiften auch in einer Bürgerstiftung primär ein ökonomischer Akt, der auf das Vorhandensein der entsprechenden Ressourcen bei den Akteuren angewiesen ist. In Hannover beispielsweise muß jeder Stifter zunächst 3.000 DM beibringen und später zum Fortbestand seines Stifterstatus jährlich 1.000 DM einzahlen. Damit sind einkommensschwache Teile der Bevölkerung mit hoher Wahrscheinlichkeit ausgeschlossen, weil sie sich diesen Beitrag nicht leisten können. Dennoch ist diese Schwelle im Vergleich mit herkömmlichen Stiftungen ausgesprochen niedrig. Durchschnittlich verdienende Bürger können ohne Probleme zur »guten Gesellschaft« der Stifter hinzustoßen, wenn sie es denn wollen.
2. *Transparenz*: Anders als traditionelle Stiftungen geben Bürgerstiftungen ihren Mitgliedern Einblick in Aktivitäten und Finanzgebaren. Zudem gibt es meist Fachausschüsse und Gremien, die eine interne Beratung und Kontrolle des Vorstands betreiben. Partizipation ist also bei diesem Organisationstyp gegenüber herkömmlichen Stiftungen durchaus möglich.

3. *Lokalität*: Bürgerstiftungen agieren immer mit Bezug auf die lokalen Probleme der Gemeinde. Anders als bei Großorganisationen ist damit für die Stifter und Spender ein direkt wahrnehmbarer Effekt ihrer Investitionen erkennbar. Gerade diese Lokalität des Engagements stellt für viele Stifter eine große Motivation dar. Schon Tocqueville (1985: 52ff) hatte, wie im Theorieteil dieser Arbeit beschrieben, am Beispiel der Autonomie amerikanischer Kommunen herausgestellt, daß der lokale Bezug mit einer im Nahbereich erfahrbaren Wirksamkeit der eigenen Arbeit eine zentrale Voraussetzung für nachhaltige Engagementbereitschaft darstellt. Die aus dem amerikanischen Kontext abstammenden Bürgerstiftungen setzen diese Erkenntnis im deutschen Kontext konsequent um.

In der vorliegenden Literatur, die angelsächsische Erfahrungen resümiert und teilweise Handlungsanleitungen für den deutschen Kontext formuliert, wird immer wieder darauf hingewiesen, daß die Einbindung der Bürgerstiftung in den kommunalen Zusammenhang eine wichtige Funktionsvoraussetzung darstellt.[21] Damit sind zum einen »gute Kontakte« insbesondere der jeweiligen Vorstände gemeint, die der Stiftung Türen öffnen und andere Vorteile verschaffen können. Zum anderen wird auf den Einbezug relevanter Gruppen vor Ort, etwa auch ethnischer Minderheiten, hingewiesen. Und die Literatur empfiehlt schließlich Partnerschaften mit anderen Organisationen: mit Verbänden und Vereinen, mit der Kommune, mit Unternehmen und natürlich auch mit anderen Stiftungen. Vor allem der »Passung« zwischen Bürgerstiftung und Kommune scheint große Bedeutung zuzukommen. Die konkrete Funktionsweise dieser diversen Verflechtungen wird im Folgenden noch genauer zu analysieren sein.

5.3 Stifterpersönlichkeit, politische Kultur und lokale Eliten: Die Konstruktion der Bürgerstiftung

5.3.1 Stiftung in der Organisationskultur: Markt- und Staatsakteure

Das Setting: Kohlen im Umbruch

Die Gemeinde *Kohlen*, in der die hier zu untersuchende Bürgerstiftung beheimatet ist, kann in mancher Hinsicht als eine typische Ruhrgebietsstadt gelten.

---

21 Siehe etwa Feurt (1998: 264ff), Bertelsmann-Stiftung (1999), Kappe (2000: 277) und Wimmer (2000).

Ihr ökonomisches und soziales Schicksal ist engstens mit dem der Montanindustrie in der Region verknüpft. Zechentürme prägen noch heute das Stadtbild. *Kohlen* hatte lange Phasen der ökonomischen Prosperität immer dann erlebt, wenn der Bergbau insgesamt volkswirtschaftlich bedeutsam war, und es ging der Gemeinde immer dann schlecht, wenn es dem Bergbau schlecht ging. Da *Kohlen* am nördlichen Rand des Ruhrgebiets liegt, war hier noch bis weit in die 90er Jahre hinein Kohle gefördert worden, während in den südlichen Teilen des Reviers schon die meisten Schächte geschlossen waren. In den 90er Jahren hat sich *Kohlen* noch stolz als eine der größten Bergbaustädte Europas bezeichnet, obwohl zu diesem Zeitpunkt schon den meisten bewußt sein mußte, daß die Zeit der lukrativen Steinkohleförderung längst vorbei war. Im Jahr 2000 dann wurde die letzte Zeche in *Kohlen* geschlossen.

Damit wurden in der traditionell sozialdemokratisch regierten Stadt, die finanziell lange aus dem Vollen hatte schöpfen können, all jene Probleme virulent, die typisch sind für Kommunen in ökonomischen Krisengebieten. Den immer geringeren Einnahmen aus der Gewerbesteuer stehen immer stärker wachsende Ausgaben für Sozialhilfe und andere soziale Aufgaben gegenüber. Die Folge ist zunächst ein ansteigendes Haushaltsdefizit, das nur durch einschneidende Konsolidierungsmaßnahmen behoben werden kann. Die Kommune muß also radikal sparen, und das macht sich im Bild der Stadt bemerkbar, etwa durch geschlossene Einrichtungen sowie fehlende bauliche Sanierungsmaßnahmen an öffentlichen Gebäuden. Ist in anderen Teilen des Ruhrgebiets der wirtschaftliche Strukturwandel zumindest schon partiell gelungen, so ist die Situation in *Kohlen* aufgrund der späten Bergbauphase noch weitaus schwieriger. Gewerbliche Neuansiedlungen werden mit großem Elan immer wieder versucht, gelingen aber nur selten und in geringem Umfang.

Ein Teil der Bevölkerung wandert ab, um anderswo Arbeit zu suchen. Andere, die sich dabei weniger Chancen ausrechnen oder einfach dableiben wollen, bestreiten ihren Unterhalt häufig aus staatlichen Transferzahlungen. Der Ausländeranteil ist, nicht zuletzt durch die frühere Anwerbung von Arbeitskräften durch die Bergwerke, relativ hoch. So finden sich in *Kohlen* bestimmte Stadtteile, die überwiegend von ausländischen bzw. nicht deutschstämmigen Bürgern bewohnt werden. Diese Formen subkultureller Auskristallisierung führen mitunter zu Spannungen, wobei jedoch keine gravierenden ausländerfeindlichen Stimmungen vorhanden sind.

Die insgesamt schlechte Erwerbssituation und die mangelnde Finanzkraft der Einwohner schlägt sich in der kaufmännischen Struktur der Stadt nieder. Viele alteingesessene Geschäfte mußten schließen. Neuansiedlungen finden vor allem durch Kaufhausketten mit Billigangeboten statt, und zahlreiche Ladenlokale stehen leer. Damit sinkt die Attraktivität der Innenstadt für die etwas finanzkräftigere Kundschaft immer weiter. Diese zieht es dann häufig vor, in der größeren und wirtschaftlich besser gestellten Nachbargemeinde einzukaufen, wo auch gehobenere Fachgeschäfte, Straßencafes und insgesamt eine angenehmere Einkaufsatmosphäre vorzufinden sind.

Die *Kohlener* City, die in den siebziger Jahren gründlich »saniert« und mit Betonbauten sowie verkehrsberuhigten Zonen gestaltet worden war, bietet vor allem jenseits der Ladenöffnungszeiten ein unwirtliches Bild. Lebendige Kneipenkultur sucht man weitgehend vergebens, auch diese hat sich in der Nachbarstadt etabliert. Statt dessen finden sich abends neben wenigen Spaziergängern primär jugendliche Cliquen und teilweise sogar Banden, die gegenseitig ihre Territorien abstecken: hier Deutsche, hier Türken, hier Libanesen.

Das erst vor wenigen Jahren im Gebäude eines abgewanderten großen Kaufhauses eingerichtete Einkaufszentrum in der Innenstadt mit Multiplex-Kino und Bowlingcenter wirkt oft menschenleer. Es weist verlassene Ladenlokale auf, und das Kino stand mehrfach kurz vor der Schließung, weil für die überwiegend jugendlichen Besucher das entsprechende Erlebnisumfeld fehlt, das andere Städte in der Nachbarschaft vorweisen können.

In *Kohlen* findet sich – neben der in dieser Arbeit fokussierten Bürgerstiftung – durchaus eine Reihe von bürgergesellschaftlichen Organisationen. Das Bild ist dabei jedoch von der traditionellen Vereinslandschaft und den Kräften der »klassischen« deutschen Verbändewohlfahrt von der AWO bis zur Caritas geprägt. Abgesehen von einigen kleineren Initiativen hat es allerdings im letzten Jahrzehnt zwei bemerkenswerte Ausprägungen bürgerschaftlichen Engagements gegeben. Zum einen formierte sich Mitte der 90er Jahre eine mitgliederstarke Bürgerinitiative gegen ein Bauvorhaben des zuständigen Landschaftsverbandes. Es handelte sich um eine forensische Klinik, welche direkt am *Kohlener* Stadtpark plaziert werden sollte. Gegen diese »Bedrohung« von außen konnten *Kohlener* Bürger in einem erheblichen Ausmaß mobilisiert werden, und die Bürgerinitiative war am Ende so erfolgreich, daß die Pläne fallengelassen werden mußten. Diese Erfahrung hat die Stimmung in der Stadt zumindest für einige Zeit geprägt. Hatten sich *zuvor* viele Bürger noch als Opfer einer falschen, bürokratisch von »oben« oktroyierten Planung gefühlt, so war das verbreitete Gefühl *nachher* das einer erfolgreich zusammenstehenden und gemeinschaftlich handelnden Bürgerschaft.

Der zweite Kontext des Engagements war eine von der Stadt organisierte und teilweise finanzierte Freiwilligenagentur nach niederländischem Vorbild, die eine Börse für ehrenamtliche Tätigkeiten bieten sollte. Sie wurde jedoch aus unterschiedlichen Gründen nach wenigen Jahren ihrer Tätigkeit wieder eingestellt. Nach diesen vorübergehenden Erscheinungsformen »alternativen« bürgerschaftlichen Engagements war die Situation auf dem Dritten Sektor der

Gemeinde *Kohlen* wieder von den für Deutschland typischen traditionellen Formen der Verbändewohlfahrt dominiert. Mit der Bürgerstiftung scheint nun eine auf Dauer angelegte bürgergesellschaftliche Alternative entstanden zu sein.

Der oben angesprochene Wegfall der Zechen als Arbeitgeber machte sich in *Kohlen* vor allem im Bereich der Jugend bemerkbar. Zum einen fiel hier ein großes Quantum an normalen Ausbildungsplätzen weg. Zum anderen aber hatten die Zechen traditionell immer als Auffangbecken für diejenigen Jugendlichen gedient, die aufgrund von fehlenden Bildungsabschlüssen anderswo keine Lehrstelle gefunden hätten. Dafür war eigens der Beruf des »Bergjungmanns« kreiert worden. Dieses Auffangbecken fiel mit der Schließung definitiv aus.

Die Situation beunruhigte nicht nur viele Bürger der Stadt *Kohlen*, auch von Seiten des Kommunalverbands Ruhr (KVR) wurde beispielsweise ein »Bürgerforum« veranstaltet, auf dem über abfedernde Maßnahmen nachgedacht wurde. Der Niedergang des Bergbaus war dann schließlich nach Aussage aller Beteiligten ein entscheidender Impuls für die Gründung der Stiftung.

Die Stiftung

Die *Kohlener* Bürgerstiftung wurde im Juni 1999 von 39 Bürgern mit einem Stiftungskapital von etwas über 100.000 DM gegründet. Bis Ende 2002 waren 70 Stifter beteiligt. Es handelt sich nicht um eine fördernde, sondern um eine operative Stiftung, also eine Organisation, die eigene Projekte – teilweise mit finanzieller Hilfe anderer Institutionen – durchführt. Alle Projekte widmen sich der Kinder- und Jugendförderung. Zwei dieser Projekte sind schon bis zum Abschluß durchgeführt worden: ein »Kinder-Künstler-Projekt«, in dem Kinder unter der Anleitung eines Künstlers ihre Stadt neu sehen und gestalten konnten; sowie ein Musical-Projekt von *Kohlener* Schulen, in dem eine Geschichte um die Bürgerstiftung verarbeitet wurde. Das Musical erlebte im Frühjahr 2002 seine erfolgreiche Uraufführung.

Im Mittelpunkt der Tätigkeit aber stand und steht ein großes Jugendhilfeprojekt. Es wurde ein verfallener ehemaliger Bauernhof im Stadtgebiet gekauft, der mit Hilfe von Schülern, einigen Ehrenamtlichen sowie einer professionellen pädagogischen Kraft wieder aufgebaut werden sollte – und mittlerweile auch aufgebaut ist. Es sind jugendliche Schüler, die geringen Schulerfolg und somit schlechte Aussichten auf eine normale Integration in den Arbeitsmarkt haben. Dabei geht es nicht zuletzt um eine Eingewöhnung in die Arbeitsdisziplin und in einen Tagesablauf, wie er im normalen Berufsleben typisch ist. Aber darüber hinaus wurde auch angestrebt, den Hof als Betrieb aufzubauen und als Ausbildungsstätte zu nutzen. In einem Gastronomiebetrieb sollen Jugendliche beispielsweise an Dienstleistungsberufe herangeführt werden.

Die Fallstudie zur Stiftung beruht in der Hauptsache auf Interviews mit Akteuren, die zum großen Teil in der Stiftung tätig oder zumindest als Stifter beteiligt sind. Neben dieser »Innenperspektive« wurden aber auch außenstehende Beobachter in der Bevölkerung, Medienvertreter sowie Politiker in der Gemeinde befragt, damit das Erscheinungsbild der Stiftung in der *Kohlener* Öffentlichkeit rekonstruiert werden konnte.

Es kommen also im Folgenden Akteure aus ganz unterschiedlichen Positionen zu Wort, die sich mit Hilfe der Organisationsstruktur der Stiftung folgendermaßen gruppieren lassen:

1. *Der Vorstand*: An der Spitze der Stiftung stehen insgesamt drei Repräsentanten. Sie sind angesehene und beruflich erfolgreiche Bürger der Stadt, die in ihren Leitungspositionen wichtige Entscheidungen für die Stiftung treffen – bzw. bei großer Bedeutung zur Abstimmung vorschlagen. Es handelt sich um die Vorsitzende, die stellvertretende Vorsitzende und den Schatzmeister der Stiftung.
2. *Die Mitglieder des Stiftungsrates*: Der Stiftungsrat kann als das »Parlament« der Stiftung betrachtet werden. In diesem Gremium sind insgesamt sieben Akteure versammelt, die ebenfalls in der Kommune eine herausgehobene Stellung einnehmen, zum großen Teil auch zum jetzigen Zeitpunkt oder früher in anderen Organisationen der Bürgergesellschaft tätig sind oder waren und entsprechende Erfahrungen für eine kluge Stiftungsstrategie mitbringen.
3. *Aktivisten*, die jedoch nicht in Leitungspositionen tätig sind: Diese Personengruppe, die weder im Vorstand noch im Stiftungsrat vertreten ist, kennzeichnet gleichwohl ein großes Engagement mit erheblichen Zeitinvestitionen für die Stiftung. Die Aktivisten sind in Arbeitsgruppen tätig, die sich entweder mit bestimmten Teilprojekten der Stiftung näher befassen oder Strategien des Fundraisings entwickeln sollen.
4. *»Normale« Stifter*: Die Stifter, die über ihre Stiftungstätigkeit und eine gelegentliche Teilnahme an Veranstaltungen der Organisation hinaus nicht weiter aktiv sind, bilden die größte Gruppe. Die Stifter können das Vorgehen von Vorstand und Stiftungsrat kritisch begleiten, eigene Vorschläge einbringen und in regelmäßigem Turnus die Amtsträger wählen. Vor allem aber haben sie das finanzielle Kapital eingebracht, das die Grundlage der Stiftungsaktivitäten bildet.

Über dieses Personal der Stiftung hinaus wurden weitere Akteure in offenen Experteninterviews hinsichtlich ihrer Eindrücke befragt. Sie können einen

Einblick vermitteln in das Erscheinungsbild, das die Stiftung in der kommunalen Öffentlichkeit *Kohlens* bietet. Zudem lassen sie das Geflecht erkennbar werden, in dem sich die Stiftung und ihre Akteure vor Ort eingebunden finden. Konkret handelt es sich dabei um

1. *Kohlener* Bürger, die nicht in der Stiftung, wohl aber in anderen Kontexten des Dritten Sektors aktiv sind;
2. *Kohlener* Bürger, die überhaupt nicht bürgerschaftlich engagiert sind;
3. aktive Kommunalpolitiker, die in der Stiftung nicht aktiv sind (zumal sie es laut Beschluß der Stiftung auch nicht sein dürfen), die aber die Aktivitäten der Stiftung teils fördernd, teils kritisch begleiten; wichtig ist hier vor allem der frühere Stadtdirektor und jetzige Bürgermeister der Kommune;
4. Vertreter der örtlichen Medien, die über die Entstehung und die aktuelle Tätigkeit der Stiftung stetig Bericht erstatten;
5. ein sozial engagierter Künstler und Regisseur, der bereits internationale Erfahrungen mit Stadtentwicklungsprojekten gesammelt hatte; er hat den Gründungsprozeß der *Kohlener* Bürgerstiftung maßgeblich vorbereitet und durchgeführt; und
6. schließlich ein früher in *Kohlen* ansässiger und tätiger Unternehmer – wahrscheinlich die bekannteste Persönlichkeit *Kohlens* außerhalb der Stadtgrenzen –, der am Entstehungsprozeß der Stiftung maßgeblich beteiligt war. Er verkaufte vor einigen Jahren sein Hauptunternehmen an einen internationalen Konzern und zog nach Süddeutschland, um dort einen alternativen Betrieb mit Kriterien des nachhaltigen Wirtschaftens aufzubauen.

Zwei Pole der Initiative

Wenn man nur auf den offiziellen Gründungsakt der Bürgerstiftung schauen würde, könnte dieser als gleichsam spontaner Ausdruck einer Initiative von Bürgern erscheinen und somit geradezu modellhaft die Charakteristika einer »Bottom-Up«-Stiftung erfüllen, wie sie Christian Pfeiffer (1998, 1999) am Beispiel der von ihm mitbegründeten Bürgerstiftung Hannover beschrieben hat.

Nimmt man die Genese der *Kohlener* Bürgerstiftung jedoch etwas genauer in den Blick, dann wird schnell deutlich, daß die »Urheberschaft« für diese Stiftung nicht in einer zivilgesellschaftlichen Initiative aus der »normalen« *Kohlener* Bürgerschaft liegt, sondern bei zwei Akteuren, die eher einer traditionellen Unternehmens- und Staatskultur angehören, wie sie für das Ruhrgebiet typisch ist. Der eine Inititiator ist ein Großunternehmer, der mit seiner Fleischfabrik neben den Zechen über lange Zeit zu den wichtigsten Arbeitgebern vor

Ort gehörte. Der andere ist der frühere Stadtdirektor und zum Zeitpunkt der Erhebung amtierende Bürgermeister der Gemeinde.

Der Unternehmer: Markt

Der Unternehmer K. hatte nach dem Krieg durch eine konsequente »Amerikanisierung«, sprich: Industrialisierung der Fleischherstellung seinen Betrieb zu einem der größten in Europa gemacht. Zu Beginn der 80er Jahre vollzog sich bei ihm jedoch eine tiefgreifende Einstellungsänderung, die dazu führte, daß 1984 fast das gesamte Unternehmen an einen großen Nahrungsmittelkonzern verkauft wurde. Statt industrieller Fleischherstellung wollte K. nun eine ganzheitliche Landwirtschaft betreiben, in der artgerechte Tierhaltung mit traditionellem Metzgerhandwerk kombiniert wird. Er zog nach Oberbayern und baute dort »Landwerkstätten« auf. Im Jahr 1985 wurde eine große Stiftung gegründet, die »Wege zum ganzheitlichen Leben« sowie die Entwicklung von Produktionsweisen fördern soll, in denen Natur und Technik im Einklang stehen.

Im Interview gibt Herr K. an, daß der erste Impuls, der dem Gründungsprozeß der Bürgerstiftung zugrunde lag, von einem Professor kam, der sich am Beispiel der amerikanischen Situation mit den Folgen vermehrter Arbeitslosigkeit beschäftigt und über neue Formen der Beschäftigung jenseits der Erwerbsarbeit nachgedacht hatte.[22] Als Lokalität für eine Stiftung seien zunächst auch andere Städte im Gespräch gewesen – »dann entstand der Gedanke, warum eigentlich nicht *Kohlen*, meine Heimatstadt, in der ich mehr als fünfzig Jahre meines Lebens gelebt und gearbeitet habe«. Über seine große K-Stiftung, die hier eine Art Patenschaft betrieb, habe man einen Mitarbeiter nach *Kohlen* geschickt, um die dortige Lage zu eruieren. Der habe in der Stadt eine deprimierende Situation vorgefunden:

»In dieser Stadt mit ihren Problemen ist Hoffnungslosigkeit eingezogen. Und diese Hoffnungslosigkeit, die breitet sich aus wie ein Virus, insbesondere auf die jungen Menschen« (Herr K., 1).

Als konkrete Motive für die Gründungsinitiative nennt K. dann folgende:

»Das ist, ich will's mal versuchen, da ist einmal natürlich auch so etwas wie 'ne soziale Verantwortung. Ich hab hier in dieser Stadt gelebt und gearbeitet, meine Familie ist seit drei Generationen hier tätig. [...] Ich war erfolgreich als Unternehmer in dieser Stadt, und da hast Du auch 'n Stück Verantwortung in einer solchen Stadt und ihren Menschen gegenüber. Aber dann ist bei mir auch dazu eigentlich noch die Neugierde, nicht wahr, neue Dinge

---

22 Einige Stifter teilten in Gesprächen mit, sie kennten Gerüchte, denen zufolge bei dem Entschluß zur Gründung bzw. Anschubfinanzierung einer Bürgerstiftung auch die steuerliche Situation der K-Stiftung eine wichtige Rolle gespielt hätte.

auszuprobieren, nicht immer die alten ausgetretenen Pfade weiter und weiter und weiter zu laufen, sondern neue Dinge auszuprobieren und zu erproben. [...] Also das ist die Neugierde, neue Dinge zu erproben und anzustoßen.« (Herr K., 1)

Damit sind zwei »klassische« Momente genannt, die sich typischerweise in der Tradition des Stiftungswesens und in der gegenwärtigen Aktivität finanziell potenter Stifterpersönlichkeiten wiederfinden.

Erstens verweist das Moment der »Verantwortung« auf die Tradition der Unternehmensstiftungen, die sich grundsätzlich bis zu den Fuggern in Augsburg zurückverfolgen läßt und die im Zeitalter der Industrialisierung eine große Konjunktur erfuhr. »Soziale Verantwortung« wurde hier für die eigene Belegschaft wie für die Gemeinden wahrgenommen. Dieses Deutungsmuster muß keineswegs immer altruistisch oder philanthropisch interpretiert werden. Man kann hier durchaus auch das »wohlverstandene Eigeninteresse« erkennen, wie es Tocqueville am amerikanischen Beispiel beschrieb. Auch wenn Herr K. in unserem Fall einen beträchtlichen Teil seines Betriebs vor Ort verkauft hat, gilt hier: Ein Unternehmen muß daran interessiert sein, daß der soziale Kontext, in dem es sich bewegt, in Ordnung ist.

Ein Verfall der sozialen Ordnung, Verwahrlosungserscheinungen und desintegrative Kräfte schlagen sich auch negativ auf das eigene Umfeld, auf die Arbeitskräfte und potentiellen Kunden nieder. Und man kann den Gewinn an symbolischem Kapital erkennen, den die Unternehmen durch diese Art von Wohltätigkeit erwerben können. Man verbessert das eigene Image und damit auch die Stellung am Markt. Es liegt also hier ein traditionelles Stiftungsmotiv vor, das sich häufig mit großen Unternehmen verbindet.

Das zweite Moment läßt sich mit dem Begriff »Innovativität« benennen. Der Stiftungsinitiator sagt, daß er mit »Neugier« Veränderungen anstoßen wollte. Dieses Moment paßt sich zum einen in die Biografie dieser Person ein, die jenseits des bisherigen Lebenslaufs auf klassisch industriellen Pfaden mit dem Schwenk zur ökologischen Landwirtschaft Neuland betreten hat. Und es entspricht dem oben angesprochenen Innovationspotential von Stiftungen, die jenseits staatlicher oder marktlicher Einbindungen Ideen verwirklichen können. Dieses Innovationsmoment, das etwa Reinhard Mohn mit der Bertelsmann-Stiftung im großen Stil verwirklicht hat, ist auch bei vielen anderen Stiftungen und schließlich mittelbar auch bei der *Kohlener* Bürgerstiftung vorzufinden.

Das Stiftungshandeln des Fabrikanten K. läßt sich somit eindeutig dem traditionellen Typus der Unternehmens- und Organisationskultur zuordnen. Die Stellung von K. in *Kohlen* entspricht, selbst nachdem er umgezogen war und seinen Betrieb großenteils verkauft hatte, weitgehend jener Charakterisierung, die Eckart Pankoke (1998: 665f) im Anschluß an Gehlen für innovative

Stifterpersönlichkeiten gewählt hatte: Er ist eine »Institution in einem Fall«. Das Merkmal der »Institution« greift hier, weil der Unternehmer auch heute noch fast jedem *Kohlener* Bürger bekannt ist und sein Engagement offenbar für viele engagierte Bürger in der Gemeinde Vorbild- oder Ansporncharakter hat. So berichtet Frau H., die sich früher einmal in einem Projekt in Zusammenhang mit den K'schen Landwerkstätten freiwillig engagiert hatte, für den Beitritt zur Stiftung jedoch nicht das nötige Kapital aufbringen konnte:

»Der braucht bloß einmal ›Piep‹ sagen, hier, unser K., für den springen sie alle hier in *Kohlen*. Da war ich vierzehn Tage hier mit der Kati so im Großprojekt gewesen, da haben wir so achtzehn Jugendliche aus verschiedenen Schulen, die also untereinander hier schon wie Randalierer sind, schwierige Kinder ... die auch in Anführungsstrichelchen keine Lehre kriegen. Kinder, die auch nicht wissen, was sie machen wollen, und Kinder, die auch nicht arbeiten wollen, haben unsere Politiker gesagt. Ja, und dann haben wir die vierzehn Tage... Hat der K. gesagt: ›Paßt mal auf, Ihr kommt mal hierhin.‹ – der hat so einen ökologischen Bauernhof in Z. – ›ich lade Euch ein, aber die Kinder müssen arbeiten.‹ Ja, und die haben gearbeitet. Morgens um drei Uhr mußte ich raus, die wecken. Die haben malocht wie geht nicht mehr. Das waren die Kinder, die ›nicht arbeiten wollten‹, die auch ›keine Lehre machen wollten‹. Bis nachts. Also, nach vierzehn Tagen war ich geschafft, aber es war wunderschön! Und ich treffe heute noch ein paar davon, die haben also wirklich eine Handwerkslehre gekriegt, auch eben mit dem K. ... daß der, daß die dann gesagt haben, ›Wir haben ein Praktikum beim K. gemacht‹ [...]

Ich mein, der hat erst mal eine Aura, sowieso. Wenn der erscheint, der hat einfach die Aura. Ich sag ja, ich würd für den auch was machen. Ich hab bloß zu ihm gesagt: Nach Bayern zieh ich für dich nich. Aber sonst, ich würd alles für den machen. Wenn der mich anruft, ich spring für den. Das ist mir egal. Das machen aber viele.« (Frau H., 2, 25)

Erkennbar wird in dieser Passage eine große Verehrung für den charismatisch wirkenden Unternehmer, der – wie auch viele andere Interviews zeigen – offenbar bei Angehörigen aller Bevölkerungsgruppen hohes Ansehen genießt, weil er viel für die Bürger der Stadt tut und es sogar schafft, »schwierige« Jugendliche zu einer disziplinierten Arbeitsleistung zu bringen. Als besonders eindrucksvoll stellt es die Interviewpartnerin anhand mehrerer Anekdoten ausführlich dar, daß K. keinerlei Distanz gegenüber »einfachen Leuten« wie Arbeitslosen oder auch gegenüber Kindern aufbaut und eher Spitzenpolitiker stehen läßt als »seine« *Kohlener* Bürger.

Auch die befragten Stiftungsvorstände betonen nahezu einmütig die Initiativrolle des Unternehmers im Gründungsprozeß der *Kohlener* Bürgerstiftung. Bei einem für die Handlungsfähigkeit der Stiftung zentral wichtigen Vorstandsmitglied – einem Arbeitsdirektor der Ruhrkohle und früheren Bürgermeister der Kommune – kommt sogar die persönliche Beziehung zum Unternehmer K. als ausschlaggebender Faktor für das Engagement zum Tragen:

»Ich bin der Vorsitzende des Diakonischen Werkes im Verwaltungsrat in *Kohlen*. Da haben wir so rund 120 Beschäftigte, und das Diakonische Werk in *Kohlen* hat eine besondere Bedeutung, vergleichbar wie Caritas und Arbeiterwohlfahrt. Da bin ich tätig, und beim Kreis-Diakonischen Werk, wo immerhin 1300 Beschäftigte sind, da bin ich auch im Verwaltungsrat, und es reicht eigentlich für ein Engagement eines Bürgers. [...] Eigentlich widersprach das meinen eigenen Überlegungen, wie ich meine Zukunft gestalten will. Und im Grunde genommen war das auch gegen den Strich meiner Intention, das muß ich ganz ehrlich sagen, weil ich mit den Aufgabenfeldern im Diakonischen Werk reichlich zu tun hab. Und was mich eigentlich auch schon ausfüllt. Und warum ich am Ende ja gesagt hab', weil dahinter auch K. stand, mit dem ich seit Jahrzehnten eng verbunden bin. Das war im Grunde genommen auch ein Signal aus der Familie K., mich dafür zu gewinnen.« (Herr L., 1)

Neben den mehrfachen Verweisen darauf, daß dieser Stiftungsvorstand eigentlich schon vorher genug bürgerschaftliches Engagement gezeigt hatte, ist hier tatsächlich das Gewicht der personalen Ebene entscheidend. Dieser Aspekt persönlicher Bekanntschaft und somit einer gewissen Verbindlichkeit zum Unternehmer und Stifter K., der für die Arbeitsfähigkeit der Bürgerstiftung von zentraler Bedeutung ist, belegt nochmals die Relevanz einer großen Stifterpersönlichkeit für das Zustandekommen und Gelingen der Initiative. Das Sozialkapital des Stifters wirkt sich dahingehend aus, daß sich Bekannte und Freunde stark verpflichtet fühlen, für die von ihm angeregte Sache zu arbeiten.

Der Bürgermeister: Staat

Der zweite Akteur, der für den Gründungsprozeß der Bürgerstiftung im Vorfeld eine wichtige Rolle gespielt hat, ist der damalige Stadtdirektor und zum Erhebungszeitraum amtierende Bürgermeister der Kommune, Herr M. Dies wird auch von Vertretern der K-Stiftung, die den Gründungsprozeß der *Kohlener* Bürgerstiftung unterstützend begleitet hat, so gesehen. Neben dem Großunternehmer war es also ein kommunaler Spitzenpolitiker, Repräsentant des etablierten politischen Systems vor Ort, der den Stiftungsprozeß je nach Perspektive angestoßen oder zumindest beeinflußt hat. Auch hier steht kein Vertreter einer dezentralen, staatsfernen Bürgergesellschaft nach liberalem Vorbild an vorderster Front, sondern ein Vertreter des Staates, der bürgergesellschaftliche Potentiale als Ressource kommunaler Politik entdeckt hat.

Dabei ist zu berücksichtigen, daß sich die Kommune *Kohlen* schon vergleichsweise früh als eine »Reformkommune« profiliert hat. Zu Beginn der 90er Jahre setzte man im Rahmen des »neuen Steuerungsmodells« auf Verwaltungsmodernisierung, d.h. vor allem auf verbesserte Dienstleistungen der Kommunalbehörden. Am Ende der 90er Jahre vollzog sich dann, nicht zuletzt im Angesicht leerer öffentlicher Kassen, ein Schwenk vom Dienstleistungsunternehmen zur »Bürgerkommune«, vom »Kundenbezug« zum partizipierenden Bürger.[23] Ausdruck dieser Strategie ist eine große Anzahl von »Zukunftswerkstätten«, die in *Kohlen* unter relativ großer Bürgerbeteiligung abgehalten werden. Dabei wird über die Entwicklung der Sportmöglichkeiten in der Stadt ebenso diskutiert wie über Werte allgemein.

Der Staat, vertreten durch die Kommune, versteht sich hier also nicht als Gegenpol oder als deutlich abgegrenzter Bereich von der Bürgergesellschaft, sondern als ihr Förderer – ganz im Sinne etwa des Ansatzes von Michael Walzer (1995), wie er oben im Theorieteil diskutiert wurde, und auch der Konzepte des »aktivierenden Staates«, wie sie im Dritten Sektor in Deutschland immer häufiger erörtert werden. Darauf wird weiter unten noch einzugehen sein.

Bürgermeister M. reklamiert im Interview, auf die Genese der Bürgerstiftung angesprochen, umgehend die (Mit-) Urheberschaft für sich: »ich hab die ja mit initiiert«. Er berichtet von einer Reihe von Zweiergesprächen zwischen sich und dem Unternehmer K. Interessant erscheint dabei, daß die Weichenstellung in Richtung einer Bürgerstiftung letztlich als ein Zufallsprozeß charakterisiert wird:

»Die, sag ich mal, ist ja zufällig entstanden. Und zwar, wir haben einen *Kohlener* Bürger, den bekannten K., und manche Dinge entstehen einfach doof, nicht? Der war im Moment hier, dann wurde seine Firma 100 Jahre alt, und hat dann so erfahren, mein Gott, in *Kohlen* – das war glaub ich noch in der Zeit, wo die Zechenschließung angekündigt wurde... Hab ich dem so einen Brief geschrieben, hab gedacht, Mensch, ob er nicht das eine oder andere vielleicht auch einbringen kann, weil er ja auch seine Stiftung da hat, so. Daraus ist zunächst mal ein Zweierdialog entstanden. Wir haben uns also einfach getroffen, so. Und heraus kam am Ende, daß wir... wie wär's wenn *Kohlen* bei der ganzen Arbeitslosigkeit... Heraus kam eine Bürgerstiftung.« (Herr M., 7)

Betont wird in dieser Passage die Kontingenz der Bürgerstiftung, die sich durchaus auch als eine sprachlich-symbolische Wertminderung interpretieren lassen könnte. Interessant an dieser kommunikativen Strategie, den Entstehungsprozeß der Stiftung als einen Vorgang mit viel Kontingenz darzustellen, ist, daß damit zugleich eine Aufwertung der eigenen Rolle als bewirkender Akteur einhergeht. Wenn etwas nicht notwendigerweise so abläuft, dann kommt den Handelnden und ihren Entscheidungen eine zentrale Rolle zu. Die

---

23 Zur Diskussion um das Modell »Bürgerkommune« siehe aus der Sicht der Praxis den Bericht der Kommunalen Gemeinschaftsstelle (1999) zu der »Chance für Kommunen« im Rahmen eines allgemeinen Aufschwungs der Bürgergesellschaft; zum allgemeinen Zusammenhang von Bürgergesellschaft und Bürgerkommune vgl. Heinelt (1997), Banner (1999), Paust (2000), Bogumil/Holtkamp (2001) und Haus (2002).

Aussage lautet also: »Wenn ich, der Bürgermeister, hier nicht die Initiative ergriffen hätte, dann wäre hier gar nichts entstanden.«

Allerdings beeilt sich der Befragte dann im unmittelbaren Anschluß an die Passage, die positive Wirkung der Stiftung in der Gemeinde *Kohlen* herauszustellen:

»So, und das ist gelungen, daß wir wirklich, wie ich finde, sehr gute aktive und noble Leute für die Bürgerstiftung gewinnen können, gewinnen konnten. Ich halt das für einen Segen für unsre Stadt, daß die irgendwie..., wobei wir natürlich keinen Hof, auch nicht überbewerten sollen, das ist ja sicherlich jetzt so'n klares äußeres Zeichen für die Bürgerschaft, ist auch ... so wichtig [...] Ich glaub' das ist ein, ein wesentlicher Beitrag, wo man zumindest auch mal exemplarisch sehen kann: Wie kann, wie kann so was, so was hier ablaufen, daß man junge Menschen etwas besser in die gesellschaftliche Entwicklung integriert und, ja, ich freu' mich, daß es die gibt.« (Herr M., 7)

Der erwähnte Bauernhof ist das zentrale operative Projekt der *Kohlener* Bürgerstiftung. Die Bedeutung des Projekts wird hier von M. zugleich betont und doch relativiert, gleichsam ins Symbolische verschoben, das ja auch wichtig sei. Dennoch, so kann man die Äußerung interpretieren, leistet der Hof keinen substantiellen Beitrag zur Bekämpfung der Jugendarbeitslosigkeit in *Kohlen*.

Künstler und Regisseur T. sieht die Rolle des Berufspolitikers sogar noch skeptischer. Sein Eindruck sei gewesen, daß der amtierende Bürgermeister aus einem gewissen politischen Instinkt heraus zunächst versucht habe, eine Stiftung, die sich der politischen Kontrolle entzieht, zu verhindern. Die Rolle des Politikers wird also aus unterschiedlichen Perspektiven ganz verschieden eingestuft. Festzuhalten ist aber in jedem Fall, daß dieser Akteur im Prozeß der Genese der *Kohlener* Bürgerstiftung eine zentrale Rolle gespielt hat.

Politische Kultur

Nicht *jenseits* von Markt und Staat, sondern angestoßen *durch* Markt und Staat – so könnte man im Hinblick auf die Genese den spezifischen Ort der *Kohlener* Bürgerstiftung bestimmen. Wir haben es bei der Bürgerstiftung also nicht mit einer Initiative »von unten« zu tun, die als freie und selbstgesteuerte Assoziation *Kohlener* Bürger entstanden ist, sondern mit einer Nonprofit-Organisation, die durch eine präzise Planung von außen konstruiert wurde.

Sucht man für diese bis hierhin beschriebene Entwicklung eine Erklärung, so bietet sich der Rückgriff auf die politische Kulturforschung an, wie sie von Alexis de Tocqueville bis zu Robert D. Putnam konzipiert wurde. Tocqueville (1985: 183ff) hatte mit dem Hinweis auf die »Gewohnheiten des Herzens«, auf die Mentalitäten und Gefühlsstandards der Bevölkerung die Stabilität der amerikanischen Bürgergesellschaft begründet. Putnam hatte in seinen Studien zu

Italien und den USA immer wieder betont, daß es langfristig gewachsene kulturelle Traditionsbestände sind, die über die Entstehung und die Funktionsfähigkeit bestimmter sozialer und politischer Institutionen entscheiden (vgl. Putnam 1993, 2000).

Wenn man sich nun die politische Kultur im Ruhrgebiet ansieht, dann wird deutlich, daß von dezentral-bürgerschaftlichen Traditionen, wie sie etwa in Baden-Württemberg oder in einigen traditionsreichen urbanen Kontexten Deutschlands, etwa in Hamburg zu finden sind, nur wenig vorhanden ist (vgl. dazu Dörner 2001a und Rohe 1984).

Im Ruhrgebiet findet sich nicht nur der typische deutsche Etatismus und Korporatismus wieder, sondern eine spezifische Organisationskultur, die soziale Gesellung und politische Partizipation in aller Regel an Großgruppen und große Organisationen knüpfte, seien diese nun Parteien und Milieuorganisationen oder auch Industrieunternehmen. Diese Organisationskultur ist, trotz vielfältiger Umbrüche und Transformationen, zu einem guten Teil bis heute bewahrt worden.[24] Wenn Bürgergesellschaft sich in diesem Traditionskontext entfalten soll, dann bedarf es offensichtlich externer bzw. solcher Anstöße, die in der »klassischen« Organisationsgesellschaft der industriellen Moderne beheimatet sind.

In die Richtung einer solchen Deutung der Befunde weisen auch weitere Interviewpassagen. Angesprochen auf Schwierigkeiten und Probleme, führt Herr K. als Initiator der Bürgerstiftung aus:

»Nein, wissen Sie, das Schwierigste ist immer Menschen zu bewegen, aus ihrem Trott, aus ihrer Lethargie herauszuholen und sie zu ermutigen, etwas zu unternehmen. Das ist immer das Schwierigste, nich´? Diese Unbeweglichkeit. [...]
›Da kommt ja doch nichts dabei raus. Das schaffen wir ja sowieso nicht‹, und ach all diese, das sind so Trägheiten. [...] Ja, die Trägheit zu überwinden, ich glaube das ist immer das Allerschwierigste.« (Herr K., 4)

Diese Äußerung läßt sich durchaus so interpretieren, daß Menschen, die an eine politisch-kulturelle Tradition der handelnden Großgruppen und Großorganisationen gewöhnt sind, nur schwer dazu zu bewegen sind, Eigeninitiative zu entwickeln und neue – kleine und dezentrale – Organisationsformen auszuprobieren. Die Formulierung »Das schaffen wir ja sowieso nicht« als Charakteristikum einer Haltung, wie sie Herrn K. in der Bevölkerung anscheinend häufig begegnet ist, weist auf ein solches mangelndes Selbstbewußtsein der Bürger als gestaltender Akteur der eigenen Verhältnisse hin. Man wartet lieber

---

24 Siehe auch Hartmut Neuendorffs (1993) Analyse zum Dortmunder Konsens in der Transformation des Industriestandorts Ruhrgebiet.

ab, bis sich eine der etablierten Großorganisationen oder eben der Staat des Problems annimmt.

Dieser Zusammenhang wird auch in einer weiteren Äußerung deutlich, die ein pensionierter Sozialarbeiter als Außenbeobachter mit Bezug auf die Stiftung formuliert hat. In diesem Interview zeigt sich eine erhebliche Skepsis gegenüber den Versuchen der Stiftung, ihre operativen Projekte eigenständig durchzuführen:

> »Ob sie dann das alles so schaffen werden? Und die nehmen sich da so viel vor die Brust, und läßt sich das finanzieren? Und, die haben wohl da auch sehr viele Flausen im Kopf, und, na ja, wenn das nicht so bekannte Leute wären, die in dem Vorstand oder in dieser Sache führen und leiten, dann wär' das wahrscheinlich schon finanziell zusammengebrochen also.« (Herr S., 6)

Eine Bevölkerung, die Großgruppenakteure gewohnt ist, traut einer zivilgesellschaftlichen Initiative wie der *Kohlener* Bürgerstiftung nicht viel zu. Entsprechend schwierig ist es, innerhalb dieser Bevölkerung Akzeptanz, geschweige denn Beteiligung zu finden.

Zusammenfassend läßt sich also sagen, daß der Faktor politische Kultur auch in *Kohlen* weichenstellend wirkte. Die »Gewohnheiten des Herzens« im Ruhrgebiet sind an die Organisationskultur, an große Unternehmen, Korporatismus und Staat gebunden. Damit ist freilich nicht automatisch die Folge verbunden, daß alle bürgergesellschaftlichen Regungen sofort vom Staat und von den Großorganisationen vereinnahmt würden. Anders etwa als in der »Bürgerstiftung« Ulm, die von Politikern der Stadt gegründet wurde und von ihnen auch nach wie vor kontrolliert wird, um »Schattenhaushalte« zu betreiben (Pfeiffer 1998: 87), blieb die *Kohlener* Bürgerstiftung von der Politik formal stets unabhängig. Bürgermeister M. betont entsprechend auch im Interview die Distanz zwischen Stiftung und Politik als Funktionsvoraussetzung. Er finde die Bürgerstiftung gut, sei »allerdings auch bewußt nicht in diese Stiftung reingegangen«, weil man trennen müsse zwischen Kommune und Stiftung. Er möchte lieber »Ansprechpartner« für die Bürgerstiftung sein, als ihr selber anzugehören.

Trotz dieser formalen Trennung jedoch, das wird in den folgenden Kapiteln noch genauer zu erörtern sein, finden sich vielfältige Verflechtungen zwischen Stiftung, Politik und korporatistischem System in der Gemeinde.

5.3.2 Sozialtechnologie, lokale Eliten und Schließungsprozeß: Die Bürgergesellschaft als »gute Gesellschaft«

Der Planungsprozeß

Der weitere Entstehungsprozeß der *Kohlener* Bürgerstiftung zeigt, daß der Stiftungsinitiator K. und der von ihm finanzierte Sozial-Künstler T. nichts dem Zufall überlassen wollten. Das gilt vor allem für die Zusammensetzung der Stiftergruppe. Nicht eine Reihe von Personen hat sich hier mehr oder weniger spontan zusammengefunden, um gemeinsam das Interesse der Gemeinwohlförderung zu verfolgen. Statt dessen wurde der Gründungsakt strategisch vorbereitet.

Unternehmer K. hatte bereits vor einigen Jahren in München eine große Stiftung zur Förderung nachhaltiger Lebenskonzepte gegründet. Diese Stiftung operiert erfolgreich und bringt daher schon einiges Know How über das Funktionieren des Stiftungswesens in Deutschland mit. K. ließ also im Rahmen seiner Stiftung über die notwendigen Schritte für die Gründung einer Bürgerstiftung nachdenken, und er konsultierte dazu auch die Bertelsmann-Stiftung. Diese nämlich hat sich in der zweiten Hälfte der 90er Jahre intensiv um einen Import des Modells Gemeinschaftsstiftung / Bürgerstiftung aus den USA bemüht. Hatte Reinhard Mohn in Gütersloh mit einem Startkapital von 2 Millionen DM die erste Bürgerstiftung Deutschlands ins Leben gerufen, so sollten nun über Projekte, Tagungen und Publikationen weitere Gründungen angeschoben werden.[25]

Hier konnten Herr K. und die K-Stiftung anknüpfen, um das Know How von Bertelsmann etwa auch in rechtlichen Fragen in den Gründungsprozeß der *Kohlener* Bürgerstiftung einzubringen. Entscheidend aber war, daß man mit Herrn T. einen international erfahrenen Akteur in Sachen Stadtentwicklung und Stadtbelebung für den Vorbereitungsprozeß gewinnen konnte. T. hatte im Zusammenhang mit Fragen nachhaltiger Entwicklung vorher bereits mehrfach in Kontakt zur K-Stiftung gestanden. Er brachte nun Ideen für die Gründung einer Bürgerstiftung ein, die in einer problematischen Stadt – zur Auswahl standen zunächst auch ostdeutsche Gemeinden – einen Gesundungsprozeß katalysieren und vorantreiben könnte.

Herr T. ging dann schließlich, finanziert durch die K-Stiftung, für einen Zeitraum von über einem Jahr nach *Kohlen*, um dort mit großer Sorgfalt die Situation zu eruieren und die Potentiale für einen Veränderungsprozeß auszuleuchten. T. selbst spricht in diesem Zusammenhang von einer »Anamnese«,

---

25 Siehe dazu die Publikationen der Bertelsmann-Stiftung (1998, 1999, 2000).

die dem »Gesundungsprozeß« hätte vorausgehen müssen. Der Rückgriff auf die Metaphorik von Krankheit und Gesundheit, Diagnostik und Heilung zeigt, daß Herr T. seine Arbeit hier wirklich als einen massiven Eingriff in das soziale Leben der Stadt begreift.

Die Vorbereitungsphase zeugt von einer ausgesprochen großen Sorgfalt und Professionalität. T. führte insgesamt mehr als 3.000 Einzelgespräche mit *Kohlener* Bürgern aus allen möglichen Stadtteilen, Milieus, Gruppen und Organisationen. Er fertigte ausführliche Beobachtungsprotokolle an und machte sich kundig über vorher oder zeitgleich durchgeführte Initiativen in der Stadt. Vom örtlichen Basketballverein bis zum »Klaviersommer« wurde so nahezu jede Regung in der Stadt im Hinblick auf Probleme und Potentiale, auf »freie und gebundene Kräfte« erfaßt. T. selbst bezeichnet den Prozeß explizit als einen »künstlerischen Prozeß«, in dem Wahrnehmungsvorgänge und gruppendynamische Entwicklungen vor Ort eine zentrale Rolle spielten.

Im Laufe dieses sorgsamen und differenzierten Vorgehens wurden dann Akteure ausgesucht, die für eine Trägerschaft der Stiftung in Frage kämen, weil sie in der Gemeinde aus ganz unterschiedlichen Gründen eine wichtige Rolle spielen. Man sieht auch an diesem Prozeß, daß es starker Außenimpulse und Hilfestellungen bedurfte, um in *Kohlen* eine Bürgerstiftung einigermaßen funktionsfähig ins Leben zu rufen. Die Außenimpulse kamen in diesem Fall durch den Künstler T., die K-Stiftung und somit wiederum mittelbar durch die Unternehmerpersönlichkeit K.

Eine sozialtechnologische Konstruktion

Im Zentrum des Prozesses stand eine sozialtechnologisch präzise ins Werk gesetzte Strategie. Die in der Stadt für gemeinsinnige Projekte empfänglichen lokalen Eliten sollten ausfindig gemacht und angesprochen werden, um sie für eine Stifterschaft und darüber hinaus für eine aktive Rolle in der Bürgerstiftung zu gewinnen. Die Stiftung erweist sich also in ihrer spezifischen Zusammensetzung als Produkt einer gezielten Konstruktion oder, um die Terminologie von Herrn T. aufzugreifen, eines »künstlerischen Prozesses«. T. sprach u.a. zunächst die Leiter der beiden führenden Zeitungsredaktionen in *Kohlen* an. Er wollte über diese zum einen Hinweise auf relevante Personen erhalten und zum anderen die Pressevertreter selbst für eine Mitarbeit in der Stiftung rekrutieren.

»T. sprach dann als erstes, glaub ich, ja so Zeitungsmenschen an, also, ich glaub, R. von der KAZ [*Kohlener* Allgemeine Zeitung] wurde fast zeitgleich angesprochen, der ist ja heute auch in der Stiftung tätig, und, und F. und ich sind ja in dieser Redaktion dann angesprochen worden, wer denn da mitmachen könnte. Dann haben wir versucht, alles mit den Indikatoren aufzutun, um Leute zu gewinnen. Und ich hab' dann – also, wir sind eng befreundet mit B. – hab ich dann, Frau B., ins Gespräch gebracht und hab dann verschiedene andere Leute mal ins Gespräch gebracht, und so daß T. dann von uns aus dann diese, zu diesen andern Leuten hinging, und daraus entstand dann so 'n kleines Schneeballsystem.« (Herr Q, 11)

Niemand weiß so genau über die tragenden Akteure öffentlichen Engagements in einer Stadt Bescheid wie die Lokalredakteure der örtlichen Zeitungen. Dieses Wissen, meist auch verbunden mit einem Beziehungskapital der Presseleute, ließ sich daher ideal für den Prozeß einer Stifter- und Funktionärsrekrutierung nutzen. Stiftungsmitarbeiter T. konnte auf diesem Weg sehr effektiv die relevanten Akteure in der Kommune ausmachen und bekam zudem in vielen Fällen noch eine persönliche Empfehlung dazu, die als Türöffner fungierte.

Vorstandsmitglied Frau B. etwa wußte in dem Gespräch, das der Stiftungsmitarbeiter mit ihr führte, daß sie von dem mit ihr eng befreundeten Journalisten genannt und empfohlen worden war. Diese persönliche »Brücke« aus dem Netzwerk des Journalisten brachte in den Prozeß ein Vertrauensmoment ein, das die Bereitschaft, sich für die Stiftung werben zu lassen, gefördert hat. In diesem Sinne ist auch das am Ende der Interviewpassage erwähnte »Schneeballsystem« zu verstehen. Die Rekrutierung konnte sich hier das Netzwerk der angesprochenen Personen nutzbar machen, indem jede gefragt wurde: Wen kennst Du noch, den wir ansprechen könnten? Und jeder Rekrutierungskontakt konnte auf einer Vertrauensebene der persönlichen Empfehlung und der direkten Bekanntschaft ansetzen, was diesen Prozeß sehr effektiv gestaltete.

Aus den Interviews mit den jetzigen Vorstandsmitgliedern der Stiftung läßt sich zudem erkennen, daß die Besetzung der Vorstandsämter und des Stiftungsrates ausgesprochen direktiv vorgenommen wurde. So schildert Frau B. den Prozeß:

»Im Grunde hat Herr T. aus den vielen Gesprächen die er mit uns allen geführt hat, festgelegt: Also, die hätt' ich gerne im Vorstand und die hätt' ich gerne im Stiftungsrat. Hat dann das als Vorschlag bei der Gründungsversammlung gesagt, und so ist dann auch entschieden worden. Und, also, die Wahl in, in den Vorstand zu kommen und den ersten Vorsitz zu machen, war im Grunde voll dirigiert.« (Frau B, I, 1)

Der Begriff des Dirigierens verweist gleichzeitig auf zwei Dimensionen des Prozesses: Zum einen wird die starke Steuerung betont, zum anderen klingt jedoch auch der künstlerisch gestaltende Charakter an, den Herr T. in seiner Selbstbeschreibung so betont hatte.

Weiterhin berichtet Schatzmeister L., ebenfalls eines von drei Vorstandsmitgliedern:

»Ich hatte überhaupt dem Herrn T. gesagt, daß ich kein Amt in dieser Stiftung übernehmen möchte, sondern daß ich Stifter sein wolle. Ja, aber ich wollte kein Amt übernehmen. Und der hat mich da sehr bekniet, ein Amt zu übernehmen, aber daß ich das Amt des Schatzmeisters am Ende mit nach Hause nehmen würde, damit war überhaupt nicht zu rechnen.« (Herr L., 3)

Gerade bei dieser Person, dem früheren Bürgermeister der Stadt *Kohlen* und einflußreichen Arbeitsdirektor eines Bergbaubetriebs zeigt sich, daß die Auswahl durch den Künstler und Regisseur T. gut getroffen wurde. Zugleich wird deutlich, welche aktive Rolle ihm bei dem Konstruktionsprozeß zukam und wie wichtig dieser wiederum für die Funktionsfähigkeit der Stiftung ist. Denn genau dieser »bekniete« Akteur L., der sich für das Schatzmeisteramt überreden ließ, erwies sich später mit seinem großen Beziehungsnetzwerk und organisatorischen Know How, vor allem aber auch durch ein unermüdliches Pflichtgefühl als tragende Säule der Stiftung, ohne die viele Erfolge nicht denkbar gewesen wären. Eine Mitarbeiterin macht diese zentrale Rolle im Interview mit dem Begriff der »Integrationsfigur« klar:

»Ja, er ist schon die Integrationsfigur der Stiftung, das ist ja eindeutig 'ne? Er hat den Gesamtüberblick [...] Und er ist schon dann derjenige, der das zusammenhält und, und wir profitieren eben von seinen umfangreichen Kenntnissen und den in Frage kommenden Personen, die für eine Mitarbeit oder für kleine Gefallen angesprochen werden.« (Frau C., 12)

Einvernehmlich berichten fast alle Befragten, daß vor allem das operative Projekt des Jugendhofs höchstwahrscheinlich längst gescheitert wäre, wenn Herr L. nicht nur seine zahlreichen Kontakte ins Spiel gebracht hätte, sondern auch nahezu täglich auf dem Hof präsent wäre, um den Arbeitsprozeß zu steuern und voranzutreiben. Selbst ernsthafte Krankheiten, so wird berichtet, konnten ihn meist nicht davon abhalten, auf dem Hof die Stellung zu halten.

Hier zeigt sich also nochmals in aller Deutlichkeit, daß der Gründungsprozeß keine mehr oder weniger spontane Assoziation von zivilgesellschaftlichen Akteuren war, sondern das Resultat einer durch sensible Beobachtung vorbereiteten und mit großer Präzision ins Werk gesetzten Planung. Das Moment bürgergesellschaftlicher Autonomie, Freiheit und »unberechenbarer« Innovativität etwa im Sinne der radikalen liberalistischen Theorie steht hier eindeutig zurück hinter dem »berechenbaren« Aspekt der Funktionsfähigkeit dieser Organisation. Das Know How des »großen Bruders«, nämlich der K-Stiftung (und später noch anderer Stiftungen), wurde systematisch eingesetzt, um die potentiell immer dysfunktionalen Kontingenzen bürgerschaftlicher Selbstorganisation möglichst weit auszuschalten. Allerdings muß dabei festgehalten werden, daß die allerbeste Planung nicht hätte erfolgreich sein können, wenn nicht die angesprochenen Akteure auch willens und in der Lage gewesen wären, sich in die Stiftung einzubringen. Ohne eine entsprechende Bereitschaft, sich generell bürgerschaftlich zu engagieren, bleibt jede Planung von außen erfolglos. Der Gründungsprozeß der *Kohlener* Bürgerstiftung verweist auf einen scheinbar widersprüchlichen Zusammenhang: Eine Struktur, die auf den ersten Blick jeder dezentralen Neugründung eher hinderlich zu sein scheint, wurde in *Kohlen* gleichsam zum Geburtshelfer einer Bürgerstiftung, und zwar »von oben«. Im vorangehenden Kapitel war ausführlich die Situation im deutschen Stiftungswesen skizziert worden. Es war hier der Befund eines weitgehenden Kartellismus zu konstatieren, d.h. einer Dominanz des Stiftungssektors durch einige wenige Großstiftungen. Bürgerstiftungen wiederum können mit Recht als eine Größe betrachtet werden, die einen Prozeß der Dezentralisierung und Pluralisierung im Stiftungssektor verkörpern. Wenn große Stiftungen also am Neugründungsprozeß kleiner Bürgerstiftungen helfend beteiligt sind, treiben sie damit den Auflösungsprozeß der kartellistischen Struktur gewollt oder ungewollt voran.

Die Stifter als »gute Gesellschaft«

Der Rekrutierungsprozeß mit der Indienstnahme vorhandener Beziehungen durch ein »Schneeballsystem« der Kontaktierung schlägt sich auf Ebene der »einfachen« Stifter zunächst im Befund einer relativ großen Homogenität nieder. Hier ist kein Querschnitt der Bevölkerung vorhanden. Durch die gezielte Ansprache und das darauf folgende Anwerben von jeweils eigenen Bekannten konstituierte sich hier eine homogene Gruppe, die sozialstrukturell auf vergleichsweise gehobene Kreise beschränkt ist:

»Und dann ging das nur über persönliche Bekanntschaft, also, der kennt den und der kennt jenen, der könnte doch auch, und der hat Geld. Es war ja auch ´ne Frage von Geld. Die Mindestanlage ist 1000 Mark und, so daß also dann schon so ´ne ganz bestimmte Schicht im Grunde genommen bei den Stiftern ist. Es sind eben Ärzte, Lehrer, der frühere Bankdirektor, Leute die, die eben auch das Geld haben. Es sind.., wir haben eigentlich keine Arbeiter und keine..., nee, keine Arbeiter, alles Angestellte im Führungsbereich oder eben, ja, Beamte auf der gehobenen Position, Selbständige.« (Frau C., 10)

Die *Kohlener* Bürgerstiftung repräsentiert, so läßt sich der Befund zusammenfassen, bedingt durch den spezifischen Prozeß der Genese, die »gute Gesellschaft« der Gemeinde. Es handelt sich bei den Stiftern fast durchweg um Angehörige besser gebildeter, meist auch besser verdienender Kreise, die sich auf relativ einflußreichen Positionen im kommunalen Geflecht bewegen. Viele Stifter kennen und anerkennen sich untereinander, nicht aus geselligen Zusammenhängen der Stiftung selbst, sondern aus anderen Kontexten der Kommune, in denen man einander immer wieder begegnet. Die bloße Zugehörigkeit zur Stiftung, die übrigens auf dem Briefkopf der *Kohlener* Bürgerstiftung dokumentiert und somit öffentlich sichtbar ist, markiert somit im sozialstrukturellen Gefüge der Stadt die Zugehörigkeit zu einer herausgehobenen Gruppe. Dies kann sowohl anziehende als auch abschreckende Wirkung auf Außenstehende haben, je nachdem, wo sie sich selber verorten.

Lokale Eliten, Vertrauen und Benennungsmacht

Die zivilgesellschaftliche Sozialtechnologie scheint also, wenn man sich das Geflecht innerhalb der Stiftung und die Einbindung der Stiftung in die Kommune genauer anschaut, sowohl positive als auch negative Effekte zu zeitigen, die mit Prozessen der Inklusion und Exklusion verbunden sind.

Zunächst einmal wird deutlich, daß man mit der gezielten Auswahl und Ansprache der Akteure Zugriff auf einen zentralen Teil der lokalen Eliten gewonnen hat. Zwar sind aus prinzipiellen Gründen parteipolitisch aktive Personen aus dem Kreis der potentiellen Stifter ausgeschlossen worden, um jede Indienstnahme der bürgergesellschaftlichen Organisation zu vermeiden.[26]

Aber ansonsten finden sich im Kreis der Stifter, vor allem in den entscheidenden Gremien wie Vorstand und Stiftungsrat, ebenso einflußreiche wie angesehene Personen wieder. Neben dem Ex-Bürgermeister L., der früher auch Landtagsabgeordneter und Bergbaufunktionär war, begegnet man u.a. einer Schuldirektorin, einer Ärztin, einem Sparkassendirektor, einem stadtbekannten Pfarrer, dem Geschäftsführer eines örtlichen Wohlfahrtsverbandes, dem Chefredakteur einer Lokalzeitung sowie der stellvertretenden Redaktionsleiterin des Konkurrenzblatts und nicht zuletzt auch einer Vertreterin des ortsansässigen Adels. Von letzterer heißt es in einem Interview:

»bei ihr hatte ich das Gefühl, daß im Vorfeld schon so weit geplant worden ist, daß klar wurde, das ist 'n Name, und das macht sich gut auf'm Briefkopf.« (Frau D., II, 2)

Fast alle diese Personen sind im Hinblick auf bürgerschaftliches Engagement auf unterschiedlichen Feldern einschlägig »vorbelastet«.

Es sind Personen, die sich bereits früher als zivilgesellschaftliche Aktivisten hervorgetan haben, d.h. sie bringen zivilgesellschaftliche Erfahrung mit ein. Das Spektrum reicht von der Mitwirkung in diversen Bürgerinitiativen bis zur

---

26 Dies hat sogar zu Verstimmungen bei Parteivertretern geführt, weil sie nicht angesprochen wurden: »Oh ja, es gibt welche, die sind hochbeleidigt. Aktive Politiker, Herr U. zum Beispiel, Frank U., Vorsitzender der SPD. [...] Weil, das war eigentlich Voraussetzung in der Bürgerstiftung: Wir wollen keine aktiven Politiker mit dabei haben, weil sonst die Gefahr besteht, daß sich irgendwelche Interessen vermischen. Es sind ehemalige Politiker dabei.« (Frau D., 26)

»Seniorenakademie«, vom früheren »Bürgerparlament« bis zu den »Frauenkulturtagen«, vom Pfarrgemeinderat bis zur Freiwilligenagentur. Durch diese in starkem Maße gesteuerte Besetzung der Leitungspositionen in der Stiftung mit Angehörigen der örtlichen Eliten wurde eine potente und einflußreiche Trägerschaft der Organisation gesichert, die in fast alle relevanten Bereiche der Kommune hinein (und teilweise auch über die Grenzen der Kommune hinaus) vernetzt ist.

Der Pfarrer P., der seit etwa 30 Jahren in der Gemeinde tätig und ein hervorragender Kenner der Situation in *Kohlen* ist, betont die Homogenität und Geschlossenheit der Gruppe, welche die Bürgerstiftung trägt. Es seien Anstöße gekommen, vor allem vom Unternehmer K., und es hätten sich auch enthusiastische Leute für die Stiftung gefunden; »nur die Breite, die fehlt« (Herr P., 8). P. hatte im Laufe seiner Amtszeit zunächst als Kaplan, dann als Pfarrer schon in zahlreichen anderen Initiativen, teilweise an führender Stelle, mitgewirkt. Gefragt danach, welches denn die Personen seien, mit deren Engagement die Stiftung operiert, sagt er klar:

»Ja, das sind eigentlich so die Leute, die sie auch sonst treffen. (lacht). [...] Es sind also immer die gleichen Leute.« (Herr P., 8, 13)

An der Spitze der Stiftung finden sich P. zufolge genau diejenigen Personen wieder, die auch sonst bei öffentlichen Aktivitäten in der Gemeinde tätig sind. Die bürgergesellschaftliche Elite, wenn man die Gruppe der Aktivisten einmal so bezeichnen darf, ist einschlägig bekannt und bildet eine kleine, homogene Gruppe. Der Pfarrer veranschaulicht diese Aussage am Beispiel von zwei Frauen. Die eine war lange Jahre Vorsitzende des Pfarrgemeinderats, die andere hatte schon in den 70er Jahren ein »Bürgerparlament« geleitet.

Mit dieser Bekanntheit untereinander ist eine nicht gering zu schätzende Ressource verbunden, die Kooperation in erheblichem Maße erleichtert: *Vertrauen*. Wer sich kennt und anerkennt, der vertraut sich auch gegenseitig, was die Zusammenarbeit ausgesprochen effektiv gestalten läßt. Je geschlossener also die Gruppe vor allem der Aktivisten in der Stiftung ist, um so größer ist das »soziale Kapital« im Sinne eines solchen kooperationsfördernden Vertrauens.[27]

Die Angehörigen des Leitungsgremiums der Stiftung verfügen über eine erhebliche Menge ökonomischen, kulturellen und sozialen Kapitals sowie über das symbolische Kapital einer anerkannten Position in der Kommune. Darüber hinaus haben sie als lokale Eliten auch die überaus nützliche Ressource

---

27 Zu dieser Funktion von Vertrauen als soziales Kapital siehe ausführlich Kapitel 4.4 dieser Arbeit.

der Benennungsmacht. Diese funktioniert vor allem über einen privilegierten Zugang zur lokalen Presse. Einerseits hat man dieses Problem institutionell gelöst, indem man die entscheidenden Medienvertreter gleich mit in die Stiftung hineingeholt hat. Diese sorgen regelmäßig für eine ausgesprochen wohlwollende Berichterstattung über jegliche Aktivität der *Kohlener* Bürgerstiftung.

Zum anderen aber konnte dieser Einbindung letztlich nur dadurch gelingen, daß die Stiftungseliten schon vorher in ihrem Beziehungsnetzwerk engste Kontakte zur Presse unterhielten. So gab es eine längere persönliche Bekanntschaft zwischen Lokalredakteur Q. und Stiftungsvorstand Frau B., die auch auf weit zurückliegende gemeinsame Aktivitäten im *Kohlener* »Bürgerparlament« gründet. Und es gab das effektive Öffentlichkeitsnetz, das der ehemalige Bürgermeister und Landtagsabgeordnete L. zu seinen aktiven politischen Zeiten gesponnen hatte. Ausgerüstet mit dieser Benennungsmacht in der *Kohlener* Öffentlichkeit konnte man dann problemlos die Themen der lokalen Agenda beeinflussen und über eine positive Berichterstattung auch Bewertungen steuern.

Zivilgesellschaft ist in der *Kohlener* Situation nicht, wie von Habermas postuliert, eine kritische *Gegenmacht* zum etablierten politischen System, sondern eine *Nebenmacht*, die ihre Ziele im Einklang mit der kommunalen Herrschaftsstruktur zu erreichen sucht. Richtig bleibt aber in jedem Fall Habermas' Beobachtung, daß die Sphäre der Öffentlichkeit für zivilgesellschaftliche Aktivitäten von konstitutiver Bedeutung ist.[28]

Soziale Schließung und das Fehlen von bridging capital

Der in *Kohlen* beobachtbare Schließungsprozeß paßt in spezifischer Weise zu den neueren Befunden einer sozialen Ungleichheit in der Bürgergesellschaft, wie sie schon im Theorieteil dieser Arbeit ausführlich dargestellt wurden (und später unter der Perspektive beteiligter Kapitallogiken noch genauer beleuchtet werden). Diese Befunde besagen, daß es vor allem die besser gebildeten Bevölkerungsgruppen sind, die im Rahmen bürgergesellschaftlicher Zusammenhänge Möglichkeiten der Partizipation wahrnehmen. Die Asymmetrie verstärkt sich in dem Maße, wie die traditionellen Großorganisationen – Parteien und Verbände – an Bedeutung verlieren und statt dessen kleinere, dezentralere Organisationsformen wichtiger werden.[29] Insofern sind die *Kohlener* Verhältnisse eine Bestätigung dieser Entwicklung.

---

28 Vgl. Habermas (1992: 443f); siehe dazu auch Kapitel 3.4 dieser Arbeit.
29 Vgl. dazu Brömme/Strasser (2001), die anhand empirischer Daten aufzeigen, wie Dezentralisierung mit Asymmetrien einhergeht.

So funktional nun dieser Schließungsprozeß im Hinblick auf die Funktionsfähigkeit der Stiftung einerseits sein mag, so ergeben sich zum anderen doch auch Dysfunktionalitäten. Die Stiftung erscheint nämlich, in den Augen der Stiftungsmitglieder wie der Außenstehenden, als eine – durchaus auch im sozialstrukturellen Sinne – exklusive Veranstaltung. Dazu zunächst die Einschätzung zweier Vorstandsmitglieder:

»das ist meiner Meinung nach so... ja, so ein leichter Vorwurf des elitären Touches, des Abgehoben-Seins. [...] Es ist letztendlich nur dieser Klüngel. Das ist von Anfang an schlecht gelaufen, wie gesagt, weil es eben keinen Querschnitt der Bevölkerung gab, und dann eben ein Schneeballsystem mit der Ansprache.« (Frau A., 9)

Diese Einnahme der Außenperspektive wird in einem anderen Interview sogar durch eine explizite Selbstthematisierung der Person verbunden, die sich in den Augen der Bevölkerung primär über das institutionalisierte kulturelle Kapital von Titel und Beruf wahrgenommen sieht:

»Da laufen sie mit 'nem Titel und diesem Beruf durch die Gegend, das hat häufig so den Anklang von elitär ... und das ist uns auch vorgeworfen worden, da haben wir uns überlegt: Woran liegt das wohl? Es ist nicht ausgesprochen worden, aber ich denke mir, wenn sie sich ankucken, welche Leute drin sind ... Vorstandsvorsitzende die, dann Frau A., Harry L., ... dann zwei Pastöre die immer wieder aus dem, aus der Masse herausragen, weil sie etwas tun, dann die Zeitung, dann die Banken, dann ein Unternehmer, dann sind sie ganz schnell in diesem Geruch, ne?« (Frau B., II, 4)

Ein Stifter, Herr O., der selbst kein Amt bekleidet, dessen Gattin aber in der Stiftung tätig ist,[30] beschreibt in klaren Worten die seiner Meinung nach bestehende Außenwirkung der Stiftergruppe. Dabei wird nicht nur die sozialstrukturelle Verortung der Stiftung vorgenommen, sondern auch explizit der exklusive Charakter einer relativ großen Homogenität der Stifter angesprochen. Was nach innen hin vielleicht die Kooperation erleichtert, läuft doch einer größeren Reichweite der Organisation und einer Expansion der Trägerschaft klar zuwider:

»Ja, also, es ist aus meiner Sicht nicht der Querschnitt der Bevölkerung. Sondern das sind doch so, natürlich sehr viel Pädagogen dabei oder... Da ist das schon mal der Ausdruck gefallen, das ist so 'ne elitäre Gruppe, Bildungsbürgertum in der Stadt die hier zusammenkommen, wollen da irgendwas machen und jetzt weiß ich nicht, ob das die Stiftung fördert oder sagt: na ja, dann laß' die machen. Ist damit das ganze auch eine Grenze oder Abgrenzung, weil eine Ausgrenzung erfolgt, die ja eigentlich nicht sein soll.« (Herr O., 11)

---

30 Insofern haben wir hier auch ein Beispiel jenes für die gehobenen Kreise dieser Republik typischen »Gattinnen«-Engagements, allerdings auf das Kohlener Maß geschrumpft; vgl. zu den »Gattinnen« die Analyse von Böhnisch (1999).

Der Ausgrenzungscharakter wird an einer späteren Stelle desselben Interviews noch drastischer als »Ghetto« beschrieben, aus dem es dringend auszubrechen gelte. Herr O. nimmt interessanterweise das jährlich stattfindende »Symposium« der Bürgerstiftung zum Anlaß, die Selbstpräsentation der Organisation in der *Kohlener* Öffentlichkeit zu kritisieren. Die Symposien versuchen jeweils, ein für die Stiftungsarbeit einschlägiges Thema mit Vorträgen und Diskussionen zu behandeln, um einerseits Anregungen für die eigene Arbeit zu erhalten und gleichzeitig die Stiftung im öffentlichen Diskurs der Gemeinde zu präsentieren.

Beim letzten Symposium, auf das der Interviewte Bezug nimmt, ging es um das Thema Jugendarbeitslosigkeit, also den thematischen Fokus, der durch das operative Projekt der Stiftung auf dem Hof direkt bearbeitet wird. Bei diesem Symposium hatten eingeladene Wissenschaftler offenbar eine Diskursebene beschritten, die von breiteren Kreisen der *Kohlener* Bevölkerung nicht nachvollzogen werden konnte:

»für wen war das gedacht? Zu, wer war Adressat? Wenn .. *Kohlener* Bürger den ganzen Saal gefüllt hätten, was hätten die verstanden? [...] Es war ein Trauerspiel was da geboten wurde. Was, was sollten *Kohlener* Bürger da mitnehmen? Das heißt also, über diesen Weg Bürger zu motivieren ist sicher ganz schwer, aber meine persönliche Meinung ist, daß die Bürgerstiftung aus diesem engeren kleinen Kreis, wenn sie wirklich erfolgreich arbeiten will in dieser Stadt, daß sie breiter werden muß.« (Herr O, 7, 12)

Die Voraussetzungshaftigkeit von Zugehörigkeiten kommt in dieser Einschätzung gut zum Ausdruck. Es ist nicht einmal die ökonomische Einstiegsschwelle des Stifterbetrages, die hier exklusiv wirkt. Was fehlt ist das kulturelle Kapital der Bildung, das es den Bürgern überhaupt ermöglichen würde, an den Diskursen teilzuhaben, mit denen die Organisation sich in der Öffentlichkeit selbst darstellt. Das aber, so ist die reflektierte Aussage dieses Stifters zu interpretieren, wirkt abschreckend auf diejenigen, die sich in diesem Diskurssegment aufgrund von Bildungsschranken nicht zu Hause fühlen.

Eine Frau, die auch in einem Gremium der Stiftung aktiv ist, legt offen, daß das Problem der Exklusivität durchaus unter den Mitgliedern diskutiert wird:

»Es wird mittlerweile auch ganz offen diskutiert, daß *Kohlener* Bürgerstiftung Gefahr läuft, ein elitärer Haufen zu sein. Nicht in der Presse, innerhalb der Stiftung wird das offen diskutiert.« (Frau D., 25)

Interessant daran ist der Hinweis darauf, daß das Problem des Elitären nicht in der Presse thematisiert wird. Da nicht weniger als drei Vertreter der etablierten Presse vor Ort in der Stiftung sind, zwei davon sogar im Stiftungsrat, wird man davon ausgehen können, daß das Problem ganz bewußt nicht in die Presseöffentlichkeit getragen wurde, um dort den Außeneindruck nicht etwa noch zu verstärken.

Insgesamt läßt sich die Stellung der Stiftung in der Stadt *Kohlen* gut mit Putnams Unterscheidung von *bonding* und *bridging capital* beschreiben (Putnam 2000: 22). Die Integration ist hoch, weil es sich hier um eine sozialstrukturell ausgesprochen homogene Gruppe handelt. Bonding capital ist also in hohem Ausmaß vorhanden. Demgegenüber fehlt es jedoch an brückenbildendem Kapital, an Beziehungen in die »normale« Bevölkerung hinein, die stark genug wären, um Menschen aus diesen Bereichen in die Stiftung zu holen. Die Homogenität, die einerseits die Effizienz der Organisation verstärkt, ist auf der anderen Seite mit ihrer exklusiven Wirkung ein regelrechtes Hindernis, um sozialstrukturelle Schranken »brückenbildend« zu überwinden. Hier zeigt sich ganz deutlich, daß Putnams Hoffnungen, man könne gleichsam mit gutem Willen jederzeit bridging capital aufbauen, angesichts der sozialen Realitäten in der modernen Gesellschaft durchaus mit Fragezeichen zu versehen sind.

Bürger im »Schmollwinkel«

Nun ist oben ausführlich analysiert worden, daß der Gründungsprozeß der *Kohlener* Bürgerstiftung keine selbstorganisierte Assoziation *Kohlener* Bürger darstellt, sondern einen von außen geplanten und durchgeführten Konstruktionsprozeß. Die gezielte Ansprache von geeigneten Personen stellte sicher, daß man aufgrund ihrer Stellung im öffentlichen Leben der Kommune und aufgrund der bürgergesellschaftlichen Biografien der Akteure besonders geeignete Träger des Engagements versammeln konnte. Dieser für alle Außenbeobachter explizit erkennbare Ausleseprozeß wirkt sich jedoch bei denjenigen, die nicht angesprochen wurden, gegenteilig aus.

Die Inklusion auf der einen Seite ist notwendig mit einer Exklusion auf der anderen verbunden. Ein wichtiges Potential für die weitere Expansion der Stiftergruppe wurde auf diese Weise versperrt. Seinerzeit nicht angesprochene Menschen in der Bürgerschaft, die eigentlich sozialstrukturell hineinpassen würden, die erforderlichen Ressourcen hätten und daher für eine Mitwirkung in der Stiftung ansprechbar wären, verweigern sich später, weil sie in ihrer Ehre und in ihrem Selbstwertgefühl gekränkt sind. So berichtet Vorstandsmitglied Frau A.:

»Das ist meiner Meinung nach schlecht gelaufen bei der Ansprache der ersten Stifter. Die sind ja über diese Schiene so gelaufen... Es wurde gesagt, den Einen oder Anderen oder Dritten, den ich kenne, und den könnte ich noch ansprechen. Und die damals frustriert waren, die sagen: Warum sind wir denn nicht gefragt worden? Die sind sehr, sehr schwer heute noch zu kriegen. Das ist also so ein Stückchen auch so ein Schmollwinkel, den die bezogen haben. Das ist also sehr schwierig; die also durchaus finanziell in der Lage wären, das locker zu machen.« (Frau A., 5)

Ähnlich beschreibt es Frau B., die Vorsitzende der Stiftung: »Wissen sie, da kommen auch Empfindlichkeiten dann hoch: Warum bin ich nicht gefragt worden in der Anfangsphase?« (Frau B., II, 2). Diese Menschen empfinden sich offenbar als »zweite Wahl«, weil sie erst in einer zweiten Runde der Rekrutierung kontaktiert werden. So zeigte sich beispielsweise Herr Y., ein Verwaltungsmitarbeiter in der Kommune, der aufgrund seiner beruflichen Position über zahlreiche wertvolle Kontakte verfügt, ausgesprochen irritiert darüber, daß er damals nicht für die Stiftung angesprochen worden ist.

Man muß also konstatieren, daß die gesteuerte Ansprache der Stifter einerseits äußerst effektiv war, vor allem, um eine »schlagkräftige« Komposition der Beteiligten zustande zu bringen. Andererseits wird immer wieder deutlich, daß in der Nachgründungsphase genau dieser »Zirkel von Angesprochenen« (Herr O., 12) und die damit verbundene Grenzziehung ungewollt potentielle neue Stifter abschreckt.

Der Blick des »einfachen Bürgers«

Auch die »einfachen Bürger« in *Kohlen* nehmen die Stiftung als elitäre Veranstaltung wahr und trauen sich aufgrund der geringer veranschlagten Selbstwahrnehmung nicht, zu diesem elitären Kreis aufzurücken und in der Stiftung mitzumachen. Das wird in der folgenden Interviewpassage deutlich, in der sich Herr S. äußert, ein Außenbeobachter, der mit der Stiftung in keiner Weise verbunden ist:

»Weiß ich nich', ob da großer Zulauf is'. Aus meiner Sicht, tja, das is' vielleicht nicht jedem gegeben, dann auch, sagen wir mal, sich dieser, Leitungsgruppe so anzuschließen, nich'? Ich könnte mir denken, daß da der eine oder andere, sagen wir mal, auch einfache Mensch, der durchaus vielleicht aus der handwerklichen Ecke kommt oder so, und vielleicht auch noch Zeit hat, hier und da was zu machen, sich vielleicht dann doch ein bißchen so vor einem elitären Kreis sieht, und glaubt: Da paß' ich nich' so hin, und so. Is' jetzt so meine ... Einschätzung, nach Gesprächen mit Bürgern.« (Herr S., 7)

Allerdings muß diese Analyse noch verfeinert werden. Denn neben der schließenden Wirkung der Elitengruppe findet sich in der Außenwahrnehmung ein weiteres Element, das sich auf die Funktionsweise der Stiftung und ihrer Projekte innerhalb der Kommune letztlich wieder *positiv* auswirken kann. Diese interessante Wendung kommt im gleichen Interview in der direkt darauf folgenden Passage zum tragen:

»So wie ich das einschätze, sagt man, die Sache wird ja von, sagen wir mal, einflußreichen, finanzstarken Leuten getragen. Die sind erst mal von der Ausbildung her in der Lage, wenn die so was aufziehen, auch, sagen wir mal, irgendwie zum Erfolg zu führen.« (Herr S., 6)

Zum einen wird hier die Distanz der »normalen« Bevölkerung zu den in der Stiftung aktiven Eliten deutlich. Zum anderen wird aber auch gesagt, daß eine solche Trägerschaft durch potente lokale Eliten eine Erfolgsvoraussetzung für die Bürgerstiftung darstellt. Die Außensicht auf die Stiftung verbleibt also in einer Ambivalenz: Es manifestieren sich einerseits Bewunderung für die erfolgreichen Projekte und andererseits eine deutliche Schwellenwahrnehmung, die offenbar viele Bürger vor einer Partizipation in der Stiftung zögern läßt.

Das entspricht auch dem Faktum, daß die Expansionsbemühungen der Stiftung bis zum jetzigen Zeitpunkt relativ erfolglos blieben. Vor diesem Hintergrund führt Frau A. aus:

»Wir haben einen hohen Ausländeranteil, der fällt ganz weg. Wir haben sehr, sehr wenig Selbständige, größere Betriebe, wir haben fast nur Handwerksbetriebe, die also alle nicht sehr ..., nicht so ohne weiteres.... Und das sind eigentlich die Leute, die wir brauchten. Sagen wir mal so, dieser Mittelstand, der sagt: Das ist okay, wir nehmen den jetzt, du hast ja gesagt, der ist in Ordnung, selbst wenn der keinen Hauptschulabschluß gekriegt hat, wir nehmen den jetzt. Das ist die Schiene, auf der wir eigentlich arbeiten wollen. [...] Und das wäre ein Stück leichter, wenn wir mehr von denen in der Stifterkette hätten.« (Frau A., 5)

Das, was Frau A. als Vorstandsmitglied programmatisch entwirft, klingt letztlich wie ein Wunsch, für dessen Verwirklichung die Strategien fehlen, oder besser: dessen Verwirklichung nach *dieser* Genese mit *dieser* Trägerschaft nur sehr schwer möglich scheint.

Während nun die Rekrutierung neuer Stifter in neuen sozialstrukturellen Sphären ein großes Problem darstellt, ist eine grundsätzliche Unterstützung durch die »einfachen Leute« durchaus vorhanden. Sie ist meist auf den Bauernhof bezogen. Das Jugendhilfeprojekt ist anschaulich und für alle Beobachter nachvollziehbar. Die Stiftung gibt es hier für Passanten gleichsam »zum Anfassen«: »Aber es braucht auch ein konkretes Projekt wie diese Bauernhof-Geschichte. Die Menschen müssen irgendwas sehen.« (Frau A., 2); und: »es ist das Flaggschiff geworden, womit wir in der Bevölkerung ganz präsent sind. [...] man kann kucken was sich verändert, was wird« (Frau B., II, 1). Die Zustimmung zeigt sich dann auch konkret in Gaben. So berichtet Frau A.:

»Das sind so ganz, ganz konkrete Sachen. Und dann hatten wir mal einen Aufruf gestartet und gesagt, daß wir den Garten bepflanzen. Wir konnten uns nicht mehr retten vor Angeboten! Wir haben noch das und wir haben noch das... Aber das ist das Problem: Wenn wir sagen, ganz konkret: Dafür. Für den Zaun ist das Geld da. Aber für Jugendarbeit in *Kohlen* ist denen das zu schwammig. Das muß konkreter sein.« (Frau A., 9)

Mittlerweile sind sogar schon zwei Ziegen für den Hof gespendet worden, die tatsächlich trotz gewisser logistischer Probleme auch angenommen wurden, um den Spender nicht durch eine Ablehnung der Gabe zu beleidigen.

In diesen konkreten Hilfestellungen wird das deutlich, was schon Alexis de Tocqueville (1985) für die Graswurzeldemokratie in Amerika analysiert hatte. Die Menschen sind da zum Engagement bereit, wo das Tätigkeitsfeld »vor Ort« liegt und die Auswirkungen der Mitarbeit tatsächlich im eigenen Nahraum sichtbar werden. Dieser allgemeine Vorteil von Bürgerstiftungen wird im operativen Projekt der *Kohlener* Organisation konsequent fortgesetzt und genutzt, so daß man jeweils aktionsgebunden zumindest eine Reihe von Zuträgern aktivieren kann, auch wenn die grundsätzliche Distanz zwischen (»elitärer«) Stiftung und (»normaler«) Bevölkerung weiterhin bestehen bleibt.

Fehlendes Potential in der Stadt

Als guter Kenner der sozialen Verhältnisse in der Stadt liefert der oben schon zitierte Pfarrer P., der selbst auch im Stiftungsrat tätig ist, eine Erklärung dafür mit, daß die Gruppe der aktiven Träger der Stiftung relativ klein ist. Im Vergleich mit einer Nachbargemeinde, die als Verwaltungszentrum in der Region fungiert, stellt Pfarrer P. die Eigenheiten der *Kohlener* Situation heraus:

»Und geschichtliche Prozesse laufen doch immer lange, da sind hundert Jahre nix. Vor hundert Jahren oder vor hundertfünfzig Jahren, 1869 ist der erste Schacht geteuft worden. Da hatte Kohlen 800 Einwohner und war, es gab kaum größere Bauern, die also ein entsprechendes Selbstbewußtsein dann hatten, das waren relativ kleine, kleine Konten so, und viele waren abhängig vom Graf. Und da gibt es so ganz bestimmte, seh' ich so, in der Geschichte zurückliegende Dinge, warum eben das kritische Potential wenig ausgeprägt war. Und dann ist eben die bürgerliche Schicht, die is' sehr gering. [...]

Da gibt's zum Beispiel 'ne sehr starke Akademikerschaft, aber hier in *Kohlen* sind das relativ wenige. Ärzte, aber die Ärzte, die haben keine Zeit und, und, es sind ganz wenige [...] Es sind relativ wenige, ein paar Ärzte, Lehrer, aber es gibt auch 'ne ganze Reihe, die da aus diesen akademischen Berufen, ein Rechtsanwalt auch, die aber gar nicht in *Kohlen* wohnen.« (Herr P., 9)

Im Zentrum der Aussagen steht also der Befund einer fehlenden bürgerlichen Schicht, die als breitere Trägerschaft bürgerschaftlichen Engagements fungieren könnte. Dafür verantwortlich gemacht wird zum einen die Geschichte der Gemeinde. Die Argumentation entspricht hier weitgehend den Befunden Putnams (1993): Das soziale Kapital des Engagements ist demnach vor allem dort stabil, wo man eine lange Tradition bürgerschaftlichen Handelns vorfinden kann. Und zum anderen ist die aktuelle Einwohnerschaft so strukturiert, daß selbst diejenigen Akademiker, die in *Kohlen* arbeiten, oft nicht dort wohnen und folglich für ortsbezogene zivilgesellschaftliche Aktivitäten wie eine Bürgerstiftung nicht ansprechbar sind. Die politische Kultur des Engagements, so könnte man die Analyse des Pfarrers zusammenfassen, bedarf einer historischen wie sozialstrukturellen Grundlage, die jeweils in *Kohlen* ausgesprochen schmal ist. Die Möglichkeit zur Rekrutierung größerer Personengruppen für zivilgesellschaftliches Handeln ist daher gering, und für die wenigen Aktiven gilt, daß man in diversen Kontexten immer die gleichen Leute trifft und daß sich die Organisationen des Dritten Sektors um das kleine Potential regelrecht streiten: »Aber es zerren auch viele Leute an dem gleichen Klientel herum« (Herr P., 13). Aus diesem Grunde auch, so führt Pfarrer P. abschließend aus, sei die vor einigen Jahren in der Kommune gegründete Freiwilligenagentur geradezu zwangsläufig eingegangen:

»Das ist auch das Problem, warum 'ne Freiwilligenagentur nicht klappt. Ich meine, wir, zum Beispiel die Leute, die überhaupt fürs Ehrenamt ansprechbar sind, dann sind es relativ wenige, die auf der grünen Wiese, die jetzt so vollkommen frei da sind, sich sozialisieren lassen für irgendwas oder für irgendeine Aufgabe, das sind wirkliche Ausnahmen.« (Herr P., 13)

Eine ähnliche Einschätzung gibt tatsächlich auch Dr. N., ein stadtbekannter Arzt, der früher vor Ort in einer großen Bürgerinitiative aktiv war:

»Ja ich sehe Probleme, einfach daß nicht genügend Substrat da ist. Das ist das Problem. Auch als Wohnstadt nich'. Das ... Ganz allgemein die Städte am Nordrand des Ruhrgebietes werden vergessen. [...] Was für *Kohlen* auch schlecht ist, ist tatsächlich die Verkehrsanbindung. Wenn man das als Wohnstadt und Schlafstadt betrachtet für Leute die vielleicht im südlichen Bereich des Ruhrgebietes tätig sind, es bestehen nach wie vor schlechte Nord-Südverbindungen mit öffentlichen Verkehrsmitteln.« (Herr N., 7)

Das Problem besteht also darin, daß ein großer Teil der besser gebildeten Bürger in einer Stadt wie *Kohlen* nicht wohnt, weil die Verkehrsanbindung zur Erreichung des Arbeitsplatzes in anderen Ruhrgebietsstädten zu schlecht ist.

Zusammenfassend läßt sich Folgendes festhalten: Angesichts des geringen Potentials an gut gebildeten, engagementbereiten Bürgern in *Kohlen* gleicht die Gründung und bis heute anhaltende erfolgreiche Tätigkeit der Bürgerstiftung einem kleinen Wunder. Hinzu kommt, daß die politische Kultur – nach Tocqueville und Putnam eine Schlüsselgröße im bürgergesellschaftlichen Prozeß – im Ruhrgebiet eher den Mustern einer Groß-gruppen- und Organisationskultur der »klassischen« Moderne entspricht als dem einer dezentral-selbstorganisierten Bürgerkultur.

Vor diesem Hintergrund wird plausibel, daß es beim Gründungsprozeß der Außenanstöße bedurfte: in unserem Fall durch den Großunternehmer K. (mit dem von ihm finanzierten Künstler und Regisseur T.) und durch den Bürgermeister M., d.h. durch einen Vertreter des Markts und einen Vertreter des Staats. Was aus liberalistischer Sicht gleich als Gefahr für die Autonomie bürgergesellschaftlicher Gebilde erscheinen mag, gewinnt hier in Form des aktivierenden Staates etwa im Sinne von Michael Walzer (1995) Plausibilität, auch wenn sich die »Staatsrolle« bei der Genese der Stiftung noch weitgehend auf die Aktivität des Bürgermeisters beschränkte.

Beim konkreten Gründungsprozeß, vor allem bei der Zusammensetzung der Stiftergruppe und der Leitungsgremien, sind wiederum massive Formen der Außensteuerung sichtbar geworden. Die sozialtechnologische Konstruktion mit der gezielten Ansprache engagementbereiter lokaler Eliten führte dazu, daß ein schlagkräftiges Personal versammelt wurde. Im vertrauensbildenden »Schneeballsystem« hat der Stiftungsbeauftragte T. zudem die vorhandenen Netzwerke des *Kohlener* Bürgertums genutzt, um geeignete Personen für die Stiftung zu rekrutieren. Daraus resultierte eine sozialstrukturelle Homogenität, die in Verbindung mit dem gezielten Ausleseprozeß zu Effekten der sozialen Schließung und der Exklusion geführt hat.

Was also auf der einen Seite als großer Vorteil für die Arbeitsfähigkeit der Stiftung erscheint, setzt den Möglichkeiten der Expansion, insbesondere der Ausweitung in andere Bevölkerungsteile der Stadt hinein enge Grenzen. Aus diesem Dilemma aber gibt es vermutlich vor dem Hintergrund der sozialen Gegebenheiten in *Kohlen* kaum Auswege. Immerhin gelang es der Stiftung vor allem durch ihr konkretes Jugendhilfeprojekt vor Ort, Akzeptanz und Hilfestellungen durch die Bürger zu bekommen – getreu der Tocquevilleschen Erkenntnis, daß erfahrbare Wirkungen im eigenen Nahraum der Menschen deren Bereitschaft zum Engagement in aller Regel fördern.

5.4 Das Kapital der Bürger I: Ungleichheit und Eigennutz

5.4.1 Kapital als Voraussetzung des Engagements

Im Folgenden gilt es, die Dimensionen des Handlungsnutzens und der sozialen Asymmetrie im empirischen Material zur *Kohlener* Bürgerstiftung zu untersuchen. Die Aufmerksamkeitsachsen, mit denen das Material ausgewertet wurde, sind organisiert anhand der erweiterten Kapitalbegrifflichkeit, wie sie in den Theorien Bourdieus, Colemans/Essers und Putnams entwickelt wurden. Ziel ist es zu analysieren, ob und in welcher Weise diese Kapitalien und die ihnen inhärenten Nutzenperspektiven die Interaktionsprozesse und die daraus entstehenden Vernetzungen in der bürgergesellschaftlichen Institution strukturieren.

Als erstes wird in den Blick genommen, ob und wie die Kapitalressourcen der beteiligten Individuen die Möglichkeiten zur bürgerschaftlichen Partizipation beeinflussen.

Zugangsschranken: symbolisches, soziales und kulturelles Kapital

Bei der *Kohlener* Bürgerstiftung wurden für die Leitungspositionen der Organisation bekannte und anerkannte Bürger, Menschen mit Prestige und Ansehen innerhalb der Kommune ausgewählt. Die Vorsitzende ist eine Ärztin, die sich bereits früher mit bürgerschaftlichem Engagement einen Namen gemacht hatte. Ihr zur Seite steht im Vorstand eine Schulrektorin, die nicht nur innerhalb ihrer Kirchengemeinde schon häufig aktiv war, sondern auch mit zahlreichen Reformprojekten innerhalb ihrer Hauptschule über die Stadtgrenzen hinaus bekannt wurde. Kürzlich wurde sogar in der Wochenzeitung »Die Zeit« über diese Schule als ein Hoffnungsträger innerhalb der maroden deutschen Bildungslandschaft berichtet. Der dritte Vorstand schließlich ist der ehemalige Bürgermeister der Kommune, der 10 Jahre lang auch als Abgeordneter im nordrhein-westfälischen Landtag fungierte und innerhalb der Gemeinde *Kohlen* ohne Zweifel zu den prominentesten Köpfen zählt.

Ein ähnliches Bild ergibt sich, wenn man die Mitglieder des Stiftungsrates betrachtet. Auch hier sind bekannte und anerkannte Persönlichkeiten der *Kohlener* Gesellschaft versammelt, vom Chef des örtlichen Caritas-Verbandes über einen stadtbekannten Pfarrer bis zu den Vertretern der lokalen Presse. Das Kalkül dieser Selektion könnte folgendermaßen formuliert werden: Die Akteure bringen durch ihr symbolisches Kapital und, vor allem im Fall der Pressevertreter, durch ihre berufliche Stellung ein erhebliches Quantum an Benennungsmacht in die Stiftung ein, welches diese wiederum durch klug lancierte Dauerpräsenz im öffentlichen Diskurs der Gemeinde nutzen kann. Entscheidend aber ist hier vor allem der Umkehrschluß: Wer kein oder wenig symbolisches Kapital vorweisen konnte, der wurde im aktiv betriebenen Selektionsprozeß nicht berücksichtigt und blieb außen vor.

Die augenfälligste Ebene der »unsichtbaren Schranken« (Packard) ist also die des *symbolischen Kapitals*. Hier wird, wie Bourdieu immer wieder betonte, die Verfügungsgewalt über Kapitalressourcen semiotisch transformiert in die sinnlich wahrnehmbare Welt. Die Herausgehobenheit der entsprechenden Akteure erscheint zugleich als eine *anerkannte* Herausgehobenheit, und die bürgergesellschaftliche Organisation versucht assoziativ von diesem Anerkennungskapital zu profitieren.

Im Rahmen der Rekrutierung griff man weiterhin vor allem auf solche Akteure zurück, die ein großes Netzwerk und ein entsprechend hohes Maß an Beziehungskapital aufwiesen. Dies gilt nicht nur für die Redaktionsleiter der lokalen Zeitungen, die Kontakte in nahezu alle relevanten Bereiche der *Kohlener* Gesellschaft hatten, sondern auch für andere Akteure, die als »öffentliche Personen« – als Rektoren und Lehrer, Führungskräfte von Unternehmen und Verbänden oder auch als bürgergesellschaftliche Aktivposten – über ein großes Netz von nützlichen Beziehungen verfügten. Die Voraussetzungshaftigkeit des Engagements und die damit verbundenen Zugangsschranken der bürgergesellschaftlichen Organisation zeigen sich somit auch auf der Ebene des *sozialen Kapitals*.

Neben diesem Sozialkapital als »Eintrittskarte« in die Stiftung ist der Blick vor allem auf das *Kulturkapital* zu richten. Hier war primär das inkorporierte Kulturkapital als Selektionskriterium wirksam, weil dieses für die Stiftung, vor allem für die Leitungsgremien der Organisation, einen erheblichen Wert darstellt. Es ist daher alles andere als Zufall, daß das vorfindbare Personal nicht nur eine ganze Reihe von akademischen Bildungsabschlüssen, sondern vor allem auch Qualifikationen und Know How hat, aufgrund dessen man im Prozeß der sozialtechnologischen Konstruktion der Stiftung angesprochen wurde. Zu diesen Ressourcen zählt etwa die genaue Kenntnis der *Kohlener* politischen Landschaft und darüber hinaus auch der des Landes, Wissen über Organisations- und Verwaltungsabläufe im Staat und im Dritten Sektor, Kenntnisse im Bereich des Fundraising und nicht zuletzt auch Know How auf der Ebene der Öffentlichkeitsarbeit, das sich dann wiederum in Form von Benennungsmacht für die Stiftung nutzen ließ.

Selbstselektion und die Dominanz des bonding capital

Der strategisch eingesetzte Selektionsvorgang in der Anfangsphase der Stiftung setzt sich fort in weitergehenden Prozessen der *Selbst*selektion. Entscheidend dafür ist die Tatsache, daß die Homogenität der Stiftergruppe von den *Kohlener* Bürgern deutlich wahrgenommen wurde. Dies hat den ursprünglichen Selektionsprozeß sowohl positiv als auch negativ verstärkt.

Die *positive* Selbstselektion zeigt sich dadurch, daß diejenigen Bürger, die nach dem Gründungsakt der Stiftung auf die Organisation zugegangen sind oder sich haben anwerben lassen, den Zugang zur relativ exklusiven Gruppe der Stifter als besonders attraktiv wahrgenommen haben. Die Selbstwahrnehmung dieser Akteure war so gelagert, daß man sich zum homogenen Kollektiv als »zugehörig« fühlte. Auf diesem Wege konnte man seine Zugehörigkeit zu den »besseren Kreisen« durch den Eintritt in die Stiftung sinnlich faßbar in der Stadt manifestieren.

So steht jeder Stifter namentlich aufgeführt nicht nur auf dem Briefbogen der Stiftung, sondern auch auf dem Titelblatt der regelmäßigen Mitteilungen, welche die Stiftung herausgibt und distribuiert. Dieser Kooptationsprozeß unter sozialstrukturell ähnlich positionierten Bürgern sorgt dafür, daß auch die quantitative Expansion der Organisation von ursprünglich 39 auf jetzt 70 Stifter die Homogenität nicht gestört hat. Noch immer bestimmen gut gebildete und mit vergleichsweise gutem Einkommen ausgestattete Akteure das Bild: Lehrer und Rektoren, Ärzte und leitende Angestellte sowie selbständige Unternehmer. Es dominiert somit das *bonding capital* im Putnamschen Sinne.

Diese fortdauernde Homogenität verdankt sich aber genauso der *negativen* Selbstselektion derjenigen, die außen vor bleiben. Obwohl die Stiftungsleitung seit einiger Zeit gezielt versucht, auch in andere Teile der Bevölkerung, etwa in die Arbeiterschaft oder auch in die Gruppe der ausländischen Mitbürger vorzustoßen, sind dieser Versuche weitgehend erfolglos geblieben. Der Grund liegt darin, daß sich diese Personen im Kreise der Stifter fremd, ja deplaziert fühlen würden. Der »einfache Mensch«, so führt Herr S. aus, sieht »sich vielleicht dann doch ein bißchen so vor einem elitären Kreis« und »glaubt, da paß' ich nich' so hin« (Herr S., 7).

Hier unterscheidet sich eine neue Organisation wie die *Kohlener* Bürgerstiftung sehr deutlich von der Zusammensetzung, die man in den »klassischen« Organisationen des Dritten Sektors, also in Gewerkschaften, Kirchen und Sozialverbänden vorfindet. Bei der Caritas und Arbeiterwohlfahrt, in der IG Bergbau und bei der Katholischen Arbeiterbewegung (KAB) ist – zumindest in der älteren Generationen – ein erheblicher Anteil der Arbeiterschaft vertreten. Die *Kohlener* Bürgerstiftung ist insofern ein symptomatisches Exemplar jener dezentralisierten und postkorporatistischen Bürgergesellschaft, wie sie Brömme und Strasser (2001) in ihren Untersuchungen beschrieben haben: Hier gibt es eine deutliche Asymmetrie der Partizipation, die zu Lasten der sozialstrukturell schlechter gestellten Bevölkerungsgruppen zu Buche schlägt. Die Stiftung scheint hier tatsächlich im Bourdieuschen Sinne ein Moment von Bürgergesellschaft als Klassengesellschaft zu offenbaren.

Ökonomisches Kapital: Geld als Exklusionsmedium

Diese klassentheoretische Lesart wird vom Material noch weiter bestätigt. Dabei ist zu beachten, daß – im Unterschied zu vielen anderen Betätigungsmöglichkeiten in der Bürgergesellschaft – im Fall einer Bürgerstiftung das Geld eine ganz direkte Zugangsbarriere darstellt, die viele potentielle Unterstützer abschreckt. Zwar gilt auch für andere Bereiche des Dritten Sektors, daß man sich eine freiwillige bzw. ehrenamtliche Tätigkeit leisten können muß (vgl. Vogt 1993). Wer zum Beispiel Zeit spendet, muß anderweitig ökonomisch so abgesichert sein, daß er die Zeit nicht zum Broterwerb oder zur Rekreation der eigenen Arbeitskraft braucht.

Bei einer Stiftung aber spielt der Faktor Geld schon aus strukturellen Gründen eine ganz andere Rolle. Stifter kann man per definitionem nur dann werden, wenn man Geld einbringt. Zwar liegt die Schranke in *Kohlen* mit 1.000 DM noch vergleichsweise niedrig, wenn man etwa bedenkt, daß man in Hannover erst ab 3.000 DM dabei ist und diese Einlage dann später noch ergänzen muß, wenn man dabei bleiben will. Aber in einer Stadt, die nach den letzten Zechenschließungen durch eine erhebliche Arbeitslosigkeit gezeichnet ist, stellt auch diese Summe für viele eine deutlich wahrnehmbare Schwelle dar.

Diese finanzielle Schranke wird sowohl von den Trägern der Stiftung als auch von den außen vor bleibenden Bürgern durchaus als Exklusionsmechanismus wahrgenommen. So berichtet Vorstandsmitglied Frau A.:

> »Wir haben sehr viele Leute, die uns inzwischen angesprochen haben, die aber an der Stiftung das finanzielle Problem schockt. Stiftung braucht ja ein Grundkapital, um überhaupt gegründet werden zu können. Und wenn man von 40 Stiftenden ausgeht, muß das mindestens ein Tausender sein, wenn nicht mehr. Es ist dann ein Stiftungskapital von 120 000 Mark zusammengekommen, aber das hat sicher auch eine Menge Menschen in *Kohlen* davon abgehalten, Stifter zu werden. [...] Aber das bleibt dann in einer bestimmten Klientel. Das muß man so sagen. Und die Menschen, die also durchaus an der Idee partizipieren möchten und bereit sind, sich engagieren möchten, fühlen sich also so ein Stück als Menschen zweiter Klasse.« (Frau A., 1)

Zu dieser Passage kann die folgende Äußerung einer Langzeitarbeitslosen in *Kohlen* als direkte Bestätigung aus der Binnenperspektive der Ausgeschlossenen gelesen werden: »Ich darf in die Stiftung ja nicht rein, weil ich nicht die tausend Mark habe.«

Weiterhin führt sie aus, daß zwar der Stifterstatus verweigert wird, eine aktive Mitarbeit als Ehrenamtliche aber nicht. An dieser Rolle sei sie aber aus bestimmten Gründen nicht interessiert:

> »Ich darf für die Bürgerstiftung wohl arbeiten. Die haben jetzt auch einen Bauernhof gekauft. Also, für die arbeiten, ja. [...] Also, ich bin in Anführungsstrichelchen nicht so blöd, daß ich für irgendeinen den Fußabtreter mache. Ich möchte schon dahinter stehen und gucken, was ist das für eine Organisation, was für ein Verein oder sonst was. Wenn ich nicht dahinter gucken darf, dann arbeite ich für die auch nicht.« (Frau H., 19)

Hier wird in der Wahrnehmung einer ökonomisch schlecht gestellten Frau die Distanz deutlich, die sie selbst zur Stiftung und ihren Akteuren empfindet. Sie findet es verachtenswert, daß ärmere Leute zwar zur Mitarbeit ermuntert, aber nicht als gleichwertige Mitglieder anerkannt werden. Bemerkenswert an dieser Konstellation ist, daß Frau H. die finanziellen Hürden nicht überwinden kann, obwohl sie eine persönliche Bekannte des Stiftungsurhebers und Unternehmers ist. Die geldbedingte Exklusion ist beim Organisationstyp Bürgerstiftung durchaus rigide.

Die Interviews zeigen deutlich, daß das »Eintrittsgeld« für die Stiftung auch einen Teil derjenigen Bürger abschreckt, die durchaus bereit wären, etwa im Rahmen des Jugendhofprojekts der Stiftung ehrenamtlich mitzuarbeiten. Diese Leute, die beispielsweise handwerkliche Fähigkeiten oder manchmal auch schlichtweg Arbeitskraft einbringen könnten, wollen dort nicht, wie es heißt, als »Menschen zweiter Klasse« gleichsam die Drecksarbeit leisten, während die Stifter als offizielle Repräsentanten das symbolische Kapital der Anerkennung dafür ernten können. Die Exklusivität des ökonomischen Kapitals wirkt hier also geradezu wie eine Selbstblockade der Stiftung, die ihre gemeinnützigen Ziele sogar schlechter erreicht als dies ohne die finanzielle Zugangsbarriere möglich wäre.

Stiften und Spenden: Ein »feiner Unterschied«

Während in der Sicht der oben zitierten Arbeitslosen durchaus einiges an Aggressivität mitschwingt, zeigt sich in der Perspektive der Stiftungsvorsitzenden ein etwas anderes Bild. Zwar bestätigt auch sie, daß es tatsächlich einen relevanten Unterschied gibt zwischen dem Status des Stifters und dem des Spenders. Aber sie sieht bei vielen Nicht-Stiftern durchaus eine große Bereitschaft, im Status des Spenders zum Gelingen des Stiftungsprojekts beizutragen. Für einen Teil der »kleinen Leute« scheint es wichtig, daß es jenseits der »teuren« Stifterrolle auch andere Möglichkeiten der Partizipation mit niedrigeren Zugangsbarrieren gibt. Diese Leute spenden, zum Teil auch Sachspenden wie etwa Pflanzen und Geräte:

»Wir haben ja das Dach aufgebaut, das haben Sie ja gesehen, und das war ein Riesenkraftakt, wo auch Firmen ganz positiv mitgearbeitet haben. Zum Beispiel die Dachdeckerfirma gab, die das zu sehr günstigen Konditionen gemacht hat, das kann man sich nicht ewig leisten, das ist also eine Ausnahme. Und, die Handwerker, die dort mitgearbeitet haben, haben ein Teil ihrer Löhne, ... haben auf den, einen Teil ihrer Löhne verzichtet und gespendet. Ich finde das so unglaublich, das sind ja keine reichen Leute ... das also das nimmt einem wirklich den Atem. Ich hab eines Tages einen Brief im Briefkasten gefunden von einer Patientin meines Mannes, die in der Zeitung gelesen hatte, was wir machen, und mir schrieb, dazu 50-Mark-Schein reingetan, sie fänd das so toll, und sie hätte das dringende Bedürfnis uns zu unterstützen, und das ist etwas das, ... da steh'n wir und, ne, das ist so toll! [...]

Und da, ich denk mir, da tut sich auch ne ganze Menge. Diese Leute können sich tausend Mark gar nicht leisten, und wir haben uns einfach vorgenommen – diese Frau ist nun ein Beispiel –, wir standen am, am Stand auf dem Hof im letzten Jahr, da kommt auch ne Patientin zu meinen Mann und steckt ihm 20 Mark in die Hand, für die Bürgerstiftung, sie fänd's so wahnsinnig. Diese Leute nehmen wir in unsere Spendenkartei auf und behandeln die mit unseren Veröffentlichungen und unseren Benachrichtigungen, Einladungen wie Stifter.« (Frau B., II, 6)

Dabei mag auch eine Rolle spielen, daß konkrete Spenden für die Projekte, vor allem für den Hof, eine direktere und sinnlich wahrnehmbare Verwendung finden als die Stiftungsgelder, die ja zunächst einmal in einen finanziellen Grundstock eingehen, der für konkrete Projekte gar nicht angerührt werden *darf*. Hier kommt einmal mehr die Erkenntnis zum Tragen, daß es vor allem die konkreten, vor Ort wahrnehmbaren Projekte bürgerschaftlichen Engagements und die sichtbaren Wirkungen des eigenen Tuns sind, die Akteure zu mobilisieren vermögen. In jedem Fall versucht die Stiftung, dieses »Kapital« der Spender durch gezielte Pflege zu erhalten und auch längerfristig an die Stiftung zu binden, obwohl ihnen der zeichenhaft manifestierte Status eines Stifters vorenthalten bleibt.

»Gattinnen« und biografische Passung

Auch die indirekte Wirksamkeit des Exklusionsmediums Geld wird in der *Kohlener* Bürgerstiftung sichtbar. Eine Stifterin, die von sich selbst behauptet, aus Gründen des gemeinwohlorientierten Engagements – also aus einem republikanischen Identitätsmodell heraus – in der Stiftung aktiv geworden zu sein, beschreibt diese indirekte Voraussetzungshaftigkeit anhand einer typologisch gemeinten Differenzierung von zwei Stiftertypen:

»Also, ich bezeichne solche Art von Engagement immer so als das First-Lady-Syndrom. Von der Stiftung her. Das sind Ehepartner, die einen Partner in einer gesicherten beruflichen Position haben, in einer öffentlichen Position auch, und da muß man halt als Ehepartner sich karitativ betätigen, was Gutes tun. Das gehört zum guten Ton dazu. Und das sind schon auch einige Leute in der Bürgerstiftung. Und dann gibt es die anderen, die von einem Leitbild oder einer Vision der Bürgerstiftung ausgehen, die sagen: Wir merken, daß bestimmte Angebote in der Ausbildung für Jugendliche nicht mehr vorhanden sind. Und wir möchten aber, daß Jugendliche eine Chance bekommen, irgendwo eine Ausbildung zu erschnuppern. Und deswegen sind wir hier mit dabei.« (Frau D., 25)

Es scheint demnach ein Teil der Stifterinnen dem von Tomke Böhnisch (1999) beschriebenen Typus der »Gattin« zuzugehören, die es als Moment ihrer »professionellen« Rolle verstehen, sich gemeinnützig zu betätigen. Dies kann man aber natürlich nur dann tun, wenn man finanziell in genügender Weise abgesichert ist, ohne selbst berufstätig sein zu müssen. Neben dem schieren Geld ist es hier auch eine bestimmte biografische Konstellation oder »Passung«, die eine aktive stifterische Tätigkeit begünstigt, nämlich die Freistellung von Erwerbsarbeit.

In der Aussage der hier befragten Stifterin stellt sich jedenfalls eine Wahrnehmung dar, die bei den »First Ladies« wenig Gemeinsinn, sondern letztlich mehr Eigennutz in der Erfüllung einer gesellschaftlichen erwarteten Rolle erkennen kann. Wenn es für bestimmte Leute zum guten Ton gehört, sich sichtbar karitativ zu betätigen, dann kann ein Verstoß gegen diese Regel mit Sanktionen belegt werden. Es kann zu einer Schmälerung des Ansehens bzw. des symbolischen Kapitals nicht nur der »Gattinnen« selber, sondern auch des Ehemanns kommen. In jedem Fall unterstellt diese Deutung, daß die »First Ladies« an den Inhalten und somit auch an der zivilgesellschaftlichen Stoßkraft der Stiftung nur in geringem Maße interessiert sind.

Frau C., die nicht nur Stifterin ist, sondern auch aktiv auf dem Hof arbeitet und dort ihr früher beruflich erworbenes Know How als Landschaftsgärtnerin einbringt, macht in ihrer Aussage eine andere Variante der biografischen Passung deutlich:

»Ich hab allerdings auch den Vorteil, daß ich durch den Tod meines Mannes 'ne Pension beziehe und deshalb so 'ne Grundversorgung und Einkommen habe und deshalb nicht voll Arbeiten muß.« (Frau C., 2)

Sie wäre nach Ihrer eigenen Aussage auch früher schon bürgerschaftlich aktiv geworden, hielt dies aber aus Gründen der Zeitknappheit als Berufstätige nicht für möglich. Insofern hat erst die »Freistellung« durch den Status einer (in diesem Fall verwitweten, aber gut versorgten) Ehegattin die Voraussetzungen für ein aktives Engagement in der Stiftung geschaffen (Frau C., 9). Auch höchst engagierte Akteurinnen können also von der Konstellation finanzieller Versorgtheit durch den Ehemann profitieren.

Jenseits des »Gattinnen«-Status spielt also die *biografische Passung* und die damit verbundene ökonomische Voraussetzungshaftigkeit des Engagements auch bei sehr engagierten Stifterinnen eine große Rolle.

Kapital und unerwünschte Exklusion: Das Problem der Überalterung

In engem Zusammenhang mit der Dimension der biografischen Passung steht eine sozialstrukturelle Auffälligkeit der Stiftergruppe, die vom Vorstand der Organisation durchaus als erhebliches Problem empfunden wird. Es finden sich in der Gruppe der Stifter überwiegend ältere Personen:

»Dann muß man sehen, daß wir jüngere Leute mit reinkriegen, auch unter den Stiftern mit jüngere Leute reinkriegen, die's noch nicht so dicke haben, denn ein gewisses Pensum an Stiftern brauchen wir einfach. [...]

Wir haben wenige Dreißiger, Enddreißiger, einige Mitvierziger, und dann geht es so ... ja ich würde sagen, die Hauptaltersgruppe liegt zwischen Mitte 50 und 70, bei 70 auch, ja. Das sind dann aber wieder wenige. Und daß, wenn sie sich überlegen, daß mit 70 Schluß ist, dann ist es zu Ende, dann läßt allerdings auch, wenn ich mir so meinen Bekanntenkreis so ankucke, wo einige jetzt in die Nähe von 70, dann läßt dann auch, fürchte ich, bei vielen die Kraft nach, und deswegen ist diese 70er Grenze ganz gut. Ich mein', Adenauer als berühmtes Beispiel und, und, aber ich mein', man muß realistisch bleiben, und es ist einfach fairer, diese Altersgrenze zu setzen, da tut man keinem weh, denn das ist in der Satzung.« (Frau B., II, 6)

Die Zugangsbedingungen schließen anscheinend vor allem die jüngeren Menschen aus. Dazu zählt das ökonomische Kapital, denn Jüngere haben in der Regel weniger Geld verfügbar als Ältere. Aber auch weitere Kapitalien wie ein großes Netzwerk oder eine mit hohem Ansehen in der Kommune ausgestattete öffentliche Position eröffnen den Zugang zur Stiftung. Alle diese Ressourcen erwirbt man aber erst im Laufe der Jahre. Jüngere Menschen haben oft noch keinen so gefestigten Status in ihrer biografischen Laufbahn erreicht.

Die Wendung in der Interviewpassage macht deutlich, worum es eigentlich geht. Nicht das finanzielle Potential der jüngeren Leute ist für die Stiftung so wichtig, sondern das Aktivitätspotential. Hier wird deutlich, daß eine Organisation wie die Bürgerstiftung nicht nur von den finanziellen Zuflüssen lebt, sondern auch vom Engagementpotential, das sich dann etwa in einer Gremienmitarbeit oder auch in ehrenamtlicher Arbeit beispielsweise auf dem Hof äußert. Siebzigjährige sind kaum noch in der Lage, Äcker zu bestellen oder Steine zu schleppen.

Kurioserweise leidet die »junge« Organisation der Bürgerstiftung, in der sich die neuen Konturen des dezentralisierten Dritten Sektors verkörpern, unter genau dem Problem, das die ältere, tradierte Organisationslandschaft derzeit so stark bedroht: Eine Überalterung der Mitgliedschaft und damit ein Verlust der Zukunft.

Kontraproduktiv ist in jedem Fall, daß die Kapitalschwellen in Verbindung mit der biografischen Situation offenbar, so jedenfalls die Deutung von Frau B., jüngere Menschen davon abhalten, zur Stiftung dazuzustoßen. Wenn man dann noch die zeichenhafte Manifestation der sozialstrukturellen Zusammensetzung hinzu nimmt – die Stiftertreffen sind dann ja, in aller Öffentlichkeit sichtbar, Treffen der älteren Generationen –, dann wird auch auf diese indirekte Weise eine unerwünschte Exklusionswirkung der ökonomischen Kapitalschwelle deutlich: Jüngere Akteure fühlen sich hier nicht zugehörig. Sie können hier nicht die gleichen Erlebnis- und Geselligkeitsgewinne erreichen wie in jüngeren Gruppen und wenden sich daher lieber anderen Engagementfeldern zu.

Finanzkapital als Kern des Stiftungswesens

Bei der im ersten Kapitel dieses empirischen Teils der Arbeit entwickelten Diskussion über die Vorteile des Organisationstyps Bürgerstiftung – Innovativität, Unabhängigkeit, Dynamik und Dezentralität – darf man nicht aus dem Auge verlieren, daß Stiftungen grundsätzlich völlig operationsunfähig wären, wenn sie nicht einen ausreichend großen Grundstock an finanziellem Kapital zur Verfügung hätten. Insofern ist es natürlich wenig überraschend, daß die ökonomische Zugangsschranke im Fall des Stiftungswesens eine besondere Rolle spielt.

In der *Kohlener* Bürgerstiftung wird nun deutlich, daß gerade die Frage der Finanzen als Handlungsgrundlage der Organisation für den »demokratisierten« Typus der *Bürger*stiftung mit besonderen Problemen behaftet ist. Dies gilt vor allem in Gemeinden, die von ihrer Zusammensetzung her nicht zu den finanzstarken zählen. Entschließt sich im traditionellen Stiftungswesen ein wohlhabender Unternehmer zum Stiften, dann bringt er in der Regel das notwendige Kapital ein, und die Stiftung kann dann auf dieser Grundlage in aller Ruhe operieren. Bei der *Kohlener* Bürgerstiftung dagegen stellt der Finanzierungsaspekt ein Dauerproblem dar – auch aus dem Grund, daß eine Stiftung ja nur mit den Zinserträgen des Kapitalstocks arbeiten darf. Je kleiner also dieser Grundstock (und je geringer die allgemeinen Zinssätze sind), um so geringer ist der finanzielle Spielraum.

Der Schatzmeister der *Kohlener* Bürgerstiftung macht dieses Problem anhand seiner eigenen Praxis deutlich:

»Hinzu kommt, daß das Stiftungsvermögen, was die Stifter eingebracht haben, ja nicht eingesetzt werden kann und da... Das ist der Grundstock, das sind rund 120.000, 130 000 Mark, die die Stiftung als Stiftungsvermögen hat. Wir können nur von den wenigen Zinsen, die es dafür gibt, wirtschaften, aber dann reicht das noch nicht mal für einen Monat, was die Stiftung an Ausgaben hat für Versicherungen, für Mieten usw., alles was damit verbunden ist. Es muß schon viel, viel, viel mehr darüber hinaus zusammen getragen werden, um eine Stiftung, die kein großes Vermögen hat wie andere Stiftungen, die aus Unternehmensstiftungen oder aus Unternehmen als Stiftungen gegründet worden sind, organisiert werden. Und da muß dann jemand schauen: Wo ist Geld, was andere zur Verfügung haben, die nicht die richtigen Ansätze für Stiftungsarbeit haben? Und da ist mir bisher immer eine ganze Menge eingefallen.« (Herr L., 3)

Das Fundraising, das für größere Stiftungen sozusagen mit dem Gründungsakt ein für allemal erledigt ist, bleibt für die Akteure einer finanzschwachen Bürgerstiftung ein Dauerthema. Vom Geschick desjenigen, der hauptsächlich für diese Akquisition von Geldmitteln verantwortlich zeichnet, hängt daher vieles ab.

Es wird schon an dieser Stelle erkennbar, daß die Person des Herrn L. für die *Kohlener* Bürgerstiftung ein Glücksfall ist, weil er nicht nur über ein enormes Netzwerk an Beziehungskapital verfügt, das er für die Stiftung einsetzen kann, sondern weil er auch mit großer Sorgfalt und strategischer Planung seine Fundraising-Aufgaben wahrnimmt:

»Ich kann bestimmte Institutionen nicht ein paar Mal mit anzapfen. Ich muß immer wieder schauen: Wen hast du noch nicht angesprochen? Wer steht da noch außer... Wo sind noch Ressourcen, die man nicht ausreichend angezapft hat, um... ich sag mal: Stiftung mit finanziellen Mitteln auszustatten?« (Herr L., 3)

Das »Anzapfen« muß also stets auch unter Beachtung der Frage durchgeführt werden, an welchem Punkt die verfügbaren Netzwerkressourcen überfordert sind und wo genau ein effektiver Einsatz der Akquisitionsarbeit überhaupt noch möglich ist. Diese bis in die Wochenenden hinein reichende Arbeit, dies gibt Herr L. offen zu, liege eigentlich weit über dem Maß an Aufwand, das er ursprünglich in die Stiftung einbringen wollte. Und in dieser Dauerbelastung für den Akteur liegt auch der entscheidende Grund dafür, daß dieser nach Beendigung der ersten Amtsperiode nicht wieder kandidieren wird. Das Pflichtbewußtsein des Herrn L. reicht aber wiederum so weit, daß er es als seine Aufgabe ansieht, einen funktionierenden Nachfolger aufzubauen.

Republikanische Identität und Enttäuschung

An dieser Stelle wird dann deutlich, daß die Ressource des ökonomischen Kapitals für eine Bürgerstiftung nur dann in ausreichendem Maße zu gewinnen ist, wenn andere Kapitalien verfügbar sind: vor allem Sozialkapital, aber auch das inkorporierte Kulturkapital des Know How im Feld und nicht zuletzt das symbolische Kapital der anerkannten Persönlichkeit. Schatzmeister L. jedenfalls macht kein Hehl daraus, daß es schwierig werden wird, einen gleichwertigen Nachfolger zu finden. Und er kann sich auch einen Stoßseufzer nicht verkneifen, in dem deutlich wird, daß die große Verantwortung, die sich mit seiner Position verbindet, zur Last geworden ist:

»Ich bin dabei, wie immer im Leben..., zu meinem Leben dazu gehört es, die Nachfolgefrage persönlich mit zu gestalten. Ob jemand gefunden wird, der sich mit diesem Engagement, mit diesen Möglichkeiten bereit findet, sich da noch mal so einzubringen, das will ich nicht selbst bewerten. Das muß die Zeit mit sich bringen. Man kann nur versuchen, Menschen zu gewinnen, die in der Lage sind... Auf keinen Fall kann es so sein, daß *einer* das erste Arbeitspferd ist, daß er die Milch gebende Kuh ist, daß er am Ende der dumme Esel noch ist, der den Buckel für alles hin halten muß. Eine solche Situation darf es in einer Bürgerstiftung nicht geben.« (Herr L., 12)

Was hier mit einem Ausflug in die Metaphorik des Tierreichs lediglich als zu vermeidende Möglichkeit beschrieben wird, scheint doch bei genauerem Hinsehen eine klagende Beschreibung dessen zu sein, was im Alltagsgeschäft der Stiftung Realität ist.

Die Aussage läßt sich durchaus so lesen: Der Schatzmeister hat ein ausgesprochen großes Maß an Zeit und Engagement sowie auch sein gesamtes Netzwerk für die Sicherstellung der finanziellen Handlungsfähigkeit der Stiftung investiert. Nun äußert er Angst davor, daß sich diese Investitionen durch eine ungelöste Nachfolgefrage und ein dadurch verursachtes Scheitern der Organisation insgesamt als *Fehlinvestition* erweisen werden. Damit aber wäre weder das gemeinwohlbezogene noch das individuelle Nutzenkalkül des Akteurs aufgegangen, die investierte Mühe fiele gleichsam der Kontingenz der sozialen Welt zum Opfer.

Gleichzeitig verweist die Passage indirekt auf ein Anerkennungsdefizit der Stiftungsarbeit in der Gemeinde. Anstelle von Anerkennung und Dankbarkeit wird die freiwillige Arbeit teilweise auch noch mit Negativ-»Gewinnen« vergolten: Wenn einmal etwas schief läuft, dann wird eben der Verantwortung Tragende auch dafür verantwortlich gemacht.

Das Engagement, so läßt sich abschließend diese Interviewpassage deuten, erfordert an derart exponierter Stelle auch Opferbereitschaft. Pflicht und Opferbereitschaft gehören zum Kern eines Identitätsentwurfs, wie er in der republikanischen Tradition im Begriff der Bürgertugend konstruiert ist. Solche republikanische Bürgertugend, die anscheinend auch noch die Regelung der Nachfolge im Einzugsbereich der eigenen Pflichten sieht, ist hier dennoch verbunden mit einer – wenn auch dezent formulierten – Klage darüber, daß die persönlichen Anerkennungsgewinne aus solchem Engagement mitunter zu gering ausfallen.

Bürgergesellschaftliche Organisationen, so wäre aus den *Kohlener* Erfahrungen zu resümieren, versuchen gezielt solche Bürger für eine Mitarbeit zu gewinnen, die irgendeine nützliche Ressource mit einbringen können. Der Selektionsprozeß, der in *Kohlen* ganz geplant die Stiftung bestimmt hat, stellt auch sonst im Alltag der Bürgergesellschaft eine Normalität dar, die nur deshalb nicht so ins Auge fällt, weil sie in der Regel dezenter, unauffälliger und über die Jahre verteilt erfolgt.[31] Dieser Selektionsprozeß aber macht deutlich, daß der Besitz von Kapital – in seinen verschiedenen Varianten – eine zentrale Voraussetzung für die Partizipation an bürgergesellschaftlichen Strukturen dar-

---

31 Siehe dazu auch die Untersuchungen von Joachim Winkler (1988), der diesen Mechanismus beim Ehrenamt im Sport in einer ganzen Reihe von Vereinen nachweist und gleichsam als normalen Überlebensmechanismus bürgergesellschaftlicher Organisationen herausarbeitet.

stellt. Wer keine Kapitalressourcen einbringt, der hat wenige Möglichkeiten zu partizipieren, und noch geringere Chancen, in einer Leitungsposition tätig zu werden.

5.4.2 Die Erträge des Engagements für die Akteure

Nach der Voraussetzungshaftigkeit des Engagements, die zu sozialer Schließung und Exklusionsprozessen führt, ist die Aufmerksamkeit nun auf die Dimension des Handlungsnutzens zu richten: Was haben die Akteure von ihrem Engagement, welche Gewinne können sie für sich verbuchen?

Wenn die engagementbereiten Bürger bei der Auswahl freiwilliger Tätigkeiten immer stärker danach fragen, was es ihnen bringt, dann müßten solche Erträge auch im empirischen Material vorfindbar sein. Worin also liegt konkret das »Verführungspotential« der Bürgergesellschaft im Fall der *Kohlener* Bürgerstiftung?

Ökonomisches Kapital

Der ökonomische Kapitalertrag läßt sich in der Bürgergesellschaft besonders schwer fassen, weil ein direktes Entgelt in aller Regel nicht üblich ist, wenn man einmal von den sogenannten »Aufwandsentschädigungen«[32] für bestimmte Ehrenämter absieht. Ralf Dahrendorf hatte bürgerschaftliches Engagement genau dadurch definiert, daß man tätig ist, »ohne daß es einem vom Staat befohlen wird und ohne daß man damit Geld verdienen muß« (Dahrendorf 1999: 102). Diese Abwesenheit einer Bezahlung schließt aber nicht aus, daß man ökonomische Vorteile aus seinem Engagement ziehen kann. Nur ist dies empirisch sehr schwer dingfest zu machen, weil es sich hier oft um indirekte Effekte handelt und weil die Akteure über derartigen Nutzen auch ungern sprechen, da ihm doch immer noch der Geruch des Illegitimen anhaftet.

Man kann aber, auch im Fall der *Kohlener* Bürgerstiftung, zumindest erkennen, wo *Optionen* für einen ökonomischen Nutzen erwachsen.

Es fällt auf, daß sich in der Gruppe der Stifter mittlerweile auch eine Reihe von Selbständigen findet: Inhaber einer Buchhandlung etwa, Betreiber einer Versicherungsagentur, eine Heilpraktikerin, Betreiber eines Cafés und eines

---

32 Im Abschlußbericht der Enquete-Kommission zur Zukunft des Bürgerschaftlichen Engagements wird empfohlen, auf der finanziellen Ebene nur die tatsächlichen Aufwendungen abzugelten, aber keine weitergehenden Erträge wie z.B. »Rentenpunkte« für die Freiwilligen einzuführen, da sonst eine zu große Nähe zur Erwerbsarbeit hergestellt werde (Enquete-Bericht 2002: 6).

Fotogeschäfts, Inhaber eines Maler- und Lackierbetriebs und einer Zimmerei. Für diese Selbständigen eröffnet der Stifterstatus auf zwei Ebenen ökonomische Chancen. Zum einen können Sie durch die Veröffentlichung ihres Namens als Stifter Imagepolitik betreiben und sich in der Stadt durch ihr gemeinnütziges Engagement einen guten Namen machen, der bei bestimmten Kunden die Marktchancen verbessern kann. Diese Deutung gewinnt an Plausibilität, wenn man bedenkt, daß große Unternehmen in erheblichem Maße gezielt Sponsoring und stifterische Aktivitäten zur Marktpflege betreiben; auch kleine Unternehmen können grundsätzlich in ähnlicher Weise Vorteile erzielen.

Zum anderen bietet die Mitgliedschaft in der Stiftergruppe auch die Möglichkeit zum Aufbau direkter Kontakte, die in Geschäftskontakte münden können. Wenn man beispielsweise einen Maler oder Schreiner aus der Stiftung kennt und ihn als integere Persönlichkeit einschätzt, dann ist man auch eher bereit, vor diesem Hintergrund einen Auftrag an ihn zu vergeben. Auch für diese Deutung gibt es aus anderen Bereichen des Dritten Sektors, etwa von den politischen Parteien, stützende Erkenntnisse. Selbständige sehen ihre dortigen Mitgliedschaften durchaus auch als Schlüssel zu Kontakten und späteren Auftragsakquisitionen an.[33]

Ein indirekter ökonomischer Nutzen kann aber auch aus anderen Quellen entstehen. So fällt auf, daß zum Beispiel die Tochter einer Stiftungsaktivistin bei einer anderen, großen deutschen Stiftung in Lohn und Brot steht. Und für eine andere Stifterin, Frau D., die zunächst viel Zeit investierte, um auf dem Jugend-Hof freiwillig zu arbeiten, ist daraus mittlerweile eine bezahlte Tätigkeit geworden. Der Schatzmeister der Stiftung, der fast jeden Tag auf dem Hof präsent und aktiv war, hatte durch eine Unternehmensstiftung die Finanzierung einer halben hauptamtlichen Stelle eingeworben. Da er im Laufe der Jahre Frau D. als eine sympathische und engagierte Mitstreiterin auf dem Hof schätzen gelernt hatte, schlug er sie prompt für die Besetzung der Stelle vor, und die Sache hat schließlich auch geklappt. In diesem Fall also läßt sich ein ökonomischer Nutzen in Form eines Gehaltes tatsächlich in Euro und Cent nachmessen.

Die Netzwerkforschung hatte, wie oben berichtet wurde, herausarbeiten können, daß bestimmte Kontakte, vor allem die sogenannten »*weak ties*«, also die relativ lockeren Verbindungen, bei der Jobsuche überaus nützlich sein können. Diese *weak ties* nämlich bringen den Akteuren einerseits *Informationen* über vakante Stellen, die beispielsweise nicht öffentlich ausgeschrieben werden, und sie bringen andererseits als Kontakte gewisse Vorteile bei der *Auswahl* des Personals: Wenn eine persönliche Empfehlung vorliegt, ist man eher ge-

---

33 Vgl. dazu Wiesendahl (1997: 364).

neigt, jemanden einzustellen, als wenn die Bewerbung aus der völligen Anonymität heraus erfolgt.

Diese Vorteile gelten grundsätzlich auch im Bereich des Dritten Sektors, wie der Fall von Frau D. in der *Kohlener* Bürgerstiftung zeigt.

Ein derartiger Gewinn ist allerdings, das sei hier festgehalten, nicht sehr berechenbar. Der Kapitalerwerb ist mit zahlreichen Kontingenzen verbunden, und man wird kaum unterstellen können, daß hier gezielt strategisch gehandelt wurde. Gleichwohl ist aus Studien in der Ehrenamtsforschung bekannt, daß freiwillige Tätigkeiten unter günstigen Konstellationen auch die Möglichkeit zum Wechsel in einen bezahlten Job generieren – alleine durch den Informationsvorsprung, den man gewinnen kann. So versuchen vor allem Frauen ein Ehrenamt nicht nur als Qualifikationschance, sondern auch als Wiedereinstiegsbrücke in eine berufliche Arbeit zu nutzen (vgl. Beher/Liebig/Rauschenbach 2000: 206ff). Wie die Karriere von Frau D. zeigt, ist eine solche Perspektive nicht nur bei Caritas und Diakonie möglich, sondern auch bei kleinen Organisationen der Bürgergesellschaft. Der jetzige Job ist vom Tarif her besser bezahlt als eine Stelle, die sie in ihrem erlernten Beruf als Erzieherin ausfüllen würde.

Als *Option* einer indirekten ökonomischen Nutzung müssen schließlich all jene Kontakte gewertet werden, die zivilgesellschaftliche Akteure, welche an herausragender Stelle tätig sind, knüpfen können. Wer eine Bürgerstiftung nach außen repräsentiert, der kommt mit hochrangigen Politikern, teilweise auch mit Industriellen in Verbindung. Diese Kontakte lassen sich für die Zwecke der Bürgergesellschaft nutzen (darauf wird im nächsten Kapitel ausführlich eingegangen), sie können aber prinzipiell auch für private Zwecke nutzbar gemacht werden, und sei es nur in Form von Informationsvorsprüngen bei der Jobsuche für Verwandte oder Bekannte.

Inkorporiertes Kulturkapital: Bürgergesellschaft als Qualifikationsagentur

Frau D., die mittlerweile im Rahmen der Stiftung auf dem Hof bezahlt beschäftigt ist, macht aus der Chance, im Rahmen bürgerschaftlichen Engagements nützliche Qualifikationen zu erwerben, kein Hehl. Sie spricht im Interview von sich aus diese Dimension des Engagements direkt an:

»Ich finde, freiwilliges Engagement kann man auch sehr gut unter dem Aspekt Weiterbildung und Qualifizierung diskutieren. Und ich hab sehr viel in der Theorie über freiwilliges Engagement, über Bürgergesellschaft, über Zivilgesellschaft gelesen und hab mir gedacht: Du hast hiermit die Möglichkeit, in einer Organisation das, was du theoretisch weißt, in die Praxis umzusetzen.« (Frau D., 15)

Die Akteurin vermag sehr anschaulich zu beschreiben, was sie während ihres freiwilligen Engagements sowohl in der Stiftung, wo sie im Ausschuß für Fundraising aktiv ist, als auch bei einer früheren Tätigkeit in der örtlichen Freiwilligenagentur gelernt hat:

»Ich hab unheimlich viel in meiner Freiwilligen-Zeit gelernt. Also, wenn ich mich daran erinnere, als unsere Emma zum Gymnasium gekommen ist, vor etlichen Jahren, und ich Pflegschaftsvorsitzende geworden bin, wie sehr ich mich aufgeregt habe, Lampenfieber hatte, wenn eine Pflegschaftssitzung war, und man mußte eine Sitzung leiten. Das ist mir sehr, sehr schwer gefallen. Aber durch die Tätigkeiten der Freiwilligenagentur, dadurch, daß du eine Sache erzählen darfst, von der du überzeugt bist, hab ich für meinen Ausdruck sehr viel an Sicherheit gewonnen. War dann auch nicht immer sofort beleidigt, wie das früher war, wenn einer gesagt hat: Booh, so'n Scheiß oder so, da wußte ich dann, wie ich dann anzufangen hatte: Erklär mir mal, warum ist das denn so ein Scheiß? Bei manchen hab ich gelernt: Da läßt du das einfach ruhen, das Thema, aber bei manchen hab ich gemerkt: Die haben das gesagt, um mich zu provozieren oder aus der Reserve zu bringen.« (Frau D., 15)

Der Erwerb von inkorporiertem Kulturkapital ist insgesamt eine relevante Dimension von freiwilliger Tätigkeit. Man tut etwas, und man lernt etwas dabei. Das ist nun im Fall der Bürgerstiftung nicht so zu verstehen, daß bildungsschwache Menschen hier gleichsam eine Art »zweiten Bildungsweg« durchlaufen, der Defizite im Bereich der üblichen Bildungskarriere in der Schule kompensieren würde. Im vorangehenden Kapitel ist ja deutlich geworden, daß in der Stiftung, vor allem auf den aktiven Positionen in Gremien oder auf dem Hof, in aller Regel gut gebildete Akteure tätig sind, die schon ein erhebliches Quantum an kulturellem Kapital mit einbringen können.

Worum aber geht es dann? Was ist etwa der Gewinn an Kulturkapital bei einer gestandenen Ärztin, die über Jahrzehnte erfolgreich in einem Beruf tätig war, der eine hochqualifizierte akademische Ausbildung zur Voraussetzung hat? Die Stiftungsvorsitzende Frau B. hat, nachdem sie anfänglich eine halbe Stelle mit ihrem ehrenamtlichen Engagement verbunden hatte, ihren Beruf ganz aufgegeben, um sich der Stiftungsarbeit zuzuwenden. Die Investition ist also hier ganz erheblich, auch wenn man in Rechnung stellen muß, daß diese Frau den größten Teil ihres Berufslebens ohnehin schon hinter sich hatte. Dennoch ist es bemerkenswert, daß hier ein üblicherweise als sehr wichtig empfundenes Feld des Gelderwerbs und der Identitätsbildung freiwillig verlassen wurde. Was also hat Frau B. dafür bekommen?

»Ich hab viel gelernt durch viele Außenauftritte, die wir hatten. In Düsseldorf bei Stiftungsversammlungen oder ... bei Auftritten in Gütersloh, die ich dann alleine machte, häufig. Oder, wenn mich andere Stiftungen in Gründung einluden, zu erfahren, was wir hier gemacht haben. Dann engt sich das immer ein, dann wird es immer klarer. Unterwegs hab ich

viel gelernt, dann hab ich mir zwei dicke Bücher gekauft... [*es handelt sich hier um Handbücher zum Stiftungswesen, L.V.*]
 Ich kam mir früher immer so vor wie so 'n, wie ein Falschspieler, weil, was wissen wir eigentlich? Wie dicke tun wir uns? Und das hab ich dann gelernt, das was wir tun auch wichtiger zu nehmen. Denn es ist wichtig, das hab ich auch gelernt. ....Und hab gelernt, das dann entsprechend vorzutragen.« (Frau B., I, 7)

Es werden unterschiedliche Qualifikationen angesprochen, die Frau B. im Verlauf ihrer Tätigkeit im Vorstand der Stiftung erworben hat. Zunächst einmal geht es um inkorporiertes Kulturkapital in Form von Wissen. Der Hinweis auf die »dicken Bücher«, die als Medium des Wissenserwerbs fungiert haben zeigt, daß hier in ganz konventioneller Weise ein Know How erarbeitet wurde, das man für die konkrete eigene Stiftungsarbeit vor Ort gebrauchen kann. Der Erwerb des Kapitals, die Inkorporierung, die im Leseprozeß erfolgt ist, zielt also darauf ab, das eigene Handeln in der Leitungsposition der Stiftung erfolgreicher zu gestalten.

Dieser Wissenszuwachs über Bücher wurde durch häufige Gespräche mit anderen, auswärtigen Stiftungsakteuren ergänzt:

»Dann hab ich im Anschluß an diese Stiftungsgespräche am Montag ein Gespräch gehabt mit dem Geschäftsführer des, mit dem Leiter eines Arbeitskreises im Bundesverband Deutscher Stiftungen, den ich kennen gelernt habe auf der Tagung in Gütersloh. Das ... ist dann auch 'n längeres Gespräch, was ganz wichtig ist für uns.« (Frau B. I, 7)

Neben diesem Wissenserwerb ist aber eine weitere Sorte von inkorporiertem Kulturkapital zentral, die in der ersten Interviewpassage deutlich dargestellt wurde: Die Fähigkeit, öffentlich aufzutreten, das eigene Projekt (überzeugend) darzustellen, sich überhaupt souverän im öffentlichen Raum zu bewegen. Anders als die Fähigkeit zum Wissenserwerb, die eine akademische Ausbildung jenseits der im engeren Sinne berufsbezogenen Dinge mit sich bringt, geht es hier also um eine Qualifikation, die deutlich jenseits des Horizontes liegt, den die Ärztin in ihrer bisherigen Berufstätigkeit erwerben konnte. Als Stiftungsvorsitzende steht sie in der Erwartung, die Stiftung nach außen hin *gut* zu repräsentieren. Dies vor allem ist der Lernprozeß, den die Akteurin für sich als besonders wertvoll erachtet. Offenbar vermittelt das Engagement Zugang zu inkorporiertem Kulturkapital, das auf dem üblichen Weg in Schule und Beruf eben *nicht* so einfach zugänglich ist.

Schließlich kann dann das erworbene eigene Know How wiederum an andere zivilgesellschaftliche Akteure weitergegeben werden. Es finden sich bei der *Kohlener* Bürgerstiftung, die als eine der ersten Bürgerstiftungen in der deutschen Organisationslandschaft erfolgreich agiert, mittlerweile häufig Menschen ein, die für den Aufbau einer neuen Bürgerstiftung von den *Kohlenern* etwas lernen wollen. Sie erwarten Ratschläge und Tips:

»Ich hab am letzten Sonntag zwei Termine gehabt, die also Bürgerstiftung total waren, und die sind dann nicht, wie ich manchmal denke, das wird dann so in etwa 'ne halbe Stunde dauern, sondern am Sonntag der Mittagstermin dauerte zweieinhalb Stunden. Da kamen Leute aus Aachen die 'ne Stiftung gründen wollen und die etwas mehr hören wollen. Und dann ergibt sich aus dem was wir gemacht haben, aus dem was die machen wollen, ergibt sich dann so 'ne Melange und ein, ein weiteres miteinander Reden.« (Frau B. I, 7)

Wenn Frau B. hier früher mitunter das Gefühl hatte, wie ein »Falschspieler« aufzutreten, der im Grunde gar nichts Seriöses anzubieten hat, dann hat sich dieses Gefühl heute verflüchtigt zugunsten eines souveränen Auftretens, das die Hilfestellung für andere als selbstverständlichen Punkt der eigenen Tätigkeit begreift.

Nun kann man aufgrund der biografischen Situation und der anderen Aussagen im Interview begründet annehmen, daß Wissen und Fähigkeiten im Falle von Frau B. nicht zu dem Zwecke einer irgendwie gearteten beruflichen Weiterverwendung erworben wurden. Der berufliche Abschnitt der Biografie ist mit der Aufgabe der ärztlichen Tätigkeit abgeschlossen zugunsten einer zweiten, zivilgesellschaftlichen Karriere. Nicht berufliche Perspektiven sind also hier der meßbare Nutzen des Engagements, sondern ein Kulturkapital, das dann wiederum andere Größen wie Anerkennung und Selbstverwirklichung begünstigt. Darauf wird in den folgenden Abschnitten noch ausführlicher einzugehen sein.

Beziehungskapital und Geselligkeit

Wer sich aktiv in einer bürgergesellschaftlichen Organisation betätigt, kommt in aller Regel mit vielen Menschen in Berührung. Aus diesen Interaktionssituationen können Kontakte entstehen im Sinne von Bekanntschaften oder Kooperationsbeziehungen. Oben wurde am Fall von Frau D. diskutiert, daß solche Kontakte, wenn sie sich positiv entwickeln, durchaus in Jobperspektiven münden können. Auch bei den vielen Begegnungen mit »hohen Tieren« der Politik und der Wirtschaft, wie sie sich für die Stiftungsvorsitzende bei ihrer Tätigkeit ergeben, können Optionen erwachsen, die irgendwann später einmal auch für persönliche Belange nützlich werden können, auch wenn eine solche Nutzungsmöglichkeit zum jetzigen Zeitpunkt noch gar nicht im Wahrnehmungshorizont der Akteure sichtbar ist.

Frau A., die im Vorstand tätige Schuldirektorin, sieht einen Vorteil ihres Engagements darin, daß sie mit interessanten Menschen in Kontakt kommt, die ihr auf der inhaltlichen Ebene ihrer Arbeit hilfreich erscheinen:

»Und natürlich auch wenn man mit Menschen in Kontakt kommt, die man vorher nicht gekannt hat, wo man sehr, sehr erstaunt ist, wie gut man mit manchen Leuten zusammenarbeiten, auf einer offenen Ebene sich plötzlich verständigen kann, und Zustimmung auch kriegt oder auch so eine sehr saubere Kritik kriegt.« (Frau A., 7)

Darin zeigt sich zum einen der Spaß an gelingender Kooperation im Bereich der Stiftungsarbeit. Diese kann sich aber darüber hinaus auch als Erprobung einer Verbindung erweisen, die man später für weitere Kooperationen nutzen kann – sowohl im Rahmen des freiwilligen Engagements als auch im Rahmen der Berufstätigkeit. Frau A. ist, wie bereits erwähnt wurde, als Direktorin einer reformorientierten Hauptschule in *Kohlen* tätig. Für die Durchführung ihrer Reformprojekte ist sie durchaus darauf angewiesen, innerhalb der Gemeinde mit vielen Akteuren sowohl in Politik und Verwaltung als auch in der Wirtschaft zusammenzuarbeiten. Gut funktionierende Kontakte können dabei, ganz im Sinne von Colemans Definition, ausgesprochen »handlungsbegünstigend« sein.

Hier liegt also nicht im engeren Sinne eine private Nutzung von Beziehungskapital vor, wohl aber die Option auf berufliche Verwendungen, die dann natürlich im weiteren Sinne »karrierefördernd« sein können, weil die Direktorin mit ihrem Reformprojekt weiterhin erfolgreich agiert. Wohlgemerkt: damit soll diese Nutzung von Ressourcen der Bürgergesellschaft nicht als illegitim gekennzeichnet werden. Es ist hier ein durchaus gemeinwohlfördernder Synergie-Effekt zu beobachten, der sich zwischen zivilgesellschaftlicher und beruflicher Ebene ergeben kann.

Einen Hinweis auf eine berufliche Verwertung von Kooperationsbeziehungen gibt jedenfalls auch die oben schon zitierte Frau H., die sich durch das »Eintrittsgeld« von 1.000 DM an der gleichberechtigten Mitarbeit in der Stiftung gehindert sieht. Sie betont, in der Stiftung seien »die Leute, die Geld haben, aber ich glaube, die benutzen das auch beruflich. Da sind so Schuldirektoren drin.« (Frau H., 19).

Anders liegt der Fall bei Frau C. Sie, die im Jahr 1999 verwitwete und ganz bewußt nach einem »Neuanfang« suchte, hat durch die Arbeit auf dem Stiftungshof die Möglichkeit gefunden, dort mit vielen Menschen in Kontakt zu kommen.

»Ich lerne unglaublich viele Leute kennen, was also ... wirklich 'ne Bereicherung ist. Also das sind ja nicht nur die Helfer die man, die man jetzt im Laufe der Zeit kennen gelernt hat. Es kommt ja Gott und die Welt mal vorbei und kuckt mal oder will mal was sehen oder fragt, so, daß man also ununterbrochenen Kontakt hat zu anderen Leuten, das ist vielleicht so das, für mich persönlich das wichtigste 'ne. Man ist nicht isoliert. [...] Einfach nur Leute die man, mit denen man wieder Kontakt hat. Man ist unter Leuten, führt Diskussionen, Gespräche sehr unterschiedlicher Art.« (Frau C., 7)

Diese Kontakte dienen hier also nicht dem Aufbau von beruflich oder privat instrumentalisierbaren Kooperationsnetzwerken, sondern der Geselligkeit und somit dem Schutz vor Vereinsamung. Beziehungskapital kann also jenseits der Option, später im Sinne von gegenseitigen Gefälligkeiten und Verpflichtungsgutscheinen genutzt zu werden, einen unmittelbaren Wert in Form von stattfindender Kommunikation entfalten. Diese wird nicht eingesetzt, *um* einen anderen Nutzen *zu* realisieren, sondern im geselligen Kommunikationsprozeß selbst schon zeigt sich der Gewinn gegenüber der vorher gegebenen Situation von Einsamkeit.

Diese Geselligkeitsdimension von lockeren Kontakten sollte als eine Form des Sozialkapitals mit geringer Dichte nicht unterschätzt werden. So weisen Putnam und Gross (2001: 22) mit Bezug auf amerikanische Studien darauf hin, daß derartige Kontakte einen positiven Effekt auf das Wohlbefinden der Akteure haben. Wer nicht einsam ist, fühlt sich zufrieden. Und diese Größe des physischen Wohlergehens wiederum war in der oben zitierten Definition von Hartmut Esser eine der zentralen Resultatgrößen von Kapitaleinsatz insgesamt:

»Kapital ist demnach die akkumulierte und kontrollierte Menge der [...] Zwischengüter, mit denen sich soziale Wertschätzung und *physisches Wohlbefinden* erzeugen läßt« (Esser 2000: 212; meine Hervorhebung, L.V.).

Bürgergesellschaftliche Zusammenhänge bieten also mit ihren Arbeitskontexten Geselligkeitsoptionen, die sich für die Akteure ganz unmittelbar in einem körperlich spürbaren Nutzen niederschlagen.

Interessant ist dabei, daß die Träger der Stiftung die Relevanz dieser Dimension noch gar nicht so richtig erkannt haben. Zwar bietet der Hof mit seinen konkreten Arbeitsanlässen Gelegenheiten für Kontakte, aber die Stiftung insgesamt hat dieses Potential als Attraktion für die Stifter noch nicht entdeckt. So gibt es beispielsweise keine regelmäßigen Geselligkeiten für die Stifter in inoffiziellem Setting. Die Symposien der Stiftung sind offizielle Repräsentationsereignisse, Tagungen mit wissenschaftlichen Vorträgen, die eher den Charakter einer Bildungsveranstaltung haben und nicht den eines Fests. Es partizipiert an diesen Symposien auch nur ein Teil der Stifter. Bislang hat es die Vorsitzende als sinnvoller angesehen, Stifter einzeln aufzusuchen und anzusprechen (vgl. Frau D., 25).

Damit aber wird das Geselligkeitsbedürfnis nicht bedient. Wenn man bedenkt, daß posttraditionale Gemeinschaftskontexte bei vielen Akteuren in der Gegenwartsgesellschaft als Moment der »Verführung« zum Mitmachen wichtig sind (vgl. Hitzler 1999), dann erscheint diese Vernachlässigung der Gemeinschaftsdimension unverständlich. Andere Organisationen neuen Typs, etwa die große Berliner Freiwilligenagentur »Treffpunkt Hilfsbereitschaft«, haben dagegen regelmäßige Geselligkeiten für die Aktiven als einen zentralen Punkt der Betreuung längst erkannt.[34]

Anerkennung und Legitimation

Das symbolische Kapital der Anerkennung ist für viele der aktiven Stifter ein wichtiger Ertrag ihrer Tätigkeit. Oben war bereits kurz auf das empfundene Anerkennungsdefizit eines Vorstandsmitglieds der Stiftung hingewiesen worden. Wenn es nun in den Interviews darum ging, was die Akteure ihrem eigenen Gefühl nach von ihrem Engagement hauptsächlich haben, worin der persönliche Nutzen ihres Engagements besteht, dann stand die symbolische Dimension der Anerkennung oft im Zentrum. Dies gilt vor allem für diejenigen Akteure, die tatkräftig das sinnlich anschauliche Projekt des Bauernhofs mit vorangetrieben haben:

»Ja, die Bürger, die sich in der Nähe des Hofes aufhalten und die zu mir kommen und sagen: Das ist unheimlich toll, was ihr hier gemeinsam leistet, das ist unglaublich, was ihr geleistet habt in dieser kurzen Zeit. [...] Das ist ein Stück Anerkennung, die stattfindet. Und die Bürgerschaft, die da hin kommt und sagt, also, erstaunlicherweise, sie hätten's nicht für möglich gehalten, daß das geleistet werden könnte.« (Herr L., 9)

»Einfach die Anerkennung unserer Arbeit, die den Hof also schon seit Jahren kennen und wissen, wie er aussah, und die dann schon staunend vorbeigehen und sagen: Ist ja doch, man sieht ja was, und das habt ihr geleistet. Den Garten bewundern, ich denke schon das geht auch so weiter. Irgendwann wird ja mal das Gebäude auch ganz schick sein, und wenn wir dann das Café haben, wird sich das ja dann noch weiter 'rumsprechen.« (Frau C., 7)

Die Differenzqualität zwischen dem alten, verfallenen und mehrfach abgebrannten Gebäude zu Beginn des Projekts und den dann sichtbaren Fortschritten macht die Aktiven stolz, und sie genießen jedes Lob, das dafür von außen kommt. Man erkennt hier eine hohe Zufriedenheit mit dem, was man selbst geleistet hat und damit, wie diese Leistung von den Außenstehenden gewürdigt wird. Eine solche Zufriedenheit mit den Resultaten der eigenen Arbeit ist ja eine Dimension, die vielen Akteuren in der Arbeitswelt vorenthalten bleibt, sei es, daß man nur als kleines Rädchen in einem hochgradig arbeitsteiligen Prozeß fungiert und somit ein fertiges Produkt kaum zu Gesicht bekommt bzw. der eigene Anteil nach außen hin kaum noch sichtbar wird; oder sei es, daß man beispielsweise als Verwaltungsangestellter ohnehin ganz

---

34 Die Leiterin dieser Organisation spricht sogar von einer eigenen »Festkultur« der Agentur, in der das Geselligkeitsmoment mit dem der Anerkennung für die Freiwilligen verbunden wird; vgl. Schaaf-Derichs (1998: 68).

abstrakte Dinge ohne einen sinnlichen Anschauungswert »produziert«. Die Zufriedenheit der Hof-Arbeiter zeigt, daß in der Bürgergesellschaft solche Defizite kompensiert werden können und in dieser Anerkennungsdimension ein wichtiges Motiv für Engagement liegen kann.

Anerkennung und das Gefühl der Anerkanntheit zeigt sich aber auch in anderer Form: als das Gefühl, wichtig zu sein und von den anderen als wichtig wahrgenommen zu werden:

»Ich hab einen Terminkalender, [Räuspern] der wird von meinem Mann überwacht, weil ich mich ärgere, ich hasse es, zu sagen, ich muß erst in meinen Terminkalender kucken, und das geht nicht mehr, ich muß es jetzt tun, und ich muß es sagen. Und weil ich so einen Abwehrmechanismus da habe – ich find es albern, irgendwo hingekommen, ›ich hab meinen Terminkalender leider nicht dabei‹. Bescheuert, jeder tut sich wichtig mit seinem Terminkalender, wie gefragt er ist. Aber mein Mann paßt mit auf, daß ich keine Termine verpasse.« (Frau B., I, 3)

Dieses Gefühl, daß es auf einen ankommt, damit die Dinge laufen, stellt sich im Fall der Stiftungsvorsitzenden als ein wichtiger Motor des Engagements dar. Der erwähnte »Terminkalender« fungiert hier gleichsam als sichtbares Zeichen für Wichtigkeit: Ein Zeichen, das der Akteurin teilweise noch unvertraut zu sein scheint, wie sie selbst – vielleicht auch ein wenig kokettierend – betont, dessen Unverzichtbarkeit sie aber doch einsieht. Interessant ist dabei, daß der Mann – immerhin auch ein gestandener Orthopäde mit eigener Praxis – als eine Art Sekretär fungiert. Solches »Personal« ist ebenfalls ein Zeichen von Wichtigkeit, auch wenn Frau B. hier noch ständig Distanzgesten zu diesem Status der Relevanz einbaut.

In einer späteren Passage wird die Akzeptanz dieser Form von Anerkennung dann noch deutlicher sichtbar. Frau B. betont zunächst, daß sie vor lauter Stiftungsterminen in diesem Jahr noch keinen richtigen Urlaub gemacht habe, sondern immer nur für ein paar Tage weggefahren sei. Auch dort aber ist das Handy aus Gründen der Erreichbarkeit ständig dabei:

»Wir sind tageweise weg, wir sind eine Woche weg, ist vorher abgesprochen, ich bin mit dem Handy unterwegs, ich bin jederzeit erreichbar. Wir waren am Gardasee zum Wandern, waren in einer Schlucht, da kriegte ich 'nen Anruf aus der Bürgerstiftung. Das war alles nicht lebensnotwendig, aber ich möchte auch erreichbar sein, weil es den, den Ablauf des Betriebes, der Tätigkeiten leichter macht, ne?« (Frau B., I, 3)

Hier kommt nun in aller Deutlichkeit der Status einer Person zum Tragen, »auf die es ankommt«. Sichtbares Zeichen dieser Anerkennung als unverzichtbare Person durch die anderen sind solche Anrufe, die sie – sogar während eines Kurzurlaubs am Gardasee – erreichen. Im Anschluß drückt Frau B. dann schließlich ganz explizit aus, daß es zu ihrer neuen Rolle als Stiftungsvorsitzende konstitutiv dazugehört, sich nicht nur wichtig zu fühlen, sondern objektiv auch wichtig zu sein. Diese Wichtigkeit zeigt sich sinnlich faßbar im Umgang mit anderen wichtigen Personen. Das, so führt die Akteurin aus, sei zwar partiell auch schon in ihrer Berufstätigkeit vorgekommen, aber doch nicht in dem Ausmaß:

> »Bei der Ruhrkohle, da hatte man auch mit Spitzenindustriellen zu tun ... aber es ist jetzt natürlich sehr viel massierter, und ich muß mich auch daran gewöhnen, das hab ich vorhin schon mal gesagt, daß ich, in Anführungsstrichen, wichtig bin.« (Frau B., I, 4/5)

Die genannten »Anführungsstriche« sind nur noch ein letztes, kleines Distanzzeichen zu einem Status der Anerkanntheit, der nun offenbar als Identitätsmerkmal der Akteurin fest etabliert ist.

Der Unternehmer K., Urheber und »Anstifter« der *Kohlener* Bürgerstiftung, läßt in seinen Äußerungen schließlich noch eine andere Dimension von Anerkennung und symbolischem Kapital sichtbar werden:

> »Da ist einmal natürlich auch so etwas wie ´ne soziale Verantwortung. Ich hab hier in dieser Stadt gelebt und gearbeitet, meine Familie ist seit drei Generationen hier tätig. [...] Ich war erfolgreich als Unternehmer in dieser Stadt, und da hast du auch ´n Stück Verantwortung einer solchen Stadt und seinen Menschen gegenüber. [...]
> Wenn man erfolgreich im Leben gewesen ist, und nicht mehr ganz arm ist, dann macht das unendlich viel Freude, etwas für die Gemeinschaft zu tun, also eine Stiftung zu machen.« (Herr K., 2, 5)

K. führt als Motive für seine Stiftungstätigkeit eine besondere Verantwortung an und die Möglichkeit, etwas für die Gemeinschaft zu tun. Diese Aussagen aber lassen sich als Ausprägung genau jenes Diskurses interpretieren, der soziologisch als typisch für die Selbstinszenierung unternehmerischer Stifterpersönlichkeiten angesehen werden kann. »Die Ausführung der Norm der Wohltätigkeit«, so schreibt Steffen Sigmund, kann »als symbolischer Ausdruck des besonderen gesellschaftlichen Verantwortungsbewußtseins der Eliten gelten, das Allgemeinwohl im Blick zu haben, und trägt damit zur Legitimationsgrundlage ihrer herausragenden gesellschaftlichen Stellung bei« (Sigmund 2001: 225). Hier konstituiert sich demnach eine soziale Berechtigung dafür, ökonomisches Kapital zu akkumulieren, da man es ja an Bedürftige redistribuiert. Für die Stifter ergibt sich auf diesem Wege die Möglichkeit, ihr ökonomisches Kapital zu transformieren in eine Ressource, zu der man sonst keinen Zugang hätte: das symbolische Kapital der Anerkennung, das sich dann wiederum beispielsweise in Benennungen, Preisen, Orden, Ehrendoktorwürden und dergleichen sinnlich faßbar manifestieren kann (Sigmund 2001: 228).[35]

In unserem Fall zeigt sich zumindest, daß der Stifter neben der Tatsache, daß eine große Stiftung in Deutschland seinen Namen trägt, schon mehrfach Preise für sein Engagement erhalten hat: darunter der Umweltpreis des B.A.U.M. (Bundesdeutscher Arbeitskreis für Umweltbewußtes Management e.V.), überreicht durch den Bundesumweltminister, und den Umweltpreis der Stiftung Europäisches Naturerbe. Über die Preisverleihungen wurden jeweils in der Presse ausführlich berichtet.

Nicht kapitalisierbarer Nutzen: Spaß, Sinn, Selbstverwirklichung

Neben den bis hierhin untersuchten Erträgen in Kapitalform lassen sich schließlich auch solche Formen des »Gewinns« identifizieren, die nicht ohne weiteres unter die genannten Kapitalsorten subsumierbar sind und die dennoch bei der »Verführung« der Akteure zum Engagement eine wichtige Rolle spielen. Zu dieser Dimension lassen sich zunächst einmal zwei Interviewpassagen anführen:

»Inzwischen, mit der Gewöhnung, muß ich auch sagen, es macht mir auch Spaß. Das heißt, es hat mir eigentlich immer Spaß gemacht, nur manchmal habe ich gedacht, ich kriege keine Luft mehr, weil es so viel war.« (Frau B., I, 4)

»Und wenn man dann sieht, daß man wirklich mit den Kindern weiterkommt, dann stellt sich ja dann auch die Freude und der Spaß ein.« (Frau C., 2)

Hier wird von den Akteuren der Faktor »Spaß« ins Spiel gebracht, der ja auch in vielen quantitativen Untersuchungen zu den Motiven für ehrenamtliche Tätigkeiten erkannt wurde.[36] Auch die einschlägige Wertwandelsforschung hat herausgearbeitet, daß dieses Motiv als Moment moderner Lebensführung wichtig ist und dabei durchaus mit Leistungsprinzipien einher gehen kann (z.B. Meulemann 2001). So erscheint es nur folgerichtig, wenn auch die Aktivisten in der Bürgerstiftung, die mit ihrem großen Engagement durchaus leistungsorientiert agieren, den Spaß als eine wichtige Komponente nennen. Dies gilt für die Vorsitzende, Frau B., ebenso wie für die Hofmitarbeiterin Frau C.

In den vorliegenden Interviews ist der Spaß jedoch erkennbar kein sinnfreier Selbstzweck, sondern stellt sich vor allem dort ein, wo die Dinge, die man tut, tatsächlich sinnvoll erscheinen. Diese Verknüpfung von Spaß und

---

35 Das Stiften hängt hier also engstens zusammen mit der Funktionslogik der Ehre als symbolisches Kapital; vgl. dazu ausführlich Vogt (1997).
36 Siehe Kapitel 2 dieser Arbeit.

Sinn ist für die Aktiven durchaus relevant. So sagt die gerade schon zitierte Frau C., daß es ihr nach dem Tode ihres Mannes vor allem darum gegangen sei, etwas *Sinnvolles* zu tun: »mich zu beschäftigen, sinnvoll zu beschäftigen und, nicht zu Hause, ja, in der Nase zu bohren« (Frau C., 7). Und Stifter K. beschreibt gleichsam von außen, wie sich bei den drei Vorständlern der *Kohlener* Bürgerstiftung Spaß und Sinn zum Wohle aller Beteiligten zusammenfügen:

»Und dann haben sich auch diese drei Menschen, die im Vorstand sitzen, die Frau A., die Frau B. und Herr L., sie haben also wirklich sich dafür eingesetzt, das merkte man, das hat denen Spaß gemacht. Sie haben auch für sich selber 'ne Aufgabe gefunden.« (Herr K., 2)

Sinn und Spaß bilden hier insgesamt eine Kombination der Erfahrung, die als ein Schritt von persönlicher Selbstverwirklichung verstanden werden kann. Die Aktiven bestätigen diese Dimension ihres Tuns – Engagement als Moment von Selbstverwirklichung – in aller Deutlichkeit:

»Es ist nicht immer, nicht immer, bei weitem nicht immer ein Honigschlecken gewesen, aber das ist wie mit den Grenzen, die man auch ab und zu abtasten muß. Weil ich – das ist auch etwas gewesen was ich, von dem ich heute sagen würde, es ist auch 'ne Persönlichkeitsentwicklung damit möglich. Und inwieweit ich die geschafft habe, weiß ich nicht, aber es ist tatsächlich..., man bewegt etwas bei sich, ich habe mich auch verändert. [....]
Und ich hab das Gefühl wahnsinnig intensiv zu leben. Und ich beneide niemanden, der nach Nepal fährt oder nach Pusemuckel oder sonst wo. Ich find, ja, oder auf den Golfplatz geht. Ich finde es spannend, so zu leben.« (Frau B., I, 4 und II, 7)

Diese Passage ist bemerkenswert. Eine Akteurin, die körperlich fit, finanziell gut abgesichert und mit ausreichend zeitlichen Ressourcen ausgestattet ist, hat alle Möglichkeiten der Multioptionsgesellschaft offen stehen. Sie wählt jedoch nicht Nepal oder den Golfplatz, sondern das bürgerschaftliche Engagement – und zwar nicht, weil ihr dies ihre Pflichtwerte vorschreiben würden, sondern weil sie es *spannender* findet.

Frau C. macht diese Selbstverwirklichungsdimension sogar im Kontrast zu möglichen altruistischen Motiven deutlich:

»Das Thema hat mich interessiert die Sache als solche, die Arbeit mit Kindern und die Arbeit eben auf dem, auf dem Hof. So daß ich also jetzt sagen kann, ich bin nicht der gute Mensch, der nur gute Taten vollbringt, sondern das ist eigentlich für mich selbst, für meine Persönlichkeit wichtig gewesen, ein Fach zu finden.« (Frau C., 1)

Die körperliche Arbeit auf dem Bauernhof entwickelt dann sogar ganz neue Varianten von Nutzen:

»Ja, also einmal fühl ich mich körperlich fit durch die Arbeit auf dem Hof, das erspart mir das Fitness-Studio [lacht], wenn das auch meinen Bekanntenkreis amüsiert.« (Frau C., 7)

Wie sehr stifterisches Engagement als eine Art Tauschgeschäft verstanden werden kann, wo man für das investierte ökonomische Kapital und für die Zeit und Arbeit, die in den Vorgang der Stiftungsgründung eingegangen sind, tatsächlich Gegenwerte bekommt, die man auf anderem Wege kaum realisieren könnte, das zeigt abschließend folgende längere Passage aus dem Interview mit Herrn K.

»Ich habe sehr viel Geld an diese Stiftung verschenkt, also Materielles an die Stiftung verschenkt, unwiderruflich, das kommt nie wieder zurück. Wofür viele Leute einen Vogel zeigen: Wie kann der nur so 'n Quatsch machen. Die sagen, der ist wohl verrückt, was? Dann sag ich immer: [...] Dann kriegst du so unendlich vieles wieder zurück, ja. Was du sonst nicht mit Geld kaufen kannst. Also Menschen, die du dabei kennen lernst, Gespräche die du mit diesen Menschen führst, über Probleme der Zukunft, wie wollen wir in Zukunft leben, wie wollen wir in Zukunft arbeiten, wie wollen wir mit der Natur umgehen, wie wollen wir mit der Technik umgehen... So, und das sind so die Erfolgserlebnisse, die schönen Erlebnisse, die man dann hat. Und daß ich meiner Frau manchmal abends sage, Hannelore, was war das heute wieder für ein wunderbarer Tag. Was haben wir wieder für interessante Menschen kennen gelernt, mit netten Menschen Gespräche geführt, ach das war doch toll, nicht? Also kriegt es, kriegt es wieder zurück, in anderer Münze. Du gibst Materielles, aber du kriegst anderes dafür zurück.« (Herr K., 5)

Herr K. läßt überhaupt keinen Zweifel daran, daß sich seine Investitionen gelohnt haben. Er hat einen immateriellen Gewinn erzielt, der über seine berufliche Tätigkeit als Unternehmer so nicht zugänglich gewesen wäre: Er hat mit interessanten Menschen Gespräche über die Probleme der Zukunft geführt und philosophische Entwürfe der Gesellschaft von Morgen reflektiert. Gemeinwohl und Eigennutz stellen sich hier nicht als Gegensatzpaar, sondern als zwei Seiten der einen Medaille bürgerschaftlichen Engagements dar.

5.5 Das Kapital der Bürger II: Gemeinnutz und Integration

5.5.1 Kapitalnutzung durch die Bürgergesellschaft

Geld und symbolischer Multiplikatoreffekt

Zum Stifter wird jemand, indem er stiftet. Die elementarste Form der Ressourcennutzung bei einer Bürgerstiftung besteht selbstverständlich darin, daß eingebrachtes Finanzkapital als zu verzinsender Kapitalstock zur Verfügung steht. Zwar ist diese Summe bei einem stifterischen »Eintrittsgeld« von 1.000 DM insgesamt nicht sehr hoch. Aus den oben angeführten Äußerungen des Schatzmeisters wurde schon erkennbar, daß eine Stiftung mit den Zinsen aus diesem Kapital keine großen Projekte finanzieren kann. Aber es sollte die symbolische Wirkung dieses vergleichsweise bescheidenen Kapitals nicht übersehen werden.

Zum einen nämlich ist der Grundstock, der es einer Stiftung überhaupt ermöglicht, öffentlich als solche aufzutreten, die zwingende Voraussetzung dafür, daß weitere (öffentliche oder von anderen Organisationen kommende) Gelder akquiriert werden können. Würde die Bürgerstiftung nicht ein gewisses Grundkapital vorweisen, würden die weiteren Finanzmittel nicht fließen. Diese instrumentell verstärkende Wirkung des Geldes wird aber zum anderen noch von einer weiteren Wirkungsdimension begleitet. Dies läßt sich bei einem genaueren Blick auf das Interviewmaterial entdecken. Im Folgenden gibt der Presseredakteur Q. eine Beschreibung, die aufschlußreich ist:

> »Aber es beginnt jetzt, also ich hab das Gefühl, daß durch diese Landesförderung zum Beispiel, jetzt gerade vorige Woche, die ja bekannt geworden ist für den Hof, und durch andere Dinge, daß da so langsam verstanden wird: Das muß wohl was Gutes sein. Ja, wir haben ja jetzt auch den Preis gekriegt, kürzlich, das heißt sie merken so langsam: Aha, da tut sich was. [...]
> Und ich glaube, daß diese Geschichte mit den Preisen, die jetzt gekommen sind, mit der Förderung und so weiter, daß also diese Nachrichten denen jetzt zum ersten Mal eigentlich gezeigt haben: Aha, das ist scheinbar doch was ganz Besonderes.« (Herr Q., 14)

Die zusätzlich eingeworbenen Gelder entfalten ihrerseits eine symbolische Wirkung, die als Anerkennung und damit als symbolisches Kapital in der Öffentlichkeit fungieren kann. Die zitierte Passage zeigt auf, wie positiv sich die Landesförderung auf das Ansehen des Projekts auswirkt. Herr Q. bezieht sich dabei konkret auf die bislang *nicht* in der Stiftung engagierten, oft skeptischen *Kohlener* Bürger. Je höher der Grad der Anerkanntheit der Stiftung im Land ist, um so höher ist er auch in der Gemeinde, und um so eher finden sich auch weitere Stifter, Spender oder Helfer. In dieser vermittelten Weise entfaltet das ökonomische Kapital also einen symbolischen Multiplikatoreffekt, vergleichbar jenem, den Bourdieu vor allem für das soziale Kapital postuliert hat.

Inkorporiertes Kulturkapital: Transformation und Redistribution

Die zweite Ressource, deren Nutzung durch die Stiftung unmittelbar augenfällig ist, betrifft das (inkorporierte) Kulturkapital. Alle Akteure, die über ihren bloßen Stifterstatus hinaus aktiv sind – sei es in den Gremien (Vorstand, Stiftungsrat, Ausschüsse), sei es durch konkrete Mitarbeit auf dem Hof oder bei anderen operativen Projekten – bringen in diese Tätigkeit ihre Bildung, ihr Know How und ihre berufliche Qualifikation ein.

Der ehemalige Bürgermeister und Landtagsabgeordnete kennt sich im Dickicht des kommunalen und landesweiten korporativen Geflechts bestens aus. Eine Schulrektorin hat Erfahrung in der Führung von Organisationen und weiß vieles über die Funktionsweise des Bildungssystems, von der administrativen Seite bis zum konkreten Erziehungsprozeß. Der Geschäftsführer der Caritas und die ehemalige Leiterin der Freiwilligenagentur stellen wertvolles Wissen über das Engagementpotential in der Stadt und über Möglichkeiten des Fundraising zur Verfügung. Die Pfarrer bringen ihre Kenntnis der Gemeindeführung ebenso ein wie das Wissen über Kooperationsmöglichkeiten mit den Kirchen. Sparkassendirektoren können finanzielle Fragen klären, die Landschaftsgärtnerin gestaltet den Bauerngarten des Jugend-Hofs. Selbst jenseits des Stifterstatus steuern *Kohlener* Firmen schließlich berufliche Qualifikationen bei, durch die der Wiederaufbau des verfallenen und später sogar noch abgebrannten Bauernhofs relativ zügig und kostengünstig bewerkstelligt werden konnte.

Diese Investitionen von inkorporiertem Kapital, die engagierte Akteure im Rahmen der Stiftung vornehmen, scheinen für den Erfolg der Organisation fast noch wichtiger zu sein als der bloße Geldzufluß. So macht Herr L. mit einem Blick auf seine Tätigkeit im Bauernhofprojekt deutlich, welche Rolle diesem Projekt zukommt – gerade angesichts der Tatsache, daß kürzlich die letzte Zeche in der traditionellen Bergbaustadt *Kohlen* geschlossen werden mußte:

»Und wir... die Bürgerstiftung kann über diesen Hof auch diesen Prozeß in dem Punkte mit leisten, daß also die jungen Menschen, die also früher von Zechen versorgt wurden, jetzt über den Hof an die Arbeit heran geführt werden. Wir können sie nicht alle auf Dauer beschäftigen, aber vorübergehend in eine Tätigkeit bringen, woraus sie herauswachsen können in einen anderen Beruf oder in eine andere Tätigkeit. Das ist ein hoher Anspruch mit erheblichem Einsatz von auch Menschen, die in der Lage sind, die jungen Leute zu führen. Wenn Sie jemand haben, der gut ausgebildet ist, motiviert ist, den zu beschäftigen, ist eine Leichtigkeit. Der will was werden. Aber einen Menschen, der ansonsten keine Perspektive hat, dem müssen Sie erst mal beibringen, daß man nicht nur eine Viertelstunde arbeitet, daß man auch zwei, drei Stunden an einem Stück arbeiten muß oder tätig sein kann. Sie können sich gar nicht vorstellen, wie schwierig es ist, die Jugendlichen oder die Schüler, die zum ersten Mal zum Hof kommen, überhaupt an Arbeit heran zu führen. Das lernen die nirgendwo hier. Das gibt es nicht bei solchen Menschen. Erst dann, wenn sie von der Schule vielleicht mal ein Praktikum irgendwo geleistet haben – aber sonst gibt es das nirgendwo.« (Herr L., 10)

Das Hofprojekt als »Flaggschiff« der Stiftung lebt davon, daß die ehrenamtlichen – später teilweise auch die hauptamtlichen – Akteure inkorporiertes Kulturkapital in Form von Arbeitsfähigkeit und der Fähigkeit zur Betreuung junger Menschen einbringen. Diese Betreuung, das betont Herr L. noch mehrfach, ist bei den »Problemschülern«, die hauptsächlich auf den Hof kommen, ausgesprochen schwierig:

»Und wenn Sie zum Hof gehen und wissen, heute kommen die und die jungen Leute da, die sehr problematisch sind, dann müssen Sie sich schon sehr zusammen reißen, das ist schon Einigen nicht gelungen, die als die Helfenden auf dem Hof waren. Es gibt eine bestimmt Klientel von jungen Leuten, die unheimlich schwer sind, ja, je nachdem, was die für ein Wochenende hatten, ja, und... Ich will das hier nicht zu sehr beschreiben. Da muß man schon manchmal Zweifel haben, ob man das eigentlich alles leisten kann, was man sich da vor die Brust genommen hat.« (Herr L., 8)

Im Grunde könnte man die *Kohlener* Bürgerstiftung als eine Art Transformationsapparat von Kulturkapital bezeichnen. Die Aktiven bringen ihre Bildung, ihr Wissen, ihre Qualifikationen in die Stiftung ein, und die Stiftung wandelt dieses Kapital in inkorporiertes Kulturkapital für die auf dem Hof betreuten »Problem«-Schüler und -Jugendlichen um. Diese Kapitalausstattung soll es schließlich den »Klienten« der Stiftung ermöglichen, einen Einstieg in den Arbeitsmarkt zu finden und sich nach Möglichkeit dauerhaft dort zu positionieren.

Es geht dabei weniger um die Vermittlung von Wissen, Schulstoff oder gar beruflichen Qualifikationen im engeren Sinn als vielmehr um eine habituelle Eingewöhnung in die Anforderungen einer regelmäßigen Arbeit. Es sind vor allem die vielgeschmähten »Sekundärtugenden« wie Disziplin, Fleiß, Pünktlichkeit, aber auch die Fähigkeit zur Organisation von Arbeitsschritten, die bei der Tätigkeit auf dem Hof erlernt werden können. Diese Art von Kulturkapital läßt sich letztlich nur im Arbeitsprozeß selbst erlernen, und hier liegt der große Wert der »Kapitaltransformationsmaschine« Bürgerstiftung.

Festzuhalten bleibt also, daß neben dem Geldkapital, das in die Stiftung einfließt, um mit der Verzinsung dieses Grundkapitals Projekte zu finanzieren, vor allem das inkorporierte Kulturkapital der aktiven Stifter genutzt wird. Da das wichtigste Projekt der *Kohlener* Bürgerstiftung ein Jugendhilfeprojekt ist, wird hier eine Transformation und Redistribution von Kulturkapital vorgenommen: von den gut gebildeten und teilweise hochqualifizierten Stiftungsakteuren zu den schulmüden und relativ chancenlosen Jugendlichen in der Kommune.

Beziehungskapital: Der Nutzen der Netzwerke

Ein auffälliger Faktor bei der Stiftungsarbeit, der im Interviewmaterial immer wieder deutlich wird, ist ohne Zweifel das Beziehungskapital, das vor allem von der Vorständlern – und hier wiederum primär von Herrn L. – ins Spiel gebracht wird. In seiner Zeit als Arbeitsdirektor einer *Kohlener* Zeche und in seiner aktiven Zeit als Politiker hat sich dieser Akteur einen Bestand an Sozialkapital aufgebaut, der nun für die Ziele der Stiftung eingesetzt werden kann. Die befragten Aktiven beschreiben teilweise mit Begeisterung, wie die Bürgerstiftung auf die nützlichen Netzwerke zurückgreifen kann:

»Wenn der ehemalige Bürgermeister natürlich das ganze Rathaus heute noch stramm stehen lassen kann, dann nutzen wir das auch. Wenn der da rein geht und was braucht und sagt: Macht mal eben! oder sonst was, das muß man ganz deutlich sagen, also diese Strukturen nutzen wir ganz brutal aus. Also insofern sind die Beziehungen, die man hat aus seinen Umkreisen, ganz wichtig. Auch daß ich natürlich mit allen Schulen mich hinsetzen kann, weil ich eben schon so lange da drin bin, das ist natürlich auch ein Vorteil, das muß man natürlich sagen. Aber das muß ich auch sagen, das war mit Sicherheit auch so angedacht: Wenn der Herr T. durch *Kohlen* gegangen ist, hat er Leute gesucht, die in bestimmten Bereichen irgendwo ein Bein in der Tür hatten, und die sind wegen ihres Berufes dann oder wegen ihrer Beziehungen zu bestimmten Menschen dann natürlich angesprochen worden. Und es hat also durchaus kontroverse Ideen gegeben, wenn also zum Beispiel die Presse sagt: Jetzt bin ich Stifter, jetzt kann ich aber nicht mehr über Stiftung berichten und sonst was. Das kann mich nur an die Decke bringen! Sie sind da rein gekommen, *weil* Sie in der Presse sind, und nicht aus irgend einem anderen Grund!« (Frau A., 10)

Hier wird ganz unverblümt und unromantisch Klartext geredet. Akteure wurden gezielt angesprochen, weil sie in der Lage waren, die wichtige Ressource des Beziehungskapitals in die Stiftung einzubringen. Die »Ehre«, angesprochen zu werden und in den erlauchten Kreis der Gründungsmitglieder der Stiftung kooptiert zu werden, hat auf der anderen Seite die klar formulierte Voraussetzung, daß man auch etwas mitbringt in die Stiftung.

Die Bürgergesellschaft nutzt die vorfindbaren Ressourcen »ganz brutal« aus, wie Frau A. formuliert. Wer sich dieser Logik nicht fügt, wie es offenbar ein Pressevertreter versucht hat, der wird gleich als naiv abgekanzelt, weil er die Auslese tatsächlich auf den Selbstwert der eigenen Person und nicht auf die einzubringenden Ressourcen zurückgeführt hat. Dieses Beispiel zeigt besonders eindrucksvoll, wie Bürgergesellschaft nicht primär als *Quelle*, sondern als *Verbraucher* von Sozialkapital fungiert.

Die Aktivierung eines großen Netzwerks mit entsprechendem Beziehungskapital ist, ganz abgesehen von den früher zum Aufbau des Netzwerks eingebrachten Investitionen, auch mit einem großen Quantum an harter Arbeit verbunden. Dies macht eine Äußerung von Herrn L. deutlich:

»Aber Sie können sich vorstellen, mein ganzes Leben hat dazu geführt, daß ich unheimlich viele Menschen kenne, nicht nur in *Kohlen*, sondern darüber hinaus. Ich bin zehn Jahre Abgeordneter gewesen im Land Nordrhein-Westfalen und sechzehn Jahre Bürgermeister in *Kohlen*, da hat man doch die unterschiedlichsten Ansprechpartner, wo man früher auch Gutes getan hat, wo man sich jetzt vielleicht das Eine oder Andere wiederholt.

Ich tu es ja nicht für mich, sondern für die Menschen der Stadt. Und daß das über die Stiftung dann organisiert wird, das versteht sich ja von alleine. Aber es bedarf auch einer gewissen Überzeugung. Wenn ich jemanden anspreche, habe ich noch nie einen Korb bekommen. Es geht da ja auch um Hunderttausende von Marken.Ja, und es geht sogar um Millionen, ja, und diese Dinge belasten einen enorm, das kann man in Worten gar nicht fassen, was das bedeutet.

Wenn sie heute einen Antrag auf Förderung stellen, dann muß derjenige, der gibt, tausend Dinge haben, um dazu ja zu sagen. Und er muß auch überzeugt werden, daß das, was wir tun in der Stiftung, auch überzeugend ist, daß es den Zweck der anderen Stiftung trifft, ja, daß Sie sagen: Das ist ein Stück unserer gemeinsamen Arbeit in der Gesellschaft.« (Herr L., 4)

Der Arbeitsaufwand zur Aktivierung des Kapitals ist, so viel wird hier erkennbar, vor allem darauf zurückzuführen, daß die Einlösung der »Verpflichtungsgutscheine« nicht in einem luftleeren Raum erfolgt, sondern oft in einem institutionellen Rahmen, der die Mittelvergabe wiederum an formal gesetzte Regeln knüpft. Es reicht also nicht, einfach nur einen Bekannten anzusprechen und zu sagen: »Jetzt gib mir mal eine Gegengabe für die Gefallen, die ich dir früher getan habe«, sondern man muß seine Anliegen so formulieren, daß sie verfahrensgängig sind.

Interessant in dieser Passage ist auch die gleichsam entschuldigend eingezogene Formulierung, daß der Akteur die Kontakte nicht für den Eigennutz, sondern fürs Gemeinwohl, »für die Menschen der Stadt« einsetzt. Hier wird zumindest innerhalb der Interviewsituation die legitimatorische Notwendigkeit gesehen, einen ansonsten vielleicht anrüchig erscheinenden Einsatz von Beziehungskapital in einen gemeinnützigen Kontext einzubetten. Und auch hier, wie schon in einer oben zitierten früheren Passage, scheint ein Selbstbild republikanischer, uneigennütziger Identität für den Akteur wichtig zu sein als Moment der Außendarstellung.

Für die Funktionsweise von Sozialkapital in der Bürgergesellschaft indes ist eine andere Sache entscheidend, die Herr L. in einer weiteren Äußerung klar macht:

»Und die Mittel für dieses Backhaus habe ich über die RWE-Jugendstiftung mir besorgt, und diese Mittel werden für den Wiederaufbau des Backhauses eingesetzt. Da haben wir jetzt vor einer Woche die Mitteilung bekommen, daß wir die erste Rate, das sind immerhin 150.000 Mark, von der RWE-Jugendstiftung bekommen. Das ist zustande gekommen durch einen persönlichen Kontakt, den ich zu dem Vorstand habe, ein ehemaliger Kollege von mir ist da im Vorstand, und der hat mir diese Zusage gemacht.« (Herr L., 6)

Nicht die gut formulierten Anträge, nicht das Verfahrens-Know-How oder die inhaltliche Überzeugungskraft der vorgetragenen Projekte ist letztlich ausschlaggebend, sondern tatsächlich die Ausbeutung des *persönlichen* Beziehungskapitals durch die Bürgergesellschaft. Wenn man sich klar macht, daß insgesamt schon Fördermittel von weit über einer Million DM akquiriert werden konnten, dann läßt sich in etwa einschätzen, wie wertvoll das persönliche Netzwerk von Herrn L. für den Erfolg der *Kohlener* Bürgerstiftung mittlerweile geworden ist.

Der Alltag des Kapitaleinsatzes: Kleine Gefallen und Vertrauen

Nicht immer geht es jedoch im bürgergesellschaftlichen Alltag um derart spektakuläre Summen. Ebenso wichtig scheint die Vielzahl an kleinen Kontakten und Verpflichtungsnetzwerken zu sein, mit denen sich die scheinbar geringfügigen Probleme im Rahmen der operativen Projekte bewältigen lassen. In den folgenden Beschreibungen einer Mitarbeiterin auf dem Hof wird eine wichtige Logik des Kapitals erkennbar:

»Ansonsten werden wir unterstützt von *Kohlener* Firmen, Unternehmen, die uns also auch sehr wohlwollend begleiten. Also, vom Bauunternehmer, der dann den Beton mal bezahlt..., aber auch nur über persönliches Ansprechen... wenn Kalle L. dann sagt, du bist jetzt dran, du hast noch nicht, und du hast Geld genug.« (Frau C., 11)

Es ist also nicht primär der Gemeinsinn der Bauunternehmer, sondern das Sozialkapital von Herrn L., das den Ausschlag gibt. Frau C. begründet diesen Zusammenhang weiter:

»er hat eben, der war ja, ich weiß gar nicht wie viel, wie viele Jahre war der Bürgermeister, er war in der Gewerkschaft aktiv, der war Landtagsabgeordneter, hat dann in Bitterfeld als Personalchef da gearbeitet bei der Braunkohle, der ist in der Lage, der kennt einfach durch sein langes Arbeiten hier im Ruhrgebiet die Strukturen von uns allen am besten und ist auch in der Lage, Personen gezielt anzusprechen. Ich hab ihn vor kurzem mal gefragt, ob er abends im Sofa sitzt und darüber nachdenkt: Wen kenn' ich denn eigentlich noch? (lacht) Ja, meinte er, genauso ist das.« (Frau C., 12)

Gleich, ob es um die Rekrutierung neuer Stifter geht, um die Einwerbung einer Sachspende oder auch einer kleinen Gefälligkeit, um den unmittelbaren Arbeitsprozeß auf dem Bauernhof effektiver zu gestalten, immer wieder kommt Sozialkapital hier ganz im Sinne von Coleman (1991) als eine »handlungsbegünstigende Ressource« zum Einsatz. Auf dieser Ebene ist es tatsächlich die »kleine Münze«, die den Alltagsbetrieb der Stiftung aufrechterhält.

Und auch für ihre eigene Praxis des Einbringens von Sozialkapital in die Stiftung macht Frau C. deutlich, daß es nicht etwa der korporative Akteur, die Stiftung ist, die hier eigene Ressourcen zur Handlungsbegünstigung einbringt, sondern daß es die persönlichen Ressourcen der Engagierten sind, die für die Projekte der Bürgergesellschaft aktiviert werden. Nicht die Stiftung als Kollektiv fragt nach Hilfe, sondern die Landschaftsgärtnerin mobilisiert Ressourcen aus ihrem alten Arbeitsplatz:

»Also das ist nicht so, daß jetzt die Stiftung allgemein da anruft und sagt: Wir hätten mal gerne, sondern ich war eben im Gartenamt fast 20 Jahre, ein Großteil der Kollegen sind ja noch da, wo man anrufen kann und sagen: Wir bräuchten mal, hättet ihr mal, und wir bräuchten den Spaten mal geliehen, und, eh, könnt ihr uns mal den Steiger leihen für 'ne Stunde? Das läuft schon, ne? Dann in der, jetzt läuft ja zur Zeit gerade das Baugenehmigungsverfahren, das ist sehr umfangreich, weil das im Gebäude im Außenbereich ist, so daß also alle möglichen Stellen beteiligt sind von der, vom Kreis über, über die Landwirtschaftskammer und, und, und.... Da läuft natürlich auch vieles ein bißchen reibungsloser durch persönliches Kennen und Abstimmen.« (Frau C., 12)

An anderer Stelle schließlich wird deutlich, daß auch andere Institutionen nur über persönliche Kontakte genutzt werden können. So hat das THW an mehreren Samstagen trockene Bäume auf dem Grundstück des Hofes gefällt:

»Auch das funktioniert nur über das persönliche Ansprechen, daß man eben den Orts... wie heißt das denn?..., den Ortsvorsitzenden, den eben auch der L. kennt, und der sagt: Kannst da mal mit deinen Jungs kommen und dann mit den Motorsägen... und dann haben die also mehrere Samstage mit Sägen ihren Einsatz gemacht, und für die ist das dann eben ´ne Übungsstelle, denn so oft können die ja nicht üben.« (Frau C., 13)

Viele Dinge, die sonst über den normalen »Dienstweg« laufen müßten oder gar nicht möglich wären, werden über die persönlichen Beziehungsnetzwerke, über bestehende Verpflichtungen und Erwartungen ermöglicht. Die persönliche Bekanntschaft und das damit verbundene Vertrauenskapital – die Annahme, daß der »gute Zweck«, für den der um einen Gefallen bittende Akteur mit seinem guten Namen einsteht, auch tatsächlich gegeben ist – fungieren hier tatsächlich als eine handlungsbegünstigende Ressource, die in großem Maße Kosten einsparen läßt.

In den Ausführungen von Frau C. wird schließlich noch ein letzter wichtiger Aspekt des Einsatzes von Sozialkapital erkennbar:

»Der NABU [Naturschutzbund, L.V.], der auch hier in *Kohlen* sehr aktiv ist, guckt auch noch etwas skeptisch, so. Wir haben schon unterschiedliche Ausgangspunkte, wir wollen einen wirtschaftlich arbeitenden landwirtschaftlichen Betrieb haben und können da nicht immer ganz so, wie das der NABU gerne hätte. Also wir haben jetzt zum Beispiel Obstbäume bepflanzt, und das sind kleine Obstbäume, so Büsche, und für den wahren Ökofreak müssen das natürlich Großstämme sein, das Obst muß liegen bleiben. Da gibt's dann Gespräche, keine offiziellen, das ist einfach auch nur, man kennt eben den Vorsitzenden vom NABU, das war, das is 'n alter Bergmann, Gewerkschaftsmann, der natürlich uns auch alle kennt.« (Frau C., 13)

Die unspektakulären Formen des Sozialkapitals, die sich über persönliche Bekanntschaften innerhalb der Gemeinde *Kohlen* herstellen, fungieren also nicht nur als Verpflichtungsgutscheine für kleine Gefallen, sondern auch als Vertrauenskapital. Und dieses Vertrauenskapital der persönlichen Bekanntschaft läßt sich dann auch als handlungsbegünstigende Ressource bei der Konfliktregulierung innerhalb der bürgergesellschaftlichen Zusammenhänge verwenden.

Gegenseitiges Kennen und Anerkennen ermöglicht eine Vertrauensbasis, auf der man inoffizielle Gespräche führen und so manchen Konfliktstoff gleichsam schon im Vorfeld entschärfen kann. Damit verhindert man beispielsweise öffentliche Auseinandersetzungen, von denen beide zivilgesellschaftlichen Organisationen Schaden nehmen könnten.

Institutionelles Kapital: Korporative Mitgliedschaften

Im Hinblick auf institutionelles und politisches Kapital lassen sich zwei Nutzungsweisen durch die Bürgerstiftung unterscheiden. Der erste Bereich, der in Kapitel 5.6 noch ausführlich zu behandeln ist, betrifft die institutionellen Strukturen von Staat, Verbänden und korporatistischer Kooperation. Die teils förderlichen, teils einengenden Wirkungen der Einbindung in dieses institutionelle Geflecht sind von so zentraler Bedeutung für die Funktionsfähigkeit von Bürgergesellschaft, daß sie eine eigene Betrachtung erfahren müssen.

Institutionelles Kapital wird aber in kleinerer Münze auch innerhalb der Bürgerstiftung genutzt. So fällt auf, daß sich in der Gruppe der Stifter auch bislang drei korporative Mitglieder befinden: zwei Banken und eine Wohnungsbaugesellschaft.

Diese korporativen Mitglieder können von der Stiftung als institutionelles Kapital genutzt werden. So erwies sich die Nähe zu den Banken als ausgesprochen hilfreich bei der Erlangung eines Kredits, der für den Erwerb des Bauernhofs notwendig war. Über solche unmittelbaren Hilfen hinaus markieren die korporativen Mitglieder jedoch auch ein symbolisches Kapital: Wenn sich seriöse Unternehmen in den Kreis der Stifter einreihen, dann kann damit auch das symbolische Kapital der Stiftung insgesamt angehoben werden. Und umgekehrt wiederum können die korporativen Akteure durch ihr nach außen hin dokumentiertes gemeinnütziges Engagement Imagegewinne verbuchen, die durchaus marktrelevant sein können.

Kapitalverbrauch und Kapitalvermehrung

Die Beschreibung, die in den vorangehenden Abschnitten entfaltet wurde, deutet tatsächlich darauf hin, daß Bürgergesellschaft in hohem Maße die Ressourcen, die individuelle Akteure einbringen, für sich in Anspruch nimmt. Dies wirft jedoch eine Frage auf, die für die Kosten-Nutzen-Bilanz der Beteiligten von großer Bedeutung ist: Wird bei diesem Prozeß Kapital verbraucht oder vermehrt? Diese Frage ist nicht vorschnell zu beantworten, da die verschiedenen Kapitalien hierbei einer unterschiedlichen Logik zu gehorchen scheinen. Beim Geld liegt die Sache noch relativ einfach. Wenn ich das Geld für ein Verbrauchsgut ausgebe, dann ist es mit der Zahlung weg. Wenn ich es dagegen in einen Investitionsprozeß einfließen lasse, dann besteht – mit je verschiedenen Kontingenzfaktoren – die Möglichkeit, daß es sich vermehrt.

Beim inkorporierten Kulturkapital (das in den Wirtschaftswissenschaften als Humankapital bezeichnet wird) ist die Frage ebenfalls vergleichsweise klar zu beantworten. Die Nutzung des Kapitals, die zugleich eine Erprobung in der Praxis, und das heißt: unter sich verändernden Rahmenbedingungen darstellt, ist immer zugleich ein Lernprozeß. Das Kapital schmälert sich also in der Nutzung nicht, sondern es nimmt zu. Jede Anwendung ist gewinnbringend, es sei denn, es handelt sich um stumpfe Routinearbeiten. Bürgergesellschaft ist also dort, wo die individuellen Akteure ihr Kapital einbringen, geradezu eine Qualifikationsagentur, die das dort investierte inkorporierte Kulturkapital vermehrt.

Weniger eindeutig liegt die Sache beim Sozialkapital. Auf der einen Seite hat die empirische Netzwerkforschung gezeigt, daß eine regelmäßige Inanspruchnahme von Unterstützung durchaus das Netzwerk stärkt, wenn ein bestimmtes Maß nicht überschritten wird. Das Kapital erneuert sich gleichsam in der Nutzung. Auf der anderen Seite ist klar, daß Geben und Nehmen mit einer gewissen Symmetrie erfolgen muß. Wer immer nur nimmt, aber nichts gibt, der hat sein Kapital bald aufgebraucht. Anders formuliert: Wenn man bei seinem Gegenüber einen Gefallen gut hat und somit eine Art Verpflichtungsgutschein in der Hand hält, kann man diesen bei Gelegenheit einlösen. Vielleicht darf man auch beim zweiten Mal um einen Gefallen bitten. Spätestens beim dritten Mal aber wird sich die Frage einstellen, wann denn von der eigenen Seite wieder eine Gegengabe erfolgen muß.

An dieser Stelle wird deutlich, daß die Nutzung von Sozialkapital tatsächlich Verbrauchscharakter hat. Das Kapital, das ein individueller Akteur einbringt, wird zum Gewinn der bürgergesellschaftlichen Organisation und auf Kosten der Privatperson genutzt, der den »Verpflichtungsgutschein« ja schließlich auch für private Zwecke hätte einlösen können. Der Kontakt zum Vorstand der RWE-Jugendstiftung, um diesen Fall noch einmal aufzugreifen, hätte auch genutzt werden können, um einen Job oder ein Stipendium für die Angehörige einer befreundeten Familie zu besorgen. Die Kapitalnutzung für die Zwecke der Bürgerstiftung erweist sich somit gleichsam als eine Spende von Sozialkapital, die allerdings wiederum für den handelnden Akteur nicht nur als Kosten zu Buche schlagen muß. Der selbstlose Einsatz des eigenen Netzwerks für das gemeinnützige Ziel der Stiftung, der in vielen Äußerungen der Befragten lobend erwähnt wird, kann nämlich zu Gewinnen auf der symbolischen Ebene von Anerkennung und Ansehen führen. Je mehr Altruismus in einer Handlung vermutet wird, um so mehr Anerkennung kann ein Akteur damit erzielen. Aus dem investierten Sozialkapital kann, unter Berücksichtigung gewisser Transformationskosten und Kontingenzen (wird der Einsatz auch wahrgenommen und als gemeinsinniger Akt anerkannt?), symbolisches Kapital erwachsen.

Symbolisches Kapital und Benennungsmacht

Bei der Betrachtung von Kapital als Voraussetzung und Zugangsschranke der Bürgergesellschaft (Kap. 5.4.1) ist schon darauf hingewiesen worden, daß im Konstruktionsprozeß, der mit sozialtechnologischer Präzision durchgeführt wurde, auch das symbolische Kapital eine erhebliche Rolle gespielt hat. Allein die Besetzung der Vorstandspositionen zeigt, daß das Ansehen der Akteure hier eine große Rolle spielt: der populäre ehemalige Bürgermeister und Landtagsabgeordnete, eine durch ihr früheres Engagement schon öffentlich bekannt gewordene Ärztin und eine Schulrektorin, die mit ihren Reformprojekten auch überregionale Aufmerksamkeit findet, sie alle bringen ihren guten Namen für die Stiftung ein. Und es war erkennbar geworden, daß dieser gute Name der Vorständler im öffentlichen Erscheinungsbild der Stiftung tatsächlich als ein symbolisches Kapital zu Buche schlägt. Aus dem guten Ansehen der Personen ergibt sich ein positives Image der Organisation.

Zudem ist das symbolische Kapital der Anerkanntheit und des Ansehens in der Gemeinde verbunden mit Benennungsmacht in der kommunalen Öffentlichkeit. Aufgrund ihrer lokalen Prominenz haben die Personen, auch diejenigen, die im Stiftungsrat tätig sind, Zugang zu den Medien und Gewicht im öffentlichen Diskurs. Die grundsätzliche Wohlgesonnenheit der Presse war ja schon allein dadurch gesichert worden, daß man die relevanten Akteure in das Stiftungsprojekt mit eingebunden hatte.

Das bedeutet allerdings nicht automatisch, daß wir es hier mit ausgebufften Öffentlichkeitsprofis zu tun hätten. So berichtet die Stiftungsvorsitzende davon, daß es durchaus gewöhnungsbedürftig war, derart ins Licht der Öffentlichkeit zu rücken:

»Das hat zu Anfang schwierige Seiten gegeben, weil es sehr aufregend ist, sich plötzlich in der Zeitung wiederzufinden. Und alles was sie sagen, hängt ja auch sehr stark von der Einstellung dessen, der sie interviewt, ab. Und dann standen manchmal Dinge in der Zeitung, die nicht richtig stimmten, wo sie nicht richtig zugehört haben, oder, oder noch mal eine nicht so positive Einstellung uns gegenüber..., aber, das, ... [...] Das hat sich auch verändert, unsere Akzeptanz ist sehr viel größer geworden. Und dann gewöhnt man sich dran, dann habe ich auch gelernt, das einfach abzuschütteln. Es ist eben so, und die Hauptsache man redet über uns. ... Ich hab mich gewöhnt, ja... Und ich hab jetzt keine Angst mehr, morgens die Zeitung aufzuschlagen, sondern es ist eben so.« (Frau B., 5)

Die Akteurin hat also im Verlauf der Zeit Routinen gewonnen und eine gewisse Professionalität im Umgang mit der Presseöffentlichkeit entwickelt. Die Regel »Hauptsache man redet über uns« kann durchaus als eine grundsätzliche Einsicht in das Handwerk der PR gewertet werden. Die Stiftung als bürgergesellschaftliche Organisation kann somit nicht nur den guten Ruf und die relative Prominenz der Akteure nutzen, sondern auch die Erfahrungen und Qualifikationen, die diese während ihrer Stiftungsarbeit gewinnen.

Die dunkle Seite des symbolischen Kapitals: Dauerbeobachtung und Kontrolle

Nicht nur Sozialkapital hat eine »dunkle Seite«, wie im Anschluß an Portes und Landolt (1996) schon im Theorieteil ausgeführt und dann auch im Hinblick auf die *Kohlener* Bürgerstiftung empirisch konkretisiert wurde. Auch symbolisches Kapital und Benennungsmacht sind mit einer Kehrseite ausgestattet, die für die beteiligten Akteure zu einer realen Belastung werden kann. Diese wurde in der gerade zitierten Interviewpassage sehr dezent und indirekt erkennbar, als die Stiftungsvorsitzende mehrfach betont, sie habe sich »daran« gewöhnt und gelernt, »das einfach abzuschütteln«.

Gemeint ist hier wohl die Tatsache, daß eine derart exponierte Stellung im öffentlichen Raum ein erhebliches Moment von sozialer Kontrolle bedeutet. Das Aufmerksamkeitsprivileg moderner Eliten ist, dies hatte Thomas Macho (1993) analysiert, ein passives: Man beobachtet nicht, sondern man wird beobachtet, und zwar dauerhaft. Jeder Fehler, den man in Ausübung seiner Funktion, also hier als Vorsitzende und erste Repräsentantin der Stiftung begeht, kann nicht nur in einen Imageverlust der Stiftung münden, sondern auch in einen persönlichen Gesichtsverlust, der ohne weiteres auf die Privatsphäre durchschlägt.

Mit diesem dauerpräsenten Risiko für die eigene Person ist aber noch ein weitergehendes Problem verbunden. Der Erwerb des lokalen Elitenstatus bewirkt, daß nun auch die Privatperson deutlich mehr Aufmerksamkeit auf sich zieht. Sie kann nicht nach Belieben in die Anonymität abtauchen, da Name und Gesicht in der Gemeinde bekannt sind. Wenn nun ein unbekannter Akteur kleinere Regelverstöße begeht, dann wird er zwar zur Ordnung gerufen, aber weitergehende Konsequenzen hat dies meistens nicht. Wenn jedoch ein Mitglied der lokalen Prominenz solche Delikte begeht, stellt sich schnell auch ein öffentlicher Skandal ein. Eine Stiftungsvorsitzende, die öffentlich einen über den Durst tränke, die Zeche prellte oder sich in derangiertem Erscheinungsbild sehen ließe, provozierte nicht nur Negativschlagzeilen für die Stiftung, sondern wäre auch als Privatperson dem allgemeinen Spott, wenn nicht sogar in der Folge einer sozialen Exklusion ausgeliefert.[37]

Fazit: Im theoretischen Diskurs über Bürgergesellschaft und Sozialkapital wurde immer wieder darauf hingewiesen, daß Bürgergesellschaft als eine *Quelle* des Kapitals fungiert, die dann von den Bürgern genutzt werden kann:

Sei es, daß in der Perspektivik des Colemanschen Ansatzes individuelle Akteure Bürgergesellschaft nutzen, um darüber Beziehungskapital, den Zugang zu Netzwerken oder Vertrauensressourcen zu gewinnen, wie im vorangehenden Kapitel aufgezeigt wurde.

Oder sei es, daß die Kollektive selbst Sozialkapital aufweisen und davon profitieren, indem die Funktionsfähigkeit der demokratischen Institutionen oder auch die wirtschaftliche Performance verbessert wird, wie dies in der Sichtweise von Putnam oder Fukuyama postuliert wird. Beides kommt dann indirekt auch wieder dem Nutzen des einzelnen Bürgers zugute.

Übersehen wurde dabei, daß zunächst einmal die Bürgergesellschaft – konkret formuliert, die zivilgesellschaftlichen Organisationen, in denen man sich engagiert – ihrerseits die Kapitalressourcen der Bürger »anzapft« und für die Zielerreichung der Organisation einsetzt. Die individuellen Akteure bringen ihre Kapitalien ein, um sie für die gemeinnützigen Zwecke der Organisation gewinnbringend zu verwenden. Gerade in dieser Investition liegt nüchtern betrachtet das Kernstück bürgerschaftlichen Engagements. Dieser Investitionsprozeß ließ sich am Beispiel der *Kohlener* Bürgerstiftung präzise erkennen.

5.5.2 Bürgertugend und Gemeinsinn: Das soziale Kapital der Gemeinschaft

Im vorangehenden Kapitel konnte gezeigt werden, wie bürgergesellschaftliche Organisationen die von den Individuen eingebrachten Ressourcen vom Geld über Qualifikation und Bildung bis zu den Beziehungsnetzwerken in Anspruch nehmen. Im Folgenden soll nun untersucht werden, inwieweit neben diesen individuellen Kapitalien der kulturell verankerte Gemeinsinn der Bürger für die Funktionsfähigkeit von Bürgergesellschaft relevant ist.

---

37 Wie der Status einer »öffentlichen Person« mit Kontrolle und Zwang verbunden ist, macht eine empirische Studie über Ordensträger deutlich; siehe dazu Vogt (1998).

Vita Activa und republikanische Identität: Die biografische Dimension

Alle drei Vorstandsmitglieder der *Kohlener* Bürgerstiftung kommen in ihren Ausführungen darauf zu sprechen, daß sie bereits lange vor der Gründung der Stiftung in Zusammenhängen freiwilligen Engagements tätig waren. Am offensichtlichsten ist dieser Sachverhalt bei dem ehemaligen Bürgermeister, der über viele Jahre hinweg ehrenamtlich die Stadt regiert und repräsentiert hat. Neben dieser politischen Tätigkeit, die in Form eines Landtagsmandats für zehn Jahre auch in eine hauptberufliche Funktion gemündet hatte, war und ist Herr L. auch beim Diakonischen Werk ehrenamtlich aktiv. Die Arbeit auf dem Hof sowie als Schatzmeister und Vorstand der Bürgerstiftung ist also hier eingebettet in einen längeren biografischen Vorlauf.

Auch Frau B., die Stiftungsvorsitzende, kann auf frühere Aktivitäten bürgerschaftlichen Engagements zurückblicken. Sie berichtet: »Ich war früher in einer Bürgerinitiative, eine Kontra-Bewegung in den siebziger Jahren, da hab' ich auf den Barrikaden gestanden und war APO, fand das also richtig spannend« (Frau B., I, 6). Die eigene Einschätzung, die Zeit »auf den Barrikaden« sei »richtig spannend« gewesen, verweist in diesem Zusammenhang darauf, daß bürgerschaftliches Engagement für sie eng zusammenhängt mit Erlebniswert, mit Spaß und mit Selbstverwirklichung.

Zugleich betont Frau B. jedoch, daß ihr Engagement im Kern angetrieben gewesen sei durch ihr Interesse am »Leben in dieser Stadt«. Die Alternative, im Rahmen einer politischen Partei aktiv zu werden, habe sie dabei immer abgelehnt, weil dort die inhaltlichen Spielräume für das eigene Denken und Handeln nicht weit genug seien: »Ich habe immer darauf geachtet, daß ich mich frei bewegen konnte, daß ich sagen konnte was ich wollte. Deswegen bin ich auch nie in eine Partei gegangen.« (Frau B., I, 6)

Noch deutlicher wird die biografische Kontextualisierung des aktuellen Engagements bei Frau A., dem dritten Mitglied des Vorstands. Frau A., die als Schuldirektorin noch voll im Berufsleben steht, verweist im Interview darauf, daß sie schon über lange Zeit hinweg im Rahmen ihrer Kirchengemeinde politisch aktiv war. Sie betont mehrfach, daß es hier nicht nur um eine normale karitative Gemeindearbeit ging, sondern tatsächlich um ein im engeren Sinne politisches Feld, auf dem sich die Kirchengemeinde betätigt hat:

»Ich war sehr, sehr lange in der Kirchengemeinde engagiert, und die Kirchengemeinde, zu der ich gehöre, hat sich immer als Vertreter aller Menschen, die in irgendeiner Weise Hilfe bedurften, verstanden. Das heißt also, diese Kirchengemeinde hat sich durchaus im politischen Raum immer bewegt, und auch ganz deutlich bewegt. Also, es hat in *Kohlen* mehrere Phasen gegeben, als Dinge Menschen betroffen haben, wo die Kirche sich engagiert hat. Also, beispielsweise haben wir mal als Kirche verhindert, daß eine Riesen-Nord-Süd-Achse in *Kohlen* gebaut wurde, die dieses Gemeindemodell insgesamt geteilt hätte. [...] Und dann, was ich eben gesagt habe, mit dieser Müllverbrennungsanlage, die in *Kohlen* lange Zeit sehr, sehr bedrohlich war, und diese Haldengeschichten – da schüttete man in *Kohlen* Halden auf, ohne zu wissen, welche Emissionen da so rauskamen [...] Das sind immer so Punkte, wo sich diese Kirchengemeinde sehr, sehr deutlich engagiert hat und auch deutlich Stellung bezogen hat, und immer gesagt hat: Wir sind Sprachrohr für Menschen, die alleine sagen: Ich kann sowieso nichts machen. Und aus dieser Geschichte heraus ist eher dieses Engagement zu verstehen.« (Frau A., 5f)

Mit dieser Schlußwendung macht Frau A. deutlich, daß sie ihre aktuelle Tätigkeit in der Bürgerstiftung als konsequente Fortsetzung ihres früheren Engagements in der Gemeinde verstehen will. Es gehört für Frau A. zum Selbstbild, daß sie in bürgergesellschaftlichen Institutionen für andere Menschen, die dazu nicht fähig sind, »Sprachrohr« ist. Sie führt eine öffentliche Existenz in dem Sinne, daß sie an exponierter Stelle agiert und sich in die öffentlichen Angelegenheiten ihrer Stadt einmischt.

War ihr primärer Kontext früher die Kirchengemeinde, so stellt dies heute die Bürgerstiftung dar. Das Engagement in der Gemeinde wie in der Stiftung erscheint als Moment eines republikanischen Identitätsentwurfs, als Moment einer *Vita Activa* im Sinne Hannah Arendts, wie er vor allem in der traditionellen Theorie von Bürgergesellschaft als tragendes Fundament der politischen Gemeinschaft angesehen wurde. Die Dimension des Republikanismus als Identitätsmuster zählt Bürgertugend und Gemeinsinn zu den konstitutiven Bestandteilen einer gelungenen Existenz. In der Biografie der Aktiven stellt das Engagement daher auch keinen Bruch, eine Konversion oder einen Neubeginn dar, sondern die Fortschreibung von Mustern, die bereits seit langer Zeit wirksam sind.

Der lokale Bezug des Engagements

Auf der Suche nach den konkreten Motiven für das Engagement gerade in *dieser* Organisation *Kohlener* Bürgerstiftung begegnet man im Interviewmaterial immer wieder einer weiteren wichtigen Dimension: der Lokalität des Handelns. Hierzu führt Frau A. über die Zeit *vor* der Stiftungsgründung aus:

»Wir haben in den Jahren vorher schon häufiger mit sehr engen Freunden, denen, die sich sehr gut hier in *Kohlen* auskennen, immer wieder zusammengesessen und über *Kohlen* gesprochen, wir wußten was auf die Stadt zukam, da wir einen sehr engen Kontakt zur Bergbauspitze haben, privat, und da die Strömung manchmal eher mitkriegen – auch wenn die sehr verschlossen sind –, als es politisch dann öffentlich gemacht wurde. Und da haben wir immer gesagt, wir müssen etwas tun, diese Stadt muß etwas machen.« (Frau B., I, 6)

Frau A. legt also dar, daß es die konkreten Probleme in der eigenen Heimatstadt waren, die sie zur Mitarbeit in der Bürgerstiftung bewegt haben. Die zu

Beginn des Kapitels geschilderte Situation einer von Zechenschließungen bedrohten und dann auch betroffenen Stadt wird hier noch einmal als Ausgangspunkt der Engagementbereitschaft sichtbar. Symptomatisch für die spezifische Form von Lokalpatriotismus,[38] die sich in der Bürgerstiftung ausdrückt, ist die Formulierung am Ende des Zitats. Hier kommt es sprachlich zu einer Identifikation zwischen »der Stadt« und »wir«. Während der sonst übliche Sprachgebrauch mit »der Stadt« in der Regel die Kommune meint, die als staatliche Körperschaft und als Verwaltungsapparat irgendwelche Maßnahmen zu ergreifen habe, damit es den Bürgern besser geht, zeigt die Formulierung von Frau B., daß die Bürger sich hier selbst aktiv als »die Stadt« sehen, als handelnde Größe, die kommende Probleme in Angriff nehmen muß.

Eine ganz ähnliche Stoßrichtung findet sich auch in den Ausführungen des Unternehmers und Stifters K.:

»Dann war es irgendwann eines Tages so weit, daß wir genügend Menschen hatten, die gesagt hatten, jawohl, da würden sie mitmachen, auch aus dem Bewußtsein heraus, daß Bürger, denen es noch gut geht, daß sie auch eine Verantwortung für ihre Gemeinde haben. Und daß man nicht auf den Staat warten kann, denn der Staat schafft keine Arbeitsplätze, der Staat ist kein Arbeitgeber in aller Regel [...] Also muß man versuchen, die Bürger zu mobilisieren, die das Schicksal selbst in die Hand nehmen.« (Herr K., 2)

Herr K. macht hier klar, daß Bürgertugend für ihn vor allem heißt, Verantwortung für die eigene Gemeinde zu übernehmen und diese Verantwortung nicht anderen und schon gar nicht dem Staat zuzuschieben. Hier wird das »klassische« Selbstverständnis von Bürgergesellschaft artikuliert, wie es vor allem in der liberalistischen Tradition von Locke bis Dahrendorf formuliert wurde: Nicht das Warten auf den Staat, sondern selbstgesteuerte Eigenaktivität ist die Lösung für anstehende Probleme.

Wie sich diese Probleme, die den Anstoß für das Engagement in der *Kohlener* Bürgerstiftung gaben, konkret vor Ort darstellen, das wird in der Beschreibung der Landschaftsgärtnerin C. deutlich, die nicht dem Vorstand angehört, aber tagtäglich beim Aufbau des Hofes mitarbeitet:

»Ja, also das is so, ... wir haben 'ne hohe Arbeitslosigkeit, die schlägt sich auf die ganze Stadt nieder, die Geschäfte, die schließen, und wenn neue eröffnet werden, sind es oft Billigmärkte, der Anteil dieser Billigketten ist sehr groß, und das führt dann wiederum dazu, daß die *Kohlener*, die einkaufen wollen, sich dann hier nicht mehr wohl fühlen und nach Sendershöfen fahren, schimpfen, und aber auch keine Perspektive sehen, daß sich das ändert.« (Frau C., 14)

---

38 Zum Lokalpatriotismus als Motivation für politisches Engagement siehe jetzt auch Schubert (2002).

Es ist also eine Veränderung der Stadt, die sich sinnlich wahrnehmbar im Stadtbild äußert, welche hier zum Bezugspunkt der Besorgnis wird. Längerfristig, so führt Frau C. weiter aus, kommt es durch Arbeitsplatzwegfall und sinkenden Wohnwert dann auch zu Abwanderungen und Überalterung. Und genau diesem Prozeß der Überalterung versucht man in der Stiftung entgegenzusteuern, indem man die jüngere Generation mit dem Jugendhilfeprojekt auf dem Bauernhof zum Zielpunkt der Aktivitäten macht: »Bei *der* Stadt ist das lebenswichtig, daß die Jugend hier bleibt.« (Frau C., 11)

Der lokale Bezug der Stiftung kommt schließlich auch in der alltäglichen bürgergesellschaftlichen Praxis zum Tragen. Man greift bei den Arbeiten, die im Zusammenhang mit dem Hofprojekt anstehen, gezielt auf örtliche Firmen zurück. Dies bewirkt zum einen, daß örtliche Unternehmen gefördert werden. Zum anderen wiederum sind gerade diese ortsansässigen Unternehmen eher bereit, durch Sonderkonditionen indirekt Spenden für das Stiftungsprojekt zu leisten: »Wir wollen jetzt nicht unbedingt mit 'ner Firma aus Holland irgendwas tun, sondern mit *Kohlener* Firmen.« So wird konkret von einem Dachdeckerbetrieb berichtet, der die Dachziegel zum Fabrikpreis geliefert hat, weil der örtliche Dachdecker mit dem Ziegelhersteller gesprochen und um Sonderpreise gebeten hatte. (Frau C., 11)

In diesem lokalen Bezug des Engagements, wie er sich in den Äußerungen der Aktiven ebenso wie in der Handlungsstrategie der Stiftung zeigt, wird im Grunde eine lange Tradition republikanischen Selbstverständnisses sichtbar. Die Konzentration des Gemeinsinns auf die jeweils eigene, vor Ort gegebene Gemeinschaft zieht sich wie ein roter Faden durch die verschiedenen Theorieansätze hindurch: von den römischen Tugendidealen über Tocquevilles Beschreibung des amerikanischen Lokalpatriotismus bis hin zur Rechtfertigung partikularistischer Bezugsgemeinschaften bei den heutigen Kommunitariern.[39]

Im Unterschied zu den großen Wohlfahrtsverbänden oder landesweit operierenden Nonprofit-Organisationen geht es dem Organisationstyp der Bürgerstiftung um gemeinnützige Projekte *vor Ort*. Daß dieser lokale Bezug des Engagements tatsächlich auch für die Akteure eine relevante Größe darstellt, wird in den Interviews deutlich sichtbar.

In diesem örtlichen Bezug des Gemeinsinns wird aber letztlich auch deutlich, daß sich Bürgertugend und nutzengeleitetes Handeln in der Funktionsweise der Bürgergesellschaft engstens verflechten können. Denn die Verankerung des Engagements vor Ort bewirkt nicht nur, daß man die Wirksamkeit

---

39 Siehe dazu etwa den Beitrag »Ist Patriotismus eine Tugend?« und die darin enthaltene Rechtfertigung des Partikularismus von Alasdair MacIntyre (1993). Das Problem ist deshalb von grundsätzlicher Bedeutung, weil hier die Werte Universalismus und Partikularismus gegeneinander abgewogen werden müssen.

des eigenen Tuns im unmittelbaren Umfeld auch sehen und beobachten kann, was ohne Zweifel motivationssteigernd wirkt.

Sondern es wird hier auch das von Tocqueville (1985: 254) angesprochene »wohl-verstandene Eigeninteresse« sichtbar: Von der Verbesserung der Verhältnisse in der eigenen Gemeinde, von der Aufrechterhaltung der sozialen Ordnung profitieren natürlich primär diejenigen Bürger, die dort wohnen.

Zwar gibt es hier, wie bei jedem Kollektivgut, auch zahlreiche Trittbrettfahrer, die profitieren, ohne zu investieren. Aber es wird doch deutlich, daß diejenigen, die sich in der Form gemeinnützig engagieren, letztlich auch selber einen Nutzen von diesem Engagement haben können, indem sie den Lebens- und Wohnwert des eigenen Umfelds verbessern.

Gemeinsinn versus Eigennutz

In den Gesprächen mit dem Vorstand der Bürgerstiftung ist an einer Stelle sogar eine offene Verteidigung des Gemeinsinns gegenüber unterstellten eigennützigen Motiven erfolgt. Konkret handelt es sich um Herrn L., der mit seinem ständigen Fundraising für die Stiftung und der leitenden Funktion beim Hofprojekt ein ausgesprochen hohes Maß an Zeitinvestitionen erbringt. Im Zusammenhang mit dem Jugendhof, dessen alter Name zufälligerweise fast gleichlautend mit dem Nachnamen von Herrn L. ist, berichtet er von Leuten, die vermuten, er engagiere sich dort so stark, weil er sich dafür erhebliche symbolische Gratifikationen erhoffe:

»Viele sagen: Der L., der dreht da ein ganz großes Ding. Und vielleicht sagt der eine oder andere: Der L. will sich da ein Denkmal setzen. Da hab ich überhaupt kein Interesse dran. Das höre ich auch hier und da. Die sagen: Du bist verrückt. Du hast so viel im Leben gearbeitet, und jetzt hängst du dir das noch ans Bein. Aber ich bin da dran gekommen wie die Jungfrau zum Kind.« (Herr L., 8)

Herr L. will also in dieser Sequenz deutlich machen, daß die Arbeit auf dem Bauernhof und sein Engagement im Vorstand der Stiftung keineswegs das Resultat einer geplanten Strategie sind, an deren Ende Ruhm und Ehre stehen. Statt dessen betont er, daß seine Aktivitäten für die Stiftung einerseits der Einsicht in eine Notwendigkeit entspringen – wenn ich es nicht tue, wird es auch niemand anderer tun –; und andererseits wird das Motiv der Verpflichtung gegenüber der Gemeinschaft herausgestellt. Diese Deutung wird auch bestätigt durch eine zweite Passage, die der oben zitierten im Interview direkt folgt:

»Und ich habe eben ja schon mal angedeutet, wenn da nicht einer da ist, der Motor spielt, dann kriegen Sie das Getriebe sehr schnell zum Stillstand. Und das Getriebe muß, auch dann, wenn's tageweise nur langsam sich dreht, aber in Bewegung gehalten werden. Und das ist in einer Stiftung mit diesem Anspruch enorm schwer. Sie haben fünfzig Stifter. Aber fünfzig Stifter sind nicht gleichzeitig aktiv. Sondern da sind, wenn Sie es hoch rechnen, vielleicht zehn Prozent aktiv. In dem Sinne, daß sie sich einbringen. Tausend Mark als Stiftungsbeitrag zu zahlen, ist eine einfache Geschichte. Hätte ich auch gesagt: Geb ich zehntausend, oder so was, und verabschiedest dich dann und läßt die anderen tun. Aber in meinem Leben habe ich für die Gemeinschaft immer einen hohen Kurs gefahren, also Einsatz gefahren. Und ich hab nicht nur Motor gespielt, ich hab auch Getriebe gespielt und alles, was zu einem solchen Räderwerk gehört, in meinem ganzen Leben.« (Herr L., 8)

Hier wird zunächst nochmals das Moment biografischer Kontinuität sichtbar, in der sich ein republikanisches Identitätsmodell artikuliert, das öffentliches Engagement als konstitutives Moment der eigenen Biografie auffaßt. Und es wird in den verwendeten technischen Bildern auch eine Form der »Funktionslust« sichtbar. Die Stiftung erscheint wie eine Maschine, und die Rolle von Herrn L., der sich hier metaphorisch als Motor, Getriebe u.a. bezeichnet, trägt vor allem die Züge von Wichtigkeit und Unverzichtbarkeit. Aus den Worten spricht ein großer Stolz auf die eigene Relevanz, und dieser scheint die mit der Ausfüllung der Rolle verbundenen Mühen aufzuwiegen.

Im weiteren Verlauf des Interviews gibt Herr L. dann noch eine zusätzliche biografische Plausibilisierung für seinen großen Einsatz, die etwas konkreter faßbar ist als die bloßen Normen von Gemeinwohlorientierung und Verpflichtung für die Gemeinschaft:

»Jetzt gebe ich ein Stück dessen wieder zurück, was die Bürgerschaft mir gegeben hat. Im Laufe von zig Jahren. Die Bürgerschaft hat mich immer mit großer, großer Mehrheit zum Bürgermeister gewählt, zum Abgeordneten gewählt und immer wieder gewählt, mit absoluter Mehrheit in der Stadt.[...]
Und so denke ich, gebe ich ein Stück von Anerkennung, die mir die Bürgerschaft in meinem politischen Leben gegeben hat, vielleicht einen Teil zurück an die Gemeinschaft, wo ich denke, es ist ein Stück meines Lebens.« (Herr L., 8f)

Das Engagement nimmt hier nun den Charakter einer Gegengabe für etwas an, was der ehemalige Bürgermeister früher von seiner Gemeinschaft bekommen hat. Für die empfangene Gabe gibt man nun etwas zurück. Dennoch ist das Engagement von Herrn L. sehr viel mehr als eine bloße Gegengabe.

Denn *erstens* hat Herr L. die Gegengabe für das in ihn investierte Vertrauen durch die gute Ausübung seiner politischen Rolle als Bürgermeister längst entrichtet. Und *zweitens* würden sich viele andere Akteure mit einem weitaus geringeren Maß einer Gegengabe zufrieden geben. Es hätte für ein gutes Gewissen auch ausreichen können, ein bißchen für die Diakonie ehrenamtlich tätig zu sein. Letztlich bleibt also ein starker Verpflichtungsgrad gegenüber der

Gemeinschaft der entscheidende Faktor in dieser nach dem Modell der *Vita Activa* entworfenen Biografie.

Polizieren

Worin besteht nun für die beteiligten Akteure die konkrete Zielsetzung ihres Handelns? Damit verbunden ist auch die soziale Funktion der Organisation, vor allem des von der Bürgerstiftung durchgeführten Jugendhilfeprojekts, in das die Ehrenamtlichen schließlich eine erhebliche Quantität von Zeit und Arbeit investieren. Diese Frage ist für das Selbstverständnis der Akteure und für ihre Motivation des Engagements sehr wichtig.

Herr L. führt zur Frage der Zielsetzung Folgendes aus. Es geht ihm darum,

»für junge Menschen eine Anlaufstelle zu schaffen, wo sie mehr oder weniger unabhängig von irgendwelchen Vereinszugehörigkeiten in Form von Beschäftigungsmöglichkeiten für Schule und den Übergang von Schule zu Beruf und da, wo Orientierungslosigkeit von Jugendlichen, Fragen sind, daß man da eine Anlaufstelle hat für einen Teil – für alle kann man das sowieso nicht erreichen. Daß sie merken, die jungen Leute, die wir auf dem Hof beschäftigen – das sind Schülerinnen und Schüler oder junge Arbeitslose –, daß sie nicht allein gelassen sind mit ihrem Problem.« (Herr L., 5)

Ziel ist es also, Jugendliche »von der Straße holen« und statt dessen in den Arbeitsmarkt zu integrieren. Es ist wichtig, dies zu tun, weil die Institutionen, die diese Ordnungsleistung früher erbracht haben, nun nicht mehr zur Verfügung stehen: die Zechen.

»Ich muß dazu sagen, daß früher die Zechen in diesem Punkte große Leistungen auch erbracht haben. Neben all den anderen Problemen, die damit verbunden waren, haben wir aus dem Bereich der Mitbestimmung der Gewerkschaften und der Betriebsräte dafür gesorgt, daß so lernschwache, behinderte junge Menschen auf den Zechen an ganz bestimmten Stellen, wo eben Muskelkraft gefordert war, wenig Intelligenz notwendig war, daß die mit eingestellt wurden. Diese Rolle haben die Zechen früher übernommen. Und wir, die Bürgerstiftung, kann über diesen Hof auch diesen Prozeß in dem Punkte mit leisten.« (Herr L., 10)

Frau C., die täglich auf dem Hof mit den Jugendlichen zu tun hat, beschreibt die erhoffte *ordnungsstiftende* Wirkung des Projekts als ihr persönliches Ziel, das sie mit dem zeitlich sehr aufwendigen Engagement verbindet:

»Also, ich möchte schon, daß dieser Hof nach dem, dem geplanten Konzept wirklich in Betrieb genommen wird und daß möglichst viele *Kohlener* Kinder die Möglichkeit haben, da zu wirken, zu arbeiten – arbeiten hört sich immer so negativ an –, aber sich dort aufzuhalten und in irgendeiner Form da tätig zu werden. Das wär' schon, das würde mir einfach Spaß machen, wenn das laufen würde. Und dafür arbeiten wir ja eigentlich alle. Es gibt in *Kohlen* zwischen 400 und 500 arbeitslose Jugendliche, die sehen sie ja den ganzen Tag im Stadtgebiet die, die irgendwo rumhängen, nicht wissen was sie machen sollen. Wenn wir jetzt nur wenigstens ein paar auf den Weg kriegen könnten, daß sie mehr Lebensfreude entwickeln, Spaß haben, Ziele haben, dann wäre schon für mich der Sinn der Stiftung erfüllt.« (Frau C., 6)

In dieser Passage wird das Ziel als Herstellung einer öffentlichen Ordnung in den Straßen der Stadt sinnlich faßbar. Wenn also die »rumhängenden« Jugendlichen aus dem Stadtbild verschwinden und statt dessen sich sinnvoll beschäftigen, dann ist im Sinne dieser Zielbestimmung, die Frau C. zufolge auch die anderen Aktiven teilen, der Zweck des bürgerschaftlichen Engagements erfüllt. Entscheidend dabei ist, dies betonen gleich mehrere der Interviewten, daß die Jugendlichen durch ihre Tätigkeit nicht nur konkret beschäftigt sind, sondern daß sie Selbstbewußtsein vermittelt bekommen und sich als »anerkannt« und »dazugehörig« erfahren. Erst dann scheint demnach die Ordnungsleistung der Stiftung erbracht, wenn die soziale Integration der Jugendlichen gelingt, wenn sie also durch die Integration in den Arbeitsmarkt und die damit verknüpften psychosozialen Größen wie Selbstbewußtsein und Anerkennung stabilisiert werden und so an der sozialen Ordnung der Stadt partizipieren.

Die Verantwortung des Individuums für die Gemeinschaft zeigt sich in der konkreten Stiftungsarbeit als Verantwortung für die Aufrechterhaltung und Verbesserung der sozialen Ordnung. Damit ist auch gemeint, daß die *öffentlich sichtbare* soziale Ordnung in *Kohlen* erhalten wird.

Die Ziele der Stiftungsarbeit, wie sie in den Äußerungen der Aktiven zum Ausdruck kommen, erweisen die *Kohlener* Bürgerstiftung als eine Institution, deren Funktion sich mit dem Begriff des »Polizierens« benennen läßt.[40] Dieser Begriff, der eng verknüpft ist mit dem Begriff der Polizei, sich aber mit deren heutiger, enger Bedeutung nicht deckt, zielt vor allem auf Maßnahmen zur Erhaltung der öffentlichen Ordnung und inneren Sicherheit.

Zieht man hierbei einmal den begriffsgeschichtlichen Strang der »guten Polizey« mit hinzu, der in der älteren deutschen Staatslehre bis hin zu Hegel wirksam war, wird der weitere Sinn einer solchen Perspektive von Polizieren sichtbar:[41] Es geht um die Schaffung von Wohlfahrt, um sozialpolitische Maßnahmen, die zusammen mit dem ordnungserhaltenden Gewaltmonopol der Polizei im engeren Sinne eine *gute, d.h.* sozial integrierte öffentliche Ordnung verbürgen sollen.

---

40 Vgl. dazu Reichertz (2002). Polizieren wird hier definiert als »Prozess der Herstellung von Sicherheit und Sicherheitsgefühl«; ein wichtiger Aspekt dieses Prozesses ist die Herstellung der öffentlichen Ordnung. Zu polizierenden Bürgern siehe auch Hitzler (1993) und Hitzler/ Milanes (1998).

41 Zu diesem Konzept der »guten Polizey« in der älteren deutschen »Polizeiwissenschaft« siehe vor allem die Untersuchung von Hans Maier (1966).

Wenn das Eingreifen der Polizei als zwangsbasierter Ordnungsstifter dauerhaft präventiv vermieden werden kann, dann, so lassen sich die Ausführungen der aktiven Stifter interpretieren, ist das Polizieren der Stiftung wirklich gelungen.

Fazit: Aus dem *Zusammenwirken von Eigennutz und Gemeinsinn* kann, so wird in den Interviews deutlich, eine aktive Bürgergesellschaft entstehen und auf Dauer gestellt werden. Eigennutz und Gemeinsinn sind keine Gegensatzpaare, sondern zusammengehörige Komponenten modernen bürgerschaftlichen Engagements. Nicht »Verführung statt Verpflichtung« (Hitzler 1999), sondern Verführung *und* Verpflichtung haben zusammen den bisherigen Erfolg der Stiftung sichergestellt.

Dies bedeutet auf der anderen Seite wiederum: Der Gemeinsinn, die sich in der Perspektive der politischen Kulturforschung (Putnam 1993, 2000) als das soziale Kapital der Gemeinschaft konzeptualisieren läßt, ist eine wichtige, aber insgesamt eben doch keine hinreichende Voraussetzung für aktive Partizipation im Zeitalter der Individualisierung. Erst da, wo *beide* Dimensionen der Engagementmotivation zusammenkommen, sind günstige Bedingungen für die Entfaltung von Bürgergesellschaft gegeben.

5.6 Institutionelles Kapital: Stiftung, Staat und Organisationslandschaft

In der Diskussion verschiedener Theorieansätze zur Bürgergesellschaft war immer wieder die Frage nach der Einbindung oder Unabhängigkeit zivilgesellschaftlicher Formationen in Bezug auf den Staat einerseits und auf die Organisationslandschaft mit den großen Unternehmen und Verbänden andererseits diskutiert worden. Diese institutionelle Aufmerksamkeitsachse soll nun im letzten Teilkapitel der Fallstudie zur Anwendung kommen. Während Vertreter des Liberalismus wie Ralf Dahrendorf (1993) vor allem die drohenden Freiheitsverluste aufgrund solcher Einbindungen betonten, haben andere Autoren die möglichen Synergiegewinne herausgestellt oder, wie beispielsweise Michael Walzer (1995), die steuernde Intervention des Staates sogar als eine notwendige Voraussetzung funktionierender Bürgergesellschaft bezeichnet.

Es gilt jetzt also am Beispiel der *Kohlener* Bürgerstiftung diese mitunter sehr abstrakt geführte Auseinandersetzung auf eine empirische Basis zu stellen und so zu einer angemessen differenzierten Sicht der Dinge zu gelangen. Wird im Material ein für die Stiftung hilfreiches »institutionelles Kapital« im Sinne Hartmut Essers (2000: 232) sichtbar? Und entstehen aus der Verflechtung heraus auch spezifische Abhängigkeiten oder zumindest Einschränkungen der eigenen Handlungsfreiheit?

Mit Blick auf die Genese der Bürgerstiftung war in Kap. 5.3 schon dargestellt worden, daß die Gründungsinitiative nicht mehr oder weniger spontan aus der Bürgerschaft selbst gekommen war, sondern daß Markt und Staat – repräsentiert durch einen Unternehmer und einen Oberstadtdirektor – hier als »Geburtshelfer« fungiert haben. Wiewohl die Stiftung danach formal eigenständig agiert hat, legt dies zumindest die Fragerichtung nahe, ob und wo sich in der konkreten Arbeit der Organisation Abhängigkeiten oder Synergien finden lassen.

Die Infrastruktur des Staates als Kapital der Bürgergesellschaft

Zunächst soll der Blick auf die Verflechtung zwischen Bürgerstiftung und Staat gerichtet werden. Ein ganz unspektakulärer Fall zeigt, wie Bürgergesellschaft auch in Kleinigkeiten von Hilfestellungen staatlicher Einrichtungen profitieren kann. So wurden notwendige Baumfällarbeiten auf dem Gelände, wo die Bürgerstiftung ihr Hof-Projekt durchführt, mit Hilfe des Technischen Hilfswerks durchgeführt, obwohl dieses eigentlich für private Zwecke oder Organisationen gar nicht tätig werden darf:

»Also das technische Hilfswerk darf ja nicht einfach auf privaten Flächen irgendwas machen, das geht ja nicht, ´ne? Die sind... Sie können nur im öffentlichen Interesse arbeiten. Also, dann wurde das so arrangiert, daß bei uns Gefahr im Verzug war, weil so ´n trockener Baum umfallen kann, und dann hat die Feuerwehr gebeten, daß das technische Hilfswerk einen Einsatz macht.« (Frau C., 13)

Das THW hat dann später Einsätze auch als »Übungen« verbucht, wobei Frau C. in diesem Zusammenhang immer wieder deutlich macht, daß es letztlich die zwischen den verschiedenen Institutionen verlaufenden persönlichen Beziehungen sind, die den Ausschlag geben für eine Zusage von Hilfeleistungen. Denn die Stiftung hätte nicht einfach offiziell einen Einsatz des THW beantragen können. Da bedarf es schon des Beziehungskapitals und auch der Bereitschaft aller Beteiligten, den offiziellen Dienstweg und die detaillierten Rechtsvorschriften einmal etwas beiseite zu schieben.

Entscheidend bleibt hier aber, daß die Stiftung auf eigene Kosten ein privates Unternehmen für die Baumfällarbeiten hätte beauftragen müssen, wenn nicht eine staatliche Institution, ausgerüstet mit wertvollem Großgerät und dem »Humankapital« der Mitarbeiter, hier übungsmäßig eingesprungen wäre. Das Jugendhilfeprojekt der Stiftung hat also direkt vom institutionellen Kapital des Staats profitiert.

Staatsgelder

Noch deutlicher aber wird die Funktionalität der Staatsnähe im Bereich der Finanzierung. Die Bürgerstiftung hat mit ihrem vergleichsweise bescheidenen Kapitalstock von anfänglich etwas über 100.000 DM einen geringen Aktionsradius, da man nur die Zinserträge in Anspruch nehmen darf. Damit aber wäre die *Kohlener* Bürgerstiftung eigentlich handlungsunfähig geblieben, wenn man nicht – vor allem über die Person des Schatzmeisters L. – in massiver Weise Drittmittel eingeworben hätte. Als in den Stiftungsgremien die Idee entstand, den verwahrlosten und mehrfach abgebrannten Bauernhof zu kaufen, hatte die Stiftung dafür keineswegs die erforderlichen finanziellen Ressourcen zur Verfügung. Da man jedoch gleichzeitig der festen Überzeugung war, daß gerade ein so anschauliches, für alle Bürger sichtbares Projekt wie dieser Jugendhof die Erfolgsbasis der weiteren Stiftungsarbeit darstellen könnte, suchte man intensiv nach Lösungen.

Herr L. beschreibt die Situation:

»Und wir hatten überall gute Absichten, wie das so ist, aber es ist ja niemand da, der über einen Fonds verfügt und sagt: Hier hast du mal 'ne Million, oder so was, und kauf dir mal den Hof und mach da mal irgendwas. Sondern wenn jemand Geld gibt, dann will er wissen: Was soll gemacht werden? Aber wir waren vom Vorstand her, und wir hatten den Stiftungsrat eingeschaltet, mutig genug, um diesen Hof zu kaufen.« (Herr L., 5)

Entscheidend waren auch hier zunächst Außenhilfen: Kredite der Kreissparkasse und der K-Stiftung. Der Bankkredit kam unter massiver Hilfe des Sparkassendirektors zustande, der ja klugerweise zu Beginn als Stifter gewonnen worden war. Der Kredit der K-Stiftung verdankt sich dem Einfluß des *Kohlener* Unternehmers K., der »seine« Stiftung davon überzeugen konnte, daß hier ein sinnvolles und unterstützenswertes Projekt geplant wurde. Trotzdem handelte es sich bei diesen Hilfen nur um Übergangsmittel, die das Projekt nicht hätten dauerhaft finanzieren können. Die entscheidende Hilfe nämlich kam vom Staat. In intensiven Gesprächen mit dem nordrhein-westfälischen Ministerpräsidenten, an deren Zustandekommen das Beziehungskapital des früheren SPD-Landtagsabgeordneten L. wesentlich beteiligt war, konnte der »Landesvater« davon überzeugt werden, daß der *Kohlener* Bürgerstiftung geholfen werden muß:

»Und die Finanzierung dieses Hofes ist uns gelungen über den Ministerpräsidenten Clement so zu organisieren, daß aus der Stiftung der Westdeutschen Landesbank, die auch ein Stiftungsvermögen hat, dieser Hof geschaffen werden konnte. Aber wie wir den Hof gekauft haben, stand das alles vollkommen offen. Und um die Jahreswende 1999/2000 habe ich vier Wochen schlaflose Nächte gehabt.« (Herr L., 5)

Der Hof wurde dann im Sommer 2001, also eine ziemlich lange Zeit nach Kauf des Grundstücks, in ein Förderprogramm aufgenommen, so daß tatsächlich in relativ großer Menge Staatsgelder zur Verfügung gestellt werden konnten.

Im Rahmen dieser Förderung stellte sich dann bald heraus, daß eine enge Kooperation mit der Stadt unverzichtbar ist, um in den Genuß von Landesfördermitteln zu kommen. So erläutert Vorstandsmitglied Frau A.:

»Wir sind immer da kritisch, wo das Ministerium beispielsweise sagt: Wir machen das nur, wenn die Kommune selbst sich versucht zu engagieren. Und da kriegen wir verflixt ein Problem, ganz und gar. Also, wir können da immer nur mit unserem Muskelpotential der Bürger in die Waagschale springen, weil es gar nichts Anderes gibt.« (Frau A., 9)

Und Vorstandskollegin Frau B. ergänzt:

»Es gibt jetzt vom Land Nordrhein-Westfalen Druck, weil die sagen, wenn wir was tun, erwarten wir von der Stadt auch, daß sie was tut. Und wir haben es bisher geschafft, ohne die Stadt auszukommen. Es wird letztlich ganz ohne fürchte ich nicht gehen, da müssen wir einen Weg finden, der für die Stadt tolerabel ist.
Denn, wenn die Stadt uns was gibt, gibt es noch ne ganze Reihe anderer Vereine, die dann auch kommen und sagen: Und wieso wir nicht?« (Frau B., II, 2)

Eine finanzielle Förderung durch die Kommune würde sofort auch Begehrlichkeiten von Seiten anderer Organisationen wecken. Auch in der Bürgergesellschaft gibt es Konkurrenzverhältnisse, auf die eine Kommune sehr genau Rücksicht nehmen muß, wenn es nicht zu Streit, Mißgunst und politischen Auseinandersetzungen kommen soll.

Das Problem besteht in diesem Fall darin, daß normalerweise eine Förderung durch das Land verfahrenstechnisch nur dann in Frage kommt, wenn die Kommune einen Teil der Kosten beisteuert. Vor dem Hintergrund der Zechenschließungen und immer weniger hereinkommender Gewerbesteuer ist diese aber völlig am Ende ihrer finanziellen Möglichkeiten. Bei der angespannten Haushaltslage war somit ein regulärer Zuschuß für die Bürgerstiftung nicht möglich.

Verflechtungen mit der Kommune

Diesem Dilemma konnte man wiederum nur mit einfallsreichen Lösungen entkommen. Stadtverwaltung und Politik fanden Wege, haushaltstechnisch so zu verfahren, daß die ersehnten Landesmittel erreicht werden konnten, ohne den Etat der Kommune zusätzlich zu belasten. Dieses Verfahren war aber nur möglich durch eine enge Kooperation zwischen Stiftung, Land und Kommune. Vor allem zwischen Stadtverwaltung und Stiftung hat sich ein stabiles

Kooperationssystem etabliert, das den Stiftungsvorstand administrativ entlastet, weil die für Nichtfachleute ausgesprochen komplizierte Materie der Beantragung von Fördermitteln nun insgesamt von Mitarbeitern der Stadt *Kohlen* abgedeckt wird. Hierin erblicken die Stiftungsaktiven einen erheblichen Synergie-Effekt. So führt Frau A. aus:

»Wir kriegen unheimlich Hilfe. Der Bürgermeister hat das also deutlich gesagt, daß er seinen Leuten jederzeit freie Fahrt gibt für die Bürgerstiftung. Das heißt also, dieses ganze Antragswesen für alle möglichen Fördermittel, da blickt ja kein Mensch mehr durch, daß das über die Stadt geht, weil da jemand sich auskennt und seine Potentiale zur Verfügung stellt.« (Frau A., 9)

Aber auch über diese konkrete Hilfestellung bei den Anträgen hinaus hat sich zwischen Stiftung und Stadt eine enge Verflechtung herauskristallisiert. Dies berichtet Frau C., die bei ihrer Arbeit auf dem Stiftungshof regelmäßig mit Vertretern der Kommune in Kontakt kommt und merkt, daß diese versuchen, der Stiftung zu helfen, wo sie können.

»Die gesamte Verwaltung vom Stadtdirektor über den Baurat sind regelmäßige Besucher und überzeugen sich vom Fortschritt des Hofes; können uns keine Gelder zur Verfügung stellen, das ist ja klar, die Stadt hat mehr Schulden als Einnahmen. Aber alles, was an Unterstützung so denkbar ist, wird auch von der Stadt gebracht. Auch das läuft natürlich letztendlich über persönliche Kontakte.« (Frau C., 12)

Hier ist ein institutionelles Kapital jenseits von finanziellen Unterstützungen entstanden, das für die Bürgergesellschaft von großem Wert ist. Die letzte Bemerkung von Frau C. macht aber auch nochmals deutlich, daß die Verflechtung zwischen Organisationen immer angewiesen bleibt auf die konkreten Interaktionsnetzwerke der beteiligten Akteure. Nicht »die Stiftung« und »die Stadt« arbeiten letztlich zusammen, sondern Aktivisten der Stiftung und Mitglieder der Stadtverwaltung. Ohne funktionierende persönliche Beziehungen wäre das Kooperationsnetzwerk zum Scheitern verurteilt.

Interessant an der *Kohlener* Konstellation vor Ort ist, daß hier eine Hilfestellung für die Bürgergesellschaft durch die öffentliche Hand zustande kommt, ohne daß Gelder fließen. Der Staat bzw. hier: die Kommune kann also durchaus »aktivierend« wirken und damit gemeinwohlfördernde Maßnahmen unterstützen, obwohl die öffentlichen Kassen leer sind. Die Unterstützung findet nicht in Form von Transferzahlungen statt, sondern als Bereitstellung von Infrastruktur und vor allem als Bereitstellung von Kulturkapital, das dann durch Beamte der Kommune etwa in den Prozeß der Antragstellung von Geldern bei Dritten eingebracht wird.

Spannungen zwischen Bürgergesellschaft und etablierter Politik

Nun läuft dieser gesamte Kooperationsprozeß in *Kohlen* keineswegs ohne Spannungen ab. Insbesondere hinsichtlich der Frage, welche Akteure und welche Institutionen sich welche Verdienste zuschreiben können, gibt es durchaus Probleme. Am deutlichsten sichtbar wird diese Spannungslinie zwischen Bürgergesellschaft und etabliertem politischen System in einigen Äußerungen des Schatzmeisters L., der ja früher selbst an exponierter Stelle parteipolitisch aktiv war. Nun, nachdem er gleichsam die Seiten gewechselt hat, wird in seinen Beschreibungen der Situation doch eine deutliche Distanzgeste gegenüber »der Politik« sichtbar:

»Es gibt natürlich ein Stück... ich denke mir, Neid, auch wenn da etwas im positiven Sinne entsteht, wo die Politik vielleicht nicht so, gerade heute so viel verkaufen kann, und daß man in der Lage ist, hier auf ein gewisses Wohlwollen in der Bürgerschaft zu stoßen, und wo Politik versagt. Das stelle ich zumindest aus meiner Einschätzung fest, daß da durchaus Vorbehalte da sind, aus dem politischen Raum. Aber wenn man es den Menschen rüber bringt, es gibt Politiker, die hier vor Ort wohnen, die haben sich auf diesem Hof noch nicht sehen lassen. Die meinen, sie wären verantwortlich für ein Stück Politik. Ich behaupte mal, daß diese Leute, die einen politischen Auftrag auf Zeit ja für sich in Anspruch nehmen, daß sie die Zeichen der Zeit noch nicht erkannt haben. Und sie vielleicht gar nicht dazu in der Lage sind.« (Herr L., 11)

In dieser längeren Passage wird folgendes sichtbar. Herr L., der früher selbst erfolgreich Kommunal- und Landespolitik gemacht hat, grenzt sich hier klar gegenüber bestimmten politischen Amtsträgern ab, indem er ihnen Politikversagen vorwirft. Das wird festgemacht an der aus L.'s Sicht fehlenden Unterstützung der Stiftungsarbeit durch die aktiven Politiker, die sich – obwohl sie politische Verantwortung tragen – auf dem Hof noch nicht einmal haben sehen lassen. Die visuelle Abwesenheit der Politiker bedeutet, daß diese dem Projekt die Anerkennung versagen.

In den Worten von Herrn L. schwingt so etwas wie persönliche Verbitterung mit. Dies wird um so deutlicher, wenn man seine Klagen mit den Aussagen der Hofmitarbeiterin Frau C. kontrastiert. Sie stellt die Sache nämlich deutlich anders dar:

»Und mittlerweile sind auch die Parteien aufgeschlossen, haben auch alle schon gespendet, haben alle den Hof besucht, besichtigt zum Teil einzeln, zum Teil als Fraktion. Die begleiten das positiv, soweit sie das eben können, ne? Geben also auch schon mal Geld oder haben auch schon mal Fraktionssitzungen dann auf dem Hof gemacht. Das gilt aber für alle Parteien, ist durchgängig.« (Frau C, 11)

In dieser Schilderung herrscht zwischen Parteien und Stiftung geradezu ein herzliches Einvernehmen. Entweder gibt es zwischen den beiden zitierten

Stiftungsakteuren deutliche Wahrnehmungsdifferenzen, oder aber es kommt hier zum Tragen, daß Herr L., der so viel Zeit und Energie für »sein« Projekt des Jugendhofs aufbringt, sich über das »normale« Ausmaß hinweg noch mehr Unterstützung erhofft hätte. Vielleicht ist er enttäuscht, daß die Politiker hier in Bezug auf die Stiftungsarbeit nicht noch mehr an Verpflichtungen gegenüber L. verspüren und diesen dann in Form von Hilfe – und sei es symbolische Unterstützung – nachkommen.

In diesem Zusammenhang sollte nicht übersehen werden, daß die exponierte Position von Herrn L., der bei allen Bürgern der Stadt als SPD-Politiker und Gewerkschafter bekannt ist, für die Stiftung auch Probleme generiert. Diese Problemdimension kommt in einer Bemerkung der Vorstandskollegin Frau A. zum Ausdruck:

> »Wie gesagt, unser Schatzmeister ist ja ehemaliger Bürgermeister und entsprechend rot, wie sich das in *Kohlen* gehört. Und da hab ich eben doch mal gesagt, daß wir wirklich deutlich als Bürgerstiftung uns von der Politik absetzen müßten, das hielt ich für eine Selbstverständlichkeit. Hat er nichts zu gesagt. Weil ich aus einer total anderen Ecke kam. Und ich glaube aber auch heute noch, daß das notwendig ist, also da darf nichts Politisches mit hinein kommen, was in die Nähe von Parteipolitik gerät. Das ist natürlich in *Kohlen* nicht so ganz einfach. Wie gesagt: Rot...[...]
> Unter den Stiftern würde ich auch nichts sagen. Aber zum Beispiel, daß Frau D. natürlich in den Bereich von Grün gehört und dort natürlich heftig eingeladen wird, bedeutete zunächst auch so ein bestimmtes Image, das ist so. Und deshalb finde ich das absolut wichtig, was ich gesagt habe, daß das also überhaupt nicht in irgend einer Weise in die Parteipolitik hineingeht. Es geht um engagierte Menschen. Woher auch immer die kommen, das ist völlig egal! Und wir nutzen, das muß man allerdings auch so sagen, wir nutzen natürlich solche Schienen in *Kohlen*. Wenn der ehemalige Bürgermeister natürlich ganze das Rathaus heute noch stramm stehen lassen kann, dann nutzen wir das auch.« (Frau A., 10)

Das Dilemma dieser Distanz gegenüber der Parteipolitik wird hier sehr anschaulich sichtbar. *Einerseits* entstehen durch parteipolitisch zuzuordnende Akteure enorme Vorteile für die Stiftung, weil diese ein erhebliches Kapital für die Stiftung nutzbar machen können. Das gilt für eine »grüne« Stifterin ebenso wie für den »roten« ehemaligen Bürgermeister, der die Leute im Rathaus auch heute noch stramm stehen lassen kann. Auf der *anderen Seite* entstehen durch solche rot-grüne Verbindungen abschreckende Wirkungen auf diejenigen, die parteipolitisch anders zu verorten sind. Frau A. selbst macht ja kein Hehl daraus, daß sie sich eher als »schwarz« einstufen würde.

Im Grunde zeigt das Verhältnis zwischen der Bürgergesellschaft und der etablierten Parteipolitik deutliche Parallelen zum Verhältnis zwischen Bürgergesellschaft und Staat. Was auf der einen Seite hilfreiche Synergie-Effekte produziert, schlägt auf der anderen Seite als Kosten oder als Autonomieverlust zu Buche.

Ein Kampf um Machtanteile

Bei der Analyse der Genese der Stiftung war schon deutlich geworden, daß mit dem jetzigen Bürgermeister M. ein Vertreter der Stadt als Mitinitiator der Stiftung eine prominente Rolle gespielt hat. Gleichzeitig war in dem Interview aber auch deutlich geworden, daß dieser kommunalpolitische Akteur Distanzgesten zur Stiftung aufbaut, indem er auf die Zufälligkeit des Entstehungsprozesses verweist und den Wert des operativen Projekts relativiert.

Das Verhältnis zwischen etablierter Politik und bürgergesellschaftlicher Initiative ist auch hier nicht spannungsfrei. Diese Deutung läßt sich anhand des Interviewmaterials nun weiter erhärten. Folgende Passage von Bürgermeister M. ist für diesen Zusammenhang aufschlußreich:

»Die für mich, ja, wesentliche Entwicklung geht, wenn es um wesentliche Formen von Beteiligungen geht, ist der Hauptpunkt eigentlich unsere Zukunftswerkstatt. Ich sag das nur deshalb, weil wir haben, ich muß da noch ein bißchen ausholen vielleicht in zwei, drei Sätzen....einen Sprung gemacht. Also ich hab' da nicht unbedingt ein Sendungsbewußtsein...So, unter dem großen Stichwort, daß in der deutschen kommunalen Szenerie zur Zeit diskutiert wird strategisches Management und Bürgerkommune. Es ist da von besonderer Wichtigkeit, daß man sich auch zukunftsorientiert mit Bürgerinnen und Bürgern auseinandersetzt. So, und da ich weiß, aus vielen Kreisen, daß wir eine der nur ganz wenigen Städte sind – ohne daß wir jetzt abheben – wo das wirklich umgesetzt wird, ist mir das eigentlich, wenn Sie irgendetwas zu *Kohlen* schreiben, der wichtigste Punkt.« (Herr M., 1)

Schon die Eingangssequenz macht deutlich, wie der Bürgermeister aus seiner Rolle als Vertreter der Politik die Akzente und Prioritäten setzt. Angesprochen nämlich auf die bürgergesellschaftlichen Initiativen in der Stadt – neben der Stiftung noch eine große Bürgerinitiative, die Mitte der 90er Jahre erfolgreich agiert hatte –, nimmt er sofort das Heft in die Hand und verweist auf den zentralen Stellenwert der »Bürgerkommune« und die von ihr veranstalteten »Zukunftswerkstätten«. Hier werden also kommunikationsstrategisch die Meriten der kommunalen Spitzenpolitik herausgefahren, wobei klar ist: Im Zentrum soll nicht die zivilgesellschaftliche Eigeninitiative der Bürger stehen, sondern »Beteiligung« in einer Form, die der Staat bzw. die Kommune im Rahmen der Zukunftswerkstätten vorgibt. Nicht Freiheit *vom* Staat im liberalen Sinne, sondern ein aktivierender (und steuernder) Staat ist das Modell, das hier vom *Kohlener* Bürgermeister vorgeschlagen wird.

Die Bürger sollen, vergleichbar etwa den Planungszellen und Bürgergutachten, in einem genau vom Staat vordefinierten Rahmen aktiv werden. Nach Abschluß der Veranstaltung dürfen sie wieder in ihre politische Passivität zurückkehren. Die Politik behauptet also hier ihr Terrain letztlich gegen zivilgesellschaftliche Unwägbarkeiten. Es geht um gemeinsame Problemlösung, aber eben auch immer um Machterhalt.

Diese – aus der Sicht der politischen Akteure durchaus verständliche – Perspektive wird auch in einer weiteren Interviewpassage deutlich:

»Die haben auch Fördergelder gekriegt, und das geht ja auch nicht anders bei dem, was da gemacht wird. Und sie [die Bürgerstiftung, L.V.] ist ja auch an vielen Stellen hier präsent, und sie konzentriert sich auch auf ihre Aufgabe, sie versucht ja nicht hier insgesamt in der Stadt der Politik Konkurrenz zu machen, was auch wichtig ist.« (Herr M., 8)

Der Verweis auf die Fördergelder und die Betonung »das geht ja auch nicht anders« zeigt in diesem Kontext an, daß die Stiftung in dem, was sie produktiv leistet, durchaus auf staatliche Hilfe angewiesen bleibt. Ohne Staat und etablierte (Partei-) Politik, so kann man den Bürgermeister übersetzen, läuft auch in der Zivilgesellschaft nichts.

In die gleiche Richtung geht dann auch die zweite Äußerung dieser Passage. Bürgermeister M. verteilt ein Lob auf die kluge Selbstbeschränkung der Stiftung, die gar nicht erst versuche, der Politik »Konkurrenz zu machen«, und das heißt ganz konkret: Kompetenzen und Macht streitig zu machen. Man sieht, daß die Relation zwischen Bürgergesellschaft und Kommune ein Spannungsverhältnis darstellt.

Anhand einer konkreten Person, die eine Zeit lang sowohl der Stadtverwaltung als auch dem Stiftungsrat angehört hatte, läßt sich dieses Spannungsverhältnis noch genauer erfassen. So berichtet Frau B. aus der Praxis der Zusammenarbeit:

»Und, wir hatten eine Frau, die uns bei unserer Arbeit sehr stark unterstützte, weil sie in diesem Bereich auch in der Stadt arbeitete und wußte, wie wichtig das ist, daß es uns auch noch geben sollte. Und die war also ganz wichtig für uns. Und eines Tages kommt sie und sagt: Um Gottes willen, ich muß die Notbremse ziehen. M. [der amtierende Bürgermeister, L.V.] hat das veranlaßt. Sie hat gesagt, sie hat immer wieder Rücksprachen mit M. genommen, damit nichts passierte, und daß er immer informiert war. Der weiß also auch jeden Schritt von uns. Wir machen alles öffentlich und achten darauf, daß die Parteien informiert sind und daß es überhaupt keine Geheimnistuerei gibt. Bei niemandem. Und da, als diese Situation eintrat, Gott sei Dank hat sie das früh genug gemerkt, ist sie sofort aus dem Stiftungsrat rausgegangen und steht uns für Fragen selbstverständlich weiterhin zur Verfügung, das ist auch im Sinne von M. Und im Sinne von der ganzen Stadt.« (Frau B., II, 2f)

Einerseits findet in gewissem Rahmen eine Förderung der Stiftung statt, nicht zuletzt auch, um eine Position der Kontrolle und Beobachtbarkeit zu bewahren. *Andererseits* wird sehr genau darauf geachtet, daß die Förderung nicht zu stark wird. Obwohl der Bürgermeister der Stiftungsarbeit grundsätzlich positiv gegenübersteht, da auch die Bürgerstiftung das Image der »Bürgerkommune« *Kohlen* verbessert, mußte er hier offensichtlich eine noch engere Kooperation unterbinden, weil sonst das Bild einer einseitigen und demokratisch nicht legitimierten Förderung der Bürgerstiftung durch Steuergelder entstanden wäre. Es fehlt, so läßt sich dieser Punkt mit der Perspektive der Habermasschen Theorie erläutern, die Legitimation durch Verfahren, die im politischen System letztlich immer gewährleistet ist, während bürgergesellschaftliche Initiativen dieser Verfahrenslegitimität nicht bedürfen (Habermas 1992).

Etatismus

Ein Stifter, ein ehemaliger Manager aus der Wirtschaft, stellt parallel zu den Ausführungen des Bürgermeisters heraus, daß die Stiftung tatsächlich aufpassen müsse, nicht in ein Konkurrenzverhältnis zur Kommune zu geraten.

»Nicht in Konkurrenz zur Stadt, sondern *mit* der Stadt, da wo die Möglichkeiten der Stadt und der Verwaltung aufhören oder dünn werden, weil sie das aufgrund von Personalknappheit gar nicht leisten können, zu sagen, da machen wir weiter. [...] Das geht am Besten, wenn die Ideen zusammengeführt werden, die sollen zusammenarbeiten. Bürgerstiftung gegen die Stadt ist Quatsch. Daß man nicht Konkurrenz zur Stadt ist, das scheint mir ganz wichtig zu sein. Und das zweite ist, wenn man diese Ziele hat, aufzuzeigen, daß diese Stadt nicht alles leisten kann. Sondern wir wollen, bevor wir anfangen, und umgekehrt, wo wir meinen, da sollte was geschehen bei uns, mit der Stadt sprechen.« (Herr O.: 11)

Das Verhältnis zwischen Kommune bzw. Staat und Bürgergesellschaft wird hier als ein Ergänzungsverhältnis modelliert. Erst da und auch nur da, wo die Stadt aus welchen Gründen auch immer nicht mehr agieren kann, sollte diesem Stifter zufolge die Bürgerstiftung einspringen. Der Institution Kommune wird hier also eindeutig die Priorität eingeräumt. Zivilgesellschaft bleibt Restgröße oder, noch deutlicher, Lückenstopfer angesichts knapper öffentlicher Kassen.

Hier wird sogar formuliert, daß die Bürgergesellschaft, bevor sie überhaupt irgendwelche Aktivitäten entfaltet, »mit der Stadt sprechen« und sich einfügen soll. Von bürgergesellschaftlicher Autonomie, die gerade aufgrund ihrer Unabhängigkeit von politischen Rücksichtnahmen und administrativem Korsett unbürokratisch und kreativ tätig werden kann, ist hier keine Rede. Statt dessen wird eine Einfügung in die Vorgaben des Staates verlangt. Bemerkenswert an dieser Auffassung ist, daß sie eben nicht von einem Vertreter der Politik oder der Kommune, sondern von einem Mitglied der Stiftung vorgetragen wird. Ein Akteur der Bürgergesellschaft weist hier in einem ängstlich auf Selbstbeschränkung bedachten Ton auf den Vorrang der Kommune hin. Natürlich kann eine Bürgerstiftung nicht an die Stelle staatlicher Behörden treten oder gar gegen diese arbeiten. Aber sie kann sich doch in Denken und Handeln eine gewisse Autonomie gewahren.

In der Sichtweise dieses Stifters kommt letztlich die starke etatistische Tradition der politischen Kultur zum Ausdruck, die vernünftiges politisches Handeln nur als Handeln des Staates und seiner Untergliederungen begreifen kann. Bürgergesellschaft verbleibt demnach im Spektrum solcher politischer Vernunft nur dann, wenn sie im Grunde ein Ausführungsorgan staatlicher Vorgaben bleibt oder zumindest nur »in Absprache« mit dem Staat tätig wird.

Die Kosten: Autonomieverluste

Die Vereinnahmungs- bzw. Steuerungsstrategie im Verhältnis zwischen Kommune und Zivilgesellschaft kommt in einem anderen Interview mit einem Außenbeobachter deutlich zum Tragen. Ein ehemaliger Sozialarbeiter, der in der Kommune *Kohlen* beschäftigt war, formuliert das Verhältnis zwischen Gemeinde und Stiftung wie folgt:

»Ja, von der Stadtverwaltung her, von meiner früheren Tätigkeit her, kann man vielleicht da noch etwas dazu sagen. Also da ist mir schon in den Jahren immer wieder aufgefallen, daß die Stadt natürlich einerseits solche Aktivitäten im freien Raum, bleiben wir jetzt mal in dem Sozialbereich, sagen wir mal, der freien Träger, begrüßt. Erst mal, Öffentlichkeitswirksam ist das natürlich klar, aber auch so, sagen wir mal, dann unter der Hand, oder wenn die Presse nicht dabei ist, auch da wird das begrüßt. Aber natürlich ist klar, daß man immer auch irgendwo die Finger dann mit drin haben möchte, damit die Dinge nicht, sagen wir mal, irgendwelche Richtung nehmen, die dann der Stadt zuwider laufen.« (Herr S., 8)

Entscheidend also bleibt, daß die Kommune die Sachen unter Kontrolle behält, keine Kompetenzen oder Machtbereiche für zivilgesellschaftliche Aktivitäten preisgibt. Und aus der Perspektive der Stiftung heißt das, daß man letztlich nur solange mit einer deutlichen Unterstützung durch die Politik rechnen kann, wie man sich in der »passenden« Richtung bewegt. Der Synergie-Effekt aus den Kooperationsverflechtungen ist also mit einem Autonomieverlust erkauft.

Ganz konkret zeigen sich solche Freiheitsverluste auch in den Details der Förderung. Wenn man vom Land beispielsweise Geld bekommt, um eine Betreuung der Schüler auf dem Hof auch durch eine bezahlte pädagogische Kraft sicherzustellen, dann muß man dabei in Kauf nehmen, daß das Land für die Ausschreibung und Besetzung dieser Stelle genaue Vorgaben macht. Wenn die Stiftung dann ihrerseits mit der Stelle nicht-pädagogische Daueraufgaben strukturell gelöst haben will, die über das Ehrenamt nicht abzudecken sind, wird es schwierig. Dazu gehören zum Beispiel hausmeisterliche Tätigkeiten.

Zugleich ist es aus Sicht des Stiftungsvorstands nötig, daß der Bewerber eine hergerichtete Wohnung auf dem Hof bezieht. Diese ist jedoch vergleichsweise teuer (weil groß und aufwendig restauriert) und eigentlich dem eher geringen Gehalt nicht angemessen. Die Stiftung versucht somit bei der Stellenausschreibung ihre zusätzlichen Ansprüche einzubringen. Diese Konstellation hat dazu geführt, daß bislang schon zahlreiche Bewerber, die an der Arbeit auf dem Hof durchaus Interesse hatten, schließlich abgewunken haben. Die vielfältigen Belastungen, die mit der auf drei Jahre befristeten Stelle verbunden sind, erschienen ihnen wohl nicht tragbar.

Wenn die Vorgabe des Landes nicht existierte, daß es sich bei dem Stelleninhaber um einen Sozialarbeiter oder Sozialpädagogen handeln muß, dann würde sich vielleicht jemand finden – in der durch Staat und Bürgergesellschaft überdefinierten Form ist die Stellenbesetzung jedoch äußerst schwierig. Wenn man also staatliche Gelder in Anspruch nimmt, dann muß man offenbar Einschränkungen bei den eigenen Vorstellungen bezüglich einer Stellenbesetzung in Kauf nehmen.

Reibungspunkte zwischen bürgergesellschaftlichen Zielen und staatlicher Verwaltung stellen sich öfters ein. So berichtet Hof-Mitarbeiterin Frau C. über die allgemeine Situation der Stiftung in diesem Zusammenhang Folgendes:

»Ja, wir haben seit über zwei Jahren größtes Wohlwollen von allen Stellen, und wir werden also auch von diversen Ministerien besucht und betreut, die dann auch alle begeistert sind. Aber diese, diese Art dieser Bauernhofarbeit, es paßt in kein einziges gängiges Konzept und dadurch hat sich, haben sich eigentlich die Fördergelder, die ursprünglich mal zugesagt waren, alle verzögert. Also, keines der Ministerien fühlt sich so alleine zuständig, und dadurch ist eben das Geplänkel da.« (Frau C., 8)

Das Hof-Projekt in seiner »hybriden« Kombination aus Stiftungsinitiative, Jugendhilfeprojekt, arbeitsmarktpolitischer Maßnahme und zukünftigem Gewerbebetrieb[42] paßt offenbar nicht in den üblichen Schematismus der staatlichen Fördermaschinerie. Es ergeben sich daher Reibungsprobleme zwischen Bürgergesellschaft und Staat. Das bedeutet für die Stiftung gleichzeitig eine Einengung der Handlungsfreiheit, wenn man sich auf Staatsgelder einlassen will: Man muß sich mit den Projekten irgendwie einpassen in die vorhandenen Schemata der Administration von öffentlichen Geldern.

Das institutionelle Kapital der Großorganisationen

Abschließend sollte noch einmal festgehalten werden, daß es nicht der Staat allein ist, dessen institutionelles Kapital von bürgergesellschaftlichen Projekten genutzt werden kann. Auch die gesamte Organisationslandschaft des korporatistischen Kooperationssystems, wie es die »klassische« Moderne der Industriegesellschaft geprägt hat, definiert den Aktionsraum der *Kohlener* Bürgerstiftung in großem Maße mit.

---

42 Zur Struktur und Funktion hybrider Organisationen vgl. die Studien von Evers u.a. (2002).

Dies wird vor allem dort sichtbar, wo Herr L., der aufgrund seiner beruflichen und politischen Vergangenheit innerhalb dieser Landschaft von Großorganisationen über hervorragende persönliche Kontakte zu Entscheidungsträgern verfügt, diese Infrastruktur für die Stiftung zu nutzen versucht. So hat die Jugendstiftung des Stromkonzerns RWE für den Wiederaufbau des Backhauses auf dem Hof, das im Rahmen des Betriebs genutzt werden soll, einen Betrag von 150.000 DM zur Verfügung gestellt – vermittelt über einen persönlichen Bekannten von Herrn L.

Die Stiftung der Westdeutschen Landesbank hat die Mittel für den Erwerb des Hofes mit Gebäude und Grundstück gegeben. Und die Stiftung des Mineralölkonzerns Aral finanziert für die Dauer von zwei Jahren mit Verlängerungsmöglichkeit die Stelle einer Mitarbeiterin auf dem Hof, die die Jugendlichen professionell betreuen soll. Die Bautafel, die vor dem Stiftungshof aufgestellt ist, zeigt als Förderinstitutionen eine ganze Galerie von Organisationen, die hier sind dies die Freudenberg-Stiftung, die Bundesanstalt für Arbeit, die Arbeit- und Umweltstiftung der IG Bergbau - Chemie - Papier, verschiedene Ministerien des Landes NRW und der Europäische Fonds für regionale Entwicklung sowie schließlich die Stadt *Kohlen*.

Bürgergesellschaft profitiert hier von dem immer noch funktionierenden institutionellen Kapital der Großorganisationen in der industriellen Moderne. Das institutionelle Kapital des konservativ-korporatistischen Wohlfahrtskapitalismus in Deutschland (Esping-Andersen 1990) stellt eine Ressource für die Zivilgesellschaft dar. Die *Kohlener* Bürgerstiftung könnte ohne diese Fördergelder die notwendigen finanziellen Ressourcen zur Ausführung des anspruchsvollen Jugendhilfeprojekts niemals aufbringen. Gleichzeitig begibt sie sich jedoch auch in Abhängigkeiten oder zumindest in der Bereich von Handlungsrestriktionen, welche die eigene Autonomie deutlich einschränken. Allerdings ist es das erklärte Ziel des Projekts, daß es sich als »hybrides« Mischgebilde aus bürgergesellschaftlichem Projekt und Gewerbebetrieb irgendwann weitgehend finanziell selber trägt. Aber auch eine solche Perspektive ist mit spezifischen Risiken behaftet. Abhängigkeiten nämlich bestehen dann zwar nicht mehr in gleichem Maße gegenüber dem Staat oder den Fördereinrichtungen der industriellen Großorganisationen, wohl aber gegenüber dem Markt, an dem man sich als Gewerbebetrieb behaupten muß. Letztlich kann es wohl tatsächlich nur eine Mischform von bürgergesellschaftlicher Initiative, staatlicher Unterstützung und marktlicher Eigenständigkeit sein, die das Überleben des Stiftungsprojekts auf lange Sicht ermöglichen wird.

6. Fazit: Bürgergesellschaft in der fortschreitenden Moderne

Wie funktioniert Bürgergesellschaft vor Ort? Am Schluß dieser Untersuchung soll nun eine kurze Bilanz gezogen werden. Zum einen gilt es festzustellen, an welchen Punkten die im theoretischen Teil der Arbeit diskutierten Aussagen in der empirischen Fallstudie bestätigt werden können. Zum anderen ist aufzuzeigen, wo Korrekturen der theoretischen Ansätze vorzunehmen sind. Darüber hinaus schließlich ist vor dem Hintergrund der empirischen Ergebnisse auf »blinde Flecken« in der bisherigen theoretischen Diskussion zu verweisen.

Bei dieser Bilanz muß nochmals festgehalten werden, daß die Ergebnisse selbstverständlich keinen Anspruch auf Repräsentativität erheben können. Aber aus den oben dargestellten Charakteristika der Stadt *Kohlen* mit hoher Arbeitslosigkeit, Haushaltsdefiziten und sozialen Problemen, die in vieler Hinsicht typisch sind für die deutsche Gegenwartsgesellschaft und deren absehbare Zukunft, läßt sich folgern: Die dargelegten Befunde haben über den engeren Rahmen der hier vorgelegten Studie hinaus Bedeutung und sollten in weiteren, auch vergleichend angelegten Forschungen zur Funktionsweise von Bürgergesellschaft überprüft und spezifiziert werden.

Die wichtigsten Ergebnisse der Studie lassen sich im Hinblick auf die theoretisch begründeten Vorannahmen wie folgt zusammenfassen:

1. Bestätigt wurde zunächst einmal die Annahme der traditionellen Theorien zur Bürgergesellschaft bis hin zum Kommunitarismus, denen zufolge die zentralen Elemente des *republikanischen Identitätsmusters – Gemeinsinn und Bürgertugend* – auch heute noch einen erheblichen Stellenwert in zivilgesellschaftlichen Engagementkontexten haben. Die »Vita Activa« (Hannah Arendt), die Bereitschaft, sich einzumischen in die öffentlichen Angelegenheiten und Sorge zu tragen für das Wohlergehen der Gemeinschaft ist noch immer ein wichtiges Element im Selbstverständnis der bürgerschaftlichen Aktivisten.

    Das Vorhandensein solcher Dispositionen von Gemeinsinn und Bürgertugend stellt für die Gesellschaft tatsächlich eine wertvolle Ressource dar. Dieses »soziale Kapital« im Sinne Robert Putnams fungiert als handlungsbegünstigende Größe, mit Hilfe derer die konkreten Probleme vor Ort – im Falle *Kohlens* vor allem die Jugendarbeitslosigkeit – besser bearbeitet werden können.

2. In gleichem Maße wurde jedoch auch sichtbar, daß die traditionellen, tugendorientierten Theorien der Korrektur und Ergänzung durch die *utilitaristische, nutzenorientierte Perspektive* bedürfen. Die Fallstudie hat klar gezeigt, daß die engagierten Akteure sehr genau den Nutzen realisieren, der ihnen im Rahmen ihrer freiwilligen Tätigkeiten erwächst. Sie erwarten, daß ihnen ihr Engagement persönlich etwas bringt.

Modernisierung, Individualisierung und Enttraditionalisierung, wie sie in den Diagnosen von Beck bis Giddens, von Gross bis Hitzler als Kennzeichen der Gegenwartsgesellschaft herausgestellt werden, fördern eine von allgemeinen Normen abgelöste Nutzenorientierung der »emanzipierten« Akteure. Hier wurde also der Effekt jenes von Evers, Heinze und Olk so benannten »Modernisierungsdiskurses« im Wandel des Dritten Sektors greifbar. Die Fallstudie zeigt auf, wie im Geflecht der Bürger das *konkret vor Ort* funktioniert, was die – meist quantitativ-empirische – Ehrenamtsforschung unter den Etiketten wie »Strukturwandel des Ehrenamts«, »Helferrückwirkung« und »individualisiertes Engagementpotential« seit einigen Jahren diskutiert.

3. Es zeigte sich, daß die verschiedenen Nutzenformen weitgehend beschreibbar sind durch die von Bourdieu und den Theoretikern der rationalen Wahl entwickelten *erweiterten Kapitalkonzepte*. Die Akteure erwerben Bildung und Qualifikationen (kulturelles Kapital), Geselligkeit und gute Beziehungen (soziales Kapital), Ansehen und Anerkennung (symbolisches Kapital) sowie indirekt, über Job-Perspektiven, sogar Optionen auf ökonomisches Kapital durch ihre freiwillige Tätigkeit. Allerdings ist nicht jeder erzielte Nutzen plausibel als Kapital beschreibbar. So sprachen die Akteure auch von Spaß und Freude, also von nichtkapitalisierbaren Erfahrungsdimensionen der Erlebnisgesellschaft, die für sie als Dimensionen ihres Engagements bedeutsam waren.

4. Die Funktionsfähigkeit von Bürgergesellschaft erweist sich also als angewiesen auf beide Größen: auf *Gemeinsinn und Eigennutz*. Weder die tradierten Pflichthorizonte noch das egoistische Kalkül der Akteure *allein* vermögen als Motor der Bürgergesellschaft zu fungieren. Nicht »Verführung statt Verpflichtung« (Ronald Hitzler), sondern Verführung *und* Verpflichtung scheint das Motto des freiwilligen Engagements in der modernisierten Bürgergesellschaft – in *Kohlen* – zu sein. Wenn beide Komponenten zusammenkommen, wenn also Karriere-, Spaß-, Sinn- und Tugenddimensionen

zugleich beteiligt sind, dann können erfolgreiche Kontexte bürgerschaftlichen Engagements entstehen und auf Dauer gestellt werden.

5. Die Kehrseite des Kapitalerwerbs in der Bürgergesellschaft ist ihre *Voraussetzungshaftigkeit* und die daraus resultierende *soziale Asymmetrie der Partizipation*. Diese Ungleichheitsdimension, die vor allem in der Bourdieuschen Theorie immer wieder als konstitutives Element der sozialen Welt behauptet und in den traditionellen Ansätzen zur Bürgergesellschaft oft übersehen wird, ist in der *Kohlener* Bürgerstiftung deutlich sichtbar. Bei den Aktiven handelt es sich durchweg um ökonomisch gut gestellte oder zumindest gut abgesicherte, besser gebildete und angesehene Personen der Gemeinde. Die Stiftung insgesamt stellt eine sozial relativ stark geschlossene Gruppe dar. Es herrscht, in der Terminologie von Robert D. Putnam, das *bonding capital* vor, während es an *bridging capital*, also an einer Reichweite der Stiftung in andere soziale Kreise hinein mangelt: Arbeiter, Arbeitslose oder Ausländer beispielsweise, aber auch Handwerker sind dort deutlich unterrepräsentiert.

Die Leitungspositionen in der Stiftung sind durch Personen besetzt (worden), die schon vorher in der Gemeinde eine herausgehobene Stellung einnahmen. Die bürgergesellschaftliche Elite, so läßt sich dieser Befund bündeln, rekrutiert sich aus den vorhandenen kommunalen Eliten vor Ort.

6. Der *Staat* bzw. das korporatistische Kooperationssystem nimmt in der *Kohlener* Bürgergesellschaft eine wichtige Rolle ein. Mit finanziellen und administrativ-infrastrukturellen Hilfeleistungen werden bürgerschaftliche Projekte unterstützt. Bürgergesellschaft profitiert also hier erheblich vom institutionellen Kapital des Staates und der etablierten Politik. Es ergeben sich *Synergie-Effekte*, ohne die beispielsweise das Jugendhilfeprojekt der *Kohlener* Bürgerstiftung auf Dauer nicht erfolgreich arbeiten könnte. Dabei sind es nicht nur institutionell-organisatorische Verknüpfungen, sondern in hohem Maße *personale Vertrauensbeziehungen*, die als Grundlage erfolgreicher Kooperationen dienen.

Der Staat fungiert, ganz im Sinne der kommunitaristischen Theorie etwa von Michael Walzer, auch als Gerechtigkeitsproduzent, weil sozial schwachen und chancenlosen Jugendlichen hier der Einstieg in den Arbeitsmarkt und somit eine ökonomisch gesicherte und sozial anerkannte Existenz zugänglich gemacht werden soll. Allerdings erstreckt sich die Gerechtigkeitsherstellung nicht, wie bei Walzer und anderen gefordert, auf die Dimension der Partizipation. Die soziale Asymmetrie der Beteiligung wird hier keineswegs gemindert.

7. Mit der starken Rolle des Staates gehen aber auch *Autonomieverluste* der Bürgergesellschaft einher. Autonomie und Selbststeuerung, jene Merkmale,

die von den traditionellen Theorien der Bürgergesellschaft als konstitutive Charakteristika benannt wurden, gelten hier in *Kohlen* also nur mit erheblichen Einschränkungen. Diese Problematik zeigt sich ganz deutlich in den Details, etwa in den Restriktionen bei der Besetzung staatlich finanzierter Projektstellen oder in der Abhängigkeit von der staatlichen Fördermaschinerie. In diesem Punkt werden also die Bedenken einer liberalen Theorie von Bürgergesellschaft bestätigt, wie sie bei Dahrendorf formuliert sind und schon im Lockeschen Ideal der bürgerschaftlichen Selbststeuerung vorgedacht wurden.

Allerdings ist damit nicht automatisch auch ein Verlust von *Pluralität* als Merkmal der Bürgergesellschaft verbunden. Wie sich in *Kohlen* zeigt, können Staat, Verbände und große Stiftungen durchaus als Steigbügelhalter kleinerer Organisationen wie einer Bürgerstiftung fungieren und damit den Pluralisierungsprozeß im Dritten Sektor unterstützen – sofern sich dabei keine dauerhaften Abhängigkeitsverhältnisse herausbilden.

8. Der Gemeinsinn zeigt sich vor allem bezogen auf die Angelegenheiten in der eigenen Stadt. Diese *Lokalität und partikularistische Motivation des Engagements* hängt eng zusammen mit der Möglichkeit, die Wirksamkeit des eigenen Tuns tatsächlich unmittelbar vor Ort sinnlich erfahren zu können. Zudem ist die Anerkennung durch die Mitbürger unmittelbarer, da auch diese den positiven Effekt des Engagements direkt vor Augen haben und auch mit Beifall nicht sparen. Neben diesem schon von Tocqueville benannten Moment von direkter Erfahrbarkeit kommt aber noch ein weiteres Moment zum Tragen, das der französische Adelige im Amerika des 19. Jahrhunderts beobachtete: das wohlverstandene Eigeninteresse. Wenn Bürgergesellschaft Probleme in der eigenen Gemeinde bearbeitet, dann macht sich der wohlfahrtssteigernde bzw. ordnungsschaffende Effekt auch im unmittelbaren Umfeld der Akteure bemerkbar. Die Institution der Bürgerstiftung wird dieser Funktionsbedingung mit ihrer dezidiert lokalen Bindung in starkem Maße gerecht.

9. Im Geneseprozeß der *Kohlener* Bürgerstiftung wurde sichtbar, daß der Faktor der *politisch-kulturellen Traditionen* bei der konkreten Herausbildung von bürgergesellschaftlichen Kontexten eine wichtige Rolle spielt. Was die politische Kulturforschung von Tocqueville bis zu Putnam immer wieder behauptet – und am amerikanischen Beispiel nachgewiesen – hat, das zeigt sich auch in *Kohlen*: Wo es an Traditionen bürgerschaftlicher Selbstorganisation und Selbststeuerung jenseits der etablierten Großorganisationen und der Verbändewohlfahrt fehlt, da ist die Herausbildung von dezentralen Assoziationen engagierter Bürger unwahrscheinlich. Hier bedarf es, wie in *Kohlen*, der Anstöße durch große Stifterpersönlichkeiten und durch die

etablierte Politik, damit sich vorhandenes Engagementpotential in Form von funktionsfähigen bürgergesellschaftlichen Institutionen niederschlägt. Dies zeigt aber zugleich, daß die Diskussion über Sozialkapital, wie sie vor allem durch die Arbeiten Putnams in den letzten Jahren auch in Deutschland angeregt worden ist, nicht den Fehler begehen darf, das amerikanische Konzept des über viele Traditionen verankerten aktiven Bürgers auf deutsche Verhältnisse zu übertragen. Damit würde man an den sozialen Realitäten hierzulande vorbei argumentieren.

10. Die Fallstudie hat in aller Deutlichkeit einen blinden Fleck der Putnamschen Theorien von Bürgergesellschaft deutlich gemacht: Bürgergesellschaft *produziert* nicht nur Sozialkapital im Sinne einer Ressource der Gemeinschaft, sondern sie *verbraucht* gleichzeitig auch Sozialkapital in hohem Maße. Das Netzwerk, das die Akteure aus ihren sonstigen Lebenskontexten in die Bürgergesellschaft hineinbringen, wird von dieser genutzt und in vielen Fällen auch verbraucht. Die Akteure investieren hier Ressourcen, die sie beispielsweise für private Zwecke so nicht mehr verwenden können. Insofern gilt für das soziale Kapital das, was auch für andere Ressourcen wie Geldbeträge oder Zeitinvestitionen gilt: sie werden gespendet bzw. »geopfert« für einen gemeinwohlgebundenen Zweck. Wer also vom Nutzen des Engagements profitieren will, der muß auch etwas einbringen.

11. Investitionen bringen jedoch häufig auf einer anderen Ebene enorme *Gewinne*, und in diesem Punkt sind die traditionellen Theorien von Bürgergesellschaft deutlich defizitär. Investitionen nämlich, die in Form von kulturellem und symbolischem Kapital eingebracht werden, können in der Bürgergesellschaft erhebliche Profite erwirtschaften. Ansehen und Anerkennung, die eine Person in ein gemeinwohlorientiertes Projekt einbringt, kann mit Hilfe der moralischen Semantik bürgerschaftlichen Engagements wirksam vermehrt werden. Für viele Akteure, die finanziell völlig abgesichert sind, stellt diese Option des Anerkennungserwerbs eine wichtige Motivation ihres Engagements dar.[1]

Vor allem aber gilt diese Logik jedoch für den Bereich von *Qualifikation und Bildung*. Je intensiver ein Akteur sich für ein Projekt engagiert, indem er sich das notwendige Know How aneignet, um so größer ist hinterher der Qualifikationsgewinn. Dieser kann sich dann beispielsweise auch als karriereförderlicher Faktor auf dem Arbeitsmarkt nutzen lassen. Aber auch Akteure, die diesbezüglich keine Interessen haben, können Lerngewinne zum

---

[1] Insofern hat die Enquete-Kommission »Zukunft des bürgerschaftlichen Engagements« in ihrem Abschlußbericht (2002) zu Recht eine »Kultur der Anerkennung« als Moment der Stützung von Bürgergesellschaft gefordert.

Erwerb von Anerkennung oder einfach dafür verwenden, sich selbst als kompetent und effektiv handelnde Menschen zu erfahren. Diese Funktion von *Bürgergesellschaft als Qualifikationsagentur* der modernen Gesellschaft ist in den traditionellen Theorien viel zu wenig berücksichtigt worden.

Die empirische Fallstudie hat – im Bewußtsein ihrer begrenzten Reichweite – somit durchaus wichtige Einsichten in die konkrete, alltägliche Funktionsweise von Bürgergesellschaft in Deutschland eröffnen können. Natürlich bedarf es nun weiterer Forschung, um die Erkenntnisse zu sichern und weiter zu differenzieren. Forschungsdesiderate bestehen hier vor allem darin, das Geflecht engagierter Bürger über die Grenzen einer einzelnen Organisation hinaus genauer zu erfassen und vergleichend mögliche Unterschiede zwischen dem Engagement in der traditionellen Verbändewohlfahrt und in den neuen Kontexten bürgerschaftlichen Engagements herauszuarbeiten.

Festzuhalten aber bleibt in jedem Fall, daß die modernisierungstheoretischen Annahmen zu den Ansprüchen und Nutzenorientierungen der »neuen« engagierten Bürger dringend berücksichtigt werden müssen, wenn man der Realität von Bürgergesellschaft in der fortschreitenden Moderne gerecht werden will.

7. Anhang

Interviewleitfaden

Der im Folgenden dokumentierte Leitfaden diente als strukturierende Grundlage für Gespräche mit Freiwilligen, die im Rahmen der *Kohlener* Bürgerstiftung tätig sind. Zu Beginn der Gespräche wurden jeweils die persönlichen Daten aufgenommen (Alter, Geschlecht, Beruf).

Wie im Methodenteil dieser Arbeit dargelegt und begründet, wurde der Leitfaden sehr flexibel und situationsoffen verwendet, um Raum zu lassen für die Relevanzsetzungen der Befragten.

1. Können Sie bitte Ihre Tätigkeit einmal genauer beschreiben?
2. Seit wann sind Sie hier aktiv?
3. Wieviel Zeit ungefähr wenden Sie pro Woche auf?
4. Wie sind Sie zu der Tätigkeit gekommen (woher kam die Information, woher der Anstoß)?
5. Warum engagieren Sie sich? Was treibt Sie bei der freiwilligen Tätigkeit an?
6. Was sind Ihre genauen Ziele?
7. Würden Sie sich noch einmal hier engagieren? Würden Sie dabei ggf. etwas anders machen?
8. Mit welchen Personen oder Gruppen arbeiten Sie besonders eng zusammen?
9. Wer sind die wichtigsten Helfer und Verbündeten?
10. Wo gibt es Hemmnisse, Widerstände, Gegner?
11. Worüber haben Sie sich besonders gefreut, worüber besonders geärgert?

12. Wie sehen Sie die Rolle der Stadtverwaltung?

13. Wie sehen Sie die Rolle der Kommunalpolitiker?

14. Wie schätzen Sie die Situation in Kohlen insgesamt ein?

8. Literatur

Akademie für politische Bildung, Tutzing (Hg.), *Ehrenamt – Krise oder Formenwandel?* Fachtagung vom 20.-21. September 1994 in Tutzing. Tagungsdokumentation, Tutzing 1994.
Alber, Jens, »Der deutsche Sozialstaat im Licht international vergleichender Daten«, *Leviathan*, Jg. 26 (1998), S. 199-227.
Alemann, Ulrich von, *Das Parteiensystem der Bundesrepublik Deutschland*, Opladen 2000.
Alemann, Ulrich von/Heinze, Rolf/Wehrhöfer, Ulrich (Hg.), *Bürgergesellschaft und Gemeinwohl. Analyse, Diskussion, Praxis*, Opladen 1999.
Almond, Gabriel A./Verba, Sidney, *The Civic Culture. Political Attitudes and Democracy in Five Nations*, Princeton 1963.
Andersen, Uwe u.a., *Erfahrungen und Potentiale eines verstärkten bürgerschaftlichen Engagements zur Entlastung von Kommunen*, Bochum 1998.
Anheier, Helmut K., »Der Dritte Sektor in Zahlen: Ein sozial-ökonomisches Portrait«, in: Anheier u.a. 1997, S. 29-74.
Anheier, Helmut K. (Hg.), *Stiftungen für eine zukunftsfähige Bürgergesellschaft*, München 1998.
Anheier, Helmut K., »Der Dritte Sektor im internationalen Vergleich: Ökonomische und zivilgesellschaftliche Dimensionen von Nonprofit-Organisationen«, *Berliner Journal für Soziologie*, Jg. 9 (1999), S. 197-212.
Anheier, Helmut K., *Stiftungen – Investitionen in die Zukunft der Gesellschaft*, Gütersloh 2000.
Anheier, Helmut K., *Third Sector Policy at Crossroads. An International Nonprofit Analysis*, London u.a. 2001.
Anheier, Helmut K./Seibel, Wolfgang (Hg.), *The Third Sector: Comparative Studies of Nonprofit Organizations*, Berlin/New York 1990.
Anheier, Helmut K./Toepler, Stefan (Hg.), *Private Funds, Public Purpose. Philanthropic Foundations in International Perspective*, New York 1999.
Anheier, Helmut K. u.a. (Hg.), *Der dritte Sektor in Deutschland. Organisationen zwischen Staat und Markt im gesellschaftlichen Wandel*. Berlin 1997.
Anheier, Helmut K. u.a., »Zur zivilgesellschaftlichen Bedeutung des Dritten Sektors«, in: Hans-Dieter Klingemann/Friedhelm Neidhardt (Hg.), *Zukunft der Demokratie. Herausforderungen im Zeitalter der Globalisierung*. WZB-Jahrbuch, Berlin 2000, S. 71-98.
Arendt, Hannah, *Vita activa oder Vom tätigen Leben*, Stuttgart 1960.
Aristoteles, *Nikomachische Ethik*, in: Aristoteles, Werke, hg. von E. Grumach, Bd. 6, Darmstadt 1979.
Aristoteles, *Politik*, hg. von U. Wolf, Reinbek 1994.
Backes, Gertrud Maria, *Frauen und soziales Ehrenamt. Zur Vergesellschaftung weiblicher Selbsthilfe*, Augsburg 1987.

Backes, Gertrud Maria, »Ehrenamtliche Arbeit älterer und alter Frauen – ein Beitrag zu ihrer sozialen Integration?«, *Frauenforschung*, Jg. 9, H. 3 (1991), S. 89-100.

Backhaus-Maul, Holger, »Wohlfahrtsverbände als korporative Akteure«, *Aus Politik und Zeitgeschichte*, B 26-27/2000, S. 22-30.

Bagehot, Walter, *The English Constitution*, London 1867.

Banner, Gerhard, »Die drei Demokratien der Bürgerkommune«, in: Hans-Herbert von Arnim (Hg.), *Adäquate Institutionen: Voraussetzungen für »gute« und bürgernahe Politik?*, Berlin 1999, S. 133-162.

Barber, Benjamin, *Strong Democracy. Participatory Politics for a New Age*, Berkeley 1985.

Bataille, Georges, *Die Aufhebung der Ökonomie*, 2., erw. Aufl., München 1985.

Bätz, Ulrich, *Die Professionalisierungsfalle. Paradoxe Folgen der Steigerung glaubensreligiösen Engagements durch professionelles Handeln*, Diss., Fribourg 1994.

Bauer, Rudolph, »Zivilgesellschaftliche Gestaltung in der Bundesrepublik: Möglichkeiten oder Grenzen? – Skeptische Anmerkungen aus der Sicht der Nonprofit-Forschung«, in: Klaus M. Schmals/Hubert Heinelt (Hg.), *Zivile Gesellschaft. Entwicklung, Defizite und Potentiale*, Opladen 1997, S. 133-154.

Bauman, Zygmunt, *Ansichten der Postmoderne*, Hamburg/Berlin 1995.

Bauman, Zygmunt, *Moderne und Ambivalenz. Das Ende der Eindeutigkeit*, Frankfurt/M. 1995a.

Baurmann, Michael, *Der Markt der Tugend. Recht und Moral in der liberalen Gesellschaft. Eine soziologische Untersuchung*, Tübingen 1996.

Beck, Ulrich, »Jenseits von Stand und Klasse? Soziale Ungleichheiten, gesellschaftlicher Individualisierungsprozeß und die Entstehung neuer sozialer Formationen und Identitäten«, in: Reinhard Kreckel (Hg.), *Soziale Ungleichheiten*. (Soziale Welt, Sonderband 2), Göttingen 1983, S. 35-74.

Beck, Ulrich, *Risikogesellschaft. Auf dem Weg in eine andere Moderne*, Frankfurt/M. 1986.

Beck, Ulrich, »Der Konflikt der zwei Modernen«, in: Wolfgang Zapf (Hg.), *Die Modernisierung moderner Gesellschaften. Verhandlungen des 25. deutschen Soziologentages in Frankfurt am Main 1990*, Frankfurt/M./New York 1991, S. 40-53.

Beck, Ulrich, *Die Erfindung des Politischen*, Frankfurt/M. 1993.

Beck, Ulrich, »Weltbürgergesellschaft. Individuelle Akteure und die Zukunftsfähigkeit der modernen Gesellschaft«, in: *Jahrbuch Arbeit und Technik* 1996, S. 141-148.

Beck, Ulrich (Hg.), *Kinder der Freiheit*, Frankfurt/M. 1997.

Beck, Ulrich, »Erwerbsarbeit durch Bürgerarbeit ergänzen«, in: Kommission für Zukunftsfragen der Freistaaten Bayern und Sachsen, *Erwerbstätigkeit und Arbeitslosigkeit in Deutschland. Entwicklungen, Ursachen und Maßnahmen, Teil III: Maßnahmen zur Verbesserung der Beschäftigungslage*, Bonn 1997a, S. 146-168.

Beck, Ulrich, *Schöne neue Arbeitswelt. Vision: Weltbürgergesellschaft*, Frankfurt/M./New York 1999.

Beck, Ulrich (Hg.), *Die Zukunft von Arbeit und Demokratie*, Frankfurt/M. 2000.

Beck, Ulrich, »Die Seele der Demokratie: Bezahlte Bürgerarbeit«, in: Beck 2000, S. 416-448 (2000a).

Beck, Ulrich/Beck-Gernsheim, Elisabeth, »Nicht Autonomie, sondern Bastelbiographie«, *Zeitschrift für Soziologie*, Jg. 22, H. 3 (1993), S. 178-187.

Beck, Ulrich/Beck-Gernsheim, Elisabeth (Hg), *Riskante Freiheiten. Individualisierung in modernen Gesellschaften*, Frankfurt/M. 1994.

Beck, Ulrich/Bonß, Wolfgang (Hg.), *Die Modernisierung der Moderne*, Frankfurt/M. 2001.
Beck, Ulrich/Sopp, Peter (Hg.), *Individualisierung und Integration. Neue Konfliktlinien und neuer Integrationsmodus?*, Opladen 1997.
Beck, Ulrich u.a., *Reflexive Modernisierung – Eine Kontroverse*, Frankfurt/M. 1996.
Becker, Gary S., *Human Capital. A theoretical and empirical analysis, with special referece to education*, New York 1964.
Beher, Karin/Liebig, Reinhard/Rauschenbach, Thomas, *Das Ehrenamt in empirischen Studien – ein sekundäranalytischer Vergleich*, Stuttgart u.a. 1998.
Beher, Karin/Liebig, Reinhard/Rauschenbach, Thomas, *Strukturwandel des Ehrenamts. Gemeinwohlorientierung im Modernisierungsprozeß*, Weinheim/München 2000.
Bellah, Robert N., »Zivilreligion in Amerika« (1967), in: Heinz Kleger/Alois Müller (Hg.), *Religion des Bürgers. Zivilreligion in Amerika und Europa*, München 1986, S. 19-41.
Bellah, Robert N. u.a., *Gewohnheiten des Herzens. Individualismus und Gemeinsinn in der amerikanischen Gesellschaft*, Köln 1987.
Bellah, Robert N. u.a., *The Good Society. The Responsive Community*, New York 1991.
Berger, Brigitte u.a., *Das Unbehagen in der Modernität*, Frankfurt/M./New York 1975.
Berking, Helmuth, *Geschenkt. Studien zur Anthropologie des Gebens*, Habilitationsschrift, Berlin 1994.
Berlin, Isaiah, »Two Concepts of Liberty« (1958), in: Isaiah Berlin, *Four Essays on Liberty*, Oxford/New York 1989, S. 118-172.
Bertelsmann-Stiftung (Hg.), *Handbuch Stiftungen. Ziele – Projekte – Management – Rechtliche Gestaltung*, Wiesbaden 1998.
Bertelsmann-Stiftung (Hg.), *Community Foundations in Civil Society*, Gütersloh 1999.
Bertelsmann-Stiftung (Hg.), *Handbuch Bürgerstiftungen. Ziele, Gründung, Aufbau, Projekte*, Gütersloh 2000.
Berthold, Norbert/Schmid, Cornelia, »Krise der Arbeitsgesellschaft und Privatisierung der Sozialpolitik«, *Aus Politik und Zeitgeschichte*, B 48-49/1997, S. 3-11.
Beyme, Klaus von, *Die politische Klasse im Parteienstaat*, Frankfurt/M 1993.
Biedenkopf, Kurt, »Die Zukunft moderner Gesellschaften: von der Arbeits- zur Bürgergesellschaft«, in: Stefan Hradil (Hg.), *Differenz und Integration. Die Zukunft moderner Gesellschaften. Verhandlungen des 28. Kongresses der Deutschen Gesellschaft für Soziologie in Dresden*, Frankfurt/M./New York 1997, S. 54-71.
Blanke, Bernhard/Schridde, Henning, »Bürgerengagement und aktivierender Staat«, in: Heinze/Olk 2001, S. 93-140.
Blasche, Siegfried/Döring, Diether (Hg.), *Sozialpolitik und Gerechtigkeit*, Frankfurt/M./New York 1998.
Blau, Peter M., *Exchange and Power in Social Life*, New York 1964.
Boeßenecker, Karl-Heinz, *Spitzenverbände der Freien Wohlfahrtspflege in der BRD*, München 1997.
Bogumil, Jörg/Holtkamp, Lars, »Kommunale Verwaltungsmodernisierung und bürgerschaftliches Engagement«, in: Heinze/Olk 2001, S. 549-567.
Bohn, Cornelia/Hahn, Alois, »Pierre Bourdieu«, in: Dirk Kaesler (Hg.), *Klassiker der Soziologie, Bd. 2: Von Talcott Parsons bis Pierre Bourdieu*, München 1999, S. 252-271.
Bohn, Cornelia/Hahn, Alois, »Selbstbeschreibung und Selbstthematisierung: Facetten der Identität in der modernen Gesellschaft«, in: Herbert Willems/Alois Hahn (Hg.), *Identität und Moderne*, Frankfurt/M. 1999a, S. 33-61.

Böhnisch, Tomke, *Gattinnen. Die Frauen der Elite*, Münster 1999.
Bohnsack, Fritz, *Erziehung zur Demokratie. John Deweys Pädagogik und ihre Bedeutung für die Reform unserer Schule*, Ravensburg 1976.
Bohnsack, Ralf, *Rekonstruktive Sozialforschung. Einführung in Methodologie und Praxis qualitativer Forschung*, 3. Aufl., Opladen 1999.
Boissevain, Jeremy F., *Friends of Friends. Manipulators and Coalitions*, Oxford 1974.
Bott, Elizabeth, *Family and Social Networks*, London 1953.
Bourdieu, Pierre, *Entwurf einer Theorie der Praxis auf der ethnologischen Grundlage der kabylischen Gesellschaft*, Frankfurt/M. 1976.
Bourdieu, Pierre, *Die feinen Unterschiede. Kritik der gesellschaftlichen Urteilskraft*, Frankfurt/M. 1982.
Bourdieu, Pierre, »Ökonomisches Kapital, kulturelles Kapital, soziales Kapital«, in: Reinhard Kreckel (Hg.), *Soziale Ungleichheiten* (= Soziale Welt, Sonderband 2), Göttingen 1983, S. 183-198.
Bourdieu, Pierre, *Sozialer Raum und »Klassen«. Leçon sur la leçon. Zwei Vorlesungen*, Frankfurt/M. 1985.
Bourdieu, Pierre, *La Noblesse d'Etat. Grandes écoles et esprit du corps*, Paris 1989.
Bourdieu, Pierre, *Die verborgenen Mechanismen der Macht. Schriften zur Politik und Kultur 1*, Wien 1990.
Bourdieu, Pierre, *Rede und Antwort*, Frankfurt/M. 1992.
Bourdieu, Pierre/Passeron, Jean-Claude, *Grundlagen einer Theorie der symbolischen Gewalt*, Frankfurt/M. 1973.
Bourdieu, Pierre/Wacquant, Loic J.D., *Reflexive Anthropologie*, Frankfurt/M. 1996.
Brandenburg, Hermann, »Neues Ehrenamt – Herausforderung und Perspektiven«, *Archiv für Wissenschaft und Praxis der sozialen Arbeit*, Jg. 26 (1995), S. 107-119.
Braun, Joachim/Röhrig, Peter, »Umfang und Unterstützung ehrenamtlicher Mitarbeit und Selbsthilfe im kommunalen Sozial- und Gesundheitsbereich«, in: Bundesminister für Bildung und Wissenschaft (Hg.), *Freiwilliges soziales Engagement und Weiterbildung*, Bonn 1986.
Braun, Sebastian, »Bürgerschaftliches Engagement. Konjunktur und Ambivalenz einer gesellschaftspolitischen Debatte«, *Leviathan*, Jg. 29 (2001), S. 83-109.
Braun, Sebastian, »Putnam und Bourdieu und das soziale Kapital in Deutschland. Der rhetorische Kurswert einer sozialwissenschaftlichen Kategorie«, in: *Leviathan*, 29 (2001a), S. 337-354.
Braun, Sebastian, »Begriffsbestimmungen, Dimensionen und Differenzierungskriterien von bürgerschaftlichem Engagement«, in: Enquete-Kommission 2002, S. 55-72.
Braun, Sebastian, *Soziales Kapital, soziale Integration und Selbstorganisation. Anmerkungen zu einem endlosen Legitimationsdiskurs über die sportbezogene Jugendarbeit*, Vortragsmansukript, Paderborn 2004.
Brettschneider, Frank u.a. (Hg.), *Das Ende der politisierten Sozialstruktur?*, Opladen 2002.
Brink, Bert van den/Reijen, Willem van (Hg.), *Bürgergesellschaft, Recht und Demokratie*, Frankfurt/M. 1995.
Brömme, Norbert/Strasser, Hermann, »Gespaltene Bürgergesellschaft? Die ungleichen Folgen des Strukturwandels von Engagement und Partizipation«, *Aus Politik und Zeitgeschichte*, B 25-26/2001, S. 6-14.

Brumlik, Micha/Brunkhorst Hauke (Hg.), *Gemeinschaft und Gerechtigkeit*, Frankfurt/M. 1995.

Brylewski, Werner, *Die verschiedenen Vorstellungsgehalte des Begriffes Kapital*, Stuttgart/Berlin 1993.

Budäus, Dietrich/Grüning, Gernod, *Kommunitarismus – eine Reformperspektive? Eine kritische Analyse kommunitaristischer Vorstellungen zur Gesellschafts- und Verwaltungsreform*, Berlin 1997.

Bühler, Theo (Hg.), *Bürgerbeteiligung und Demokratie vor Ort*, Bonn 1997.

Bühler-Niederberger, Doris, »Teure Kinder – Ökonomie und Emotionen im Wandel der Zeit«, in: Helga Zeiher u.a. (Hg.), *Kinder als Außenseiter? Umbrüche in der gesellschaftlichen Wahrnehmung von Kindern und Kindheit*, Weinheim/München 1996, S. 97-116.

Bührer, Susanne, *Soziales Kapital und Wanderungsentscheidungen. Zur Bedeutung sozialer Bezugsgruppen im Prozeß der Entstehung von Wanderungserwägungen, Wanderungsabsichten und Wanderungen*, Hamburg 1997.

Bulmer, Martin, »Concepts in the Analysis of Qualitative Data«, *The Sociological Review*, Jg. 27 (1979), S. 653-677.

Burkart, Lutz, »Das ›ehrenamtliche Element‹. Eine Skizze des Zusammenhangs von Industrialisierung, Sozialstruktur und Arbeitnehmerorganisationen«, in: Stefan Hradil (Hg.), *Sozialstruktur im Umbruch. Karl Martin Bolte zum 60. Geburtstag*, Opladen 1985, S. 181-189.

Bürklin, Wilhelm u.a., *Eliten in Deutschland. Rekrutierung und Integration*, Opladen 1997.

Burt, Ronald, *Structural Holes. The Social Structure of Competition*, Cambridge 1992.

Calhoun, Craig u.a. (Hg.), *Bourdieu. Critical Perspectives*, Cambridge 1993.

Campenhausen, Axel Freiherr von, »Geschichte des Stiftungswesens«, in: Bertelsmann-Stiftung 1998, S. 23-46.

Chatzimarkakis, Georgios/Hinte, Holger (Hg.), *Freiheit und Gemeinsinn. Vertragen sich Liberalismus und Kommunitarismus?*, Bonn 1997.

Clausen, Lars, *Tausch*, München 1978.

Clinton, Hillary Rodham, *It Takes a Village, and Other Lessons Children Teach Us*, New York 1996.

Cohen, Jean L./Arato, Andrew, *Civil Society and Political Theory*, Cambridge 1992.

Coleman, James S., »Social Capital and the Creation of Human Capital«, *American Journal of Sociology*, Jg. 94, Supplement (1988), S. 95-120.

Coleman, James S., *Grundlagen der Sozialtheorie, Bd. 1: Handlungen und Handlungssysteme*, München 1991.

Coleman, James S./Hoffer, Thomas B., *Public and Private High Schools. The Impact of Communities*, New York 1987.

Cusack, Thomas R., *Social Capital, Institutional Structures and Democratic Performance: A Comparative Study of Local Governments*, Veröffentlichung der Abteilung Institutionen und sozialer Wandel des Forschungsschwerpunkts Sozialer Wandel, Institutionen und Vermittlungsprozesse des Wissenschaftszentrums Berlin für Sozialforschung, Berlin 1997.

Dahme, Hans-Jürgen, »Der Verlust des Fortschrittsglaubens und die Verwissenschaftlichung der Soziologie. Ein Vergleich von Georg Simmel, Ferdinand Tönnies und Max Weber«, in: Otthein Rammstedt (Hg.), *Simmel und die frühen Soziologen*, Frankfurt/M. 1988, S. 222-274.

Dahrendorf, Ralf, *Gesellschaft und Demokratie in Deutschland*, München 1965.

Dahrendorf, Ralf, *Lebenschancen. Anläufe zur sozialen und politischen Theorie*, Frankfurt/M. 1979.

Dahrendorf, Ralf, *Der moderne soziale Konflikt. Essay zur Politik der Freiheit*, Stuttgart 1992.

Dahrendorf, Ralf, »Die Zukunft der Bürgergesellschaft«, in: Bernd Guggenberger/Klaus Hansen (Hg.), *Die Mitte. Vermessungen in Politik und Kultur*, Opladen 1993, S. 74-83.

Dahrendorf, Ralf, »Die Bürgergesellschaft«, in: Armin Pongs (Hg.), *In welcher Gesellschaft leben wir eigentlich? Gesellschaftskonzepte im Vergleich*, Bd. 1, München 1999, S. 87-104.

Dasgupta, Partha, »Trust as a Commodity«, in: Diego Gambetta (Hg.), *Trust: Making and Breaking Cooperative Relations*, Oxford 1988, S. 49-72.

Dederichs, Andreas Maria, *Das soziale Kapital in der Leistungsgesellschaft. Emotionalität und Moralität in »Vetternwirtschaften«*, Münster u.a. 1999.

Deth, Jan W. van, »Wertewandel im internationalen Vergleich. Ein deutscher Sonderweg?«, *Aus Politik und Zeitgeschichte*, B 29/2001, S. 23-30.

Dettling, Warnfried, »Bürgergesellschaft. Möglichkeiten, Voraussetzungen und Grenzen«, *Aus Politik und Zeitgeschichte*, B 38/1998, S. 22-28.

Dettling, Warnfried, *Ehrenamt in der Bürgergesellschaft. Ein neues Leitbild für freiwilliges soziales Engagement. Eine gesellschaftspolitische Standortbestimmung*, Stuttgart 1999.

Dewey John, *Demokratie und Erziehung. Eine Einleitung in die philosophische Pädagogik*, 2. Aufl., Braunschweig 1949.

Dilloo, Rüdiger, »Erben für eine bessere Welt«, *Die Zeit*, Nr. 16, 11. April 2002, S. 59.

Dombois, Rainer, »Wohlfahrtsmix und kombinierte Strategien sozialer Sicherung«, *Peripherie*, 69/70 (1998), S. 7-24.

Dörner, Andreas, *Politischer Mythos und symbolische Politik. Der Hermannmythos: zur Entstehung des Nationalbewußtseins der Deutschen*, Reinbek 1996.

Dörner, Andreas, *Politainment. Politik in der medialen Erlebnisgesellschaft*, Frankfurt/M. 2001.

Dörner, Andreas, »Zwischen Organisationstreue und Bürgergesellschaft: Politische Kultur in NRW«, in: Ute Canaris/Jörn Rüsen (Hg.), *Kultur in Nordrhein-Westfalen. Zwischen Kirchturm, Förderturm und Fernsehturm*, Stuttgart u.a. 2001, S. 67-75.

Dörner, Andreas, »Politische Kulturforschung«, in: Herfried Münkler (Hg.), *Politikwissenschaft. Ein Grundkurs*, Reinbek 2003, S. 587-619.

Dörner, Andreas, »Power Talks. Zur Transformation der politischen Elite in der Gegenwartsgesellschaft«, in: Ronald Hitzler/Stefan Hornbostel (Hg.), *Elitenmacht*, Wiesbaden 2004, S. 239-260.

Dörner, Andreas/Vogt, Ludgera, »Sozialkapital – eine Ressource für Individuum und Gesellschaft«, in: Sylvia Fels (Red.), *Wozu Freiwilligen-Agenturen? Visionen und Leitbilder. Beiträge zu einer Fachtagung*. (= Stiftung Mitarbeit, Brennpunkt-Dokumentation zu Selbsthilfe und Bürgerengagement Nr. 34) Bonn 1999, S. 21-38.

Dörner, Andreas/Vogt, Ludgera, »Das Kapital der Bürger. Freiwilligenarbeit als Herausforderung der Politik«, *Gegenwartskunde*, Jg. 50, H. 1 (2001), S. 43-56.

Dörner, Andreas/Vogt, Ludgera (Hg.), *Wahl-Kämpfe. Betrachtungen über ein demokratisches Ritual*, Frankfurt/M. 2002.

Downs, Anthony, *Ökonomische Theorie der Demokratie*, Tübingen 1968.

Dreitzel, Hans-Peter, *Elitebegriff und Sozialstruktur*, Stuttgart 1962.

Dubiel, Helmut, *Ungewißheit und Politik*, Frankfurt/M. 1994.

Eichel, Hans/Hoffmann, Hilmar, *Ende des Staates – Anfang der Bürgergesellschaft. Über die Zukunft der sozialen Demokratie in Zeiten der Globalisierung*, Reinbek 1999.

Eichhorst, Werner, *Europäische Sozialpolitik zwischen nationaler Autonomie und Marktfreiheit. Die Entsendung von Arbeitnehmern in der EU*, Frankfurt/M./New York 2000.

Elkins, David J., *Manipulation and Consent. How Voters and Leaders Manage Complexity*, Vancouver 1993.

Elwert, Georg, »Die Elemente der traditionellen Solidarität«, *Kölner Zeitschrift für Soziologie und Sozialpsychologie*, Jg. 32 (1980), S. 652-680.

Elwert, Georg/Wilkens, Hans-Dieter, »Kombinierte Produktionsformen im sogenannten informellen Sektor«, *Zeitschrift für Soziologie*, Jg. 12 (1983), S. 281-296.

Engels, Dietrich, *Soziales, kulturelles, politisches Engagement. Sekundäranalyse einer Befragung zu ehrenamtlicher Mitarbeit und Selbsthilfe*, Köln 1991.

Enquete-Bericht, *Bürgerschaftliches Engagement: auf dem Weg in eine zukunftsfähige Bürgergesellschaft. Bericht der Enquete-Kommission »Zukunft des Bürgerschaftlichen Engagements«*, Bundestags-Drucksache 14/8900, 3. Juni 2002.

Enquete-Kommission »Zukunft des Bürgerschaftlichen Engagements«, Deutscher Bundestag (Hg.), *Bürgerschaftliches Engagement und Zivilgesellschaft*, Opladen 2002.

Enquete-Kommission »Zukunft des Bürgerschaftlichen Engagements«, Deutscher Bundestag (Hg.), *Bürgerschaftliches Engagement, die lebendige Seite des Sozialstaats*, Opladen 2002a.

Enquete-Kommission »Zukunft des Bürgerschaftlichen Engagements«, Deutscher Bundestag (Hg.), *Bürgerschaftliches Engagement von Unternehmen*, Opladen 2002b.

Esping-Andersen, Gösta, *The Three Worlds of Welfare Capitalism*, Princeton, N.J. 1990.

Esser, Hartmut, *Alltagshandeln und Verstehen*, Tübingen 1991.

Esser, Hartmut, *Soziologie. Spezielle Grundlagen, Band 1: Situationslogik und Handeln*, Frankfurt/M./New York 1999.

Esser, Hartmut, *Soziologie. Spezielle Grundlagen, Band 4: Opportunitäten und Restriktionen*, Frankfurt/M./New York 2000.

Etzioni, Amitai, *Die Verantwortungsgesellschaft. Individualismus und Moral in der heutigen Demokratie*, Frankfurt/M./New York 1997.

Evers, Adalbert, »Volunteering oder: Chancen mehren und Zwänge abbauen. Einige internationale Erfahrungen und Beispiele«, in: Ulf Fink (Hg.), *Der neue Generationenvertrag. Die Zukunft der sozialen Dienste*, München 1988, S. 155-172.

Evers, Adalbert, »Aktivierender Staat – eine Agenda und ihre möglichen Bedeutungen«, in: Erika Mezger, Michael West (Hg.), *Aktivierender Sozialstaat und politisches Handeln*, Marburg 2000, S. 13-30.

Evers, Adalbert, »Bürgergesellschaft und soziales Kapital. Die politische Leerstelle im Konzept Robert Putnams«, in: Haus 2002, S. 59-75.

Evers, Adalbert/Leggewie, Claus, »Der ermunternde Staat. Vom aktiven Staat zur aktivierenden Politik«, *Gewerkschaftliche Monatshefte*, H. 6/1999, S. 331-340.

Evers, Adalbert/Olk, Thomas (Hg.), *Wohlfahrtspluralismus. Vom Wohlfahrtsstaat zur Wohlfahrtsgesellschaft*, Opladen 1996.

Evers, Adalbert/Olk, Thomas, »Wohlfahrtspluralismus – Analytische und normativ-politische Dimensionen eines Leitbegriffs«, in: Evers/Olk 1996, S. 9-62 (1996a).

Evers, Adalbert u.a., *Von öffentlichen Einrichtungen zu sozialen Unternehmen. Hybride Organisationsformen im Bereich sozialer Dienstleistungen*, Berlin 2002.

Evers, Tilman, »Bürgergesellschaft: Ein Markt der Möglichkeiten«, *Frankfurter Rundschau*, 10. Mai 1999, D/R/S.

Ferber, Christian von, »Neues Ehrenamt – altes Ehrenamt. Traditionelle Helfer, neue Helfer; traditionelle Verbände, neue Initiativen«, in: Ulf Fink (Hg.), *Der neue Generationenvertrag. Die Zukunft der sozialen Dienste*, München 1988, S. 117-131.

Fetscher, Iring, *Rousseaus politische Philosophie. Zur Geschichte des demokratischen Freiheitsbegriffs*, Frankfurt/M. 1975.

Feurt, Suzanne, »Gemeinschaftsstiftungen. Stiftungsarbeit von Bürgern für Bürger«, in: Bertelsmann Stiftung 1998, S. 239-268.

Flap, Henk, *No Man Is an Island. The Research Program of a Social Capital Theory*. Paper presented at the Workshop on Rational Choice and Social Networks, Jan. 1995, Nias, Wassenaar.

Flick, Uwe, *Qualitative Sozialforschung. Theorie, Methoden, Anwendung in Psychologie und Sozialwissenschaften*, Reinbek 1995.

Flick, Uwe, »Qualitative Sozialforschung. Stand der Dinge«, *Soziologie. Forum der Deutschen Gesellschaft für Soziologie*, H. 2/2001, S. 53-66.

Flick, Uwe u.a. (Hg.), *Qualitative Forschung. Ein Handbuch*, Reinbek 2000.

Forschungsjournal Neue soziale Bewegungen, *In Amt und Ehren? Zukunft bürgerschaftlichen Engagements*, Forschungsjournal Neue soziale Bewegungen, Jg. 13, H. 2 (2000).

Forst, Rainer, *Kontexte der Gerechtigkeit. Politische Philosophie jenseits von Liberalismus und Kommunitarismus*, Frankfurt/M. 1994.

Foucault, Michel, *Überwachen und Strafen. Die Geburt des Gefängnisses*, Frankfurt/M. 1976.

Fraenkel, Ernst, *Deutschland und die westlichen Demokratien*, Stuttgart 1964.

Friedrichs, Jürgen (Hg.), *Die Individualisierungs-These*, Opladen 1998.

Frisby, David P., *Fragmente der Moderne. Georg Simmel – Siegfried Kracauer – Walter Benjamin*, Rheda-Wiedenbrück 1989.

Fukuyama, Francis, »Social Capital and the Global Economy«, *Foreign Affairs*, Jg. 74, H. 5 (1995), S. 89-103.

Fukuyama, Francis, *Trust: The Social Virtues and the Creation of Prosperity*, New York 1995a.

Funk, Heide/Winter, Reinhard, *Das modernisierte Ehrenamt. Selbstentfaltung und Anerkennung für junge Frauen und Männer im Lebenszusammenhang des Jugendverbandes*, Neuss-Holzheim 1993.

Gabriel, Oscar W. u.a., *Sozialkapital und Demokratie. Zivilgesellschaftliche Ressourcen im Vergleich*, Wien 2002.

Gaiser, Wolfgang/de Rijke, Johann, »Gesellschaftliche Beteiligung der Jugend. Handlungsfelder, Entwicklungstendenzen, Hintergründe«, *Aus Politik und Zeitgeschichte*, B 44/2001, S. 8-17.

Gambetta, Diego, »Mafia: the Price of Distrust«, in: Diego Gambetta (Hg.), *Trust: Making and Breaking Cooperative Relations*, Oxford 1988, S. 158-175.

Gaskin, Katharine u.a., *Ein neues bürgerschaftliches Europa. Eine Untersuchung zur Verbreitung und Rolle von Volunteering in zehn Ländern*, hg. von der Robert Bosch Stiftung, Freiburg/Br. 1996.

Gau, Doris, *Politische Führungsgruppen auf kommunaler Ebene. Eine empirische Untersuchung zum Sozialprofil und den politischen Karrieren der Mitglieder des Rates der Stadt Köln*, München 1983.

Geiling, Heiko, »Mentalitätsanalyse der Neuen sozialen Bewegungen. Eliten und Massen in den Protestbewegungen der siebziger und achtziger Jahre«, in: Ansgar Klein/Frank Nullmeier (Hg.), *Masse – Macht – Emotionen. Zu einer politischen Soziologie der Emotionen*, Opladen 1999, S. 271-283.

Gellner, Ernest, *Bedingungen der Freiheit. Die Zivilgesellschaft und ihre Rivalen*, Stuttgart 1995.

Gensicke, Thomas, »Freiwilliges Engagement in den neuen und alten Bundesländern. Ergebnisse des Freiwilligensurveys 1999«, *Aus Politik und Zeitgeschichte*, B 25/2001, S. 24-32.

Gernert, Wolfgang, »Zur Effizienz ehrenamtlicher Mitarbeiter«, *Soziale Arbeit*, Jg. 37, H. 9 (1988), S. 321-325.

Giddens, Anthony, *Konsequenzen der Moderne*, Frankfurt/M. 1995.

Glaser, Barney G., *Theoretical Sensitivity*, San Francisco 1978.

Glaser, Barney G./Strauss, Anselm, *The Discovery of Grounded Theory*, Chicago 1967.

Glinka, Hans-Jürgen, *Das narrative Interview. Eine Einführung für Sozialpädagogen*, Weinheim/ München 2001.

Gluchowski, Peter u.a., »Sozialstruktur und Wahlverhalten in der Bundesrepublik Deutschland«, in: Oscar W. Gabriel u.a. (Hg.), *Parteiendemokratie in Deutschland*, Bonn 2001, S. 181-203.

Glück, Alois, *Verantwortung übernehmen. Mit der Aktiven Bürgergesellschaft wird Deutschland leistungsfähiger und menschlicher*, 2. Aufl., Stuttgart/München 2001.

Goldberg, Ellis, »Thinking About How Democracy Works«, *Politics and Society*, Jg. 24, H. 1 (1996), S. 7-18.

Graf, Friedrich Wilhelm u.a. (Hg.), *Soziales Kapital in der Bürgergesellschaft*, Stuttgart u.a. 1999.

Gramsci, Antonio, *Gefängnishefte*, hg. von K. Bochmann, Hamburg/Berlin 1991ff.

Granato, Jim u.a., »The Effect of Cultural Values on Economic Development. Theory, Hypotheses, and Some Empirical Tests«, *American Journal of Political Science*, Jg. 40 (1996), S. 607-631.

Grande, Edgar, »Charisma und Komplexität. Verhandlungsdemokratie, Mediendemokratie und der Funktionswandel politischer Eliten«, in: Raymund Werle/Uwe Schimank (Hg.), *Gesellschaftliche Komplexität und kollektive Handlungsfähigkeit*, Frankfurt/M. 2000, S. 297-319.

Granovetter, Mark S., »The Strength of Weak Ties«, *American Journal of Sociology*, Jg. 78 (1973), S. 1360-1380.

Granovetter, Mark S., *Getting A Job*, Cambridge 1974.

Granovetter, Mark S., »Economic Action and Social Structure: The Problem of Embeddedness«, *American Journal of Sociology*, Jg. 91 (1985), S. 481-510.

Gross, Peter, *Die Multioptionsgesellschaft*, Frankfurt/M. 1994.

Gross, Peter, »Die Multioptionsgesellschaft. ›Alles ist möglich‹«, in: Armin Pongs (Hg.), *In welcher Gesellschaft leben wir eigentlich? Gesellschaftskonzepte im Vergleich*, Bd. 1, München 1999, S. 107-125.

Gross, Peter, »Außer Kontrolle?! Individualisierung, Pluralisierung und Entscheidung«, in: Robert Hettlage/Ludgera Vogt (Hg.), *Identitäten in der modernen Welt*, Wiesbaden 2000, S. 55-76.

Gumbrecht, Hans Ulrich, »Modern, Modernität, Moderne«, in: Otto Brunner u.a. (Hg.), *Geschichtliche Grundbegriffe*, Bd. 2, Stuttgart 1978, S. 93-131.

Habermas, Jürgen, *Theorie des kommunikativen Handelns. 2 Bde.*, Frankfurt/M. 1981.

Habermas, Jürgen, *Strukturwandel der Öffentlichkeit. Untersuchungen zu einer Kategorie der bürgerlichen Gesellschaft*, Neuausgabe, Frankfurt/M. 1990.

Habermas, Jürgen, *Faktizität und Geltung. Beiträge zur Diskurstheorie des Rechts und des demokratischen Rechtsstaats*, Frankfurt/M. 1992.

Habermas, Jürgen, »Drei normative Modelle der Demokratie: Zum Begriff deliberativer Politik«, in: Herfried Münkler (Hg.), *Die Chancen der Freiheit. Grundprobleme der Demokratie*, München/Zürich 1992a, S. 11-24.

Hacket, Anne/Mutz, Gerd, »Empirische Befunde zum bürgerschaftlichen Engagement«, *Aus Politik und Zeitgeschichte*, B 9/2002, 39-46.

Hahn, Alois, »Identität und Selbstthematisierung«, in: Alois Hahn, Volker Kapp (Hg.), *Selbstthematisierung und Selbstzeugnis: Bekenntnis und Geständnis*, Frankfurt/M. 1987, S. 9-24.

Hahn, Alois (1993, »Identität und Nation in Europa«, *Berliner Journal für Soziologie*, Jg. 3 (1993), S. 193-203.

Hahn, Alois, »Partizipative Identitäten«, in: Herfried Münkler (Hg.), *Furcht und Faszination. Facetten der Fremdheit*, Berlin 1997, S. 115-158.

Hahn, Alois/Willems, Herbert, »Zivilisation, Modernität, Theatralität: Identitäten und Identitätsdarstellungen«, in: Herbert Willems, Martin Jurga (Hg.), *Inszenierungsgesellschaft. Ein einführendes Handbuch*, Opladen/Wiesbaden 1998, S. 193-214.

Halfar, Bernd/Koydl, Andrea, »Geht dem Ehrenamt die Arbeit aus?«, *Blätter der Wohlfahrtspflege*, Jg. 141, H. 6 (1994), S. 119-121.

Hall, John (Hg.), *Civil Society. Theory, History, Comparison*, Cambridge u.a. 1995.

Hall, Peter, »Social Capital in Britain«, *British Journal of Political Science*, Jg. 29 (1999), S. 417-464.

Hansmann, Henry, »Economic Theories of Nonprofit Organizations«, in: Walter W. Powell (Hg.), *The Nonprofit Sector: A Research Handbook*, New Haven/London 1987, S. 27-42.

Hartl, Michaela u.a., *Soziale Beziehungen und Personalauswahl. Eine empirische Studie über den Einfluß des kulturellen und sozialen Kapitals auf die Personalrekrutierung*, München/Mering 1998.

Hartmann, Martin /Offe, Claus (Hg.), *Vertrauen. Die Grundlage des sozialen Zusammenhalts*, Frankfurt/M./New York 2001..

Hartmann, Michael, »Klassenspezifischer Habitus oder exklusive Bildungstitel als Selektionskriterium? Die Besetzung von Spitzenpositionen in der Wirtschaft«, in: Beate Krais (Hg.), *An der Spitze. Von Eliten und herrschenden Klassen*, Konstanz 2001, S. 157-208.

Haug, Sonja, *Soziales Kapital. Ein kritischer Überblick über den aktuellen Forschungsstand*, Arbeitspapier, Mannheim 1997.

Haug, Sonja, *Soziales Kapital und Kettenmigration. Italienische Migranten in Deutschland*, Opladen 2000.

Haus, Michael (Hg.), *Bürgergesellschaft, soziales Kapital und lokale Politik. Theoretische Analysen und empirische Befunde*, Opladen 2002.

Hegel, Georg Wilhelm Friedrich, *Grundlinien der Philosophie des Rechts* (1821), hg. und eingeleitet von Helmut Reichelt, Frankfurt/M. u.a. 1972.

Heinelt, Hubert, »Neuere Debatten zur Modernisierung der Kommunalpolitik – Ein Überblick«, in: Hubert Heinelt/Margit Mayer (Hg.), *Modernisierung der Kommunalpolitik*, Opladen 1997, S. 12-28.

Heinze, Rolf G., *Die blockierte Gesellschaft. Sozioökonomischer Wandel und die Krise des »Modell Deutschland«*, Opladen/Wiesbaden 1998.

Heinze, Rolf G./Keupp, Heiner, *Gesellschaftliche Bedeutung von Tätigkeiten außerhalb der Erwerbsarbeit. Gutachten für die »Kommission für Zukunftsfragen« der Freistaaten Bayern und Sachsen*, Bochum/München 1997.

Heinze, Rolf G./Nägele, Gerhard, »Die sozialen Dienste vor neuen Herausforderungen«, *WSI-Mitteilungen*, Nr. 48 (1995), S. 404-410.

Heinze, Rolf G./Offe, Claus (Hg.), *Formen der Eigenarbeit. Theorie, Empirie, Vorschläge*, Opladen 1990.

Heinze, Rolf G./Olk, Thomas, »Vom Ehrenamt zum bürgerschaftlichen Engagement. Trends des begrifflichen und gesellschaftlichen Strukturwandels«, in: Kistler u.a. 1999, S. 77-100.

Heinze, Rolf G./Olk, Thomas (Hg.), *Bürgerengagement in Deutschland. Bestandsaufnahmen und Perspektiven*, Opladen 2001.

Heinze, Rolf G./Strünck, Christoph, »Die Verzinsung des sozialen Kapitals. Freiwilliges Engagement im Strukturwandel«, in: Beck 2000, S. 171-216.

Heitmeyer, Wilhelm (Hg.), *Was treibt die Gesellschaft auseinander? Bundesrepublik Deutschland: auf dem Weg von der Konsens- zur Konfliktgesellschaft*, Bd. 1, Frankfurt/M. 1997.

Hereth, Michael, *Tocqueville zur Einführung*, 2. Aufl., Hamburg 2001.

Hermanns, Harry, »Narratives Interview«, in: Flick u.a. 2000, S. 360-368.

Herzog, Dietrich, »De republica prudenter gubernanda. Die politische Klasse in der Verhandlungsdemokratie und die neuen Aufgaben der Eliteforschung«, in: Stefan Immerfall (Hg.), *Parteien, Kulturen und Konflikte. Beiträge zur multikulturellen Gegenwartsgesellschaft. Festschrift für Alf Mintzel*, Opladen 2000, S. 165-188.

Hettlage, Robert/Vogt, Ludgera (Hg.), *Identitäten in der modernen Welt*, Wiesbaden 2000.

Heußner, Hermann K./Jung, Otmar (Hg.), *Mehr direkte Demokratie wagen. Volksbegehren und Volksentscheid. Geschichte – Praxis – Vorschläge*, München 1999.

Hildenbrandt, Bruno, *Methodik der Einzelfallstudie. Theoretische Grundlagen, Erhebungs- und Auswertungsverfahren, vorgeführt an Fallbeispielen*, Kurseinheit 1 (Studienbrief der Fernuniversität Hagen), Hagen 1984.

Hilger, Marie-Elisabeth/Hölscher, Lucian, »Kapital, Kapitalist, Kapitalismus«, in: Otto Brunner u.a. (Hg.), *Geschichtliche Grundbegriffe*, Bd. 3, Stuttgart 1982, S. 399-454.

Hilpert, Jochen, *Partizipative Jugendarbeit und Bürgerengagement. Über die Praxis einer Theorie*, Konstanz 1996.

Hirschman, Albert O., *Entwicklung, Markt und Moral. Abweichende Betrachtungen*, München 1989.

Hitzler, Ronald, *Sinnwelten. Ein Beitrag zum Verstehen von Kultur*, Opladen 1988.

Hitzler, Ronald, »Bürger machen mobil. Über die neue soziale Sicherheits-Bewegung«, *Forschungsjournal Neue soziale Bewegungen*, H. 3-4/1993, S. 16-27.

Hitzler, Ronald, »Reflexive Individualisierung. Zur Stilisierung und Politisierung des Lebens«, in: Rudolf Richter (Hg), *Sinnbasteln. Beiträge zu einer Soziologie der Lebensstile*, Wien u.a. 1994, S. 36-47.

Hitzler, Ronald, »Mobilisierte Bürger. Über einige Konsequenzen der Politisierung der Gesellschaft«, *Ästhetik und Kommunikation*, H. 85-86/1994b, S. 55-62.

Hitzler, Ronald, »Der unberechenbare Bürger. Über einige Konsequenzen der Emanzipation der Untertanen«, in: Beck 1997, S. 175-194.

Hitzler, Ronald, »Posttraditionale Vergemeinschaftung. Über neue Formen der Sozialbindung«, *Berliner Debatte Initial*, Jg. 9, H. 1 (1998), S. 81-89.

Hitzler, Ronald, »Verführung statt Verpflichtung. Die neuen Gemeinschaften der Existenzbastler«, in: Claudia Honegger u.a. (Hg.), *Grenzenlose Gesellschaft? Verhandlungen des 20.*

Kongresses der Deutschen Gesellschaft für Soziologie, des 16. Kongresses der Österreichischen Gesellschaft für Soziologie, des 11. Kongresses der Schweizerischen Gesellschaft für Soziologie in Freiburg i.Br. 1998, Teil 1, Opladen 1999, S. 223-233.

Hitzler, Ronald, »Die Wiederentdeckung der Handlungspotentiale. Problemstellungen politischer Soziologie unter den Bedingungen reflexiver Modernisierung«, *Zeitschrift für Politik*, Jg. 47 (2000), S. 183-200.

Hitzler, Ronald, »Vollkasko-Individualisierung. Zum Phänomen der Bastelexistenz unter Wohlfahrtsstaatsbedingungen«, in: Manfred Prisching (Hg.), *Ethik im Sozialstaat*, Wien 2000a, S. 155-172.

Hitzler, Ronald, »Pioniere einer anderen Moderne? Existenzbasteln als Innovationsmanagement«, in: Hans A Wüthrich u.a. (Hg.), *Grenzen ökonomischen Denkens. Auf den Spuren einer dominanten Logik*, Wiesbaden 2001, S. 35-55.

Hitzler, Ronald/Honer, Anne, »Bastelexistenz. Über subjektive Konsequenzen der Individualisierung«, in: Beck/Beck-Gernsheim 1994, S. 307-315.

Hitzler, Ronald/Milanes, Alexander, »Das Bürgertum schlägt zurück«, in: Jo Reichertz (Hg.), *Die Wirklichkeit des Rechts*, Opladen 1998, S. 172-188.

Höffe, O./Rapp, Ch., »Tugend. III.: Neuzeit«, in: Joachim Ritter/Karlfried Gründer (Hg.), *Historisches Wörterbuch der Philosophie*, Bd. 10, 1998, S. 1554-1570.

Höffe, Otfried, *Praktische Philosophie. Das Modell des Aristoteles*, München 1971.

Höffe, Otfried, *Einführung in die utilitaristische Ethik*, 2. Aufl., Tübingen. 1992.

Hoffmann-Lange, Ursula, *Eliten, Macht und Konflikt in der Bundesrepublik*, Opladen 1992.

Hofstadter, Richard (Hg.), *Great Issues in American History. From the Revolution to the Civil War, 1765-1865*, New York 1958.

Holmes, Stephen, »Aristippus in and out of Athens«, *American Political Science Review*, Jg. 73 (1979), S. 113-128.

Holtgrewe, Ursula u.a. (Hg.), *Anerkennung und Arbeit*, Konstanz 2000.

Homans, George Caspar, *Social Behavior. Its Elementary Forms*, New York 1961.

Honneth, Axel, *Kampf um Anerkennung. Zur moralischen Grammatik sozialer Konflikte*, Frankfurt/M. 1992.

Honneth, Axel (Hg.), *Kommunitarismus. Eine Debatte über die moralischen Grundlagen moderner Gesellschaften*, Frankfurt/M./New York 1993.

Hopf, Christel, »Die Pseudo-Exploration. Überlegungen zur Technik qualitativer Interviews in der Sozialforschung«, *Zeitschrift für Soziologie*, Jg. 7 (1978), S. 97-115.

Hopf, Christel , »Qualitative Interviews in der Sozialforschung. Ein Überblick«, in: Flick u.a. 2000, S. 349-359.

Hopf, Christel u.a., *Familie und Rechtsextremismus. Familiale Sozialisation und rechtsextreme Orientierungen junger Männer*, Weinheim/München 1995.

Hummel, Konrad, »Engagementförderung als politische Aufgabe – Am Beispiel eines Landesnetzwerkes«, in: Heinze/Olk 2001, S. 379-397.

Hummel, Konrad (Hg.), *Bürgerengagement. Seniorengenossenschaften, Bürgerbüros und Gemeinschaftsinitiativen*, Freiburg/Br. 1995.

Hus, Christoph, »Wenn Gönner knausern müssen«, *Die Zeit*, Nr. 10, 2. Mai 2002, S. 29.

Immerfall, Stefan, »Das Kapital des Vertrauens. Über soziale Grundlagen wirtschaftlicher Wettbewerbsfähigkeit«, *Gegenwartskunde*, Jg. 45 (1996), S. 485-495.

Immerfall, Stefan, »Sozialkapital in der Bundesrepublik. Thesen zu Konzept und Größenordnung«, in: Kistler u.a. 1999, S. 121-130.

Inglehart, Ronald, *The Silent Revolution. Changing Values and Political Styles among Western Publics*, Princeton 1977.

Inglehart, Ronald, »The Renaissance of Political Culture«, *American Political Science Review*, Jg. 82 (1988), S. 1203-1230.

Inglehart, Ronald, *Culture Shift in Advanced Industrial Society*, Princeton 1990.

Inglehart, Ronald, *Modernization and Postmodernization. Cultural, Economic and Political Change in 43 Societies*, Princeton 1997.

Jackman, Robert W./Miller, Ross A., »A Renaissance of Political Culture?«, *American Journal of Political Science*, Jg. 40 (1996), S. 632-659.

Jakob, Gisela, *Zwischen Dienst und Selbstbezug. Eine biographieanalytische Untersuchung ehrenamtlichen Engagements*, Opladen 1993.

Jakob, Gisela/Janning, Heinz, »Freiwilligenagenturen als ein Teil lokaler Infrastruktur für Bürgerengagement«, in: Heinze/Olk 2001, S. 483-508.

James, Estelle, »The Nonprofit Sector in Comparative Perspective«, in: Walter W. Powell (Hg.), *The Nonprofit Sector: A Research Handbook*, New Haven/London 1987, S. 397-415.

Janning, Frank, *Das politische Organisationsfeld. Politische Macht und soziale Homologie in komplexen Demokratien*, Opladen/Wiesbaden 1998.

Janning, Heinz/Bartjes, Heinz, *Ehrenamt und Wirtschaft. Internationale Beispiele bürgerschaftlichen Engagements der Wirtschaft*, Stuttgart 1999.

Jansen, Dorothea, *Einführung in die Netzwerkanalyse. Grundlagen, Methoden, Anwendungen*, Opladen 1999.

Joas, Hans, »Gemeinschaft und Demokratie in den USA: Die vergessene Geschichte der Kommunitarismus-Diskussion«, in: Micha Brumlik/Hauke Brunkhorst (Hg.), *Gemeinschaft und Gerechtigkeit*, Frankfurt/M. 1995, S. 49-62.

Joas, Hans, »Ungleichheit in der Bürgergesellschaft. Über einige Dilemmata des Gemeinsinns«, *Aus Politik und Zeitgeschichte*, B 25-26/2001, S. 15-23.

Jugendwerk der Deutschen Shell AG (Hg.), *Jugend 2000*, Opladen 2001.

Jun, Uwe, »Die Transformation der Sozialdemokratie. Der Dritte Weg, New Labour und die SPD«, *Zeitschrift für Politikwissenschaft*, Jg. 10 (2000), S. 1501-1530.

Jungbauer-Gans, Monika, »Schwindet das soziale Kapital?«, *Soziale Welt*, Jg. 53 (2002), S. 189-208.

Jütting, Dieter H., »Ich-Gesellschaft oder Wir-Gesellschaft, Egoismus oder Altruismus, in welcher Gesellschaft leben wir?«, in: Strachwitz 1998, . 271-289.

Kaase, Max/Klingemann, Hans-Dieter (Hg.), *Wahlen und Wähler. Analysen aus Anlaß der Bundestagswahl 1987*, Opladen 1990.

Kaase, Max/Klingemann, Hans-Dieter (Hg.), *Wahlen und Wähler. Analysen aus Anlaß der Bundestagswahl 1994*, Opladen 1998.

Kaesler, Dirk/Vogt, Ludgera (Hg.), *Hauptwerke der Soziologie*, Stuttgart 2000.

Kalupner, Sibylle, *Das Stiftungswesen im politischen Diskurs 1983-2000. Eine Evaluationsstudie zur Reform des Stiftungsrechts und zur Rolle der Politikberatung in diesem Prozeß*, Mskr., Berlin 2001.

Kappe, Stefan, »Bürgerstiftungen im Aufbruch. Organisation von Philanthropie in lokalen und regionalen Stiftungen«, in: Zimmer/Nährlich 2000, S. 263-286.

Kappelhoff, Peter, »Soziale Interaktion als Tausch: Tauschhandlung, Tauschbeziehung, Tauschsystem, Tauschmoralität«, *Ethik und Sozialwissenschaften*, Jg. 6, H. 1 (1995), S. 3-12.

Kästner, Hans-Gerd, *Kommunale Eliten und Machtstrukturen in der Nachfolge der DDR. Eine Untersuchung des politischen Systemwandels am Beispiel der Hansestadt Wismar*, Berlin 1999.

Kaufmann, Franz-Xaver, *Herausforderungen des Sozialstaates*, Frankfurt/M. 1997.

Kaufmann, Jean-Claude, *Das verstehende Interview. Theorie und Praxis*, Konstanz 1999.

Keane, John, *Civil Society. Old Images, New Visions*, Cambridge 1998.

Kersting, Norbert (Hg.), *Kommunitarismus. Hilft nur noch Selbsthilfe? Theorie des Dritten Sektors und des Ehrenamts*, Marburg 1998 (= Marburger Meinungsbilder 1998/1).

Kersting, Wolfgang, *Die politische Philosophie des Gesellschaftsvertrags*, Wiesbaden 1994.

Keupp, Heiner, »Soziale Netzwerke – Eine Metapher des gesellschaftlichen Umbruchs?«, in: Keupp/Röhrle 1987, S. 11-53.

Keupp, Heiner, »Die Suche nach Gemeinschaft zwischen Stammesdenken und kommunitärer Individualität«, in: Wilhelm Heitmeyer (Hg), *Was hält die Gesellschaft zusammen? Bundesrepublik Deutschland: auf dem Weg von der Konsens- zur Konfliktgesellschaft*, Bd. 2, Frankfurt/M. 1997.

Keupp, Heiner, »Bürgerschaftliches Engagement als Basis posttraditionaler Gemeinschaftsbildung. Zur sozialpsychologischen Infrastruktur spätmoderner Gesellschaften«, in: G. Mader u.a. (Hg.), *Friedenspolitik der Zivilgesellschaft*, Münster 1999, S. 57-71.

Keupp, Heiner, *Eine Gesellschaft der Ichlinge? Zum bürgerschaftlichen Engagement von Jugendlichen*, München 2000.

Keupp, Heiner, »Bürgerschaftliches Engagement: Ein Motor posttraditionaler Ligaturenbildung«, in: Heinze/Olk (2001), S. 69-92.

Keupp, Heiner/Röhrle, Bernd (Hg.), *Soziale Netzwerke*, Frankfurt/M./New York 1987.

Keupp, Heiner u.a., »Civic matters: Motive, Hemmnisse und Fördermöglichkeiten bürgerschaftlichen Engagements«, in: Beck 2000, S. 217-268.

Kiefer, Marie Luise, »Hörfunk- und Fernsehnutzung«, in: Jürgen Wilke (Hg.), *Mediengeschichte der Bundesrepublik Deutschland*, Bonn 1999, S. 426-447.

Kistler, Ernst u.a. (Hg.), *Perspektiven gesellschaftlichen Zusammenhalts. Empirische Befunde, Praxiserfahrungen, Meßkonzepte*, Berlin 1999.

Kistler, Ernst/Rauschenbach, Thomas, »Ehrenamt und Erwerbsarbeit. Forschungsfragen und Methodenprobleme«, *WSI-Mitteilungen*, Nr. 54 (2001), S. 151-156.

Kistler, Ernst/Schäfer-Walkmann, Susanne, »Garant für Gemeinsinn oder gar soziales Kapital? Ehrenamtliches Engagement zwischen Über- und Unterforderung«, *Sozialmagazin: die Zeitschrift für Soziale Arbeit*, Jg. 24, H. 3 (1999), S. 49-56.

Kistler, Ernst u.a., »Tanz auf dünnem Eis – Probleme und Perspektiven der Berichterstattung über Ehrenamt und gesellschaftlichen Zusammenhalt«, in: Heinze/Olk 2001, S. 361-375.

Klages, Helmut, *Wertorientierungen im Wandel. Rückblick, Gegenwartsanalyse, Prognosen*, Frankfurt/M./New York 1984.

Klages, Helmut, »Der ›schwierige Bürger‹ – Bedrohung oder Zukunftspersonal«, in: Werner Weidenfeld (Hg.), *Demokratie am Wendepunkt. Die demokratische Frage als Projekt des 21. Jahrhunderts*, Berlin 1996, S. 233-253.

Klages, Helmut, »Engagement und Engagementpotential in Deutschland«, *Aus Politik und Zeitgeschichte*, B 38/1998, S. 29-38.

Klages, Helmut, »Individualisierung als Triebkraft bürgerschaftlichen Engagements. Empirische Fakten und Folgerungen«, in: Kistler u.a. 1999, S. 101-112.

Klages, Helmut, »Brauchen wir eine Rückkehr zu traditionellen Werten?«, *Aus Politik und Zeitgeschichte*, B 29/2001, S. 7-14.

Klages, Helmut/Gensicke, Thomas, *Wertewandel und bürgerschaftliches Engagement an der Schwelle zum 21. Jahrhundert*, Speyer 1999.

Klein, Ansgar, *Der Diskurs der Zivilgesellschaft. Politische Hintergründe und demokratietheoretische Folgerungen*, Opladen 2001.

Klein, Ansgar u.a. (Hg.), *Neue soziale Bewegungen. Impulse, Bilanzen und Perspektiven*, Opladen/Wiesbaden 1999.

Klein, Ansgar/Schmalz-Bruns, Rainer (Hg.), *Politische Beteiligung und Bürgerengagement in Deutschland. Möglichkeiten und Grenzen*, Bonn 1997.

Klenner, Christina/Pfahl, Svenja, »(Keine) Zeit für's Ehrenamt. Vereinbarkeit von Erwerbsarbeit und ehrenamtlicher Tätigkeit«, *WSI-Mitteilungen*, Nr. 54 (2001), S. 179-187.

Klingemann, Hans-Dieter/Kaase, Max (Hg.), *Wahlen und politischer Prozeß. Analysen aus Anlaß der Bundestagswahl 1983*, Opladen 1986.

Klingemann, Hans-Dieter/Kaase, Max (Hg.), *Wahlen und Wähler. Analysen aus Anlaß der Bundestagswahl 1990*, Opladen 1994.

Klingemann, Hans-Dieter/Kaase, Max (Hg.), *Wahlen und Wähler. Analysen aus Anlaß der Bundestagswahl 1998*, Wiesbaden 2001.

Kneer, Georg, »Zivilgesellschaft«, in: Georg Kneer u.a. (Hg.), *Soziologische Gesellschaftsbegriffe. Konzepte moderner Zeitdiagnosen*, München 1997, S. 228-251.

Koch, Roland (Hg.), *Aktive Bürgergesellschaft. Mitgestalten, Mitverantworten*, München 1998.

Kocka, Jürgen, »Das Bürgertum als Träger von Zivilgesellschaft – Traditionslinien, Entwicklungen, Perspektiven«, in: Enquete-Kommission 2002, S. 15-22.

Kohli, Martin u.a., *Engagement im Ruhestand. Rentner zwischen Erwerb, Ehrenamt und Hobby*, Opladen 1993.

Kommunale Gemeinschaftsstelle, *KGSt-Bericht »Bürgerengagement – Chance für Kommunen«*, Köln 1999.

Kondratowitz, Hans Joachim von, »Motivation als Staatsaufgabe. Historische und gegenwärtige Konjunkturen ehrenamtlicher sozialer Arbeit«, in: Friedrich Ortmann/Christoph Sachße (Hg.), *Arbeitsmarkt, Sozialpolitik, Selbsthilfe. Perspektiven »neuer« Sozialstaatlichkeit*, Kassel 1985, S. 108-135.

Koselleck, Reinhart, »Neuzeit«. Zur Semantik moderner Bewegungsbegriffe«, in: Reinhart Koselleck (Hg.), *Studien zum Beginn der modernen Welt*, Stuttgart 1977, S. 264-299.

Kowalsky, Wolfgang, *Europäische Sozialpolitik. Ausgangsbedingungen, Antriebskräfte und Entwicklungspotentiale*, Opladen 1999.

Krais, Beate (Hg.), *An der Spitze. Von Eliten und herrschenden Klassen*, Konstanz 2001.

Kromka, Franz, *Vom Nutzen des Ehrenamtes. Dargestellt am Beispiel der Landwirtschaft*, Habilitationsschrift an der TU München Weihenstephan (= Bayerisches Landwirtschaftliches Jahrbuch, 62. Jahrgang, Sonderheft 2), München 1985.

Krüger, Dorothea, »Struktureller Wandel des sozialen Ehrenamtes«, *Zeitschrift für Frauenforschung*, Jg. 11, H. 3 (1993), S. 82-93.

Kühnlein, Irene, »Weniger Erwerbsarbeit – mehr Eigenarbeit?«, *Aus Politik und Zeitgeschichte*, B 48-49/1997, S. 41-46.

Laitin, David D., »The Civic Culture at 30«, *American Political Science Review*, Jg. 89 (1995), S. 168-183.
Lamnek, Siegfried, *Qualitative Sozialforschung, Bd. 2: Methoden und Techniken*, 2., überarb. Aufl., Weinheim1993.
Lasch, Christopher, *Die blinde Elite. Macht ohne Verantwortung*, Hamburg 1995.
Laum, Bernhard, *Schenkende Wirtschaft. Nichtmarktmäßiger Güterverkehr und seine sozialen Funktionen*, Frankfurt/M. 1960.
Leggewie, Claus, »Gibt es eine transnationale Bürgergesellschaft?«, *Internationale Politik und Gesellschaft*, H: 2/2001, S. 154-164.
Lehmbruch, Gerhard, »Der Januskopf der Ortsparteien. Kommunalpolitik und das lokale Parteiensystem«, in: Helmut Köser (Hg.), *Der Bürger in der Gemeinde*, Hamburg 1979, S. 320-334.
Leif, Thomas u.a. (Hg.), *Die politische Klasse in Deutschland. Eliten auf dem Prüfstand*, Bonn 1992.
Leibfried, Stephan, »Nationaler Wohlfahrtsstaat, Europäische Union und ›Globalisierung‹. Erste Annäherungen«, in: Jutta Allmendinger, Wolfgang Ludwig-Mayerhofer (Hg.), *Soziologie des Sozialstaats. Gesellschaftliche Grundlagen, historische Zusammenhänge und aktuelle Entwicklungen*, Weinheim/München 2000, S. 79-108.
Lenci, Sergio, *Social Capital? From Pizza Connection to Collective Action. An Inquiry into Power, Culture and Civil Society*, Institute of Social Studies, Working Paper No. 244, The Hague 1997.
Lerner, Max, *Tocqueville and American Civilization*, New York 1969.
Lessenich, Stefan/Ostner, Ilona (Hg.), *Welten des Wohlfahrtskapitalismus. Der Sozialstaat in vergleichender Perspektive*, Opladen 1998.
Levi, Margaret, »Social and Unsocial Capital«, *Politics and Society*, Jg. 24, H. 1 (1996), S. 45-56.
Lewis, David (Hg.), *International Perspectives on Voluntary Action. Reshaping the Third Sector*, London 1999.
Lin, Nan, »Social Ressources and Instrumental Action«, in: Peter V. Marsden, Nan Lin (Hg.), *Social Structure and Network Analysis*, Beverly Hills 1982, S. 131-145.
Locke, John, *Zwei Abhandlungen über die Regierung* (1689), hg. von W. Euchner, Frankfurt/M. 1992.
Loury, Glenn, »A Dynamic Theory of Racial Income Differences«, in: P.A. Wallace, A. Le Mund (Hg.), *Women, Minorities, and Employment Discrimination*,Lexington 1977.
Loury, Glenn, »Why Should We Care About Group Inequality?«, *Rationality and Society*, H. 1/1987, S. 249-271.
Luhmann, Niklas, *Vertrauen. Ein Mechanismus der Reduktion von Komplexität*, Stuttgart 1968.
Luhmann, Niklas, *Soziale Systeme. Grundriß einer allgemeinen Theorie*, Frankfurt/M. 1984.
Luhmann, Niklas, »Copierte Existenz und Karriere. Zur Herstellung von Individualität«, in: Beck/Beck-Gernsheim 1994, S. 191-200.
Luhmann, Niklas, *Die Gesellschaft der Gesellschaft*, Frankfurt/M. 1997.
Luhmann, Niklas, *Die Politik der Gesellschaft*, hg. von André Kieserling, Frankfurt/M. 2000.
Macedo, Stephen, *Liberal Virtues. Citizenship, Virtue, and Comunity in Liberal Constitutionalism*, Oxford 1990.
Machiavelli, Niccolo, *Politische Schriften*, hg. von H. Münkler, Frankfurt/M. 1990.
Macho, Thomas H., »Von der Elite zur Prominenz. Zum Strukturwandel politischer Herrschaft«, *Merkur*, Jg. 47 (1993), S. 762-769.

MacIntyre, Alasdair, »Ist Patriotismus eine Tugend?«, in: Honneth 1993, S. 84-102.

MacIntyre, Alasdair, Der *Verlust der Tugend. Zur moralischen Krise der Gegenwart*, Frankfurt/M. 1995.

Maier, Hans, *Die ältere deutsche Staats- und Verwaltungslehre (Polizeiwissenschaft). Ein Beitrag zur Geschichte der politischen Wissenschaft in Deutschland*, Neuwied u.a. 1966.

Mandt, Hella, »»Responsible Government« und kontinentale Demokratietheorie«, in: Hella Mandt, *Politik in der Demokratie. Aufsätze zu ihrer Theorie und Ideengeschichte*, Baden-Baden 1998, S. 9-28.

Marsden, Peter V. und Jeanne S. Hurlbert, »Social Ressources and Mobility Outcomes. A Replication and Extension«, *Social Forces*, Jg. 59 (1988), S. 1038-1059.

Marshall, Thomas H., *Bürgerrechte und soziale Klassen. Zur Soziologie des Wohlfahrtsstaates*, Frankfurt/M./New York 1992.

Marx, Karl, »Zur Kritik der Politischen Ökonomie« (1859), in: Karl Marx/Friedrich Engels, *Werke*, hg. vom Institut für Marxismus-Leninismus beim ZK der SED, Bd. 13, Berlin 1971, S. 3-161.

Marx, Karl, *Das Kapital. Kritik der politischen Ökonomie*, Bd. 3 (1894), hg. von Friedrich Engels, Nachdruck Frankfurt/M. 1972.

Marx, Karl/Engels, Friedrich, *Die deutsche Ideologie. Kritik der neuesten deutschen Philosophie in ihren Repräsentanten Feuerbach, B. Bauer und Stirner, und des deutschen Sozialismus in seinen verschiedenen Propheten* (1845/46), in: Karl Marx/Friedrich Engels, *Werke*, hg. vom Institut für Marxismus-Leninismus beim ZK der SED, Bd. 3, Berlin 1969.

Mauss, Marcel, *Die Gabe. Form und Funktion des Austauschs in archaischen Gesellschaften* (1925), Vorwort von E. E. Evans-Pritchard, Frankfurt/M. 1968.

Mayer, Otto G., »Globalisierung und wohlfahrtsstaatliche Aufgaben«, *Aus Politik und Zeitgeschichte*, B 33-34/1997, S. 33-41.

Mayntz, Renate, »Gibt es eine politische Klasse in Deutschland?«, in: Wolfgang Merkel/Andreas Busch (Hg.), *Demokratie in Ost und West*, Frankfurt/M. 1999, S. 425-434.

Meier, Bernd, *Sozialkapital in Deutschland. Eine empirische Skizze*, Köln 1996.

Meier, Bernd, *Kommunitarismus. Politische Idee, Programmatik und empirische Befunde*, Köln 2001.

Meulemann, Heiner, *Werte und Wertewandel. Zur Identität einer geteilten und wieder vereinten Nation*, Weinheim 1996.

Meulemann, Heiner, »Identität, Werte und Kollektivorientierung«, in: Karl-Rudolf Korte/Werner Weidenfeld (Hg.), *Deutschland-TrendBuch. Fakten und Orientierungen*, Opladen 2001, S. 184-211.

Meyer, Thomas/Weil, Reinhard (Hg.), *Die Bürgergesellschaft. Perspektiven für Bürgerbeteiligung und Bürgerkommunikation*, Bonn 2002.

Meyer, Thomas u.a., »Initiative für Bürgersinn. Entwurf eines kommunitaristischen Manifests«, *Die neue Gesellschaft/Frankfurter Hefte*, Jg. 44, H. 4 (1997), S. 651-654.

Meyerson, Eva M., »Human Capital, Social Capital and Compensation. The Relative Contribution of Social Contacts to Manager's Incomes«, *Acta Sociologica*, Jg. 37 (1994), S. 383-399.

Mielke, Gerd, »Sozialdemokratie und Bürgergesellschaft. Anmerkungen zu einer komplizierten Beziehung«, *Blätter für deutsche und internationale Politik*, Jg. 46 (2001), S. 701-710.

Mill, John Stuart, *Considerations on Representative Government*, London 1861.

Misztal, Barbara, *Trust in Modern Societies*, Cambridge 1996.

Montesquieu [Charles Louis de Secondat, Baron de la Brède et de Montesquieu], *Vom Geist der Gesetze* (1748), in neuer Übertragung eingel. und hg. von Ernst Forsthoff, Tübingen 1951.

Morlino, Leonardo, »Italy's Civic Divide«, *Journal of Democracy*, Jg. 6 (1995), S. 173-177.

Mörth, Ingo/Fröhlich, Gerhard (Hg.), *Das symbolische Kapital der Lebensstile. Zur Kultursoziologie der Moderne nach Pierre Bourdieu*, Frankfurt/M./New York 1994.

Müller, Hans-Peter, *Sozialstruktur und Lebensstil. Der neuere theoretische Diskurs über soziale Ungleichheiten*, Frankfurt/M. 1992.

Müller, Hans-Peter/Wegener, Bernd (Hg.), *Soziale Ungleichheit und soziale Gerechtigkeit*, Opladen 1995.

Müller, Hans-Peter/Michael Schmid (Hg.), *Norm, Herrschaft und Vertrauen. Beiträge zu James S. Colemans Grundlagen der Sozialtheorie*, Opladen/Wiesbaden 1998.

Müller, Siegfried/Rauschenbach, Thomas (Hg.), *Das soziale Ehrenamt. Nützliche Arbeit zum Nulltarif. Weinheim*, München 1988.

Müller-Kohlenberg, Hildegard u.a, *Laien als Experten. Eine Studie zum sozialen Engagement im Ost- und Westteil Berlins*, Frankfurt/M. u.a. 1994

Münch, Richard, *Die Kultur der Moderne*, 2 Bde., Frankfurt/M. 1986.

Münch, Richard, »Elemente einer Theorie der Integration moderner Gesellschaften. Eine Bestandsaufnahme«, *Berliner Journal für Soziologie*, Jg. 5 (1995), S. 5-25.

Münkler, Herfried, Machiavelli. *Die Begründung des politischen Denkens der Neuzeit aus der Krise der Republik Florenz*, Frankfurt/M. 1984.

Münkler, Herfried, »Wieviel Tugend braucht die Demokratie? Voraussetzungen der Zivilgesellschaft«, *Die neue Gesellschaft/Frankfurter Hefte*, Jg. 38 (1991), S. 612-617.

Münkler, Herfried, »Politische Tugend. Bedarf die Demokratie einer soziomoralischen Grundlegung?«, in: Herfried Münkler (Hg.), *Die Chancen der Freiheit. Grundprobleme der Demokratie*, München/Zürich 1992, S. 25-46.

Münkler, Herfried, »Republikanische Tugend und Politische Energie. Die Idee der virtu im politischen Denken Machiavellis«, in: Michael Greven u.a. (Hg.), *Politikwissenschaft als Kritische Theorie. Festschrift für Kurt Lenk*, Baden-Baden 1994, S. 97-108.

Münkler, Herfried, »Der kompetente Bürger«, in: Ansgar Klein/Rainer Schmalz-Bruns (Hg.), *Politische Beteiligung und Bürgerengagement in Deutschland*, Bonn 1997, S. 153-172.

Münkler, Herfried, »Ehre, Amt und Engagement. Wie kann die knappe Ressource Bürgersinn gesichert werden?«, *Forschungsjournal Neue soziale Bewegungen*, Jg. 13, H. 2 (2000), S. 22-32.

Münkler, Herfried, »Bürgerschaftliches Engagement in der Zivilgesellschaft«, in: Enquete-Kommission 2002, S. 29-37.

Münkler, Herfried, »Die Bürgergesellschaft – Kampfbegriff oder Friedensformel? Potenzial und Reichweite einer Modeterminologie«, *Vorgänge*, Jg. 41, H. 2, (2002a), S. 115-125.

Mutz, Gerd, »Die Zukunft der Arbeit. Arbeitsformen jenseits der Erwerbsarbeit«, *Aus Politik und Zeitgeschichte*, B 48-49/1997, S. 31-40.

Mutz, Gerd/Kühnlein, Irene, »Erwerbsarbeit, bürgerschaftliches Engagement und Eigenarbeit – Auf dem Weg in eine neue Arbeitsgesellschaft?«, in: Beck/Bonß 2001, S. 191-203.

Mutz, Gerd u.a., *Diskontinuierliche Erwerbsverläufe*, Opladen 1995.

Nadai, Eva, *Gemeinsinn und Eigennutz. Freiwilliges Engagement im Sozialbereich*, Bern 1996.

Naßmacher, Hiltrud/Naßmacher, Karl-Heinz, *Kommunalpolitik in Deutschland*, Opladen 1999.

Neckel, Sighard, *Waldleben. Eine ostdeutsche Stadt im Wandel seit 1989*, Frankfurt/M./New York 1999.

Neckel. Sighard, »Deutschlands gelbe Galle. Eine kleine Wissenssoziologie des teutonischen Neides«, *Kursbuch* Nr. 143 (2001), S. 2-10.

Neuendorff, Hartmut, »Entwicklungspotentiale und Entwicklungsblockaden im Ruhrgebiet«, in: Bernhard Schäfers (Hg.), *Lebensverhältnisse und soziale Konflikte im neuen Europa. Verhandlungen des 26. Deutschen Soziologentages in Düsseldorf 1992*, Frankfurt/M. 1993, S. 676-680.

Neumann, Udo/Hübinger, Werner, »Ehrenamt. Empirische Studien und begriffliche Abgrenzung«, *Archiv für Wissenschaft und Praxis der sozialen Arbeit*, Jg. 30, H. 3 (1999), S. 114-128.

Newton, Kenneth, »Social Capital and Democracy in Modern Europe«, in: Jan W. van Deth u.a. (Hg.), *Social Capital and European Democracy*, London 1999, S. 322-357.

Newton, Kenneth/Norris, Pippa (2000, »Confidence in Public Institutions«, in: Susan S. Pharr, Robert D. Putnam (Hg.), *Disaffected Democracies. What's Troubling the Trilateral Countries*, Princeton 2000, S. 93-117.

Norris, Pippa, »Does Television Erode Social Capital? A Reply to Putnam«, *PS: Political Science & Politics*, Jg. 29 (1996), S. 474-480.

Notz, Gisela, *Arbeit ohne Geld und Ehre. Zur Gestaltung ehrenamtlicher sozialer Arbeit*, Opladen 1987.

Notz, Gisela, *Die neuen Freiwilligen. Das Ehrenamt – Eine Antwort auf die Krise?*, Neu-Ulm 1998.

Notz, Gisela, »Den Bürgern Amt und Ehre, den Bürgerinnen die Arbeit?«, *Sozialmagazin: die Zeitschrift für Soziale Arbeit*, Jg. 24, H. 3 (1999), S. 24-29.

Nullmeier, Frank, *Politische Theorie des Wohlfahrtsstaats*, Frankfurt/M. 2000.

Nussbaum, Martha C. »Menschliches Tun und soziale Gerechtigkeit. Zur Verteidigung des aristotelischen Essentialismus«, in: Micha Brumlik/Hauke Brunkhorst (Hg.), *Gemeinschaft und Gerechtigkeit*. Frankfurt/M. 1995, S. 323-362.

Offe, Claus, »Akzeptanz und Legitimität strategischer Optionen in der Sozialpolitik«, in: Christoph Sachße/H. Tristram Engelhardt (Hg.), *Sicherheit und Freiheit. Zur Ethik des Wohlfahrtsstaates*, Frankfurt/M., 1990, S. 185-201.

Offe, Claus, »›Sozialkapital‹. Begriffliche Probleme und Wirkungsweise«, in: Kistler u.a. 1999, S. 113-120.

Offe, Claus/Fuchs, Susanne, »Schwund des Sozialkapitals? Der Fall Deutschland«, in: Putnam 2001, S. 417-514.

Olk, Thomas, »Das soziale Ehrenamt«, *Sozialwissenschaftliche Literatur-Rundschau*, Jg. 10 (1987), S. 84-101.

Olk, Thomas, »Förderung und Unterstützung freiwilliger sozialer Tätigkeiten. Eine neue Aufgabe für den Sozialstaat«, in: Rolf G. Heinze, Claus Offe (Hg.), *Formen der Eigenarbeit. Theorie, Empirie, Vorschläge*, Opladen 1990, S. 244-265.

Olk, Thomas, »Die Förderung des bürgerschaftlichen Engagements als gesellschaftspolitische Herausforderung. Ausblick auf den Abschlußbericht der Enquete-Kommission ›Zukunft des Bürgerschaftlichen Engagements‹«, *Forschungsjournal Neue soziale Bewegungen*, Jg. 14, H. 3 (2001), S. 9-22.

Olk, Thomas, »Sozialstaat und Bürgergesellschaft«, in: Heinze/Olk 2001, S. 69-92 (2001a).

Olson, Mancur, *The Logic of Collective Action. Public Goods and the Theory of Groups*, Cambridge, Mass 1965.

Opielka, Michael, »Leitlinien einer sozialpolitischen Reform«, *Aus Politik und Zeitgeschichte*, B 48-49/1997, S. 21-30.

Ostrom, Elinor, »Constituting Social Capital and Collective Action«, *Journal of Theoretical Politics*, Jg. 6 (1994), S. 527-562.

Otto, Ulrich u.a. (Hg.), *Bürgerschaftliches Engagement. Eine Herausforderung für Fachkräfte und Verbände*, Opladen 2000.

Packard, Vance, *Die unsichtbaren Schranken*, Düsseldorf 1959.

Pagden, Anthony, »The Destruction of Trust and Its Economic Consequences in the Case of Eighteenth Century Napels«, in: Diego Gambetta (Hg.), *Trust: Making and Breaking Cooperative Relations*, Oxford 1988, S. 127-141.

Pankoke, Eckart, »Zwischen ›Enthusiasmus‹ und ›Dilettantismus‹. Gesellschaftlicher Wandel ›freien‹ Engagements«, in: Ludgera Vogt/Arnold Zingerle (Hg.), *Ehre – archaische Momente in der Moderne*, Frankfurt/M. 1994, S. 151-172.

Pankoke, Eckart, »Stiftung und Ehrenamt«, in: Bertelsmann-Stiftung 1998, S. 637-671.

Pankoke, Eckart, »Zivile Gesellschaft und freies Engagement – Schärfung von Bürgerkompetenz«, *Das Parlament*, Nr. 32-33/2001, S. 2.

Pankoke, Eckart, »Freies Engagement, zivile Kompetenz, soziales Kapital. Forderung und Förderung aktivierender Netzwerke und Lernprozesse«, in: Enquete-Kommission 2002, S. 73-88.

Pankoke, Eckart, »Ehren-Amt und Bürger-Kompetenz. Freies Engagement als soziales Kapital«, *Theorie und Praxis der sozialen Arbeit*, H. 3/2002a, S. 214-221.

Parsons, Talcott, »Evolutionäre Universalien der Gesellschaft«, in: Wolfgang Zapf (Hg.), *Theorien des sozialen Wandels*, 3. Aufl., Köln/Berlin 1971, S. 55-74.

Paulwitz, Irmtraut, *Freiwillige in sozialen Diensten. Volunteers und Professionals im Wohlfahrtssektor der USA*, Weinheim/München 1988.

Paust, Andreas, »Vom Bürgerbegehren zur Bürgergesellschaft«, *Aus Politik und Zeitgeschichte*, B 28/2000, S. 22-30.

Pettit, Philip, *Republicanism. A Theory of Freedom and Government*, Oxford 1997.

Pfeiffer, Christian, »Das Partizipationsmodell Bürgerstiftung«, in: Strachwitz 1998, S. 77-92.

Pfeiffer, Christian, »Die Bürgerstiftung – ein neuer Weg zur gesellschaftlichen Innovation«, in: Gerd Iben u.a. (Hg.), *Ende der Solidarität? Gemeinsinn und Zivilgesellschaft*, Münster 1999, S. 116-126.

Platthaus, Andreas, »Aller Seiten Freund. Was darf der Begriff ›Sozialkapital‹ hoffen?«, in: Graf u.a. 1999, S. 161-180.

Platzer, Hans-Wolfgang (Hg.), *Sozialstaatliche Entwicklungen in Europa und die Sozialpolitik der Europäischen Union. Die soziale Dimension im EU-Reformprozeß*, Baden-Baden 1997.

Pocock, John G.A., *The Machiavellian Moment. Florentine Political Thought and The Atlantic Republican Tradition*, Princeton/London 1975.

Pollner, Melvin, »The Very Coinage of Our Brain«: The Anatomy of Reality Disjunctures«, *Philosophy of the Social Sciences*, Jg. 5 (1975), S. 411-430.

Portes, Alejandro (Hg.), *The Economic Sociology of Immigration. Essays on Networks, Ethnicity, and Entrepreneurship*, New York 1995.

Portes, Alejandro/Landolt, Patricia, »The Downside of Social Capital«, *The American Prospect*, Jg. 26, H. 3 (1996), S. 18-26.

Pöttgens, Hans, »Nicht für Geld und gute Worte ein Ehrenamt«, in: Engelbert Kerkhoff (Hg.), *Kompetenz im Alter zwischen Routine und Neubeginn*, Mönchengladbach 1995, S. 15-29.

Priller, Eckhard/Zimmer, Annette, »Ende der Mitgliederorganisationen?«, in: Dieter Witt u.a. (Hg.), *Ehrenamt und Modernisierungsdruck in Nonprofit-Organisationen*, Wiesbaden 1999, S. 127-147.

Priller, Eckhard/Zimmer, Annette (Hg.), *Der dritte Sektor international. Mehr Markt, weniger Staat?*, Berlin 2001.

Prisching, Manfred, »Versorgungsmentalität und Risikoerfahrung in der Wohlfahrtsgesellschaft«, in: Robert Hettlage/Ludgera Vogt (Hg.), *Identitäten in der modernen Welt*, Wiesbaden 2000, S. 299-313.

Putnam, Robert D., *Making Democracy Work. Civic Traditions in Modern Italy*. Princeton 1993.

Putnam, Robert D., »Tuning In, Tuning Out. The Strange Disappearance of Social Capital in America«, *PS: Political Science & Politics*, Jg. 28 (1995), S. 664-683.

Putnam, Robert D., »Symptome der Krise«, in: Werner Weidenfeld (Hg.), *Demokratie am Wendepunkt. Die demokratische Frage als Projekt des 21. Jahrhunderts*, Berlin 1996, S. 52-80.

Putnam, Robert D., *Bowling Alone. The Collapse and Revival of American Community*. New York u.a. 2000.

Putnam, Robert D. (Hg.), *Gesellschaft und Gemeinsinn. Sozialkapital im internationalen Vergleich*, Gütersloh 2001.

Putnam, Robert D./Gross, Kristin A., »Einleitung«, in: Putnam 2001, S. 15-43.

Rauschenbach, Thomas, »Freiwilligendienste – eine Alternative zum Zivildienst und zum sozialen Pflichtjahr? Formen sozialen Engagements im Wandel«, *Archiv für Wissenschaft und Praxis der sozialen Arbeit*, Jg. 23 (1992), S. 254-277.

Rauschenbach, Thomas, »Freiwilligenarbeit – Eine Vision des 21. Jahrhunderts?«, *Theorie und Praxis der Sozialen Arbeit*, Jg. 48, H. 1 (2001), S. 15-22.

Rauschenbach, Thomas u.a. (Hg.), *Von der Wertgemeinschaft zum Dienstleistungsunternehmen. Jugend- und Wohlfahrtsverbände im Umbruch*, Frankfurt/M. 1995.

Rawls, John, *A Theory of Justice*, Cambridge 1971.

Rawls, John, »Gerechtigkeit als Fairneß: politisch und nicht metaphysisch«, in: Honneth 1993, S. 36-67.

Rebenstorf, Hilke, *Die politische Klasse. Zur Entwicklung und Reproduktion einer Funktionselite*, Frankfurt/M./New York 1995.

Reese-Schäfer, Walter, *Was ist Kommunitarismus?*, Frankfurt/M./New York 1994.

Reese-Schäfer, Walter, *Grenzgötter der Moral. Der neuere europäisch-amerikanische Diskurs zur politischen Ethik*, Frankfurt/M. 1997.

Reese-Schäfer, Walter, »Kommunitaristisches Sozialstaatsdenken. Sozialpolitische Gerechtigkeitsimplikationen in der kommunitaristischen Diskussion«, in: Siegfried Blasche/Diether Döring (Hg.), *Sozialpolitik und Gerechtigkeit*, Frankfurt/M./New York 1998, S. 75-116.

Reese-Schäfer, Walter, »Die praktische Bedeutung kommunitären Denkens in Deutschland. Ein Überblick«, *Gegenwartskunde*, Jg. 48, H. 3 (1999), S. 297-310.

Reese-Schäfer, Walter, *Amitai Etzioni zur Einführung*, Hamburg 2000.

Rehling, Brigitte u.a., *Sekundäranalyse zum Thema Ehrenamt in der Jugendverbandsarbeit*, ISS-Referat 1/1999, Frankfurt/M.

Reichertz, Jo, Polizieren – Über den Prozess der Erreichung von Rechtssicherheit und Rechtsordnung, Mskr., Essen 2002.

Reihs, Sigrid, *Im Schatten von Freiheit und Erfüllung. Ehrenamtliche Arbeit in Bayern*, Bochum 1995.

Riedel, Manfred, »Bürger, Staatsbürger, Bürgertum«, in: Otto Brunner u.a. (Hg.), *Geschichtliche Grundbegriffe*, Bd. 1, Stuttgart 1972, S. 672-725.

Riedel, Manfred, »Gesellschaft, bürgerliche«, in: Otto Brunner u.a. (Hg.), *Geschichtliche Grundbegriffe*, Bd. 2, Stuttgart 1979, S. 719-800.

Rieger, Elmar/Leibfried, Stephan, »Wohlfahrtsmerkantilismus. Wechselwirkungen zwischen demokratischer Sozialpolitik und Welthandelsordnung«, *Aus Politik und Zeitgeschichte*, B 48/2000, S. 12-22.

Rieger, Elmar/Leibfried, Stephan, *Grenzen der Globalisierung. Perspektiven des Wohlfahrtsstaates*, Frankfurt/M. 2001.

Ripp, Winfried, »Bürgerstiftungen. Bürgerschaftliches Engagement mit nachhaltiger Wirkung«, *Soziale Arbeit*, Jg. 49, H. 10-11 (2000), S. 390-395.

Rohe, Karl, »Politische Traditionen im Rheinland, in Westfalen und Lippe. Zur politischen Kultur Nordrhein-Westfalens«, in: Landeszentrale für politische Bildung (Hg.), *Nordrhein-Westfalen. Eine politische Landeskunde* (= Schriften zur politischen Landeskunde NRW), Köln u.a. 1984, S. 14-34.

Rohe, Karl, »Politische Kultur und der kulturelle Aspekt von politischer Wirklichkeit – konzeptionelle und typologische Überlegungen zu Gegenstand und Fragestellung der Politischen Kultur-Forschung«, in: Dirk Berg-Schlosser/Jakob Schissler (Hg.), *Politische Kultur in Deutschland. Bilanz und Perspektiven der Forschung* (= Politische Vierteljahresschrift, Sonderheft 18), Opladen 1987, S. 39-48.

Rohe, Karl, »Politische Kultur und ihre Analyse. Probleme und Perspektiven in der Politischen Kulturforschung«, *Historische Zeitschrift*, Nr. 250/1990, S. 321-346.

Rohe, Karl, *Wahlen und Wählertraditionen in Deutschland. Kulturelle Grundlagen deutscher Parteien und Parteiensysteme im 19. und 20. Jahrhundert*, Frankfurt/M. 1992.

Rohe, Karl/Dörner, Andreas, »Von der Untertanenkultur zur ›Partizipationsrevolution‹? Kontinuität und Wandel der politischen Kultur in Deutschland«, *Politische Bildung*, Jg. 23, H. 3 (1990), S. 18-33.

Röhrle, Bernd, *Soziale Netzwerke und soziale Unterstützung*, Weinheim 1994.

Rosenbladt, Bernhard von, *Freiwilliges Engagement in Deutschland. Ergebnisse der Repräsentativerhebung 1999 zu Ehrenamt, Freiwilligenarbeit und bürgerschaftlichem Engagement, Bd. 1: Freiwilliges Engagement in Deutschlan, Gesamtbericht*, Stuttgart u.a. 2000.

Roth, Rainer, *Das Ehrenamt. Bürgerengagement in einer pluralistischen Gesellschaft*, München 1997.

Roth, Roland, »Kommunitaristische Sozialpolitik? Anmerkungen zur aktuellen Debatte über Professionalität und Ehrenamt in der Sozialpolitik«, *Forschungsjournal neue soziale Bewegungen*, Jg. 8, H. 3 (1995), S. 44-53.

Rothstein, Bo/Stolle, Dietlind, *Social Capital in Scandinavia. An Introduction to a Special Issue of Scandinavian Political Studies*, 2002.

Rothstein, Bo, »Sweden. Social Capital in a Social Democratic State«, in: Robert D. Putnam (Hg.), *The Dynamics of Social Capital*, Oxford 2002, S. 257-280.

Rousseau, Jean-Jacques, *Vom Gesellschaftsvertrag oder Grundlinien des Staatsrechts*, hg. von H. Bockard, Stuttgart 1977.

Sachße, Christoph, »Subsidiarität: Zur Karriere eines sozialpolitischen Ordnungsbegriffes«, *Zeitschrift für Sozialreform*, Jg. 40 (1994), S. 717-731.

Sachße, Christoph, »Entwicklung und Perspektiven des Subsidiaritätsprinzips«, in: Strachwitz 1998, S. 369-382.

Saint-Martin, Monique de, »Die Konstruktion der adeligen Identität«, *Berliner Journal für Soziologie*, Jg. 1 (1991), S. 527-540.

Salamon, Lester M./Anheier, Helmut K., »Der Dritte Sektor in internationaler Perspektive«, in: Anheier u.a. 1997, S. 153-174.

Salamon, Lester M./Anheier, Helmut K., »Der Nonprofit-Sektor: Ein theoretischer Versuch«, in: Anheier u.a. 1997, S. 211-246 (1997a).

Salamon, Lester M./Anheier, Helmut K., *Der Dritte Sektor. Aktuelle internationale Trends*, Gütersloh 1999.

Sandel, Michael J., »Die verfahrensrechtliche Republik und das ungebundene Selbst«, in: Honneth 1993, S. 18-35.

Sandel, Michael J., *Liberalismus und Republikanismus. Von der Notwendigkeit der Bürgertugend*, Wien 1995.

Schaaf-Derichs, Carola, »Typographie einer neuen sozialen Organisation: die Freiwilligenagentur«, in: Jugendring Dortmund e.V. (Hg.), *Freiwillige Tätigkeit und gesellschaftliche Beteiligung. Beiträge zu Theorie und Praxis einer neuen Freiwilligenarbeit*, Münster 1998, S. 62-69.

Schenk, Michael, *Soziale Netzwerke und Kommunikation*, Tübingen 1984.

Schiller, Theo, *Stiftungen im gesellschaftlichen Prozeß. Ein politikwissenschaftlicher Beitrag zu Recht, Soziologie und Sozialgeschichte der Stiftungen in Deutschland*, Baden-Baden 1969.

Schissler, Jakob/Preyer, Gerhard, *Eine Republik der Bürger?! Zur Kritik des Modells der Bürgergesellschaft*, Frankfurt/M. 2000.

Schlozman, Kay Lehman u.a., »Civic Participation and the Equality Problem«, in: Theda Skocpol/Morris P. Fiorina (Hg.), *Civic Engagement in American Democracy*, Washington, D.C. 1999, S. 427-460.

Schmals, Klaus M./Heinelt, Hubert (Hg.), *Zivile Gesellschaft. Entwicklung, Defizite und Potentiale*, Opladen 1997.

Schmalz-Bruns, Rainer, *Reflexive Demokratie. Die demokratische Transformation moderner Politik*, Baden-Baden 1995.

Schmidt, Manfred G.(, *Demokratietheorien*, 2. Aufl., Opladen 1997.

Schmidt, Manfred G., *Sozialpolitik in Deutschland. Historische Entwicklung und internationaler Vergleich*, 2., vollst. überarb. und erw. Aufl., Opladen 1998.

Schmitz, Sven-Uwe, *Homo democraticus. Demokratische Tugenden in der Ideengeschichte*, Opladen 2001.

Schröder, Gerhard, »Die zivile Bürgergesellschaft. Anregungen zu einer Neubestimmung der Aufgaben von Staat und Gesellschaft«, *Die Neue Gesellschaft/Frankfurter Hefte*, H. 47/2000, S. 200-207.

Schubert, Hans-Joachim, *Demokratie in der Kleinstadt. Eine Studie zur Motivation lokalpatriotischen Handelns*, Wiesbaden 2002.

Schulze, Gerhard, *Die Erlebnisgesellschaft. Kultursoziologie der Gegenwart*, Frankfurt/M./New York 1992.

Schuppert, Gunnar Folke, »Assoziative Demokratie. Zum Platz des organisierten Menschen in der Demokratietheorie«, in: Ansgar Klein/Rainer Schmalz-Bruns (Hg.), *Politische Beteiligung und Bürgerengagement in Deutschland. Möglichkeiten und Grenzen*, Bonn 1997, S. 114-152.

Schütze, Fritz, »Zur Hervorlockung und Analyse von Erzählungen thematisch relevanter Geschichten im Rahmen soziologischer Feldforschung«, in: Arbeitsgruppe Bielefelder Soziologen (Hg.), *Kommunikative Sozialforschun*, München 1976, S. 159-260.

Schütze, Fritz, »Biographieforschung und narratives Interview«, *Neue Praxis*, Jg. 3 (1983), S. 283-293.

Scott, John, *Social Network Analysis. A Handbook*, London 1991.

Seibel, Wolfgang, *Funktionaler Dilettantismus. Erfolgreich scheiternde Organisationen im »Dritten Sektor« zwischen Markt und Staat*, Wiesbaden 1992.

Seibel, Wolfgang, »Dritter Sektor«, in: Rudolph Bauer (Hg.), *Lexikon des Sozial- und Gesundheitswesens*, München 1992a, S. 455-460.

Sellin, Volker, »Mentalitäten in der Sozialgeschichte«, in: Wolfgang Schieder/Volker Sellin (Hg.), *Sozialgeschichte in Deutschland*, Bd. 3, Göttingen 1987, S. 110-121.

Sennett, Richard, *Der flexible Mensch. Die Kultur des neuen Kapitalismus*, Berlin 1998.

Shklar, Judith N., *Ordinary Vices*, Cambridge/London 1984.

Siewert, Hans-Jörg, »Verein und Kommunalpolitik«, *Kölner Zeitschrift für Soziologie und Sozialpsychologie*, Jg. 29 (1977), S. 486-519.

Siewert, Hans-Jörg, Lokale Elitesysteme. Ein Beitrag zur Theoriediskussion in der Community-Power-Forschung, Königstein 1979.

Sigmund, Steffen, »Zwischen Altruismus und symbolischer Anerkennung. Überlegungen zum stifterischen Handeln in modernen Gesellschaften«, in: Roland Becker u.a. (Hg.), *Eigeninteresse und Gemeinwohlbindung. Kulturspezifische Ausprägungen in den USA und Deutschland*, Konstanz 2001, S. 213-231.

Simmel, Georg, »Über sociale Differenzierung«, in: Georg Simmel, *Aufsätze 1887 bis 1890. Über sociale Differenzierung. Die Probleme der Geschichtsphilosophie* (1892), hg. von H.-J. Dahme (Gesamtausgabe, hg. von Othein Rammstedt, Bd. 2.), Frankfurt/M. 1989, S. 109-296.

Simmel, Georg, *Soziologie. Untersuchungen über die Formen der Vergesellschaftung* (1908) (Gesamtausgabe, hg. von O. Rammstedt, Bd. 11), Frankfurt/M. 1992.

Simonis, Heide, *Kein Blatt vorm Mund. Für eine aktive Bürgergesellschaft*, Hamburg 1997.

Sitter-Liver, Beat/Caroni, Pio (Hg.), *Der Mensch – ein Egoist? Für und wider die Ausbreitung des methodischen Utilitarismus in den Kulturwissenschaften*, Fribourg 1998.

Skinner, Quentin, *Machiavelli zur Einführung*, Hamburg 1988.

Skocpol, Theda, »Das bürgergesellschaftliche Amerika – gestern und heute«, in: Putnam 2001, S. 593-654.

Sofsky, Wolfgang/Paris, Rainer, *Figurationen sozialer Macht*, Frankfurt/M. 1994.

Spahn, Peter, »Oikos und Polis. Beobachtungen zum Prozeß der Polisbildung bei Hesiod, Solon und Aischylos«, *Historische Zeitschrift*, Nr. 231 (1980), S. 529-564.

Sprengel, Rainer, »Stiftungen und Bürgergesellschaft: Ein empirischer, kritischer Überblick«, in: Zimmer/Nährlich 2000, S. 231-246.

Sternberger, Dolf, *Drei Wurzeln der Politik*, Frankfurt/M. 1978.

Strachwitz, Rupert Graf (Hg.), *Stiftungen – nutzen, fördern und einrichten: Ein Handbuch*, Frankfurt/M. 1994.

Strachwitz, Rupert Graf (Hg.), *Dritter Sektor – Dritte Kraft. Versuch einer Standortbestimmung*, Düsseldorf 1998.

Strachwitz, Rupert Graf, »Bürger-, Stadt- und Gemeinschaftsstiftungen in Deutschland«, in: Bertelsmann-Stiftung 1999, S. 156-170.

Strachwitz, Rupert Graf, »Stiftungsgründung durch gemeinnützige Organisationen«, *Soziale Arbeit*, Jg. 49, H. 2 (2000), S. 61-65.

Strachwitz, Rupert Graf, »Auf dem Weg in die Bürgergesellschaft. Anmerkungen zur Reform des Stiftungs- und Gemeinnützigkeitsrechts«, in: Zimmer/Nährlich 2000, S. 325-337 (2000a).

Strachwitz, Rupert Graf, *Die zivile Bürgergesellschaft. Was haben Stiftungen damit zu tun? Zur aktuellen Diskussion um ein neues Stiftungsrecht*, Mskr., Berlin 2001.

Strauss, Anselm L., *Grundlagen qualitativer Sozialforschung. Datenanalyse und Theoriebildung in der empirischen soziologischen Forschung*, München 1991.

Strauss, Anselm/Corbin, Juliet, *Grounded Theory: Grundlagen qualitativer Sozialforschung*, Weinheim 1996.

Streeck, Wolfgang, *Social Institutions and Economic Performance. Studies of Industrial Relations in Advanced Capitalist Economics*, London 1992.

Streng, Olaf, *Das Ehrenamt im Vergleich zwischen der Bundesrepublik Deutschland und den Vereinigten Staaten von Amerika. Unterschiede und Gemeinsamkeiten*, Stuttgart 1997.

Sztompka, Piotr, »Vertrauen: Die fehlende Ressource in der postkommunistischen Gesellschaft«, in: Birgitta Nedelmann (Hg.), *Politische Institutionen im Wandel*, Opladen 1995, S. 254-276.

Sztompka, Piotr, *Trust – A Sociological Theory*, Cambridge 1999.

Talmon, Jakov L., *The Origins of Tolitarian Democracy*, London 1952.

Tarrow, Sidney G., »Making Social Science Work. Across Space and Time«, *American Political Science Review*, Jg. 90 (1996), S. 389-397.

Taylor, Charles, *Negative Freiheit? Zur Kritik des neuzeitlichen Individualismus*, Frankfurt/M. 1988.

Taylor, Charles, »Aneinander vorbei: Die Debatte zwischen Liberalismus und Kommunitarismus«, in: Honneth 1993, S. 103-130.

Taylor, Charles, »Der Begriff der ›bürgerlichen Gesellschaft‹ im politischen Denken des Westens«, in: Micha Brumlik, Hauke Brunkhorst (Hg.), *Gemeinschaft und Gerechtigkeit*, Frankfurt/M. 1995, S. 117-148.

Teachman, Jay D. u.a., »Social Capital and the Generation of Human Capital«, *Social Forces*, Jg. 75 (1997), S. 1343-1359.

Tester, Keith, *Civil Society*, London/New York 1992.

Tews, Hans Peter, »Ältere Menschen und bürgerschaftliches Engagement«, in: Konrad Hummel (Hg.), *Bürgerengagement. Seniorengenossenschaften, Bürgerbüros und Gemeinschaftsinitiativen*, Freiburg/Br. 1995, S. 80-128.

Thomas, William I./Znaniecki, Florian, *The Polish peasant in Europe and America. Monograph of an immigrant group*, Bd. 1, Chicago/Boston 1918.

Tocqueville, Alexis de, *Über die Demokratie in Amerika* (1835/40), hg. von J.P. Mayer, Stuttgart 1985.

Toepler, Stefan, *Das gemeinnützige Stiftungswesen in der modernen demokratischen Gesellschaft. Ansätze zu einer ökonomischen Betrachtungsweise*, München 1996.

Tönnies, Ferdinand, *Gemeinschaft und Gesellschaft. Abhandlung des Communismus und des Socialismus als empirischer Culturformen*, Leipzig 1887.

Ueltzhöffer, Jörg, *Lebenswelt und Bürgerschaftliches Engagement. Soziale Milieus in der Bürgergesellschaft*, Stuttgart 2000.

Ueltzhöffer, Jörg/Ascheberg, Carsten, *Engagement in der Bürgergesellschaft. Die Geislingen-Studie*, Stuttgart 1995.

Ueltzhöffer, Jörg/Ascheberg, Carsten, *Bürgerschaftliches Engagement in Baden-Württemberg. Landesstudie 1997*, Stuttgart 1997.

Veblen, Thorstein, *Theorie der feinen Leute. Eine ökonomische Untersuchung der Institutionen*, Frankfurt/M. 1986.

Vogt, Ludgera, »Das Ehrenamt – Anachronismus oder Königsweg in die Zukunft«, *Unser Dienst*, H. 4 (1993), S. 166-172.

Vogt, Ludgera, *Zur Logik der Ehre in der Gegenwartsgesellschaft. Differenzierung – Macht – Integration*, Frankfurt/M. 1997.

Vogt, Ludgera, »Aktivposten mit Dauerauftrag«. Die Inszenierung von Werten: Eine Fallstudie zur Alltagspraxis staatlicher Auszeichnungen«, in: Herbert Willems/Martin Jurga (Hg.), *Inszenierungsgesellschaft. Ein einführendes Handbuch*, Opladen/Wiesbaden 1998, S. 253-272.

Vogt, Ludgera, »Identität und Kapital. Über den Zusammenhang von Identitätsoptionen und sozialer Ungleichheit«, in: Robert Hettlage/Ludgera Vogt (Hg.), *Identitäten in der modernen Welt*, Wiesbaden 2000, S. 77-100.

Vogt, Ludgera, »Prestige«, in: *Metzler Lexikon Religion*, Bd. 3, Tübingen 2000a, S. 55-58.

Vogt, Ludgera, »Karrierepolitik in der Bürgergesellschaft«, in: Ronald Hitzler/Michaela Pfadenhauer (Hg.), *Karrierepolitik. Beiträge zur Rekonstruktion erfolgsorientierten Handelns*, Opladen 2003, S. 201-214.

Vogt, Ludgera/Zingerle, Arnold (Hg.), *Ehre – archaische Momente in der Moderne*, Frankfurt/M. 1994.

Vollmer, Antje, »Stiftungen im Dritten Sektor. Eine vormoderne Institution in der Bürgergesellschaft der Moderne«, in: Strachwitz 1998, S. 57-64.

Vorländer, Hans, *Hegemonialer Liberalismus. Politisches Denken und politische Kultur in den USA 1776-1920*, Frankfurt/M./New York 1997.

Vorländer, Hans, »Dritter Weg und Kommunitarismus«, *Aus Politik und Zeitgeschichte*, B 16-17/2001, S. 16-23.

Voswinkel, Stephan, *Anerkennung und Reputation. Die Dramaturgie industrieller Beziehungen. Mit einer Fallstudie zum »Bündnis für Arbeit«*, Konstanz 2001.

Wadsack, Ronald, *Attraktives Ehrenamt. Motivation ehrenamtlicher Mitarbeiter in Sportvereinen*, Witten 1992.

Wagner, Antonin, »Kommunitarismus, Dritter Sektor und Zivilgesellschaft«, in: Strachwitz 1998, S. 493-505.

Wagner, Bernd, *Ehrenamt, Freiwilligenarbeit und bürgerschaftliches Engagement in der Kultur. Dokumentation eines Forschungsprojektes*, Essen 2000.

Walkenhorst, Peter, »Innovation und Tradition – Die Entwicklung von Bürgerstiftungen in Deutschland«, in: Bertelsmann-Stiftung 2000, S. 57-90.

Walkenhorst, Peter (Hg.), *Building Philanthropic and Social Capital. The Work of Community Foundations*, Gütersloh 2001.

Walzer, Michael, »Was heißt zivile Gesellschaft?«, in: Bert van den Brink/Willem van Reijen (Hg.), *Bürgergesellschaft, Recht und Demokratie*, Frankfurt/M. 1995, S. 44-70.

Wangler, Walter, *Bürgschaft des inneren Friedens. Sozialpolitik in Geschichte und Gegenwart*, Opladen 1998.

Weber, Max, »Die Wirtschaftsethik der Weltreligionen«, in: Max Weber, *Gesammelte Aufsätze zur Religionssoziologie*, Bd. 1, 5., photomechanische Aufl., Tübingen 1963, S. 237-573.

Weber, Max, *Wirtschaft und Gesellschaft. Grundriß der verstehenden Soziologie*, 5., rev. Auflage, mit textkritischen Erläuterungen hg. von J. Winckelmann, Tübingen 1976.

Wegener, Bernd, »Vom Nutzen entfernter Bekannter«, *Kölner Zeitschrift für Soziologie und Sozialpsychologie*, Jg. 39 (1987), S. 278-301.

Wehling, Peter, *Die Moderne als Sozialmythos. Zur Kritik sozialwissenschaftlicher Modernisierungstheorien*, Frankfurt/M./New York 1992.

Weil, Frederick D. (Hg.), *Political Culture and Political Structure. Theoretical and Empirical Studies*, Greenwich, London 1994.

Weisbrod, Burton A., *The Voluntary Nonprofit Sector*, Lexington, MA 1977.

Wendt, Wolf Rainer, »Bürgerschaft und zivile Gesellschaft. Ihr Herkommen und ihre Perspektiven«, in: Wolf Rainer Wendt u.a., *Zivilgesellschaft und soziales Handeln. Bürgerschaftliches Engagement in eigenen und gemeinschaftlichen Belangen*, Freiburg 1996, S. 13-77.

Wessels, Christiane, *Das soziale Ehrenamt im Modernisierungsprozeß. Chancen und Risiken des Einsatzes beruflich qualifizierter Frauen*, Pfaffenweiler 1995.

Wickert, Ulrich, *Der Ehrliche ist der Dumme. Über den Verlust der Werte*, Hamburg 1994.

Wickert, Ulrich (Hg.), *Das Buch der Tugenden*, Hamburg 1995.

Wiedemann, Peter, »Gegenstandsnahe Theoriebildung«, in: Uwe Flick u.a. (Hg.), *Handbuch Qualitative Sozialforschung. Grundlagen, Konzepte, Methoden und Anwendungen*, München 1991, S. 440-445.

Wiesendahl, Elmar, »Der Marsch aus den Institutionen. Zu Organisationsschwächen politischer Parteien in den 80er Jahren«, *Aus Politik und Zeitgeschichte*, B 21/1990, S. 3-14.

Wiesendahl, Elmar, »Noch Zukunft für die Mitgliederparteien? Erstarrung und Revitalisierung innerparteilicher Partizipation«, in: Ansgar Klein/Rainer Schmalz-Bruns (Hg.), *Politische Beteiligung und Bürgerengagement in Deutschland*, Bonn 1997, S. 349-381.

Wiesendahl, Elmar, *Parteien in Perspektive. Theoretische Ansichten der Organisationswirklichkeit politischer Parteien*, Opladen/Wiesbaden 1998.

Wiesendahl, Elmar, »Keine Lust mehr auf Parteien. Zur Abwendung Jugendlicher von den Parteien«, *Aus Politik und Zeitgeschichte*, B 10/2001, S. 7-19.

Wildavsky, Aaron, »Choosing Preferences by Constructing Institutions. A Cultural Theory of Preference Formation«, *American Political Science Review*, Jg. 81 (1987), S. 3-22.

Willems, Herbert/Hahn, Alois (Hg.), *Identität und Moderne*, Frankfurt/M. 1999.

Wilson, Richard W., *Compliance Ideologies. Rethinking Political Culture*, New York 1992.

Wimmer, Ansgar, »Zwischen Bürgersteig und Bürgerstolz – Stadt- und Bürgerstiftungen als neue Akteure im kommunalen Kontext«, in: Bertelsmann-Stiftung 2000, S. 349-369.

Windolf, Paul, »Eigentum und Herrschaft«, *Leviathan*, Jg. 25 (1997), S. 76-106.

Winkler, Joachim, *Das Ehrenamt. Zur Soziologie ehrenamtlicher Tätigkeit dargestellt am Beispiel der deutschen Sportverbände*, Schorndorf 1988.

Witzel, Andreas, *Verfahren der qualitativen Sozialforschung. Überblick und Perspektiven*, Frankfurt/M./New York 1982.

Witzel, Andreas, »Das problemzentrierte Interview«, in: G. Jüttemann (Hg.), *Qualitative Forschung in der Psychologie*, Weinheim 1985, S. 227-255.

Wollmann, Hellmut/Roth, Roland (Hg.), *Kommunalpolitik. Politisches Handeln in den Gemeinden*, Bonn 1998.

Wuthnow, Robert, *Acts of Compassion. Caring für Others and Helping Ourselves*, Princeton, N.J. 1991.

Wuthnow, Robert (Hg.), *Between States and Markets. The Voluntary Sector in Comparative Perspective*, Princeton 1992.

Wuthnow, Robert, »Der Wandel des Sozialkapitals in den USA«, in: Putnam 2001, S. 655-750.

Zahlmann, Christel (Hg.), *Kommunitarismus in der Diskussion*, Berlin 1992.

Zapf, Wolfgang (Hg.), *Theorien des sozialen Wandels*, 3. Aufl., Köln/Berlin 1971.

Zapf, Wolfgang (Hg.), *Die Modernisierung moderner Gesellschaften. Verhandlungen des 25. deutschen Soziologentages in Frankfurt am Main 1990*, Frankfurt/M./New York 1991.

Zimmer, Annette, *Vereine – Basiselement der Demokratie. Eine Analyse aus der Dritte-Sektor-Perspektive*, Opladen 1996.

Zimmer, Annette, »Public-Private Partnerships: Staat und Dritter Sektor in Deutschland«, in: Anheier u.a. 1997, S. 75-98.

Zimmer, Annette, »Der Verein in Gesellschaft und Politik«, in: Strachwitz 1998, S. 93-125.

Zimmer, Annette/Nährlich, Stefan (Hg.), *Engagierte Bürgerschaft. Traditionen und Perspektiven*, Opladen 2000.

Zimmer, Annette/Priller, Eckhard, »Der Dritte Sektor in Deutschland: Wachstum und Wandel«, *Gegenwartskunde*, Jg. 50 (2001), S. 121-147.